U0873700

高等学校新文科教材

金融科技系列

# 金融数字化营销

孟令国　李亚青 / 主 编

FINTECH

中国人民大学出版社
· 北京 ·

# 序 言

近年来，随着大数据、云计算、人工智能、区块链等技术的加速发展，数字经济已经成为继工业经济之后的主要经济形态。习近平总书记指出："数字经济发展速度之快、辐射范围之广、影响程度之深前所未有，正在成为重组全球要素资源、重塑全球经济结构、改变全球竞争格局的关键力量。"① 党的十八大将发展数字经济上升为国家战略；党的二十大提出加快建设网络强国、数字中国；党的二十届三中全会进一步提出健全促进实体经济和数字经济深度融合制度。数字经济作为新时代经济发展的重要驱动力，正推动着金融业向更高效、更普惠、更智能的方向发展。2023 年 10 月 30 日召开的中央金融工作会议首次从中央层面提出要"加快建设金融强国"，做好科技金融、绿色金融、普惠金融、养老金融、数字金融"五篇大文章"，为实现经济高质量发展提供有力支撑。

在数字化浪潮的推动下，金融业正经历着前所未有的变革。数字化转型在金融业经营发展中的战略地位在不断提升。2021 年 12 月和 2022 年 1 月，《金融科技发展规划（2022—2025 年）》《中国银保监会办公厅关于银行业保险业数字化转型的指导意见》先后发布，对金融业数字化转型提出了目标指引、路径选择和实施要求。以数字化转型推动金融业高质量发展，已经成为全行业共识。

金融数字化营销是这场变革的先锋力量，不仅重塑了金融业的运作模式，也为金融机构带来了前所未有的机遇与挑战。金融数字化营销是指金融机构利用数字技术、互联网平台和数据分析手段进行产品推广、品牌建设和客户关系管理的一种新型营销模式。在数字经济时代，它通过精准定位目标客户群体实现个性化服务和智能互动，从而提高营销效率、改善客户体验。金融机构通过构建数字化平台整合线上线下渠道，运用大数据分析和人工智能技术实现对客户需求的深度挖掘和实时响应，推动金融产品和服务的创新。

在数字经济时代，居民消费模式日趋线上化，网络平台将逐步取代工厂和金融机构网点成为数字经济的重要市场中介，金融业的客户服务已经由以物理网点为中心逐步转向以客户应用场景为中心。金融业的营销理念、策略和模式也正在发生根本性变革。场景营销、智慧营销、社群营销、社交媒体营销等新营销概念不断涌现。传统金融营销类教材已经远远滞后于时代发展的需要。

本教材的编写正是基于当前金融业数字化转型的大背景。我们旨在为金融专业的学

---

① 习近平谈治国理政：第四卷. 北京：外文出版社，2022：204.

生、金融机构的从业人员以及对金融数字化营销感兴趣的读者，提供一本全面、系统的教材和参考书。首先，本教材介绍了金融数字化营销的基本概念、发展历程以及环境，让读者对金融数字化营销有一个初步的认识。其次，本教材详细阐述了金融数字化营销的核心主题，包括数字经济时代的消费者购买行为、用户数字画像与旅程地图、金融市场细分与市场定位、金融数字化营销策略以及关系构建和客户关系管理等，以帮助读者深入了解金融数字化营销的各个方面。最后，本教材对金融业的银行、保险、证券、基金等主要领域的数字化营销相关内容及典型案例进行了梳理，为今后金融数字化营销的实践提供了参考。通过本教材，读者可以了解金融数字化营销的基本概念、发展历程和发展趋势，掌握金融数字化营销的核心要素和关键技术，学会运用金融数字化营销的策略和方法。

本教材的特色如下：

一是教材内容的前沿性。与传统的金融营销类教材相比，本教材的“数字化”特征突出，具体表现为：对标数字时代金融营销新业态、新趋势，以金融产品和客户为导向，从获客渠道、用户数字画像、精准营销、客户关系管理等角度深度解析数字化营销过程，引入金融机构典型案例和真实场景进行金融数字化营销训练，充分体现了数字经济时代金融营销的本质特征与典型规律。

二是编写团队的专业性。本教材由广东财经大学孟令国教授和李亚青教授主编，并邀请来自中国建设银行等头部金融企业的金融科技专家作为顾问，在充分调研了多家银行、保险公司等金融机构之后编写完成，既体现了高校师资丰富的教学经验和深厚的理论功底，也结合了金融科技专家多年的行业经验。

本教材的适用对象包括：

一是金融类专业本科生和研究生。本教材可以帮助他们了解金融业的最新发展趋势。

二是金融机构从业人员。本教材可以为他们提供数字化营销的策略和工具。

三是对金融数字化营销感兴趣的自学者。本教材可以为他们提供系统的学习材料。

金融数字化营销是一个动态发展和不断进化的领域。我们希望本教材能够帮助读者掌握金融数字化营销的精髓，洞察金融行业数字化转型的趋势，为未来的职业发展打下坚实的基础。

最后，因时间和水平限制，本教材难免存在疏漏或不足。我们也期待读者的反馈，以便不断改进和更新教材内容。诚挚地邀请广大读者加入我们的学习行列，共同探索金融数字化营销的奥秘和未来发展前沿。

# 目 录

第一章

# 金融数字化营销概述

**【目的与要求】**

掌握金融市场的基本概念，了解商业性金融机构及主要产品的特点和形态；掌握金融营销的定义、基本任务和主要作用；掌握数字化营销的定义以及发展历程，了解大数据与数字化营销之间的联系；认识数字时代下金融营销的发展历程以及技术进步对金融数字化营销的影响和中国金融数字化营销现状和策略。

营销是社会经济生活中的一项重要活动，它是商品经济发展的产物，对于企业的生存与发展有着举足轻重的作用。进入 20 世纪 90 年代后，金融业务范围不断扩大，机构数量大大增加，竞争日益激烈。投资者在金融市场中可选择的产品数量不断增长，但接受的服务却趋于同质。因此，树立营销观念和加强营销管理已成为我国金融企业拓展业务、改善经营、提高效益的重要一环，成功地开展金融营销活动已成为企业在金融市场上获得成功的不可或缺的条件。本章将重点介绍金融市场、金融营销、数字化营销的相关内容，探索数字时代金融营销的发展。

## 第一节　金融市场概述

### 一、金融市场的基本概念

金融市场是经营货币资金借贷、外汇买卖、有价证券交易、债券和股票的发行、黄金等贵金属买卖业务的场所的总称。金融市场可以从不同的角度分类：（1）按融资期限，可分为货币市场和资本市场。货币市场包括票据贴现市场、短期存贷款市场、短期债券市场和金融机构之间的拆借市场等，资本市场包括长期贷款市场和证券市场等。（2）按交易对象，可分为本币市场（包括货币市场和资本市场）、外汇市场、黄金市场、证券市场等。

就场所而言，金融市场既可以是某一特定的“地方”，如证券交易所，也可以是某些特定的虚拟场所，如计算机网络。金融市场本质上是一个资产交换市场。因此，对于金融市场而言，重要的不是其地理位置和场地，而是在其中交换的资产的数量和质量。随着通信技术的发展，金融市场的区域空间分布已经变得不那么重要。

金融市场的基本功能是合理配置资源，这里的“资源”就是资金。一个有效率的金融市场能够把资金从资金盈余的人（储蓄者）那里引导到资金短缺的人（借款者）那里，使资金得到合理配置。一个完备的金融市场应包括三个基本要素：(1) 资金供给者和资金需求者。金融市场中的政府、金融机构、企事业单位、居民、外商等主体，既能向金融市场提供资金，也需要从金融市场筹措资金。这是金融市场得以形成和发展的基础。(2) 信用工具。这是借贷资本在金融市场上交易的对象，如各种债券、股票、票据、可转让存单、借款合同、抵押契约等，是在金融市场上进行投资、融资活动所依赖的标的。(3) 信用中介。这是一些位于资金供求双方之间的中介，主要是起着联系、媒介和代理作用的机构或个人，如银行、投资公司、证券交易所、证券商和经纪人等。

除此之外，金融市场的功能还包括：

(1) 提升资金配置效率。金融市场可以增加资金供求双方接触的机会，便利金融交易，降低融资成本，提高资金使用效益。金融市场为筹资人和投资人开辟了更多的融资途径，为各种期限、内容不同的金融工具的互相转换提供了必要的条件。

(2) 定价。金融市场价格的波动是经济活动的“晴雨表”。企业资产的内在价值包括企业债务的价值和股东权益的价值，只有通过金融市场交易中买卖双方相互博弈才能被“发现”，而不是简单地以会计报表的账面数字作为计算依据。金融市场定价功能的发挥程度依赖于市场的完善程度和市场的效率。金融市场的定价功能的充分发挥有助于其提升资金配置效率功能的实现。

(3) 为政府金融管理部门进行金融间接调控提供条件。金融间接调控体系必须依靠金融市场传导中央银行的政策信号，通过金融市场的价格变化引导各微观经济主体的行为，实现货币政策调整意图。发达的金融市场体系内部各个子市场之间存在高度相关性。随着各类金融资产在金融机构的储备头寸和流动性准备金比率的提高，金融机构会更广泛地介入金融市场运行，中央银行金融间接调控的范围会伴随金融市场的发展而不断扩大，力度也会不断加强。

(4) 促进金融工具的创新。金融工具是一组预期收益和风险相结合的契约。通过对经济中的各种投资所固有的风险进行更精细的划分，可以设计出多样化的金融工具，使得对风险和收益具有不同偏好的投资者能够寻求到满足其需要的投资。

(5) 实现风险分散和风险转移。金融市场的发展使得居民可以通过选择多种金融资产、灵活调整剩余货币的保存形式，实现风险分散和风险转移。

(6) 降低交易的搜寻成本和信息成本。搜寻成本是指为寻找合适的交易方所产生的成本。信息成本是指在评价金融资产价值的过程中所产生的成本。金融市场的降低交易的搜寻成本和信息成本功能主要是通过专业金融机构和咨询机构实现的。

## 二、营利性金融机构及其主要产品

金融机构是开展金融营销活动的主体，是金融市场不可或缺的重要部分。现阶段我国金融业实行“分业经营、分业管理”，即不同性质的金融机构必须在规定的业务范围内经营，并由相应的监管机构监管。广义地说，金融机构包括：商业银行、证券公司、保险公司、基金管理公司等经营机构；中央银行、中国证券监督管理委员会、国家金融监督管理总局等监管机构；交易所、结算机构、登记机构、托管机构等中介服务机构。金融产品是指由金融机构创造的、可供资金需求者与资金供给者在金融市场上进行交易的各种金融工具，是金融营销的客体。广义的金融产品是指金融机构向市场顾客提供的一切服务，如存贷款、转账结算、委托理财、咨询等，只要是由金融机构提供的、能满足人们某种欲望和需求的各种金融工具与服务，都可以列入金融产品的范畴。

从营销角度看，营利性金融机构是市场营销的主体，因此本节主要介绍商业银行、保险公司、证券公司以及基金管理公司等营利性金融机构及其相关产品。

**1. 商业银行**

银行是最常见也是最传统的金融机构，主要为客户提供现金存取、资产安全保障、资金划转、延期支付、财务咨询等服务。

根据职能的不同，银行可以分为中央银行和商业银行。中央银行是一个国家发行货币、制定和执行货币政策、监督和管理金融业的主管机构。而商业银行主要是指吸收存款、发放贷款以及从事其他中间业务的营利性金融机构。根据服务对象的不同，商业银行又可以分为零售银行和批发银行，零售银行是直接为个体消费者和中小企业提供金融服务的银行，而批发银行主要是为大企业、事业单位等提供金融服务的银行。商业银行的存贷行为会在很大程度上影响货币供应量。由于商业银行占我国金融业比重大，且信贷是政府进行宏观经济调控的重要工具，因此其受监督与管理的程度较高。

我国目前的商业银行从规模大小和地域性来看，包括的类型有：大型国有银行、全国性的股份制商业银行、合资或外资银行，以及地方性的城市商业银行和农村商业银行。我国商业银行主要通过吸收储蓄存款、定期存款等来筹措资金，通过发放商业贷款、消费信贷、抵押贷款等来运用资金，其收入来源主要包括利息收入、手续费及佣金收入等。近年来，我国商业银行在依赖传统存贷汇业务产品的基础上推出了一些创新产品。我国商业银行的产品创新呈现两个方向：一是更新、改造传统业务；二是推出适应居民财富增长的理财产品。后者的发展规模与速度超过了前者，未来前景值得期待。

**2. 保险公司**

保险公司是指依法设立的专门从事风险管理和经济补偿活动的金融机构。它通过向投保人收取保费，形成保险基金，用于在保险合同约定的风险事件（如疾病、意外事故、财产损失等）发生时，为被保险人提供经济补偿或给付服务。保险公司的核心功能是分散和转移风险，为个人、家庭和企业提供经济保障，从而促进社会经济的稳定发展。保险是一种“非渴求品”，营销在其销售中起到很大的作用。

保险是集合具有同类风险的众多单位和个人，以合理计算风险分担金的形式，向少数因该风险事故发生而受到经济损失的成员提供经济保障的一种行为。保险公司的业务分为两类：（1）人身保险业务，包括人寿保险、健康保险、意外伤害保险等保险业务。（2）财产保险业务，包括财产损失保险、责任保险、信用保险、保证保险等保险业务。我国的保险公司一般不得兼营人身保险业务和财产保险业务。

保险公司设计各种形式的保险产品，通过一定的营销方式吸引人们购买，从而获得保费收入。财产保险公司的产品主要有（按 2024 年各产品收入份额由大到小排列）：机动车辆保险、责任保险、农业保险、健康险、意外险等。人身保险公司的主要产品就是寿险，寿险保费收入占此类产品保费收入的约 80%，其余部分为健康险和人身意外险。

**3. 证券公司**

证券公司是资本市场上从事证券发行、买卖及相关业务的金融机构。它在金融市场上的作用主要有两方面：一方面，充当股票和债券发行（一级市场）的承销商，为需要资金的单位（包括企业和政府部门）提供从资本市场筹集资金的服务；另一方面，充当投资者买卖有价证券（二级市场）的经纪人。证券公司本质上是在资本市场上为投融资双方提供专业服务的中介机构。因此，它的客户群体分为两大类：一类是一级市场的机构客户，针对此类客户的最典型的营销活动是股票上市之前的“路演”；一类是二级市场的投资客户，既有机构客户也有大众客户，针对此类客户的营销活动丰富多彩，包括佣金优惠、提供投资研究信息与咨询服务、开展各类讲座和投资者教育等活动。

目前我国有证券公司逾 100 家。证券公司的主要业务包括：投资银行业务——为企业提供上市服务；经纪业务——为机构和个人提供投资交易服务；代客理财业务——为非专业客户提供专业的资金或投资管理服务；自营业务——用自有资金从事以股票交易为主的投资业务。

**4. 基金管理公司**

基金是资本市场证券投资基金的简称。基金管理公司就是管理运作基金的专业机构，其通过发行基金（基金份额或受益凭证），将投资者分散的资金集中起来，由专业管理人员分散投资于股票、债券或其他金融资产，并将投资收益分配给基金持有者。基金管理公司的收益主要来自基金管理费，基金管理费按基金净资产的固定比例提取。

基金尽管在我国问世不久，但发展迅猛。截至 2023 年 6 月，证券投资基金公司共有 144 家，发行基金数量约 1.1 万只，资产净值合计 27.69 万亿元，份额规模合计 25.80 万亿份。作为一种大众型证券投资工具，基金在未来一段时间将保持增长势头。截至 2024 年，我国管理基金数目最多、资产规模最大的是易方达基金管理有限公司。

基金正逐渐成为中小投资者投资资本市场的主要产品。它是一种基于投资组合理念的金融产品，相对于资本市场上的其他金融产品，它的特点是专业程度较高，风险较小。此外，由于基金是一种集合投资，因此它具有规模经济的优势，由众多投资者分摊投资费用，投资成本较低。中小投资者既没有时间、专业知识及资讯去管理个人的资产，也没有足够的能力去聘请专业人才代为理财，那么就可以根据自己的投资偏好，购买不同风险收益组合的基金以获得投资收益。

# 第二节　金融营销概述

## 一、金融营销的定义及特点

金融营销，顾名思义是指金融业或金融产品的市场营销，理解该概念的关键在于理解市场营销。提到市场营销，很多人会联想到广告、推销和互联网直播带货等，事实上这些只是市场营销的冰山一角。真正的市场营销是包括市场与需求分析、目标市场战略的制定、营销组合策略的设计、战略与策略的组织及实施等内容在内的一整套体系。

市场营销学是在20世纪初伴随着商品经济的发展而产生的，并逐渐形成了针对有形商品营销的理论。随着20世纪80年代金融学的高速发展，尤其是金融制度和金融工具的不断创新，金融产品的复杂化和多样化使得社会对金融营销的需求不断增加。金融营销学就是在市场营销学和金融学两个学科的基础上形成的交叉学科，它将传统工商业中营销的概念与金融业融合起来了。因此，想要了解金融营销的概念，首先应熟悉市场营销的概念。

美国市场营销协会（American Marketing Association，AMA）将市场营销定义为："市场营销是在创造、沟通、传播和交换产品的过程中，为顾客、合作伙伴以及整个社会带来价值的一系列活动、过程和体系。"著名的营销学者菲利普·科特勒（Philip Kotler）则对市场营销进行了如下定义："市场营销是辨别和满足人类与社会需要，把社会或私人的需要变成有利可图的商机的行为。"无论是哪种定义，市场营销本质上都是商品和服务的交换过程。在这个过程中有几点需要强调：

（1）市场营销以满足消费者需求为核心。识别顾客需求的目的是满足顾客需求，只有满足了顾客需求才能实现商品和服务的交换。因此，企业不仅要通过市场营销将自己的产品销售出去，更要识别顾客需求，创造出顾客需要的产品。为使顾客满意，企业需要对目标市场中的顾客需求做深入、全面、仔细、正确的考察，以便实施响应需求—引导需求—创造需求的营销策略。

（2）市场营销能为整个社会带来价值。市场营销的最终目的就是达成交易，使交易双方的效用都得到提高。消费者通过交易满足了特定的消费需要，企业通过向消费者提供其所需要的产品或服务实现盈利目标。因此，可以将营销活动理解为把需要变成有利可图的商机的行为。

（3）市场营销是一个管理过程。市场营销包括一系列与市场有关的经营活动，包括市场调研、市场细分、市场定位、产品设计与生产、产品定价、销售渠道、广告宣传、售后服务等。由此可见，市场营销是一个企业内部的管理过程。它要求企业运用一切市场活动和手段，加强内部各职能部门协作，将顾客需求转变为本企业有利可图的商机，这个过程也被称为整体营销。

金融营销是市场营销在金融领域的拓展，科特勒将其定义为："金融营销是指金融机构以服务金融市场为导向，以顾客需求为核心，运用整体营销手段向客户提供金融产品与服务，在满足顾客需求和欲望的过程中实现金融企业利益目标的社会行为过程。"

金融营销既与消费品、工业品等一般产品的营销有相似之处，同时又有其自身的特点和规律。正确把握金融营销概念需要注意金融营销与一般产品营销的差异。这主要体现为以下几点：金融产品的无形性；金融产品的不可分性；交易的持续性；买卖双重营销。基于以上差异，金融业与一般生产行业在营销方面有不同的侧重点：

（1）注重品牌营销。在金融市场中，由于金融机构所提供的金融产品在功能上大致相同，因此顾客在选择金融产品时往往不仅会考虑金融产品所带来的益处，还会考虑其对提供金融产品的金融机构品牌的喜爱和信赖程度。因此，在金融营销中，品牌营销比功能营销更加重要，也更加有效。

（2）强调直面营销。由于金融业属于服务业，所以很多金融产品的生产和消费是不可分离的。这就决定了金融产品不可能像传统工业产品那样通过专业的中间商来完成销售，而必须依赖自己的分支机构和营销人员进行直面营销。因此，金融业对于营销人员的要求更高，这些营销人员在营销过程中扮演的角色也更为重要。

（3）注重关系营销。由于金融产品的无形性和易效仿性，消费者选择金融机构和金融产品的困难程度提升，因此，实施顾客满意战略，提高金融服务质量，建立良好的客户关系，培养顾客忠诚度，在金融营销中显得格外重要。

## 二、金融营销的基本任务

现代营销观念认为，企业营销活动在产品开发之前就已开始，达成交易并不是营销活动的最终目的。因此，营销活动的开始从销售过程向前延伸到了生产过程、生产前准备过程，甚至消费者的需求调查与分析过程等，同时其结束也从交易达成向后延伸到了对消费者的售后服务、用户信息反馈等过程。这样，市场营销就成为从研究消费者需求开始到满足消费者需求结束的一个循环过程，这一循环过程被称为“营销循环”。从营销循环来看，金融营销的基本任务包括以下八个：

（1）收集和管理信息。金融企业作为提供公众服务的组织，应重视信息的收集和管理，不断采用科学的手段来为营销工作提供快捷便利的服务。当今社会已步入数字化时代，计算机管理、网络化服务已在金融界得到广泛应用，在促进金融企业提高金融服务质量和金融营销效率等方面发挥着极其重要的作用。

（2）分析客户需求。数字化时代的客户需求变得多样化和复杂化，这就要求金融企业洞察不同客户群的个性化需求，并动态地分析其金融需求的变化情况，从中把握商机。

（3）开发金融产品。金融企业应在客户分析的基础上针对不同客户群的需求特征，开发出相应的金融产品以满足其需要。金融企业既要不断提高服务质量、提升老产品的使用深度，也要根据市场需求的变化，适时开发新产品、发现新市场、开拓新业务。

（4）制定营销方略。为了确保金融营销活动成功，金融企业必须根据自身的业务许可范围、资源状况以及所处的经营环境，系统制定营销方略。金融企业的营销方略具体包括目标定位战略、市场进入战略、形象战略、竞争战略、产品组合策略、价格策略、促销策略、渠道与分销策略等。

（5）提高服务质量。金融企业是服务性机构，不断提高服务质量是金融营销的重要任务，也是维护金融企业品牌形象的基本方式。由于金融服务的差异性较小，金融企业应注重自身的信誉和品牌建设。

（6）防范金融风险。金融市场的不确定性使得金融企业所经营的任何产品都存在不同程度的风险，因此金融企业应将防范风险作为营销管理的一项重要任务，不仅要将自身的经营风险控制在最低限度，也要使客户所承担的风险与其所获得的收益相称。

（7）提高经营效益。金融企业在向金融客户提供服务的过程中还必须注重自身的盈利与发展，正确处理好社会效益与经济效益的关系。

（8）维护社会稳定。金融业对国民经济影响的广度和深度是其他行业所无法比拟的。金融企业必须认真遵守国家的法律法规，接受金融监管机构的监督管理，共同维护社会经济的繁荣和稳定。

## 三、金融营销的主要作用

在以市场为导向、以消费者为中心的营销观念的指导下，金融营销不断吸收经济学、心理学、行为学、传播学以及管理学等学科的理论，发展成为一门综合性的应用学科，对维护金融企业的稳定经营发挥着越来越重要的作用。这具体表现在以下四个方面：

（1）金融企业重视营销管理既是金融市场发展的客观要求，也是金融企业在竞争环境下提高自身生存和发展能力的实际需要。自20世纪70年代以来，在金融自由化浪潮的推动下，金融业内部相互渗透、竞争加剧，各金融企业纷纷把工作的重点转向市场，注重发挥优势、拓展业务、争夺客户，金融营销的重要性不断提高。

（2）营销管理是金融企业管理的核心职能之一。市场既是金融营销管理的起点，也是其归宿。因此，营销是现代金融企业管理的一项核心职能，营销职能的发挥就是要在以消费者为中心的营销观念的指导下，合理运用企业的有限资源，采用科学的营销手段，在服务于市场的同时使企业获得良好的经济效益。

（3）金融企业加强营销管理是防范金融风险的需要。由于金融业易受经济政策、宏观经济波动、客户心理预期、国际收支状况、金融产品供求以及各种突发事件的影响，因而金融活动具有较大的不确定性。为了防范风险，金融企业必须强化营销管理职能，通过加强对市场的分析和研究，适时调整经营战略和营销策略，不断开发出能够降低或规避风险的各种金融新产品，以实现企业经营的安全和稳定。

（4）重视营销管理是金融企业面对新形势下的机遇和挑战的需要。在经济全球化进程加快、国际资本流动、国际投资与贸易自由化，以及国内经济增长放缓、国家政策导向和金融业内部结构变化等新形势下，我国金融业正面临比以往任何时候都要大的机遇和挑战，金融企业必须抓住机遇，强化营销功能，提高管理水平，为我国经济建设服务。

# 第三节　数字化营销概述

近年来，随着互联网、移动商务等科技的迅猛发展，数字经济正在全球迅速崛起。数字经济极大改变了人们的生活方式，也深刻影响着产业的发展。人工智能、大数据、区块链等技术日渐成熟，正推动着社会加速发展。在新的时代背景下，数字化转型已成为各个产业发展的必然选择，在“互联网＋”的浪潮下营销变革已迫在眉睫。

## 一、数字化营销的定义

根据美国市场营销协会对数字化营销的定义，数字化营销是使用互联网、电脑通信技术和数字交互式媒体，有效调动企业资源开展市场销售活动，以实现企业产品和服务有效销售的活动。与传统营销的概念相比，数字化营销的概念主要突出了数字技术在营销活动中发挥的关键作用。在数字经济时代，传统企业必须把数字化营销作为一个重点来加以关注，变革不再能满足需要的旧的营销思想、模式和策略，形成新的营销方式。数字化营销不仅仅是一种技术手段的革命，而且是一种更深层的观念革命。它是目标营销、直接营销、分散营销、客户导向营销、双向互动营销、远程或全球营销、虚拟营销、无纸化交易、客户参与式营销的综合。

数字化营销相较于传统营销的特点主要包括：

（1）提供个性化服务。数字化营销是根据客户的需要提供个性化的产品，跟踪了解每位客户的消费习惯和爱好并推荐相关产品，是一种低成本与人性化的营销方法。

（2）提供丰富的产品信息。数字化营销是借助互联网进行营销的一种方式，互联网可以提供当前产品的详细规格、技术指标、保修信息、使用方法等内容，甚至可以提供常见问题的答案。用户可以通过互联网轻松地找到产品价格、品牌等信息。

（3）提供更多的选择空间。数字化营销不受货架和库存的限制，为产品的展示和销售提供了巨大的舞台，并为客户提供了近乎无限的选择空间。

（4）成本低廉。企业在互联网上发布信息的成本较低，而且可以通过互联网直接向消费者销售产品，这就减少了分销环节，节省了促销费用，从而降低了成本，提高了产品的竞争力。

（5）灵活性强。在数字化营销中，企业可以根据客户需求、竞争环境或库存情况及时调整营销产品的类型、价格和营销方式，从而突破时空限制，最大限度发挥营销人员的创新精神。

## 二、数字化营销的发展历程

数字化营销自 20 世纪 90 年代初开始萌芽，随着数字技术的不断进步，其一直处于快速发展中。从第一个互联网商业展示广告出现，到搜索引擎关键词竞价排名机制的使用，再到大数据精准营销模式的火爆，数字技术的更迭，催生了新的营销工具和手段，推动了数字化营销不断进化。以标志性的数字技术应用和经济组织形式为重要节点，数字化营销的发展历程可以划分为四个阶段。

### （一）数字化营销 1.0 时代：基于 Web1.0 的单向营销

20 世纪 90 年代初，万维网（World Wide Web）诞生，因特网（Internet）真正变成了全球互联网，开始走进人们的生活。在数字化营销 1.0 时代，互联网内容创造由网站主导，用户没有交互权，广告以单向传播为特征，用户被动接受网站上的营销信息（主要包括展示类横幅广告、弹出式广告、搜索引擎广告等），营销则是以销售产品为主要目的。

### （二）数字化营销 2.0 时代：基于 Web2.0 的互动营销

在数字化营销 2.0 时代，随着社交媒体和视频网站的异军突起，企业拉近了与用户的距离，建立了全面的营销策略，实现了对数据的实时监控和定期分析，因此，互联网逐步成为企业营销的重要渠道，广告主将更多的广告预算投入从线下媒体转移到线上媒体。

### （三）数字化营销 3.0 时代：基于大数据的精准营销

在以大数据技术应用为特征的数字化营销 3.0 时代，收集和分析用户搜索、浏览、点击、购买等数据变得可行，基于这些数据的“用户画像”可以帮助企业精准了解用户的需求和偏好，营销活动变得更加集中和高效，可以使品牌得到充分有效的展示。

### （四）数字化营销4.0时代：基于商业生态圈的生态圈营销

随着数字技术的高度发展和移动互联网的盛行，商业模式不断更新，大型互联网公司都在构建自己的生态圈，比如阿里系、百度系、腾讯系、小米系等等。营销也由只注重销售环节转到重视商业生态圈的协作，通过生态圈内企业间数据共享、策略导流，实现产品的个性化定制、广告的定向投放、线上线下渠道的融合和对消费者需求的精准锁定。

## 三、大数据与数字化营销的联系

数字化营销的背后是数据的积累和沉淀。用户无论是运用互联网学习、娱乐还是互动交流，都会留下相应的数字信息，将各个网站、App、内部私有网络的数据整合，就形成了大数据。大数据反映了人们的消费行为、浏览偏好等，通过大数据可以找到具有相同属性的人群。几乎每一个人群的行为都能通过大数据表达，因而大数据有极强的营销价值。

大数据可以分为结构化数据和非结构化数据。目前非结构化数据所占比例已经超过互联网总数据量的75%，主要包括图片、视频、音频等各种形式。和其他产业一样，大数据也有其产业链：数据生产者利用地理定位、移动应用数据、电子邮件等途径进行数据创建；架构师或工程师利用无共享扩展储存、弹性网络、Hadoop等硬件或技术进行数据采集；随后分析师进行信息处理，如数据探索、建模、预测等。经过以上流程，最终用户便可以享受相关服务，如基于位置的服务（外卖定位）等。

数字化营销以大数据为基础，将大数据独特的分析技术应用于企业营销工作，提升营销的精准性与有效程度，大数据是改进营销的手段和资源。大数据可以使数字化营销具有实际应用价值，主要体现在以下几个方面：

（1）消费者洞察。在大数据时代，用户信息充斥网络，消费者画像是全景式的、透明的、高精度的、动态的，这使得营销计划更为精准、有效，结果更可预测。例如，在获得网站或App等平台访问数据的情况下，可以基于用户的搜索记录和浏览记录向其推荐相似或互补的商品，这种基于大数据挖掘的推送能够大大节约用户的搜寻成本并刺激用户消费更多。

（2）品牌定位。传统的品牌定位依赖于营销人员对于客户需求的洞察、针对市场的调研以及个人的营销技巧，难以全方位了解市场的声音。利用大数据语义挖掘工具，可以在互联网上抓取相应的关键词，从而得出市场对于企业和产品的看法。

（3）广告精准投放。大数据来源的多维度属性可以更全面地描述用户的行为轨迹，这些数据包括线上的浏览数据、社交数据、交易数据和线下的用户定位数据等。结合消费者的地理位置轨迹，广告商可以实现精准投放广告。

（4）用户管理。根据数据采集或分析得到客户的信息，可以深入挖掘客户关系属性以及隐藏的信息价值，在此基础上对客户和信息进行明确的定位和分类，针对不同的客户采取不同的销售方式和方法。例如，通过分析购买某种产品或服务的客户具有的某些特征，可以对具有类似特征的客户进行开发，将其作为潜在的客户；还可以分析之前流失的客户的特征，在具有类似特征的客户流失之前改变销售方式或采取补救措施，以避免其流失，比如提供一些优惠。

（5）机器人智能客服。智能客服是在大数据处理基础上发展起来的一项面向行业的应用，它不仅为企业提供了细粒度知识管理技术，还为企业与海量用户之间的沟通提供了一种基于自然语言的快捷有效的技术手段。

**案例 1-1**

### 度小满“智能化征信解读中台”

中国人工智能学会公布2022年度吴文俊人工智能科学技术奖，由度小满建设的“智能化征信解读中台”工程荣获吴文俊人工智能科技进步奖。吴文俊人工智能科学技术奖被誉为“中国智能科学技术最高奖”，以我国智能科学技术领域杰出科学家、中国科学院院士吴文俊先生命名，自设立以来，已吸引700余家高校、研究院所和企业的众多项目参与角逐。“智能化征信解读中台”的入选，意味着评委会对度小满利用人工智能技术提升银行风控效率的认可。

在信贷领域，征信数据一直是非结构化数据的典范。由于它的复杂性和多样性，很难使用传统的数据处理方式进行分析。为了破解这一难题，度小满“智能化征信解读中台”将大型语言模型（LLM）、图算法应用在征信报告的解读上，能够将报告解读出40万维的风险变量，将银行风控模型的风险区分度提升了26%。

据介绍，度小满“智能化征信解读中台”工程可拆分为“3个平台—1个特征生成框架—3个模型”的“313”工程，结合大数据、人工智能、云计算等先进技术，支持度小满各环节业务智能化开展，进而助力金融数字化升级，实现科技赋能实体经济。截至2023年3月，该平台已获10项专利授权与24项软件著作权。

度小满持续探索大模型技术在金融行业的应用。2023年2月，度小满接入了百度“文心一言”。度小满CEO朱光表示：“大模型技术是下一代人工智能技术较量的核心课题，它正在重新定义金融科技。金融科技是技术驱动的金融创新，要抓住这次技术变革的机遇窗口，积极探索大模型技术的应用和发展，助力金融业实现从数字化到智能化的跃升。”

资料来源：度小满“智能征信中台”获吴文俊人工智能科技进步奖. 中国新闻网，2023-03-16.

## 第四节　数字时代金融营销的发展

### 一、金融营销的发展历程

曾经很长一段时间，金融机构的经营重点是产品开发及其风险管理，对市场营销的认识及开展时间比工商企业晚，这与银行等金融企业在市场中长期处于优势地位有关。科特勒曾经这样描述当时的情形：主管贷款的银行高级职员，面无表情地把借款人安排在比自己低得多的凳子上，居高临下，颐指气使。阳光透过窗子照在孤立无援的客户身上，此人正努力诉说着其借款的理由。直到20世纪50年代末期，银行间吸收储蓄的竞争加剧，营销观念才开始被引入金融行业。此后，金融营销经历了不断演化的过程，这一过程大致可以分为以下几个阶段：

### （一）排斥到引入阶段（20 世纪 50 年代）

20 世纪 50 年代中期以前，金融业完全排斥营销活动，无任何市场营销意识。当时，客户需要银行为他们提供基本的金融服务，金融产品经常出现供不应求的情况，银行处于卖方市场，完全掌握着经营与产品供应的主动权，根本没有必要去推销产品，而客户为了使自己的融资需求获得满足则不得不向银行求助。

进入 20 世纪 50 年代中后期，随着开展同类业务的金融机构日益增多，竞争日益加剧，商业银行的市场优势地位发生了动摇，金融行业原有的垄断格局被打破，甚至首次出现了银行产品销售困难的情况。为了更多地销售银行产品，一些银行开始借鉴工商企业的经验，采用广告与其他推销手段来促进银行产品销售。1958 年，全美银行协会会议首次提出金融业应该树立市场营销观念，推动银行业引进营销学，将银行业营销理论研究与实践相结合。

### （二）促销、友好服务和金融创新转换阶段（20 世纪 60 年代）

20 世纪 60 年代初，金融产品零售业务发展迅速，争夺顾客的竞争异常激烈。相当数量的银行误认为营销就是广告与促销的代名词，银行的任务就是做好广告宣传，把顾客吸引过来，把产品卖出去，若要卖得多、卖得快，就要强化广告与促销，因而银行业呈现出繁忙的促销景象。尽管广告与促销能带来销售量的增长，但是不能长久维持这一销售美景。这个现象使得一些银行寄希望于通过提供友好服务来培养顾客忠诚度。它们开展职业培训、注重礼仪、改善经营环境，力图打破以往冷峻的形象，努力营造温馨友善的气氛，以吸引顾客。结果是率先提供友好服务的银行得到了丰硕的回报。这随即引起了更多银行的仿效，使整个银行业步入友好服务阶段。

20 世纪 60 年代末，一些银行认识到金融业务的本质是满足不断变化的顾客需求，金融创新是一项最具竞争潜力的营销活动，于是开始加强对顾客需求的调查与对顾客购买行为的研究。同时，政府对金融管制有所放松，为此银行设计出多种金融产品来满足不同顾客的需求，如大额可转让定期存单（NCDs）、可转让支付命令（NOWs）、自动转账服务（ATS）等，既扩大了资金来源，又提高了资金运用效率，还增加了顾客收益。

### （三）服务定位阶段（20 世纪 70 年代）

银行产品因缺乏专利性极易被模仿，因此开发新产品的银行极易失去竞争优势。为谋求有利的竞争地位，银行将目光转向不易被竞争对手模仿的营销技术。事实证明，没有一家银行能为所有顾客提供他们所需要的一切服务，因此，银行应在确定服务对象方面下功夫，有所侧重，将主要产品和服务集中于某类顾客，谋求在该市场上更大的占有率。

这种认识推动银行业进入服务定位阶段。所谓服务定位，是指银行强调市场细分与目标市场选择及定位，努力树立一个鲜明的形象，将自己与竞争对手区分开来，便于顾客选择能最大限度地满足他们需求的银行。在此阶段，出现了致力于服务特定顾客的各类银行：有以大公司为重点顾客的银行，也有专门致力于为中小企业服务的银行；有偏重于稳健的投资银行业务的银行，也有投资于风险大但收益高的业务的银行；除了提供传统业务的银行外，还有提供保险、旅游、所得税安排、投资、财产托管、国际贸易等服务的所谓

“金融超市”。

### （四）系统营销阶段（20 世纪 80 年代至 21 世纪 10 年代）

20 世纪 80 年代后，西方金融业迅速发展，进一步推动了金融营销管理与改革。银行对营销有了更全面且深刻的认识，意识到营销不是孤立的广告促销、产品创新或服务定位活动，而是整体活动。要实现银行的各项目标，就必须对营销环境进行认真的调研与分析，充分了解顾客需求，结合本银行的竞争力，发掘营销机会，制定营销战略，综合运用产品、分销、促销、定价策略来为目标顾客服务。同时，由于市场的不确定性及营销人员的能力所限，银行在营销计划的执行过程中难免会出现一些失误或差错。为了确保营销目标的实现，银行还必须对营销工作实施全面的控制。

### （五）数字化营销阶段（21 世纪 10 年代至今）

自 21 世纪 10 年代以来，移动互联网的普及使得金融营销开始朝着数字化营销方向发展。在这个阶段，金融机构最开始聚焦于获取尽可能多的增量客户，营销的核心是网络广告投放。随着增量空间的缩减以及金融机构对自身客户数据资产的积累，数字化营销活动对各渠道数据的依赖度提升，能够对多渠道客户数据进行有效整合的客户数据平台以及能够系统化触达存量客户的客户管理系统受到金融机构关注。如今，数字化营销探索正朝着数字生态阶段迈进，多场景、全链路的数字化应用成为核心目标，客户相关数据在营销活动中的应用广度和深度也将进一步提升，企业内部数字化生态的高效运转以及对数据的合规化、安全化使用成为金融机构布局的关注点。

## 二、技术进步对金融数字化营销的影响

### （一）云计算

云计算是一种基于互联网的计算方式，它通过虚拟化技术将硬件和软件资源集中到一个虚拟的云中，然后通过网络供用户按需使用。

云计算具有以下几个特点：一是灵活性。云计算提供了灵活的资源使用方式，用户可以根据需求随时调整资源规模，按需付费。二是高可用性。云计算通过分布式架构和冗余设计，确保了服务的可靠性和稳定性。三是可扩展性。云计算可以随着用户需求的增长弹性扩展，满足不断变化的业务需求。四是安全性。云计算提供了安全可靠的数据存储和访问控制机制，可以保障用户数据的安全。

随着金融业数字化转型的加速，云计算在金融数字化营销中发挥着越来越重要的作用。云计算在金融数字化营销中的主要应用场景如表 1-1 所示。

**表 1-1　云计算在金融数字化营销中的主要应用场景**

| 应用场景 | 描述 |
| --- | --- |
| 数据存储和处理 | • 提供大规模、高可靠性的数据存储服务<br>• 帮助金融机构存储海量的客户数据、交易数据和市场数据<br>• 通过利用云计算的计算资源和数据分析工具，对这些数据进行高效处理和分析<br>• 为金融营销提供数据支持和决策依据 |

续表

| 应用场景 | 描述 |
| --- | --- |
| 营销自动化 | • 提供各种营销自动化工具，如邮件营销、短信营销、自动化流程等<br>• 帮助金融机构自动化执行营销任务<br>• 提高营销效率和精准度 |
| 个性化推荐 | • 基于大数据和人工智能技术，提供个性化推荐服务<br>• 帮助金融机构分析客户的行为和偏好，为客户提供个性化的产品和服务推荐<br>• 提高客户满意度和转化率 |
| 客户互动和关系管理 | • 帮助金融机构建立客户互动平台<br>• 通过社交媒体、在线客服等方式与客户进行实时互动<br>• 通过云计算的客户关系管理（CRM）系统，更好地管理客户信息和关系<br>• 提高客户留存率和忠诚度 |

### （二）人工智能与机器学习

人工智能（AI）已经成为当今时代的热词，正逐渐渗透到各个行业，包括金融业。金融数字化营销结合了人工智能技术，使得金融服务更加智能化、自动化。

人工智能是一个广泛的领域，其目标是通过计算机系统来模拟人类的智能行为。它涵盖了机器学习、深度学习、自然语言处理等多个子领域。简单来说，人工智能可以分为弱人工智能和强人工智能。弱人工智能专注于特定领域的任务，而强人工智能则涉及更广泛的领域并表现出类似人类的全面智能。

在金融数字化营销中，AI 的应用主要体现在自动化和智能化两个方面。自动化是指 AI 可以通过预设的算法和模型，自动完成一些烦琐的、重复的任务，如数据分析、客户筛选等，大大提高了营销的效率。智能化是 AI 的另一个重要应用，即智能化推荐和决策。例如，通过机器学习算法，AI 可以分析客户的消费习惯、兴趣爱好等信息，从而为客户提供更加个性化的服务或产品推荐。同时，AI 还可以通过分析市场趋势、竞争对手等信息，为金融机构提供更加智能的决策支持。

机器学习作为 AI 的一个重要分支，在金融数字化营销中也有着广泛的应用前景。机器学习是 AI 的一个子集，它的基本原理是通过训练和优化算法，使计算机系统能够从数据中“学习”并做出预测或决策，而不需要人为编程。在金融数字化营销中，机器学习的应用场景非常丰富，如客户细分、预测模型和个性化推荐等。

利用机器学习算法，金融机构可以对客户进行细分，深入了解不同类型客户的消费习惯、偏好等，从而制定出更加精准的营销策略。此外，通过结合历史数据和机器学习算法，金融机构还可以构建预测模型，对市场趋势、客户流失率等关键指标进行预测，从而提前做好应对策略。另外，机器学习算法还可以用于个性化推荐，通过分析客户的消费数据和其他信息，为客户提供个性化的产品或服务推荐，有效提高转化率和客户满意度。通过合理利用机器学习技术，金融机构可以不断提升营销的智能化水平，满足客户的多样化需求。

### （三）区块链技术

区块链技术作为一门新兴的技术，正逐渐在各个领域展现其巨大的潜力。在金融数字化营销中，区块链技术也正在被积极探索和应用。

区块链技术是一种分布式数据库技术，它通过去中心化的方式，将数据存储在多个节点上，而不是集中存储在单一的中心服务器上。这种技术具有以下几个核心特性：(1) 去中心化。区块链技术没有中心化的管理机构或硬件设备，所有数据都存储在多个节点上，并由这些节点共同维护和管理。这大大提高了系统的可靠性和容错性。(2) 安全性。由于数据被加密并分布在多个节点上，因此区块链技术具有很高的安全性。攻击者需要同时控制大部分节点才能篡改数据，这使得区块链具有很强的抗攻击能力。(3) 透明性和不可篡改性。区块链上的数据是公开可查的，且一旦写入就不能被修改或删除。这保证了数据的完整性和可信度。

随着区块链技术的不断成熟，其在金融数字化营销中的应用前景也越来越广阔。

应用场景一：数字货币。数字货币是区块链技术最广为人知的应用之一。通过数字货币，金融机构可以为客户提供更加便捷、安全的支付方式，并利用区块链技术的特性来保障交易的安全和透明性。

应用场景二：智能合约。智能合约是一种自动执行的合约，当约定的条件满足时，合约就会自动执行。在金融数字化营销中，智能合约可以用于实现自动化的交易、支付等操作，提高交易的效率和可信度。

应用场景三：供应链融资。区块链技术可以用于实现供应链融资的透明化和可追溯性。通过区块链技术，金融机构可以更加准确地评估供应链的风险和信用等级，为企业提供更加合理的融资方案。

此外，区块链技术还可以用于构建去中心化的金融平台、保障客户数据的安全等方面。随着技术的不断发展和完善，区块链技术在金融数字化营销中的应用将会更加广泛和深入。

### (四) 社交媒体与移动支付技术

社交媒体作为现代生活中不可或缺的一部分，对金融数字化营销产生了深远的影响。

社交媒体平台的用户规模庞大，且用户活跃度持续提高。以微信、微博、抖音等为代表的平台汇聚了数亿用户，用户每天在这些平台上花费大量时间浏览、分享和互动。这为金融机构提供了广阔的展示空间和潜在客户基础。

金融机构可以利用社交媒体进行品牌推广、客户互动和口碑营销等。通过精心设计的社交媒体广告、营销内容和活动等开展品牌推广，金融机构可以在社交媒体上迅速提升品牌知名度。社交媒体为金融机构提供了一条与潜在客户直接互动的渠道。通过在线客服、问答互动等方式，金融机构可以更直接地了解客户需求，提供个性化服务。优质的服务和产品可以通过社交媒体上的用户评价和分享得到迅速传播。这为金融机构树立良好口碑、促进业务增长提供了有力支持。

随着移动支付技术的日益成熟，它也为金融数字化营销带来了新的机遇和挑战。移动支付为用户提供了无需现金或银行卡的便捷支付方式，同时大幅提升了支付安全性，如指纹识别、面部识别等技术为支付安全提供了更加严格的保障。利用移动支付技术，金融机构可以大大简化交易流程，提高支付速度，结合智能通知和提醒功能，为用户提供更好的服务体验。此外，移动支付技术还可以大幅提高金融机构的处理速度，降低交易成本，从而提高整体业务效率。更重要的是，通过分析移动支付产生的数据，金融机构可以深入了解用户的消费习惯和偏好，从而制定更加精准的营销策略和个性化服务方案，进一步提升用户体验和业务效率。因此，如何充分利用移动支付技术的优势，将其与金融数字化营销紧密结合，是金融机构需要深入思考和实践的重要课题。

## 三、中国金融数字化营销现状和策略分析

我国的金融营销实践是从改革开放以后才开始的。具体来说，近些年随着金融市场的开放，竞争逐渐加剧，中国金融业才意识到营销的重要性，开始关注公共关系，树立良好形象，并采取做广告、搞宣传、提供上门服务和发展客户等营销方式的。随着数字化时代的到来，数字化营销已经成为金融业发展的重要趋势，金融机构开始使用互联网和移动设备等数字化手段进行营销推广和服务，以提高客户满意度和市场占有率。

近年来，我国的金融机构纷纷推出了各种数字化营销方案和产品。例如，中国工商银行、中国建设银行和中国农业银行等都推出了自己的移动银行客户端和网上银行，方便客户进行线上操作。同时，它们也通过社交媒体、搜索引擎、移动应用等多种渠道进行数字化营销，以吸引更多客户购买其金融产品和服务。此外，金融机构还积极开展金融科技创新，探索数字化营销的新模式。例如，通过大数据分析和人工智能技术，金融机构可以实现更加精准的用户画像和营销，提高营销效果和客户满意度。同时，金融机构也在探索区块链技术在数字化营销中的应用，以提高交易安全性和效率。

拓展阅读

2023 金融数字化发展洞察报告（节选）

目前我国金融营销正逐步迈入存量用户竞争的新时代，营销对金融业而言至关重要，而数字化正在为营销插上腾飞的翅膀。金融企业要在竞争中脱颖而出，就必须采用成熟的数字化技术，找出能够为企业创造利润的价值客户，根据客户的消费行为和所使用的产品的特征，为客户提供精细化的营销服务。

### （一）构建数据库，为决策提供数据支撑

数据库的应用改变了金融企业过去采用的自下而上、层层上报的统计报表方法。通过利用数据库技术，金融企业可以对分散的客户信息进行整合，构建客户单一视图，为经营管理提供实时、准确的决策支持。决策支持数据有两个层面的战略功能：一是在内部管理层面，能够真实、完整地反映金融企业的经营状况和未来的发展趋势，为各级领导决策和经营管理提供准确、及时、全面的信息服务和数据支撑；二是在客户服务层面，能够利用数据挖掘与分析，找出客户最需要的产品，为客户提供优质、全面、创新的服务。

### （二）细分客户，实现差异化服务

金融企业秉持“以客户为中心”的经营管理理念。客户经理如果要全面把握客户信息，就必须用数据挖掘的方法进行客户细分，找出不同客户群体的共同特点，了解客户的个性化需求，进行个性化营销。金融企业应对不同类型的客户制定不同的标准，在激烈的竞争中巩固和发展优质客户，以便确定有别于竞争对手的市场定位和差异性竞争策略，尽快建立和强化自己的竞争优势。

### （三）建立客户流失分析模型，挽留价值客户

客户流失已经成为金融服务领域业务人员越来越关注的问题。利用数据挖掘技术，可以识别出可能流失的客户的关键行为特征，分析这些关键行为特征，找出客户流失的原因，从而调整营销策略，提高客户满意度和忠诚度。

### （四）建立风险分析模型，提高抗风险能力

传统的风险管理已无法有效控制跨区域、跨部门、跨行业的多种风险。金融企业应建立欺诈侦测模型（该模型能够自动实时检测交易信息，如果发现可能的欺诈信息，就会自动生成报告），提高防范欺诈的能力，降低信用风险。数据挖掘分析技术可以帮助决策者科学评估风险因素，建立完善的风险防范机制。

## 本章小结

金融营销是指金融机构以服务金融市场为导向，以顾客需求为核心，运用整体营销手段向客户提供金融产品与服务，在满足顾客需求和欲望的过程中实现金融企业利益目标的社会行为过程。与一般产品营销相比，金融营销具有金融产品的无形性和不可分性、交易的持续性以及买卖双重营销等特征。因此，金融营销更注重品牌营销、直面营销和关系营销。

数字化营销离不开大数据。将大数据独特的分析技术应用于企业营销，提升了营销的精准性与有效程度。大数据是改进营销的手段和资源。大数据对数字化营销的实际应用价值体现在消费者洞察、品牌定位、广告精准投放、用户管理和机器人智能客服等方面。

金融营销自20世纪50年代创立以来的发展历程主要可以分为五个阶段：排斥到引入阶段，促销、友好服务和金融创新转换阶段，服务定位阶段，系统营销阶段，以及数字化营销阶段。中国的金融营销实践是从改革开放以后才开始的，近些年来发展迅速。

云计算、人工智能与机器学习、区块链技术、社交媒体与移动支付技术等的飞速发展对金融数字化营销产生了巨大的影响。

## 思考题

1. 什么是金融营销？金融营销有哪些特点？
2. 金融营销的主要作用有哪些？
3. 什么是数字化营销？数字化营销有哪些特点？
4. 简述大数据与数字化营销之间的联系。
5. 与一般产品营销相比，金融营销有何特点？
6. 总结中国现阶段金融市场主要的金融产品，并分析针对这些产品的营销策略的异同。

**第二章**

# 金融营销环境分析

**【目的与要求】**

掌握金融营销环境的定义及特点；熟悉金融营销的宏观环境因素和微观环境因素；了解数字化时代金融营销环境的变化。

金融营销作为一种营销活动，和其他任何行业的营销活动一样，都是在一定的经济、政治、社会、文化环境中进行的。金融营销环境影响金融企业的经营决策、营销方略及营销结果。它既会给金融企业的营销活动带来威胁，也会为金融企业的发展创造机会。金融企业的营销计划要能够适应客观环境的要求，以成功地避开威胁，有效地把握和利用商机，这对其发展而言是至关重要的。因此，只有了解金融营销环境，才能更好地认识环境对金融机构的作用，并以此作为依据，分析这些作用如何影响金融机构的营销活动。

## 第一节　金融营销环境概述

### 一、金融营销环境的定义

科特勒将营销环境定义为："企业的营销环境是由企业营销管理职能外部的因素和力量组成的，这些因素和力量影响营销管理者成功保持和发展同其目标市场客户交换的能力。"营销环境是指与企业营销活动相关的所有外部因素与力量之和。

金融营销环境的构成要素是极为复杂的，政治、法律、经济、科技、人口、文化、风俗习惯等都可以直接或间接地影响金融企业的营销活动。按照这些因素的影响范围，金融营销环境可以分为宏观环境和微观环境两大类。金融营销的宏观环境是对包括金融机构在内的各行各业都产生影响的各种因素和力量的总和，宏观环境的变化、发展对企业来说是相对不可控的，它既有可能对金融机构的营销和经营产生巨大的推动作用，也有可能影响金融机构中长期计划和发展战略的选择。金融营销的微观环境是金融企业在营销过程中所面临的个体环境，它对金融机构的营销活动产生重要的直接影响，并决定金融机构的生存和发展。

金融企业对营销环境进行分析时，应在全面了解的基础上把握重点，抓住那些对金融企业营销活动影响大且直接的环境因素，进行深入的分析，从而提高金融营销环境分析的科学性、经济性和实用性。同时，由于金融营销环境的构成要素是不断发展变化的，而这些变化会对金融企业的营销活动产生不同程度的影响，因此，金融企业应当重视对营销环境的研究，并对金融营销环境及其变化进行有效监测和动态分析，以便顺应环境的变化，及时制定和调整营销方略，变不利因素为有利因素，以实现自己的经营目标。

### 二、金融营销环境的特点

金融营销环境主要有以下四个特点：

（1）差异性。金融营销环境的差异性不仅表现为同一金融机构受不同环境因素的影响不同，还表现为同一环境因素的变化对不同金融机构的影响不同。正因为这种差异性，所以不同的金融机构为应对环境变化应采取不同的金融营销策略。

（2）复杂性。金融营销环境是极为复杂的，构成金融营销环境的要素之间又经常存在联系或排斥的关系。例如，保险业的发展已经离不开银行，银行也已经成为很多保险公司增长最快的销售渠道；银行在对其金融产品进行定价时，不仅要考虑市场供求状况，还要考虑国家关于金融产品定价的相关规定。

（3）动态性。金融营销环境始终处于变化之中，变化是金融营销环境的常态。这种变化包括可预料的变化和不可预料的变化、局部的变化和全局的变化、短期的变化和长期的变化。各种变化的速度也不一样，这些变化中的要素组成了一个动态系统。市场营销环境的动态性特点，决定了金融机构唯有积极应对变化、应对挑战，才能占据优势地位，不断发展。

（4）不可控制性。金融营销环境的复杂性、动态性等又决定了其具有不可控制性。资源的分布状况、政策、法规、意识形态、社会风俗习惯等因素共同对金融机构的营销活动产生作用，而这些因素是不能加以控制的外部因素。因此，金融机构要分析和研究这些外部因素，更好地抓住机遇，做好应变。

## 第二节　金融营销宏观环境分析

### 一、政治、法律和政策环境

政治、法律和政策环境的稳定是金融机构经营的基础性条件，金融机构的营销活动范围、营销活动可采用的工具等，都处在政府的控制之下。政治、法律和政策环境主要包括社会安定程度、政府对经济的干预程度、政府的施政纲领以及相关政策、各级政府的运行情况、政府部门的办事作风、社会团体利益的协调方式、法治建设状况、各种法律法规体系以及司法程序完善程度等。

#### 1. 政治环境

政治环境是指企业市场营销的外部政治形势和状况给金融营销带来的影响。在对国内政治环境进行分析前，要了解党和政府的各项方针、路线、政策的制定以及调整。对于发展国外业务、进军海外的金融机构而言，国际政治环境同样应该成为考虑的重点。

政治环境对金融营销活动的影响非常重要。以银行业为例，政治环境稳定是银行经营成功的保障性条件，政局不稳会导致社会动荡、经济混乱和低迷，对银行开展业务相当不利；政治活动和突发的政治事件可能使银行面临巨大的违约风险与挤兑风险。

#### 2. 法律环境

世界各国都颁布法律法规来规范和制约金融机构的活动。法律环境主要包括国家和中央银行颁布的有关法律法规和规章制度，在我国主要包括《中华人民共和国中国人民银行法》《中华人民共和国商业银行法》《中华人民共和国票据法》《中华人民共和国贷款通则》《中华人民共和国证券法》《中华人民共和国保险法》等。

金融机构的营销人员应熟悉和了解相关经济法律法规、条例等，对法律环境的分析除了要研究各项与国际、国内市场营销有关的法律规定，以及有关竞争的法律规定外，还要了解制定、执行相关法律规定的政府部门的职能与任务。

#### 3. 政策环境

各个国家在不同时期会出台不同的经济政策，金融机构需要密切关注国家政策的变化，灵活调整营销策略。仅 2020 年上半年，我国“一行两会”等各相关部门就发布了 300 多项与金融相关的政策信息，其中，中国人民银行发布相关政策信息约 90 项、中国银行保险监督管理委员会发布约 90 项、中国证券监督管理委员会发布约 60 项、国务院其他相关部委等发布约 60 项。

对金融营销活动来说，国家政策主要包括监管政策、利率政策、政府支持政策、数据安全政策和市场准入政策等。例如，相关部门可能颁布一系列金融法规和规章，要求金融机构在营销活动中遵守相关法律法规，保护客户权益，防范金融风险等；也可能通过调整基准利率来影响金融产品的利率水平，从而影响金融机构的定价策略和其产品的市场竞争力；还可能制定相关政策，要求金融机构加强客户隐私保护和数据安全管理，这直接影响金融机构的营销活动和客户对其的信任度。

拓展阅读

利率市场化对金融机构的冲击

## 二、经济环境

经济环境是指金融市场营销活动所面临的外部经济条件，主要包括经济发展水平、宏观经济走势、消费者收入水平、消费结构、国际经济环境等。与政治环境和法律环境相比，经济环境变化速度最快，对金融营销的影响也最直接。

#### 1. 经济发展水平

金融营销活动会受到一个国家或地区的整体经济发展水平的制约。经济发展水平不同，居民的收入不同，居民对未来的预期也存在差异。经济发展水平高、市场繁荣，则社会购买力会大大增强，银行贷款和储蓄都会增加，金融业务量会不断扩大；反之，经济发展水平低、市场萧条，则社会购买力不足，金融业务量萎缩。经济发达国家的金融企业市场营销体现为服务营销，发展中国家的金融企业市场营销体现为价格营销。

#### 2. 宏观经济走势

一个国家或地区的宏观经济走势对金融机构的日常活动有举足轻重的影响。在经济快速发展时期，金融机构往往不担心业务的开展，因为各行各业都离不开各种金融产品或服务，金融机构只需加强对金融产品的风险控制即可实现发展。而在经济低迷时期，经济活动的减少会直接影响金融机构的业务量，因此金融机构更需要在营销活动上下苦功夫，保证在宏观经济走势下降的情况下维持自身的发展。

#### 3. 消费者收入水平

消费者收入水平和结构的变化将直接影响到其消费、投资和储蓄水平。例如，在消费者收入水平极低的经济条件下，金融机构将无法开展消费信贷业务。在研究消费者收入的影响时，要注意几个概念。个人收入指居民从各种来源所得到的经济收入，包括工资、奖金、津贴、股息、利息、红利、租金等一切货币收入。个人可支配收入指个人收入中扣除个人直接缴纳的各种税款和保险等费用后的剩余部分，它决定着消费者的购买力，消费者可以自己决定是现时消费还是保留部分储蓄以供未来消费。个人可任意支配收入指可支配收入中除去家庭生活必需支出部分，如食物、水电煤气、通信等支出后的剩余部分，它决定着个人投资理财和购买金融产品的能力，是影响金融市场需求最活跃的经济因素，是金融营销研究的重点。

#### 4. 消费结构

消费结构是指各类消费支出在总支出中所占的比重。它是目标市场宏观经济环境的一个重要特征，能够反映一国的文化、经济发展水平和社会习俗。消费结构的特征决定目标市场产品需求的构成，从而影响企业的产品经营决策。我国正处于经济转型期，人们的消费结构发生了变化，对娱乐、文化教育和旅游等相关产品和服务的需求在不断上升，金融机构可以以此为基础开展营销活动。

#### 5. 国际经济环境

随着全球经济一体化的发展，世界各国的经济联系越来越密切，国际经济环境对于本国金融市场的影响更加明显，特别是当金融机构开展跨国经营时，其受到的影响更为深远。目前，国际经济环境十分复杂，金融营销所涉及的因素多且不断变化，主要包括各国的经济结构、经济发展阶段、人口结构、收入水平、国际资金流动等。这些因素对于金融营销决策的影响程度不同。例如，不同国家或地区的产业结构不同，对于进出口商品的结构和资金需求不同，要求金融机构提供的金融产品和服务就不同。再如，不同国家和地区所处的经济发展阶段不同，对于进出口商品的结构、档次、数量的需求就会不同，对于金融产品和服务的要求也有所不同。

### 三、社会环境

社会环境是指一定社会形态下的社会成员共有的基本信仰、价值观念和生活准则，并以此为基础形成的风俗习惯、消费模式与消费习惯等社会核心文化、社会亚文化和从属文化。相比之下，社会环境具有较高的稳定性。

#### 1. 社会文化环境

文化是在一定社会结构中人们所共有的价值观念和社会规范的综合体，即人们生活方式的总和。文化环境通常包括文化传统、受教育程度、价值观念、道德伦理、风俗习惯、宗教信仰、语言文字、生活方式等多方面内容。人们的生活方式、价值观念和风俗习惯会影响其生活与工作，因此不同社会阶层的顾客有着不同的购买行为。比如，对于我国广大的农民群众，保险公司的业务可能集中在农作物方面；对于城市中的中等收入者，保险公司的业务可能集中在养老方面；而对于那些高收入者，保险公司的业务则可能集中在健康和财产方面。此外，文化环境直接影响金融从业人员的思想观念和服务态度，因而间接影响金融企业的经营绩效。金融企业必须对文化环境有广泛而深刻的了解，才能做出适当的决策，避免在营销中陷入困境。

**2. 人口环境**

人口环境是由人口统计因素（如人口数量、分布、结构、学历和在区域间的移动）构成的。人口环境对金融营销的影响主要体现在两个方面：人口规模和人口结构。人口规模即人口数量，也就是人口绝对量，它会直接影响金融机构的业务量，而且由于人口数量的增减会导致社会总体消费增减，进而促进或者阻碍消费品生产企业开展业务，因此会间接影响金融机构业务量。人口结构包括自然结构和社会结构：前者如性别结构、年龄结构；后者如民族结构、职业结构、教育层次结构等。由于性别、年龄、民族、职业、受教育程度不同的消费者在收入、阅历、生活方式、价值观念、风俗习惯等方面存在差异，因而他们必然会有不同的金融消费需求和消费方式，进而形成各具特色的消费群体。

**3. 其他社会环境**

（1）受教育程度。受教育程度的高低会影响金融市场营销策略的选择，决定着市场营销方法的选择。例如，在文盲率高的地区，直观形式（如电视、广播）的广告要比文字广告的效果好得多。

（2）价值观念。价值观念是指人们对社会生活中各种事物的态度、评价和看法。具有不同价值观念的人对金融企业提供的商品和服务也有不同的要求。例如，对于具有更前卫的价值观的年轻一代，金融营销应突出商品和服务的新颖性，以及当前的获利性；观念较保守的中老年顾客讲求实惠，对未来考虑较多，对其进行金融营销要突出商品和服务的安全性、稳定性及长远的获利性。

## 四、科技环境

科技环境包括科学技术的变革、发展和应用状况。科技环境不仅直接影响金融企业的经营，而且还和其他环境因素相互作用，共同影响金融企业的营销活动。这主要表现在以下几个方面：

（1）科技的发展不仅提高了生产效率，也提高了交换效率，为金融市场营销提供了突破性的机会。例如，自动取款、电子汇兑和网络银行等的出现不仅极大地提高了金融服务的效率，改变了传统银行在人们心目中的形象，也使金融企业能更准确、更快捷、更高质量、更大容量地为客户提供新的金融产品和服务。

（2）科技的发展改变了人们的生活方式和生活观念，并为金融企业带来了新的营销机会。例如，随着人们逐渐接受了“在城市工作、在乡村（市郊）居住”的生活方式和“用明天的钱实现今天的梦”的生活观念，消费信贷也得到了快速发展。

（3）科技的发展促进了金融创新，催生了金融新业务和新产品。科技的应用使促销手段变得多样化，尤其是广告媒体变得多样化和广告宣传方式变得多元化。互联网的发展丰富了促销手段，既提高了营销效率，又降低了营销成本。

（4）新技术引起金融机构经营管理的变化。技术革命是管理改革或革命的原动力，它对管理提出了新课题、新要求，为企业提高管理水平和管理效率提供了物质基础。随着计算机、现代通信和一系列信息技术的广泛运用，金融机构可以设计出更多更新的产品，并通过多种渠道向客户准确、方便且高质量地提供产品，同时，其业务也从繁杂、低效向简单、自动化转变，不仅经营效率提高了，而且营销成本降低了。

# 第三节　金融营销微观环境分析

## 一、客户环境

俗话说："谁赢得了客户，谁就赢得了市场。"客户对金融机构营销活动的影响最大，金融机构应当仔细研究其客户市场。金融机构面对的最终客户市场可大致分为五类：（1）个人市场。个人市场由个人和家庭组成，仅为实现自身货币资产保值增值而购买金融产品。（2）生产商市场。生产商购买金融产品和服务是为了提高资金运转效率、通过市场方式融通资金、利用金融工具锁定原材料或产品价格以规避风险。（3）贸易商市场。贸易商购买金融产品和服务是为了获取资金和快捷的支付服务，加速贸易物流周转，从买卖价差中获取利润，周转次数越多，获取的利润越大。（4）政府市场。金融机构为政府提供专项资金管理与支付服务，或者为公共产品提供柜台收费等便利性服务。例如，居民通过银行支付税费及通信、交通、水电费用，保险公司代理政府收取交通事故强制保险费，等等。（5）国际市场。国际市场由其他国家的购买者构成，包括消费者、生产商、经销商和政府。每类市场不仅有国别的差异，也有各自不同的特点，销售人员需要对此进行深入研究。

客户环境分析的核心是需求分析。金融机构的营销策略因客户需求在不同时间和空间条件下不同而有所不同。而不同类型或层次的客户需求存在差异，因此金融机构应实施差异化营销策略。随着我国经济的快速发展，客户对金融产品和服务的需求也发生了巨大的变化。现在，衡量客户需求的基本要素包括：金融产品和服务的种类与范围、客户对金融产品和服务的潜在需求、客户对金融产品和服务的现实需求、大市场客户群体与目标市场客户群体、地理区域、特定需求的时间跨度（时期）、营销环境（不可控因素）和营销方案（可控因素）等。金融机构根据不同的需求要素进行不同的营销策略配置，实现企业的营销战略目标。

## 二、供应商环境

供应商是金融机构整个顾客价值传递系统中的重要一环，是价值创造的出发点。对于金融机构而言，最大的供应商是资金供应者；对于商业银行而言，最大的供应商是存款客户；对于证券公司而言，最大的供应商是证券购买者；对于保险公司而言，最大的供应商是投保者。此外，许多金融机构也会进入同业拆借市场以获得短期资金支持。资金供应者的变化对营销有重要影响。营销部门必须关注：（1）资金供应能力，即提供资金的数额、速度和期限等因素；（2）资金成本，资金成本上升将影响金融产品的销售额。

第二大供应商是设备供应商。金融业是高度信息化的行业，随着经营规模的扩大、管理复杂程度的提高，IT 技术的应用越来越广泛，金融机构对其的依赖度越来越高。例如，金融机构大都建立了自己的信息管理系统（MIS）、客户关系管理（CRM）系统、企业资源计划（ERP）系统、信用卡运营系统等。昂贵的电子设备的硬件与软件的升级换代与兼容性调整以及维护管理，不仅对投资成本影响很大，同时还涉及金融机构自身和客户资产的安全。因此，重要的管理系统设备必须经过充分的研究论证才可以采购。

## 三、竞争环境

从营销学的角度来看，一个金融机构要想获得成功，就必须比竞争对手做得更好，使顾客更满意。因此，开展对竞争对手的分析是营销过程中不可忽视的一个环节。一般来说，分析竞争对手可以从分析竞争对手的数量、市场份额和营销策略三个方面进行。

### 1. 竞争对手的数量

在对竞争的分析中，竞争对手的数量是相当关键的，这有利于金融机构判断市场中竞争的激烈程度。随着我国经济的快速发展，我国金融业已形成开放度高、竞争性强、多种金融机构并存的多元化格局，金融机构面临着激烈的竞争。我国巨大的市场是吸引众多竞争者进入的原因之一，但竞争对于市场中的每一个金融机构来说都既是机会，又是挑战。

### 2. 竞争对手的市场份额

衡量市场份额的指标主要是市场占有率和市场集中度。市场占有率是指在一定时期内，企业所生产的产品在市场上的销售量或销售额占同类产品销售总量或销售总额的比例。通过比较竞争对手和自己的市场占有率，能够较为客观地评价每一个竞争对手在市场中的地位。市场集中度则是指市场份额的集中程度，也即领先、具有较强竞争力的金融机构的数量，据此我们可以判断市场的结构以及进入市场的难易程度。市场集中程度高意味着市场份额被少数实力强的金融机构所占有，进入难度较大。

### 3. 竞争对手的营销策略

对于金融机构来说，确定自己的竞争对手并不困难。一旦确定竞争对手，就要分析它们的战略、目标、优势与劣势以及运行模式。在进行金融营销时，研究竞争对手就不能不分析其金融营销策略。通过对竞争对手的具体营销策略的分析，金融机构可以得到许多有用的信息，比如竞争对手的定价策略是什么，提供的产品或服务的数量与品种有哪些，运用了什么促销手段，通过何种渠道和如何进行网点设置以进入市场，以及如何通过广告等宣传策略树立其在客户心目中的形象、维护其信誉和进行品牌推广等。

## 四、内部环境

在制订营销计划时，营销部门应兼顾其他部门，如最高管理层、研究与开发部门、行政后勤部门、业务职能部门、会计部门等，所有这些相互关联的部门构成了金融机构的内部环境。由于营销部门和其他部门之间是相互作用的，因此营销计划的执行依赖于金融机构内部的多个部门，尤其是数据处理部门、系统与操作部门、人力资源部门、财务会计部门、银行投资部门、法律服务部门、审计部门等。各个职能部门的相互配合情况决定了金融机构部门间的关系以及营销活动的效果。在实际运行的过程中，日益激烈的行业竞争使金融机构的营销活动变得日益复杂，营销部门在金融机构中的地位也随之提高，这不免会引起各部门之间的矛盾。因此，分析企业面临的内部环境、处理好各部门之间的关系、提高部门间协调合作的能力是金融机构提高营销活动效果的关键。

### 五、公众环境

公众是指对一个组织完成其目标的能力有着实际或潜在兴趣的群体。这个群体具有某种共同点，这些共同点会影响企业实现目标的能力。一个企业在追求自身营销目标的同时，必须对周遭各种各样的公众有着充分的认识，并对公众如何看待企业予以回应。公众主要可以分为以下六种类型：（1）金融机构的股东和投资群体。这部分公众对金融机构的存在和未来发展发挥着至关重要的作用，因为他们是企业的真正所有者。（2）媒体。媒体一般包括服务于所在市场的报纸杂志、电视台和广播电台。这些媒体对金融机构的报道会影响一般公众对金融机构的看法。（3）金融机构所服务地区的一般公众。他们对金融机构的认识和印象直接影响金融机构吸引新客户与维持旧客户的能力。（4）政府机构。政府机构是掌握国家政策和法规的公众，因此，金融机构在制订营销计划时，必须认真研究这部分公众的发展变化。（5）公民行动团体。一个金融机构在进行营销活动时，可能会受到消费者保护组织、环境保护组织等的质询。一方面，此类组织会监督金融机构的营销活动；另一方面，它们也促进了金融机构的发展。（6）内部公众，包括员工、经理和董事会等。金融机构往往通过内部通信和其他手段向内部公众传递信息，鼓舞斗志。当员工对自己就职的机构感觉良好时，他们的积极态度会传递给外部公众。

## 第四节　数字化时代金融营销环境的变化

金融业本身是信息科技运用的前沿行业，也是中国信息基础设施最完善、数据资源最丰富的行业之一，拥有开展大数据分析等新技术应用的基础资源和推动数字化转型的良好条件。因此，数字化转型已成为我国金融业发展的必然趋势，对金融营销环境产生了深远的影响，使金融营销环境出现了以下几个方面的变化。

### 一、政策环境变化

美国发布了《美国数字经济议程》《在数字经济中实现增长与创新》《美国国家网络战略》等国家战略规划，提出把发展数字经济作为实现繁荣和保持竞争力的关键。英国推出了《数字英国》《数字经济战略（2015—2018）》《英国数字战略》等战略计划，对打造世界领先的数字经济和全面推进数字化转型做出了全面且周密的部署。德国出台了《德国 ICT 战略：数字德国 2015》《“工业 4.0”战略》《数字议程（2014—2017）》等战略，为德国建设成为未来数字强国指明了方向。另外，日本、韩国等亚洲国家和法国等其他欧洲国家也陆续推出了数字经济相关规划或措施，以促进数字经济的发展。

拓展阅读

全球主要经济体的数字经济政策动向

中国政府对金融业数字化转型也非常重视。2021 年 12 月，中国人民银行印发《金融科技发展规划（2022—2025 年）》。规划提到，当前的重点任务在于全面塑造数字化能力，强化数字思维、培育数字文化，提升全员数字素养，将以数连接、由数驱动、用数重塑的数字理念深度融入企业价值观，建立技术从“支撑使能”向“价值赋能”变革的数字化认知，增强对数字化趋势的洞察力与适应力。此外，《中华人民共和国国民经济和社会发展第十四个五年规划和 2035 年远景目标纲要》和《中国银保监会办公厅关于银行业保险业数字化转型的指导意见》等政策文件的出台也体现了国家的政策方向。

## 二、技术环境变化

拓展阅读

中国金融业数字政策梳理

数字化技术与金融营销业务数字化转型需求具有较高的适配性，这主要体现在客户关系和风险防控两个方面。

### 1. 客户关系

首先，数字化技术有助于数字化营销场景建设。前沿技术通过将无限算力、泛在智慧、远程交互等全真互联技术与银行营销业务场景高度融合，以数字化虚拟营业厅与虚拟数字客服的形式为用户提供沉浸式场景营销体验，从而实现高度定制的用户精准营销。其次，数字化技术有助于智慧化精准营销策略的制定。大数据、AI、云计算等前沿技术作为银行策略管理平台、数据分析平台等数字化营销能力的底层技术支持，通过提升用户画像精准度、增加触客渠道、改善交互模式、丰富运营活动等方式，充分挖掘用户数据价值，以数据赋能用户经营，助力金融机构实现精准营销策略制定。最后，数字化技术有助于管理存量客户。存量市场下愈加激烈的同业竞争对金融机构的营销能力提出了更高的要求，以前沿技术支持的客户关系管理系统对金融机构深度挖掘客户数据、系统确立标签模型等方面具有重要作用，可以帮助金融机构实现对客户的全生命周期管理。

### 2. 风险防控

在传统风控模式下，银行等金融机构主要采用人工信审方式，数据多来自央行的征信系统。而在普惠金融的大环境下，个人与企业的资金需求差异较大，传统风控审批效率不高、人工处理成本居高不下、数据来源单一等问题逐渐显现。在各类金融数字化技术的加持下，数字风控作为传统风控模式的一种数字化升级补充应运而生。在数字化时代，以数据为企业核心资产、以技术为数字化重要引擎、以场景为业务关键落脚点的三位一体的数字风控模式正在形成，智能化和生态化是组成以人工智能技术为核心引擎的未来金融风控的核心所在。因此，运用大数据、AI 等数字化技术是实现金融风控智能化与生态化发展的必然路径。中国人民银行于 2019 年 9 月印发的《金融科技（FinTech）发展规划（2019—2021 年）》也提出，运用大数据分析、AI 等技术建立数字风控模型，可以有效甄别高风险交易，智能感知异常交易，实现风险早识别、早预警、早处置，提升综合金融风控能力。

## 三、客户环境变化

在数字化背景下，消费者也受到了深刻影响。数字经济不仅改变了传统生产服务模式下的消费环境与消费方式，拓展了新的消费者群体，带动了消费升级，而且引发了消费者行为的新变化。金融机构必须高度重视客户消费需求的发展态势并分析客户行为的新特征，才能深入了解客户环境的发展变化趋势，并做出相应调整。

**1. 客户行为更加个性化、特色化以及多元化**

受大数据、AI 等数字化技术的驱动，消费的个性化、特色化以及多元化已经成为客户行为的重要新特征。客户可以通过网络定制个性化、特色化产品。客户行为的新特征为企业开发出更大的消费市场与更多新的客户群体提供了契机。客户行为的多元化主要是指消费内容的多元化，不同的客户群体创造了不同的商机。

**2. 客户的冲动性消费行为增加**

在互联网技术升级的影响下，由于客户在生活中接收到的信息冗余加重了信息不对称，且受到众多电商平台直播带货等的影响，通过电商平台购买的商品种类多，消费行为趋于非理性化，冲动性消费行为持续增加。

**3. 客户更加热衷于体验和多途径消费**

伴随技术升级而来的 AR/VR 等新体验影响着客户决策，客户的消费模式正在从商品消费转向体验消费。客户不仅重视商品品质，而且愈加关注购买商品带来的愉快体验。技术升级让客户对购物有了新的体验，让他们有了更多的购物需求。同时消费途径也在发生变化。随着线上消费的不断发展，线下消费也在逐渐升级。线上消费方便快捷，线下消费则可以提供综合体验。目前，客户对“逛街”式体验的偏爱、对社交与娱乐的需求都促进了线下消费的发展。

**4. 社交消费需求提升**

社交消费是通过社交生态来影响客户购买行为的销售模式，可以通过线上社交媒体等与客户互动，或通过关键意见领袖（Key Opinion Leader，KOL）和社群的方式与客户互动以影响其消费行为。年轻一代是线上社交的活跃群体，同样也是社交消费的主要群体。在数字经济时代，各类社交圈、社交分享具有很大的影响力，社交 App 的出现也为用户的社交购物提供了便利，金融机构可以利用碎片化的时间通过微信公众号和小程序与客户建立联系，通过朋友圈、社交圈形成社交引力，通过社群传播来让更多新奇的商品脱颖而出，吸引客户的眼球、建立客户的忠诚度，进而让客户产生购买行为。

**5. 客户更愿意为品质和效率买单**

随着智能制造等技术融入产品生产过程中，国内产品的质量得到提升，客户在购买产品时已经实现了从追求量到追求质的提升，高质量的产品越来越受到客户的欢迎。很多客户注重使用产品时的感受，越来越多的客户愿意为质量买单，因此产品应该满足客户对质量的预期。

## 四、竞争环境变化

随着数字化浪潮袭来，金融机构面临的竞争也日趋激烈。一方面，越来越多的数字金融公司跻身金融市场，凭借其雄厚的资本实力、先进的管理和技术在结算、信息、融资等方面形成竞争优势，挤占了传统金融机构的市场份额。另一方面，数字金融公司可以利用信息优势和技术优势打造新的营销策略，实现客户的精准营销和规模化营销，这是传统金融机构无法比拟的。以银行业为例，竞争的加剧具体体现在流动性服务和支付服务等方面。

### 1. 流动性服务

商业银行的主要功能是吸收存款、发放贷款，为社会提供必需的流动性服务业务。数字金融会冲击银行的流动性服务业务，从而改变银行的竞争格局。从负债端来看，余额宝等货币基金产品凭借其较高的收益性和便捷性，逐渐挤占了商业银行的存款业务空间，它们对传统银行存款业务的替代作用导致了银行存款分流。商业银行为维持并抢占存款业务份额，不得不参与价格竞争。从资产端来看，由于我国银行业信贷体系还不够完善，中小企业在获取融资时受到严重制约的问题仍未彻底解决；而数字金融凭借其成本低、覆盖广、效率高的特点，迅速占领了中小企业贷款市场以及个人消费贷款市场，实现了在资产端与传统银行业的错位竞争。

### 2. 支付服务

传统商业银行提供流动性服务和风险管理的能力较强，因而在支付服务领域占有优势。随着信息技术的发展，一些数字金融公司凭借其深厚的用户基础及便利的交易平台打造了新型移动支付产品（如支付宝），打破了传统银行业对支付业务的垄断。移动支付的便捷性以及经济性，使其成为越来越受欢迎的新型支付方式，这削弱了银行在支付业务上的获利能力，加剧了支付服务领域的竞争。

案例

“惠省钱”快捷支付数字化运营体系

## 本章小结

金融营销环境是指在金融机构营销活动之外，能够影响营销部门建立并保持与目标客户的良好关系的能力的各种因素和力量。

金融营销环境通常可以分为宏观环境和微观环境两类。宏观环境是对包括金融机构在内的各行各业都产生影响的各种因素和力量的总和，主要包括政治、法律和政策环境，经济环境，社会环境，科技环境等。微观环境是对金融机构的营销活动产生重要的直接影响并决定金融机构的生存和发展的个体环境，主要包括客户环境、供应商环境、竞争环境、内部环境、公众环境等。

在数字化时代，金融业面临的宏观环境与微观环境正在发生深刻变化。金融机构应该对环境变化持积极态度，努力从变化中识别出金融营销的机会，也要从环境变化中识别出可能面临的商业风险，避免投资损失，如不应再开发和推广那些市场已经饱和或随着环境的变化即将被淘汰的金融产品。

## 思考题

1. 什么是金融营销环境？其具有怎样的特点？
2. 请联系实际分析我国政治、法律和政策环境会从哪些方面影响金融营销活动。
3. 思考微观环境作为个体环境是如何决定金融机构的生存和发展的。
4. 金融机构最关注哪些经济环境？它们对金融营销的意义是什么？
5. 试举例分析数字化时代金融营销环境发生的深刻变革。

# 第三章

# 数字化时代的消费者购买行为

**【目的与要求】**

了解金融客户的含义和分类；掌握影响个体购买者行为和机构购买者行为的模式和主要因素，熟悉个体购买者和机构购买者的购买决策过程；掌握数字化时代消费者的购买路径及其特点，培养根据购买者行为特征制定相应营销策略的能力。

## 第一节　金融客户的含义和分类

### 一、金融客户的含义

金融客户是指使用金融企业所提供的金融产品与服务的个人或组织，即金融企业的服务对象。无论是在货币市场还是在资本市场，参与各种金融交易的主体或中介，甚至某些金融机构本身，在不同的时间、场合以及不同的交易过程中，都有可能会成为金融客户。

### 二、金融客户的分类

#### （一）按金融交易主体划分

1. 个人或家庭

个人或家庭是社会资金的盈余部门，出于教育、婚丧嫁娶、生老病死等动机参与金融交易，是金融市场中主要的购买者。但因为其可运作资金量较少，所以大多数个人或家庭从事间接投资，是金融机构的资金供给者。

2. 非金融企业

非金融企业主要包括生产性企业、流通性企业和非提供金融市场性服务企业。它们是金融服务的主要对象，既可以是资金供给者，也可以是资金需求者。

3. 政府

政府是金融市场的大众客户，它是资金供给者，但更主要是资金需求者。政府资金供给者的角色体现在政府的预算收入和各种经费以及短期内的闲置资金一般会存入金融机构；资金需求者的角色体现在政府通常以发行政府公债的方式募集资金。

4. 金融企业和机构投资者

金融企业和机构投资者在金融市场上发挥中介作用。金融企业主要包括银行和非银行金融机构，如商业银行、政策性银行、保险公司和信托公司等。这些金融机构有些是在间接融资领域从事经营活动，有些则是在直接融资领域开展业务，有些是两者兼而有之。

机构投资者主要是指在资本市场参与大宗投资交易的金融机构，如保险公司、信托投资公司、财务公司、投资基金公司、养老基金以及其他各种被允许在金融市场运作以实现保值增值目的的基金等。机构投资者参与金融交易的资金数额较大，对于金融市场的影响也较大，其投资对象主要是公司股票、企业债券和政府公债。

5. 事业单位与社会团体

事业单位与社会团体主要包括研究机构、医院、学校、党群组织以及各种有活动经费的社会团体等。由于上述组织一般是社会资金的盈余部门，因而其会把闲置资金用于银行储蓄或在证券市场购买股票或委托投资公司参与中长期投资等。

### （二）按金融交易需求划分

1. 头寸需求者

头寸需求者主要指实行存款准备金制度的金融机构，如商业银行等。货币头寸是银行同业拆借市场的主要交易工具，当商业银行实际存款准备超过法定准备时，便形成“多准备头寸”，商业银行可以借出其多余的头寸，以增加利息收入；反之，当其实际存款准备少于法定准备时，则出现“少准备头寸”，此时商业银行需要拆入头寸来补足法定准备额度，以避免受到处罚。

2. 筹资者

筹资者指通过金融机构在金融市场筹资的资金使用者，主要包括生产性与流通性企业、其他非提供金融性市场服务企业、政府等，也包括某些机构投资者、急需资金的社团组织和个人等。

3. 投资者

投资者指金融市场上以一定报酬为前提出让资金使用权的资金供应者，包括各类存单持有人、政府公债持有人、企业债券持有人、信托或基金受益凭证持有人等。尽管投资者的投资收益率不同，所承担的风险也不同，但都是以获取一定收益为目的的出资人。

4. 投机者

金融市场上的投机者存在于一级市场与二级市场，并以二级市场最为常见。在发达的金融市场尤其是二级市场上，投资者与投机者只是动机不同，其金融行为难以分辨，并且受各种因素的影响，相互之间还会转化。金融市场上的投机难以避免，但过度投机不利于市场的健康发展。

5. 保值者

保值者指因担心金融资金贬值而持有具有保值性质的金融产品的客户，如参与保值储蓄者、黄金珠宝购买者等。

6. **担保者**

担保者指在投资者与筹资者之间发挥信用保证作用的机构。投资者为了能够在约定期限内收回投资本金和收益，一般要求筹资者以有效、可信的形式提供保证，于是第三者抵押担保便成为一种重要的信用保证方式。担保者往往是具有良好信誉或有较强担保偿付能力的机构，如银行、大企业、专业的担保公司等。

7. **投保者**

投保者指保险公司的客户或保险受益凭证的持有人。在与保险公司签订保险合约后，投保者依约缴纳保费，保险公司则按保险凭证约定对其保险标的（如财产、人寿等）履行保险责任。

8. **经纪人**

经纪人指在金融交易中以获取佣金为目的，主要发挥代理、承销、经纪、咨询等作用的金融中介机构，如货币经纪人、证券经纪人、证券承销商、外汇经纪商、金融咨询公司等。

### （三）按金融交易量划分

1. **散户**

散户指交易量小，交易相对分散、频繁的客户，主要是社会公众。尽管散户中既有资金供给者，也有资金需求者，但总体而言，散户大多为资金供给者，是社会中的一般投资者。由于散户量大且面广，金融企业需要广设网点，不断增加服务人员，因而营销成本较高。然而，只要金融企业积极开发散户所需要的金融产品与服务，善于经营与管理，依然可以做到有的放矢，成功营销。

拓展阅读

中国建设银行客户分类

2. **大户**

大户指交易量较大、交易相对集中的客户，如企业、政府、金融机构、机构投资者等。大户既可能是大宗资金的需求者，也可能是大宗资金的供给者。由于大户易于管理且带来的收益可观，因而大户成为金融企业竞相争取的对象，但大户对金融企业所提供的服务的质量要求也较高。

## 第二节　个体购买者行为分析

消费者在购买过程中收集信息、比较方案、进行购买等行为不是凭空产生的，而是会受到诸多因素的影响，既有来自消费者自身的因素，也有来自外部环境的因素。消费者这些行为的出现有一定的规律可循，金融营销人员如果掌握了这些规律，就可以通过适当的手段对消费者予以刺激，使外在刺激因素与消费者的内在心理发生整合作用，促使消费者做出购买决策，产生购买行为。这些规律正是研究消费者购买行为模式时所要寻找的。

## 一、个体消费者购买行为模式

行为心理学理论认为，人的行为都是由外界刺激引起的。根据这一理论，科特勒提出了“刺激—反应”模型，认为个体消费者行为是一个受到刺激与做出反应的过程。对于金融营销人员而言，其面临的核心问题是：个体消费者对金融机构可能采取的市场营销刺激会如何反应？

如图 3－1 所示，个体消费者行为来源于其受到的来自环境和营销的刺激。面对刺激，个体消费者会因为个人特性的不同而做出不同的反应，表现为营销人员能观察到的一系列行为。但个体消费者的内心经历了一个怎样的决策过程？这一过程又受到哪些因素的影响？这是营销人员最感兴趣但又无法完全认识的领域，被称为“消费者黑箱”，营销人员必须探明“黑箱”中有什么。

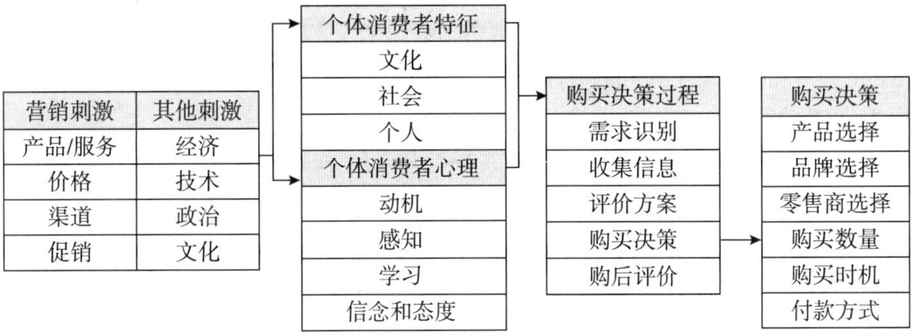


**图 3－1　个体消费者购买行为模式**

市场营销刺激主要由产品/服务、价格、渠道和促销构成，其他刺激包括个体消费者所处环境中的重要力量和事件，包括经济、技术、政治和文化等方面。所有这些因素进入“消费者黑箱”，在那里转化成一系列可以观察到的个体消费者反应。金融营销人员需要理解刺激怎样在“黑箱”中转化成反应，这主要由两部分构成：个体消费者特征和心理以及个体消费者购买决策过程。

## 二、影响个体消费者购买行为的主要因素

科特勒提出，影响个体消费者购买行为的因素主要有三个：文化因素、社会因素和个人因素。在个人因素中，心理因素具有重要作用，通常情况下会单独分出来，如图 3－2 所示。

<table>
<tr><td>文化因素</td><td>社会因素</td><td colspan="2">个人因素</td></tr>
<tr><td rowspan="2">文化<br>亚文化<br>社会阶层</td><td rowspan="2">参照群体<br>家庭<br>角色和地位</td><td rowspan="2">年龄<br>职业和经济状况<br>生活方式<br>个性</td><td>心理因素</td></tr>
<tr><td>动机<br>感知<br>学习<br>信念和态度</td></tr>
<tr><td colspan="2">外在因素</td><td colspan="2">内在因素</td></tr>
</table>

**图 3－2　影响个体消费者购买行为的因素**

## （一）文化因素

### 1. 文化

文化是特定社会或国家在物质基础上，通过实践活动形成的价值观、道德理念、信仰习俗和行为方式的集合。尽管文化本身是无形的，但它塑造了人们的生活环境，并被人们感知。文化是影响个体欲望和行为的基本因素，能够对消费者的购买行为产生深远且广泛的影响。

价值观与规范是文化中重要的组成部分。价值观是指在同一文化背景下被大多数人所认同和倡导的信念，代表着一个社会或群体对某一类事物的看法和评价，是人们用来指导自身行为、态度和判断的标准。文化价值观分为核心价值观和次要价值观。核心价值观是指特定社会或群体在一定历史时期内形成，并被人们普遍认同和广泛持有的主导价值观念，而次要价值观则是指特定社会或群体在一定时期内形成和被人们持有的从属价值观念。例如，“孝悌忠信”是中国传统社会中的典型核心价值观，社会主义核心价值观则是当代中国的核心价值观。了解目标消费者所在文化的核心价值观，有助于营销人员预测和掌握目标消费者的行为。

规范是指行为的规则，它是一种“何者应为”和“何者不应为”的行为指引。规范比价值观更明确。根据约束力和重要性的不同，文化规范可分为风俗、社会习俗和法律规范三类。风俗一般与传统习惯相关，是指支配人们的饮食、着装、礼仪、礼节等日常行为的规范。社会习俗是社会道德价值的具体表现。对父母的尊敬、对长辈的尊重，是“应为”的积极规范；但有些习俗是“不应为”的消极规范，如近亲通婚等，这种消极规范被称为社会禁忌。法律规范是一种明确且正式化的规范。在策划营销活动时，营销人员必须细致考虑各个文化群体的风俗、社会习俗和法律规范，以确保营销活动既符合道德和法律要求，又能够尊重并融入目标市场的文化价值。

### 2. 亚文化

根据种族、民族、人口特征、地理位置、宗教信仰、国家和伦理背景等的不同，可以将一种文化分成几种亚文化。所谓的亚文化（又称副文化、次文化），是指某一文化群体所属的次级群体成员共有的独特信念、价值观和生活习惯。亚文化群体在共享整体文化的同时还有自身独特的文化要素。

属于同一亚文化的人往往拥有相似的个人态度、价值观，同时也表现出类似的消费行为与决策过程。消费者通过消费某些象征性的商品，使用具有某种特定亚文化意义的商品和服务来表达自己的文化属性和社会属性。因此，亚文化群体的差异更容易被识别、描述。例如在我国，同样是吃早餐，河南人喜欢喝胡辣汤，而湖北人喜欢吃热干面。消费者的价值观念、生活方式、消费态度总是在变化，导致新的亚文化群体层出不穷。通过对新的亚文化群体的分析，营销人员可以了解目标市场的需求状况和消费行为特征，从而提高营销策划的目的性和针对性，取得更好的营销效果。

### 3. 社会阶层

社会阶层是一个社会按照其社会准则划分出的相对稳定的成员层次结构。由于社会差异和社会成员的多样性，社会必然形成分层体系，不同状态和位置的成员构成不同阶层，相同状态和位置的成员构成同一阶层。社会阶层的形成是普遍现象，每个人在社会中都有特定位置。

社会阶层主要受经济变量（职业、收入、财富）、社会变量（个人声望、社会联系、社会化）和政治变量（权力、阶层意识、流动性）影响。划分方法主要有单一指标法和综合指标法。综合指标法因考虑维度多，所以更精确，但单一指标法在研究消费者行为时操作简便。常用单一指标包括收入、职业、教育水平等。

社会阶层是市场细分的关键，相似阶层消费者的价值观、兴趣、态度相近，表现出相似的消费心理和行为。鲁迅在小说《孔乙己》中描绘的“只有穿长衫的，才踱进店面隔壁的房子里，要酒要菜，慢慢地坐喝”现象，展现了不同阶层人群的生活方式和行为特征。分析社会阶层有助于理解消费者需求和制定营销策略。例如，快餐店营销面向中下阶层，而高端珠宝广告则针对社会上层。

### （二）社会因素

人们在做出购买决策时，一般乐于听取其所信赖之人的意见，以降低风险。因此，消费者购买行为会受到参照群体、家庭、角色和地位等一系列社会因素的影响。

#### 1. 参照群体

参照群体是指个人在做购买或消费决策时用来作为参照、比较的个人或群体。对群体成员有直接影响的群体称为成员群体，如其身边的家庭成员、亲戚、朋友、同事、邻居等。还有一些个体虽然不属于某个群体，但是会受到来自该群体的影响，这种群体可能是个体渴望加入的群体（崇拜型群体），也可能是个体讨厌和反对加入的群体（厌恶型群体）。

参照群体对消费者的购买或消费决策的影响主要体现在三个方面：（1）示范性。参照群体的消费行为和生活方式为成员提供了可供选择的模式。（2）效仿性。参照群体的消费行为和生活方式会引起人们效仿，影响消费者对产品的选择。（3）一致性。由于模仿，参照群体的消费行为会趋于一致。

研究发现，对于日常生活中那些不易为他人所觉察的产品，如洗衣粉、食盐等，受到来自参照群体的影响较小；而购买和使用时十分显眼的服饰、家电、汽车等产品，受到来自参照群体的影响会较大。在相关参照群体对购买行为的影响较大的情况下，企业应设法影响相关群体中的关键意见领袖。关键意见领袖既可以是主要群体中在某方面有专长的人，也可以是次要群体的领导人，还可以是期望群体中人们效仿的对象。关键意见领袖的建议和行为，往往易被追随者接受和模仿，因此，他们一旦使用了某种产品，就会产生有效的宣传和推广作用。企业应首先针对他们做广告，或干脆就请他们做广告，以对追随者起到示范或号召作用。

参照群体通常被当作评价金融性服务机构所提供信息的基础，这也就意味着，广告必须以特定目标区域购买者所属的参照群体为基础。

#### 2. 家庭

家庭作为社会的基本单位，不仅是人们生活的港湾，也是社会中不可或缺的消费者购买组织，它深刻地塑造着家庭成员的价值观、人生态度以及购买行为。营销人员应尤其关注家庭中丈夫、妻子及孩子在购买各类产品时所扮演的不同角色及其影响力。

针对不同产品类别，夫妻在购买过程中的参与程度存在显著差异。例如，电子产品与汽车在设计初期往往更侧重于满足男性的使用习惯与需求。然而，随着女性在相关产品购买决策中影响力的显著提升，市场上涌现出越来越多“女性化”设计的产品，如LG公司推出的部分新手机就依据女性手臂长度优化了照相机的自动对焦功能。

实证研究结果显示，对于首次开立银行账户的学生而言，父母的影响仅次于银行分支机构的地理位置的影响，位列第二大影响因素。学生离家越近，其选择父母所偏好的银行开立账户的可能性就越大。因此，可以推断，购买者的年龄越小，其购买决策受父母影响的可能性就越大。

3. 角色和地位

个体在社会中往往隶属多个群体，包括家庭、社会及各种组织等。每个人在群体中的位置可以通过其扮演的角色与所处的地位来界定。角色指的是周围人期望个体履行的一系列职责与行为模式。每个角色都承载着一种特定的地位，反映了社会对该个体的尊重程度与期望。例如，一个人在孩子面前是父亲，在妻子面前是丈夫，而在公司则可能是经理。这些不同的角色与地位会深刻影响其在做购买决策时的考量因素，进而可能导致其做出截然不同的购买行为。金融机构若想更有效地利用购买者的角色与地位因素，就必须具备敏锐的洞察力，能够准确识别并区分这些因素，从而精准定位并服务于特定的细分市场。

### （三）个人因素

个人因素包括年龄、职业和经济状况、生活方式、个性等。

1. 年龄

不同年龄段的消费者拥有不同的爱好与需求，并展现出不同的购买行为模式。年轻人思维敏捷，易于接纳新鲜事物，其购买行为往往较易受到外界多种因素的影响。相较之下，老年人因历经世事，自觉经验丰富，故要改变他们对品牌的偏好及消费习惯，显然难度较大。

一般而言，不同年龄段的人群往往也处于家庭生命周期的不同阶段，这些阶段包括年轻单身阶段、已婚无子女阶段、有未成年子女阶段、子女已成年且经济独立阶段，以及子女已婚且家庭结构可能发生变化的阶段等。随着经济的发展、社会的进步与观念的变迁，传统的家庭生命周期阶段在全球范围内正经历着不同程度的演变。

处于家庭生命周期不同阶段的人们的生活方式、经济收入水平及支出方向均有所不同，这自然导致了其对金融产品需求的差异性。例如，年轻夫妇可能更倾向于消费信贷和保险产品；而子女已长大成人并具备独立经济能力的中老年夫妇则可能更倾向于金融机构提供的储蓄投资服务、信托服务及专业的财务咨询服务等。

因此，金融营销人员应当深入了解并准确把握不同年龄段消费者的行为特征及其所处的家庭生命周期阶段，以此为基础制订具有针对性的营销计划，并精准推送符合其需求的金融产品。这样不仅能提升客户满意度，还能有效促进金融产品的销售。

2. 职业和经济状况

职业对一个人选择购买的产品和服务具有显著影响。在商品经济时代，消费者的购买能力主要由其经济状况决定，而经济状况则主要取决于个人或家庭的可支配收入水平以及其他资产来源。不同职业或经济背景的消费者对金融产品有着多样化的需求，而职业和经济状况相近的消费者，在金融产品需求上往往呈现出相似的特征。金融营销人员可以根据这些特征，为不同职业和经济状况的个体或群体量身设计不同类型的金融产品。

以打工族为例，由于他们通常收入较为有限，且受到固定工作时间的制约，因而存取便捷性就成为他们选择金融产品时的首要考量。相比之下，大额定期可转让存单尽管可以转让，但由于其面额较大且转让手续相对烦琐，因此难以受到打工族的广泛青睐。

3. **生活方式**

生活方式是个体在日常生活中所形成的一种特定模式，它受到价值观念、环境条件等多种因素的影响。即便两个人处于同一社会阶层、从事相同的职业、拥有相近的经济收入，他们的生活方式也可能大相径庭，这种差异进而影响到他们的日常活动、兴趣爱好以及消费习惯。举例来说，有的人热衷于追求时尚潮流，紧跟时代步伐；而有的人则更倾向于保持传统，因循守旧。在消费观念上，有的人坚持量入为出，崇尚节俭；有的人则偏好超前消费，享受当下的乐趣。此外，还有人在消费时追求精神层面的满足与享受；另一些人则更加注重经济实惠，讲求性价比。

鉴于这些差异，金融营销者应当深入研究不同生活方式下的人群对金融产品的特定需求，并据此制定多样化的营销组合策略。这样做不仅能够更好地满足目标客户的实际需求，还能有效提升金融产品的市场接受度和竞争力。

4. **个性**

个性是人的心理特征与品质的综合体现，独有的特征和品质共同塑造了个体的行为方式。个性反映了个体对现实环境所持的相对稳定的态度，以及与之相适应的习惯性行为模式。当一个人的个性趋于稳定时，在相似的客观条件下，面对某种特定刺激，其往往会做出类似的反应；而对于相同的刺激，个性相近的个体也往往会做出相似的反应。举例来说，具有开拓型个性的人，通常表现出更强的自信心和责任感，他们为了追求更大的收益，通常愿意承担更大的风险，因此，不断创新、具有挑战性的金融产品往往对这类人群具有较大的吸引力。相反，个性保守的人在选择金融服务时，更倾向于追求稳定、安全和可靠性，因此，那些高风险、高收益的金融产品可能难以获得他们的青睐。

### （四）心理因素

科特勒和加里·阿姆斯特朗（Gary Armstrong）提出，个人购买决策主要受到四种心理因素的影响，这四种心理因素分别是动机、感知、学习、信念和态度。

1. **动机**

人类的行为是由动机（Motive）支配的，动机则是由需求引发的。需求是人们由于某种缺乏而产生的一种不平衡状态。当这种需求强烈到一定程度时，它就变成了一种动机。动机，也称驱动力，是一种足够强大的力量，促使人们去追寻满足他们需求的事物。

当今世界，西格蒙德·弗洛伊德（Sigmund Freud）和亚伯拉罕·马斯洛（Abraham Maslow）的需求层次理论是被大众普遍接受的人类动机理论。运用这些理论对顾客进行分析并制定营销策略具有特别的意义。1943 年，马斯洛在《人类动机理论》一书中提出了需求层次理论模型，他将人的需求分为五个等级：

生理需求：个体维持生存的需求，如吃、喝、住等基本生存需求。

安全需求：个体对组织、秩序、安全感和可预见性的需求，包括心理上与物质上的安全保障，如不受威胁、人身安全、职业稳定等。

归属和爱的需求：人是社会性动物，需要依附于群体，在人际交往中需要得到同情、互助和赞许。

尊重需求：包括受到他人尊重的需求和满足内在自尊心的需求。

自我实现需求：通过个人努力，实现自己的人生价值，从而真正感受到生活和工作的意义的需求。

马斯洛还指出，人的需求是天生的，只有未满足的需求才能影响人的行为。一旦需求被满足，它就不再是一个动机。此外，人的需求按重要性可分为不同的层次，从基本的生理需求到复杂的自我实现需求。人们只有在某一级需求得到最低限度的满足后，才会追求更高一级的需求，逐级上升，这也成为推动人们持续努力的内在动力。马斯洛的理论解释了为什么在特定时刻，受特定需求驱使，一些人会将大部分精力放在安全问题上，而另一些人则将大部分精力放在获取他人尊重上。但马斯洛的理论没有考虑文化差异对需求的影响。不同的风俗文化孕育了不同的价值观，使得各个层次需求的重要程度各异。

在金融领域，对于人们持有货币的动机，凯恩斯的货币需求理论给出了一种解释。凯恩斯认为，人们持有货币是出于三个动机：交易动机、预防动机和投机动机。

交易动机：在经济社会中，价值、财富是用货币来衡量和交换的。人们持有货币是因为所有交易都需要用货币来完成。货币需求量的大小与收入水平成正比。

预防动机：由于未来是不确定的，因此人们除了用货币完成当期交易外，还会预留一些货币来预防未来可能发生的意外事件。例如，当你途经一家名牌服装店时，一套时装吸引了你的注意，但高昂的价格让你望而却步。如果此时你手中有为预防此类情况发生而预留的货币，那么你就可以立即购买，否则就可能错失良机。同样，在旅途中遇到汽车故障或突然生病住院时，预防性货币也能派上用场。

投机动机：货币具有储藏财富的功能。人们有两种主要的财富储藏形式：货币和债券。人们既可以用货币来保存财产，也可以用获取利息的金融资产（如债券）来保存财产。所谓投机，是指利用货币交易债券以赚取差价或利息收入的行为。人们选择哪种财富储藏方式，取决于市场利率的变化。当持有货币的预期收益率高于持有债券的预期收益率时，人们就更倾向于持有货币。

**2. 感知**

每天，我们通过五个感觉器官——视觉、听觉、嗅觉、触觉和味觉器官，获取大量外界信息。然而，每个人对同样的信息的反馈，却常常出现“仁者见仁，智者见智”的现象。这是因为，在思维、经验、记忆等的参与下，每个人都在以独特的方式接受、整理和解释这些信息。感知（Perception）正是指个体选择、组织外部信息，并以一种有意义且整体的方式对其进行解释的过程。感知具有三个特点。

（1）选择性。由于客观事物多种多样，人们的背景、兴趣和经验不同，因而在一定的时间和环境条件下，人们对客观事物往往不是全面吸收的，而是有所选择地把客观事物的少数方面作为感知的对象。

（2）主观性。感知不仅包括对客观事物的感知，还包括对这一客观事物赋予的意义的感知。人们往往根据自己的知识、经验和需要来理解客观事物，这就是感知的主观性。因此，感知可能是正确的，也可能是错误的。

（3）恒常性。人们一旦形成对某一客观事物的感知，就会继续以这种感知去认识这一客观事物。这种特点对培养顾客忠诚度非常重要，一旦顾客对某个企业的产品产生好印象，就会有继续购买该企业产品的倾向。反之，若第一次使用该企业产品时印象不好，那么对该企业产品产生好印象就难上加难。

3. 学习

学习是指由经验引起的个人行为的改变，大多数人的行为是通过学习产生的，学习是在驱动力、刺激、诱因、反应和强化的作用下发生的。我们可以假设消费者购买了一台某品牌照相机。如果这次购买经历令人满意，消费者使用相机的次数会越来越多，那么他的反应也会被加强。等再次购买照相机或类似的产品时，他购买该品牌产品的概率会更大。对于企业而言，学习理论的重要性在于它们可以将消费者对产品的需求与强烈的购买欲望相结合，企业恰当地运用学习理论对消费者进行积极的强化，可以增加产品的需求量。

4. 信念和态度

通过实践与学习，人们会逐渐形成信念和态度，而这些信念和态度又会反过来影响他们的购买行为。所谓信念（Belief），是指一个人对特定事物所持有的具体观点和看法。这些信念可能基于现实的知识、观念或信仰，并可能掺杂着情感因素。消费者的信念塑造了企业和产品在其心目中的形象，进而决定了他们的购买行为。当营销人员发现消费者的信念存在误解，且这种误解阻碍了其做出购买行为时，应采取有效的促销活动来纠正这些误解，以促进产品销售。

态度（Attitude）是个体对某一事物或观念所持有的相对稳定的评价、感受和偏好。态度使人们倾向于喜欢或讨厌、亲近或疏远某一事物。重要的是，态度是一种倾向性表达，而非直接的行为；它是一种持久的心理状态，而非瞬间的情绪反应。消费者是否购买某一产品，在很大程度上取决于他们对产品的态度。当消费者对产品持有积极态度时，购买行为就更易发生。

上述文化、社会、个人等方面的因素，共同构成了影响消费者购买行为的主要因素。一方面，一些因素如消费者的年龄、性别、职业、经济状况、社会阶层及态度等，对于金融企业而言是难以控制或难以直接施加影响的。然而，深入了解这些因素有助于企业更好地识别那些可能对其产品或服务感兴趣的潜在顾客，为市场细分和目标市场的选择提供有价值的线索，同时也为制定有效的营销组合策略提供重要依据。另一方面，消费者的购买动机、感觉、知觉、信念及生活方式等因素则较容易受到企业营销策略的影响。在充分了解这些影响因素的基础上，金融企业可以有针对性地制定营销策略，以在一定程度上引导和激发消费者的购买需求。

## 三、个体消费者的购买决策过程

在深入分析了影响个体消费者购买行为的主要因素后，我们还需要进一步了解消费者是如何做出购买决策的，即深入了解购买决策过程的具体步骤。如图 3-3 所示，消费者的购买决策过程通常包含需求识别、收集信息、评价方案、购买决策以及购后评价这五个阶段。然而，在日常生活中，消费者的购买行为并不总是严格遵循这一完整流程。对于已经十分熟悉的产品，消费者可能会跳过收集信息阶段；而对于那些已经多次使用的产品，消费者也可能省略购后评价阶段。

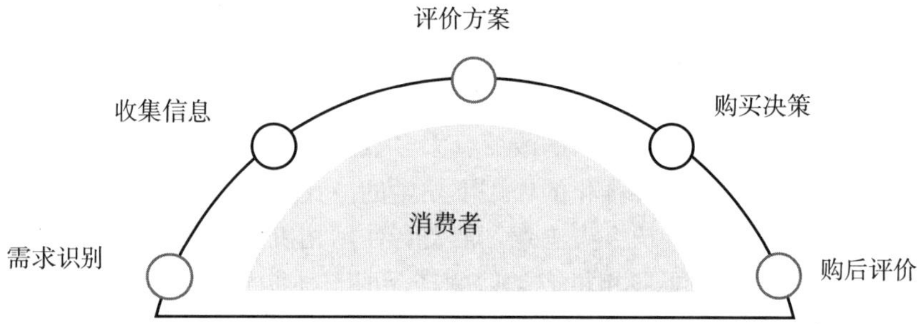


**图 3-3 消费者购买决策过程**

### （一）需求识别

购买者的需求往往由两种刺激引发：内部刺激和外部刺激。有时，消费者能够意识到自身的需求，比如口渴时，人们会产生找水解渴的需求。但更多时候，消费者并不清楚自己需要什么，这就需要营销人员通过各种手段去发现、挖掘消费者的需求，并引导他们意识到自己有这种需求，或者为他们创造一种新的需求。

例如，在通货膨胀或紧缩的时期，人们出于规避风险或财产增值的动机，会产生投资理财的需求。在这个阶段，金融营销人员所能做的就是加强对消费者的刺激，以激发他们的购买动机。同时，要注意两方面的问题：一是要了解那些与本企业产品实际相关或潜在相关的驱动力；二是要注意消费者对某种金融产品的需求强度会随着时间的推移而变化，并且这些变化可能会被一些诱因所触发。

### （二）收集信息

一般而言，消费者的需求并非立即就能得到满足，消费者需要寻求各种信息，包括产品信息、价格信息、购买地点信息以及评价信息等。消费者的信息来源主要包括以下几种：个人来源，如家庭、朋友、邻居、熟人等；商业来源，如广告、推销员、经销商、展览会与展示会等；公共来源，如大众媒体、消费者评比机构等；经验来源，如消费者过去的亲身经历和感受等。

信息来源不同，消费者所能获取的信息量以及信息的可信度存在显著差异。通常而言，个人来源和经验来源的信息可信度较高，但信息量相对较少。相比之下，商业来源和公共来源的信息量极为丰富，但消费者对这两类来源的信息的信任度可能较为有限。通过搜集信息，消费者能够加深对产品的了解，熟悉产品的不同品牌、销售渠道等。消费者对产品的购买意愿越强烈，且对产品的专业知识了解得越少，他们搜集信息的积极性就会越高。

在这一阶段，企业营销的关键在于准确把握消费者在搜集信息时所依赖的信息源，并有效利用这些信息源向消费者施加积极影响。例如，对于有意向投资理财的消费者而言，营销人员的行动策略应基于其是否熟悉金融市场、其工作和生活圈子以及获取有效信息的能力制定。一旦客户了解到可能的理财产品包括储蓄、国债、基金、委托理财、信托计划、股票投资、保险分红等多种形式后，他们便会进入“评价方案”阶段。

### （三）评价方案

通过搜集多方面的信息，消费者对市场中的产品品牌及各品牌特点有了一定的了解，并可以根据各种信息筛选出多个可供选择的品牌，进而对这些品牌进行比较与评价。每个消费者评价方案的标准可能各不相同，这些标准的设定具有很大的主观性。例如，在对理财产品进行评价时，消费者会综合考虑多重因素，如产品属性、重要程度、品牌形象以及评价程序等。

（1）产品属性。不同的理财产品具有不同的属性，这些属性包括期限、利率或收益、成本、流动性和风险等。产品之间的差异正是通过这些属性来描述的。

（2）重要程度。消费者会根据自身的需求，对产品的各种属性按重要程度进行划分，并通过对各种属性赋予不同的权重来体现这些属性对其而言的不同重要性。例如，有稳定收入者可能更看重收益属性，而对期限属性则不那么在意；用准备买车、买房或支付孩子读书费用的资金来购买理财产品者，则可能更关注流动属性。

（3）品牌形象。品牌形象是关于某个特定品牌的一系列信念和印象的集合。有些持币待理财者可能选择银行与券商合作的集合投资产品，原因可能是对某个银行之前的理财产品留下了不良印象。

（4）评价程序。消费者一般通过某种特定的评价程序来决定其对不同品牌的态度。在不同的交易决策中，消费者一般可能会使用一种或多种评价程序。假定某持币待理财者经过综合评价后选定了几种较为相近的投资产品，如集合投资、一年期储蓄存款、一年期通知存款和开放式货币基金。尽管市场普遍对国债行情看好，但其最终选择了开放式货币基金。尽管开放式货币基金的预期收益存在一定的不确定性，但远程交易的便利性使得他能够在市场变化之初及时套现，从而调整投资策略，再选择更合适的其他产品。

除了上述这类会对交易产品进行认真思考和评价的理性顾客外，还有一些冲动型顾客，他们几乎不进行评价，仅凭感觉交易。此外，一些顾客倾向于自主做出交易决策；而另一些顾客则会更加谨慎地向朋友或营销人员咨询更多意见。

### （四）购买决策

消费者根据既定标准和权重理性地评价各个方案后，通常会对自己最喜欢的品牌有最终的购买意向。然而，在购买意向与实际购买行为之间，有两种因素可能会发挥作用：一是他人的态度，二是意外情况。例如，即使持币待理财者已经决定购买开放式货币基金，但只要交易尚未最终完成，他也有可能改变决定。这种改变可能源于意外事故、重大政策变化、社会事件，也可能仅仅是因为家人或好友的一句话。这些因素都可能影响他的交易意向，促使他在产品选择列表中寻找第二方案，如一年期储蓄存款或通知存款。

营销人员必须深入了解那些可能引起消费者改变决策的因素，并据此采取措施来降低消费者的可感知风险，从而避免这些因素导致购买行为终止。

### （五）购后评价

消费者的购买行为并未随着交易的结束而终止，实际上在消费者购买后对产品满意度的评估中，购买过程仍在延续。那么，究竟是什么决定了消费者的满意度呢？学者们认为，消费者的满意度主要取决于消费者预期与其对产品的实际感知之间的关系。当产品性能达到或超过消费者的预期时，消费者就会满意；反之，若未能达到消费者的预期，消费者就会不满意。

唯有让消费者满意，企业才能成功吸引并留住顾客，进而促使其重复购买，并鼓励消费者向他人推荐该产品。相反，若消费者不满意，则他们可能会采取放弃使用、退货、诉诸法律或四处抱怨等方式来表达他们的不满。因此，营销人员应采取有效措施来尽量降低消费者的不满意程度。

通过研究完整的消费者购买决策过程，金融营销人员可以更加精准地协助消费者做出购买决策。例如，当消费者因未意识到自身需求而犹豫是否购买某种新产品时，营销人员可以通过精准的广告信息来刺激消费者的需求；若消费者因对产品缺乏好感而拒绝购买，则营销人员需努力转变消费者的态度，或向其介绍新产品，以满足消费者的期望。

## 第三节 机构购买者行为分析

机构是营利性机构与非营利性机构的统称，营利性机构主要指的是工商企业，而非营利性机构则以政府为主体，涵盖了各类社团组织和机构。在我国，面向机构市场的业务统称为对公业务。这是一个庞大的市场，在金融机构的产品和服务面向的市场中占据相当大的比重。长期以来，我国银行的传统信贷产品几乎都是面向工商企业的（而个人零售金融市场则是改革开放以后，随着居民财富的增长而逐渐发展起来的）。工商企业市场构成了机构市场的主体，该市场的金融行为与大众化的个体市场的金融行为存在诸多不同之处，其中最显著的区别在于企业从事金融活动的目的是为生产活动提供支持和服务。

尽管企业的金融行为相较于个人而言可能不那么复杂多样，但由于单笔交易金额巨大、总量占比高，且对金融机构的业务构成和经营业绩具有重要影响，因此金融机构高度重视机构市场的研究与开发。针对企业金融需求的特性，金融机构提供了多样化的产品与服务。商业银行的对公业务包括但不限于企业电子银行、单位存款业务、信贷业务、国际业务、委托性住房金融业务、资金清算业务、中间业务、资产推介业务、信托业务、租赁业务等。证券公司的对公业务涉及投行业务、代客理财业务、财务咨询业务、并购顾问业务等。保险公司则为企业提供保险业务、企业年金受托管理业务等对公业务。

政府金融服务具有鲜明的中国特色。鉴于我国经济发展模式为政府主导型，政府政策、政府采购以及公共项目的实施都离不开金融的支持。此外，随着公民意识的不断提升，各类社团组织，如公益慈善社团、权益维护社团、环保社团等也日益活跃，这为金融行业带来了新的市场和商机。

### 一、机构购买者的行为特征

当为机构购买者提供金融服务时，金融营销人员必须深入了解该机构购买者的需求、资源、政策以及购买程序，同时充分考虑在个体消费者市场中不常遇到的特定问题。与个体消费者相比，机构购买者在购买银行产品或服务时所追求的目标更为多元化，涵盖了获取利润、降低成本、满足员工需求，以及履行法律义务和承担社会职能等方面。在购买决策层面，机构购买者的参与者更多，尤其是在涉及重大购买项目时，这些参与者来自不同部门，往往采用不同的决策标准。此外，参与者必须严格遵守其机构制定的各项规章、政策以及限制要求。机构购买者所使用的购买工具，如报价单、建议书等，在个体消费者的购买过程中相对少见。

尽管不同机构购买者的购买行为各有差异，但商业银行仍应识别出机构购买者行为中的某些共性特征，这有助于其优化营销战略。与个体消费者市场相比，机构购买者市场的特征主要表现在以下几个方面。

#### （一）购买者数量较少，但购买量较大

在机构购买者市场上，购买者主要是企业单位，其数量相较于个体消费者要少得多。尽管机构购买者数量有限，但每个购买者的购买量和购买金额却相对较大。因此，金融营销人员必须格外重视与机构购买者间业务关系的稳定性。

#### （二）购买者需求的衍生性

机构购买者，尤其是企业购买者，对银行服务的需求往往源自其自身业务发展的需求。例如，当某企业产品市场需求旺盛，急需扩大生产规模时，其便会从银行借贷以购置机器设备，扩建厂房，从而产生贷款需求。若市场情况突变，销售额下滑，企业的还贷能力受到影响，其与银行的联系又会进一步加深。因此，银行营销人员还需密切关注与机构购买者紧密相关的最终购买者市场的动态变化。

#### （三）业务较稳定，随意变更关系银行的可能性相对较小

机构购买者的购买决策通常由专门的决策小组做出，参与者众多，他们各自在决策过程中扮演着特定角色，这使得机构购买者的购买过程较为复杂。因此，决策一旦形成，便相对固定，在商业银行的选择上也是如此。所以，商业银行在获得机构购买者后，应提供最为周到的服务，以提高其忠诚度。鉴于商业银行间的竞争日益激烈，一旦机构购买者转向其他银行，要想重新赢得其青睐，就得付出更高的成本。

#### （四）生命周期特定阶段的金融需求不同

企业在其不同的发展阶段会有不同的金融需求。例如，企业在开业初期，可能需要低利率的贷款支持，如政府担保的小企业贷款或银行启动贷款；在扩张分销网络阶段，则可能需要信用卡零售服务和厂房设备租赁服务，如企业商铺租赁购置专项贷款；在更新产品时，可能需要业务顾问和专营服务以及厂房设备贷款服务等；在出口贸易中，可能需要出口融资和信用证方面的服务；当企业进入健康扩张阶段并考虑收购、兼并其他企业时，则需要财务顾问服务和股本融资等方面的服务。金融机构需定期了解企业情况，评估其财务状况、业务性质和市场经营状况，以便为处于不同发展阶段的企业提供量身定制的“一揽子”服务方案和相应的资金支持。

### 二、影响机构购买者购买行为的主要因素

对于机构购买者的营销人员而言，为了精准制定营销策略，深入了解机构购买者做出

购买决策的过程及其背后的主要影响因素至关重要。

首先，外部环境的压力与供应商的营销努力共同作用于机构购买者，激发其购买需求。这些刺激因素进入机构内部后，由多个来自不同领域、承担不同职责的个体组成的采购中心负责决策。采购中心需就供应商选择、产品与服务类型、采购数量、运输方式、服务内容及付款方式等做出一系列决策。在此过程中，采购中心不仅受到营销策略和外部环境的影响，还需考虑机构内部因素以及采购中心成员间的个性与相互关系。

接下来，我们深入分析影响机构购买者的购买行为的关键因素（见图 3-4）。

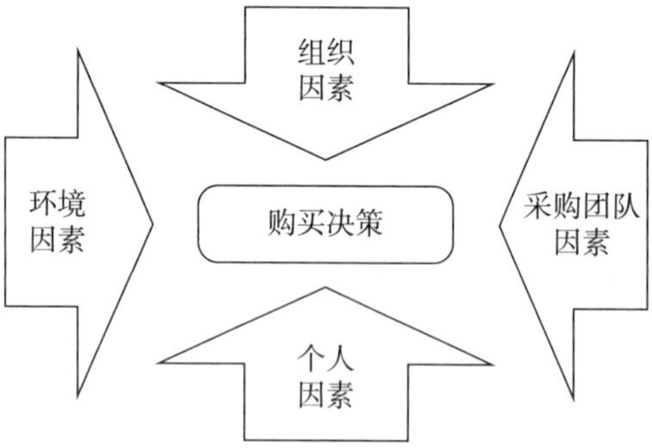


**图 3-4　机构购买者做出购买决策的影响因素**

### （一）环境因素

环境因素指的是机构所处的外部因素，包括经济环境因素以及政策法律因素等。这些因素均为客观存在，机构虽无法直接改变，但可巧妙利用以达成其购买目标。

#### 1. 经济环境因素

经济环境的变化对政府和某些机构（如遵循年度采购计划的部门）影响有限，但对企业的冲击尤为显著。以工商企业为例，在经济衰退期，企业往往会削减对厂房、设备的投资，并努力减少库存，因而对银行贷款的需求减少。因此，在此类环境下，通过刺激总需求来扩大贷款规模的效果往往不佳。

#### 2. 政策法律因素

任何机构的购买行为都必须遵守相关政策与法律规定。政府出于稳定经济、缩小贫富差距、保护本土企业、维护市场公平竞争等目的，会通过行使政府职能对机构市场施加影响。

### （二）组织因素

组织因素即企业自身的因素，包括企业的目标政策、职能部门设置、采购政策、金融交易政策、流程以及权限等。显然，这些组织因素会深刻影响机构购买者的购买决策和购买行为。例如，大型工商企业的贷款需求往往由企业内部多个相关部门负责人就贷款的用途、数量及方式，经过多次会议深入研讨后共同决定，这体现了其参与金融交易时遵循的严密政策、权限和程序。相比之下，一些中小企业，特别是处于创业阶段的家族式企业，由于内部缺乏科学合理的职能部门设置，以及严格的金融交易制度与程序，其金融交易决策往往由企业主（或称“家长”）独自做出。因此，不同规模的企业在组织因素上的差异，必然导致它们在金融交易行为上呈现出明显的不同。

### （三）采购团队因素

为了深入理解机构购买者的购买决策过程，我们必须深入剖析采购中心的成员构成，以及他们在购买决策中扮演的角色。一般而言，参与购买决策的团队成员大致会承担以下五种角色中的一种或多种。

**1. 使用者**

使用者指机构中实际使用所购产品或服务的成员，如操作人员、维修工程师、秘书等。他们通常是购买建议的发起者，并参与决定购买产品的规格、品种和数量。由于使用者直接体验产品，若产品不能满足需求，他们将受到最大影响，因此他们参与决策的意识强烈，对产品的技术性能、质量、功能等有着较高的要求。在采购中心，他们的意见往往具有较大影响力，其他成员倾向于征求其意见。

**2. 影响者**

影响者指直接或间接影响购买决策的人员，通常为技术人员，如工程师、质量控制专家和研发人员。他们运用专业知识对购买决策施加影响，为确保生产顺利进行和满足设计要求，他们特别关注产品的技术性能，并协助确定购买产品的规格和品种。

**3. 采购者**

采购者指被授权按照采购方案选择供应商并商谈采购条款的人员，如购买代理人、采购部门办事员或负责人。他们的主要职责是挑选合适的供应商并进行交易谈判。采购者特别关注产品的价格和功能。在复杂的采购项目中，高层管理人员也可能参与采购谈判。

**4. 决策者**

决策者指具有正式或非正式权力来决定购买与否、产品规格、购买数量和供应商的人员。决策者可以是高级、中级或初级管理人员，有时决策过程还涉及多个层级人员。在常规采购中，采购者往往同时担任决策者的角色。决策者通常从单位整体利益出发考虑问题，特别重视价格以及采购对企业发展的潜在贡献。

**5. 信息控制者**

信息控制者指能够控制供应商信息流向采购中心主要成员的人员，如采购代理、接待员、秘书，甚至电话接线员、门卫等。他们虽然不直接参与决策，但能够影响信息的传递和接收。

以上是采购中心常见的参与者及其角色类型，但并非每次采购都会涉及所有角色。采购中心的规模和成员构成会随着购买阶段、采购对各职能部门的影响、所购产品的性质、价值和数量等因素的变化而有所变化。营销人员应根据这些因素预测采购中心的主要成员及其影响力，识别关键的决策参与者，并据此制定具有针对性的营销策略，以满足其要求方针和评价标准。

### （四）个人因素

机构购买者的购买行为虽然是集体决策的结果，但采购中心每个成员的个性、经历、教育背景、职务、所属部门、利益诉求以及信息来源等方面的差异，都会影响他们对所采购产品和供应商的感受与看法，进而对购买决策和购买行为产生直接或间接的影响。在评估备选的产品和服务时，采购中心成员的评价标准往往各不相同，这种多样性增加了决策的复杂性。

以工商企业购买某项先进设备并申请企业贷款为例，整个购买及贷款流程体现了不同部门间的协作与决策过程：

首先，生产部门基于提升生产效率、降低职工劳动强度、提高产品质量的考虑，率先提出购买先进设备以替代老旧设备的建议。随后，设备采购部门经过实地考察与评估，认可了这一建议，并初步测算了设备采购所需的资金，并将相关信息提交给财务部门。

其次，财务部门根据企业当前的财务状况，对购买及贷款方案进行审慎分析，提出包含贷款金额、建议选定的金融机构等的详细建议，并上报给负责此项工作的企业管理者进行审批。

最后，企业管理者在审核并同意该方案后，会将其提交至董事会进行最终审核。董事会作为企业的最高决策机构，将全面评估贷款方案对企业发展的影响，最终做出是否批准的决定。一旦董事会批准贷款方案，企业便会与其选定的金融机构开展金融交易。

在这一系列过程中，每个参与者都基于自己的专业背景、利益诉求和信息掌握情况，对购买及贷款方案提出了独特的见解与要求，他们共同决定了最终的购买决策和购买行为。

## 三、机构购买者的购买决策过程

金融营销人员唯有深入了解机构购买者的购买决策过程的各个阶段，方能采取恰当措施，精准对接机构购买者在各阶段的需求。机构购买者的购买决策过程的繁简程度，直接受其购买情况复杂性的影响。一般而言，机构购买者对商业银行服务（或产品）的购买决策过程可划分为以下几个关键步骤：

### （一）明确需求

与个体消费者的购买过程相似，机构购买者的购买始于识别组织内部的需求。当机构购买者意识到通过获取某项产品或服务能够解决组织的特定问题或满足特定需求时，其购买过程便正式启动。这一需求的觉察往往由内部和外部两种刺激共同触发。内部刺激源自组织运营的内部需求，如新产品研发需购置新设备、原材料及相关服务；原有设备故障需更新或替换零部件；现有供应商提供的原材料质量不达标，促使企业寻找新供应商。外部刺激则可能包括在商品展销会上被新产品或服务吸引、受广告宣传影响，或接受营销人员推荐的更优质、更低价的产品等。

对于机构购买者而言，选择银行的首要动机通常是获得信贷服务，而贷款的批准与否往往是决定其与银行建立或终止关系的关键因素。此外，机构购买者同样需要一系列非信贷服务，如票据结算、结汇、售汇、付汇及电子印鉴等业务。

### （二）确定购买目标和规格

在明确需求后，机构购买者会编制详细的需求说明书，明确所购银行产品（或服务）必须达成的目标及其具体规格。为降低成本，机构购买者会进行价值分析，并据此制订多套购买方案。在评估不同购买方案时，机构客户会从多个维度进行考量，如咨询专业指导机构、查询电脑信息、向其他公司咨询、关注商业广告等。最终，机构购买者会筛选出一份意向合作的银行名单。在此阶段，商业银行应高度重视广告宣传，积极在商业指导或指南、宣传中登记注册，以树立良好形象。

**（三）选择金融机构**

这是机构购买者在选择金融产品（或服务）时最为关键的环节。机构购买者在选择商业银行时，通常会考虑银行的位置便利性、银行员工的技能与态度、银行的行业地位与规模、贷款政策、非信贷服务范围、市场声誉以及服务便捷度等多个因素。

**（四）正式购买**

机构购买者在确定金融机构后，将正式签订协议，完成产品（或服务）的购买。金融机构应致力于在提供优质服务的同时，与机构购买者建立长期稳定的合作关系，促使其成为忠诚客户。

**（五）满意度评估**

机构购买者将对所购金融机构产品（或服务）的满意度进行评估。若满意度高，机构购买者将继续选择该金融机构的服务；反之，则可能寻求新的合作伙伴。因此，金融营销人员的核心任务在于掌握机构购买者评估银行满意度的标准，并据此不断优化服务，以满足其需求。

## 第四节 数字化时代的消费者购买路径

### 一、消费者购买决策模型

用户从产生需求到完成购买的全过程，由一系列用户行为的时间线构成，被称作用户的购买行为路径。最早以模型形式描述这一路径的是美国著名广告人埃利亚斯·圣·艾尔莫·刘易斯（Elias St. Elmo Lewis），他于1898年提出了漏斗模型（见图3-5）。该模型认为，消费者首先会认识某个品牌，随后了解该品牌产品的品质，进而有意识地决定购买。在亲身体验到产品带来的好处后，消费者会转变为忠诚顾客。漏斗模型的特点在于其线性、连续且自上而下的结构，允许品牌在每个阶段对消费者施加影响。

刘易斯提出的漏斗模型后来演变为AIDA模型，即注意（Attention）→兴趣（Interest）→欲望（Desire）→行动（Action）。在之后的时间里，随着漏斗模型的广泛应用以及媒体平台和用户行为路径的不断变化，该模型经历了多次修改和扩展，衍生出了多个版本，如AIDMA模型、AISAS模型、AARRR模型等。

AIDMA模型在AIDA模型的基础上增加了“记忆”（Memory）这一环节，形成了从注意到让消费者产生兴趣，再到消费者知道品牌并产生购买欲望，随后对品牌形成深刻印象，最后在合适的购买场景下直接转化为购买行动的完整路径。

而AISAS模型则去掉了AIDA模型中的“欲望”，增加了“搜索”（Search）和“分享”（Share），即注意→兴趣→搜索→行动→分享。与AIDMA模型中用户更多作为被动

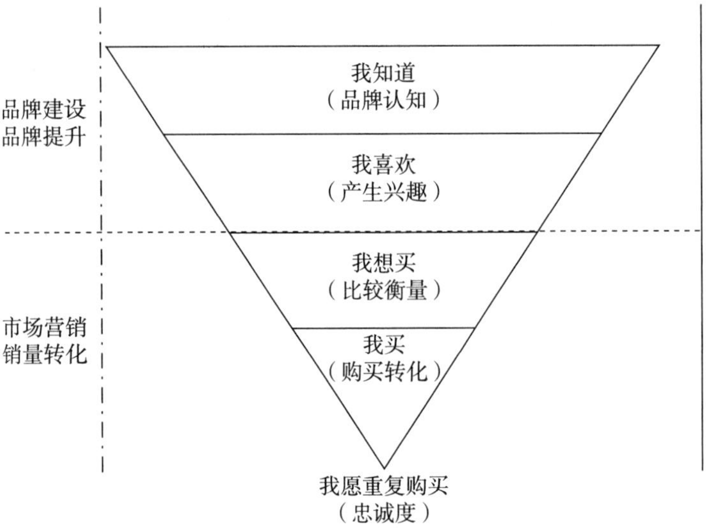


**图 3-5 漏斗模型**

接受者的角色不同，搜索和分享这两个环节强调了用户的主动性。从互联网时代的变迁这一角度来看，AIDMA 模型更像是传统互联网时代的产物，侧重于线下时代消费者的决策和购买路径；而经过迭代更新的 AISAS 模型则更符合移动互联网时代消费者的特点，聚焦于互联网时代消费者的决策和购买路径。

AARRR 模型是 2007 年由戴夫・麦克卢尔（Dave McClure，500 Startups 的创始人）提出的一种业务增长框架，它涵盖了五个关键阶段：用户获取（Acquisition）、激活（Activation）、留存（Retention）、商业变现（Revenue）以及用户推荐/自传播（Referral）。这一模型因其可以有效衡量公司增长的能力，同时保持简洁性与可操作性，而被广泛用作公司运营的核心指标。

随着互联网技术的飞速发展，信息的沟通方式经历了深刻变革，实现了无缝对接、相互贯通与实时交流。这一变化促使传统的“单向线性”沟通模式转变为“双向交流”模式。双方均为积极的“沟通者”，几乎同步进行信息的发送与接收。在此背景下，漏斗模型对于消费者决策路径的描绘日益显得捉襟见肘。

2007 年，麦肯锡提出了消费者决策流程（Consumer Decision Journey，CDJ）的概念，将消费者决策路径从线性结构转变为环状结构。至 2015 年，麦肯锡进一步升级了该模型，新版本由“购买环”与“品牌忠诚环”两个相互内切的圆环构成，涵盖了考虑、评估、购买、体验、互粉（即建立品牌忠诚度）及互信（增强品牌信任）六个核心阶段。此模型强调用户体验在决策过程中的全面渗透，以及各环节间形成的紧密闭环，彼此相互关联、影响，共同促进决策的做出。

随着数字时代的到来，云计算技术极大地降低了技术门槛与成本，消费者获取信息的渠道更加多元，获取信息的速度与数量均实现了质的飞跃。信息进入了一个全方位、多层次、多维度的开放交流新阶段。

戴维・埃德尔曼（David Edelman）和马克・辛格（Marc Singer）在 2015 年指出，数字技术的普及加速了消费者的考虑与评估过程。他们在此基础上将 CDJ 模型进一步升级为数字消费者决策流程。相较于麦肯锡的传统CDJ模型，新的消费者决策流程显著缩短了消费者进入忠诚闭环或再次购买前的考虑与评估时间，有时甚至完全省略了评估环节，反映了数字时代消费者决策行为的高效与即时性（见图3-6）。

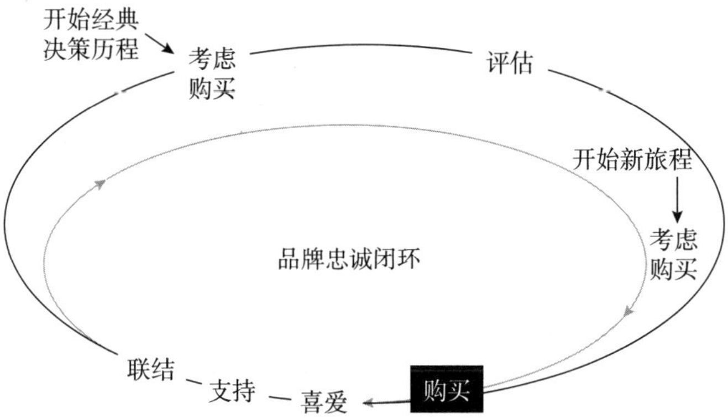


**图3-6　经典消费者决策流程和数字消费者决策流程**

资深数字营销专家陈慧菱在《哈佛商业评论》上发表的《数字时代消费者决策路径3.0》一文中指出，在数字技术的猛烈冲击下，消费者的购买决策过程已不再是简单的线性或环状模式，而是呈现出一种复杂多变、难以预测的模式（见图3-7）。

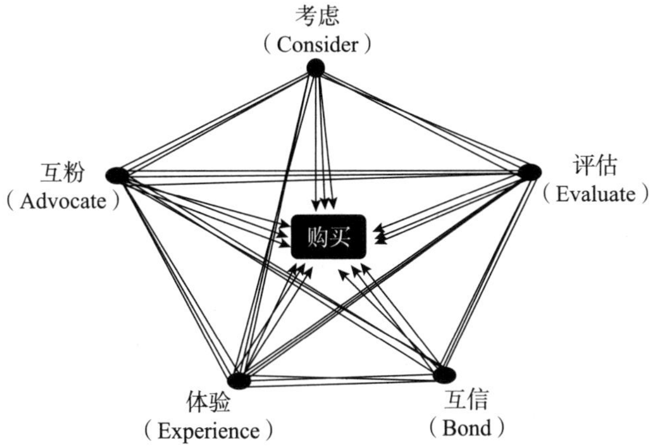


**图3-7　消费者决策路径3.0**

由于媒体数量的爆炸性增长及其形态的多样化，用户的注意力被极度分散，广告要吸引受众的注意力变得日益艰难，品牌（产品）的影响力相对减弱。碎片化时代催生了无数发达的媒介触点，任何能够汇聚特定用户群体的平台都成为品牌（产品）与消费者之间的接触点。消费者接触点数量激增且分布无规律，购买决策的场景也随之多样化。在此背景下，社交电商通过成本转移构建低价优势，进一步放大了消费者的即时购买冲动。以社交短视频为例，仅仅10秒的视频，就能激发消费者在预算允许范围内的冲动消费欲望。

在整个购买决策链条中，对品牌（产品）的先期认知已不再是必要条件。消费者的决策过程可以灵活地从一个阶段跳跃至下一个阶段，甚至跨越多个阶段，任何环节都有可能触发消费者的购买行为。

## 二、数字化时代消费者决策路径的特点

### （一）决策路径非线性化

移动互联网的普及与发展，使得消费者能够轻松地穿梭于决策过程中不同阶段之间，或是跳跃至任意阶段。例如，一旦消费者产生兴趣，他们就会主动查询相关信息，而非被动接收广告推送。信息的即时传递与互联网的互动性促使消费者迅速进入产品比较与购买流程。

### （二）信息成为决策的核心

互联网赋予了消费者主动获取信息的能力，信息在决策路径的各个阶段占据关键地位。移动互联网的广泛应用更是打破了时间与地域的限制，让消费者能够随时随地通过互联网获取信息。

### （三）决策难度增加

面对海量信息与多样化选择，消费者的决策变得更为复杂与困难。较大的选择范围、丰富的信息来源以及频繁的横向比较，常使消费者陷入犹豫不决的境地。在实际购物中，许多消费者在电商平台（如淘宝）上挑选商品的时间远远超过在实体店购物的时间。

### （四）口碑对决策有重大影响

在数字化时代，消费者越来越倾向于通过网络分享购物经验、产品评价及对品牌的看法。同时，在做出购买决策前，消费者会主动利用即时通信工具、博客、网络论坛等渠道搜集产品信息及其他消费者的意见与评价，以此作为决策的重要依据。特别是在选择众多且对企业及产品了解不足的情况下，网络口碑的影响力尤为显著。

**案例**

#### 短视频对消费者购买决策的影响

在信息过载的网络平台，消费者极其容易受到各种信息的干扰和影响，信息搜索行为也容易受到各类平台的算法影响，消费者关注的来源具有多样化和复杂化的特征。由于技术的发展，短视频并不仅限于抖音和快手等专业做短视频的平台，新闻媒体、游戏、直播、音乐等平台均有短视频的发布和分享功能。短视频形式更广泛地存在于网络各平台中，具有方便获取的特点。因此，如果一个短视频具有品牌和传播效果，就会获得更广泛的关注，产生更好的带货效果。

在短视频传播的第一个环节，影响消费者关注度的主要有短视频来源、传播账号的口碑和短视频的卖点。来源于不同平台的短视频，其目标消费者也不同。根据商品的类型精准选择目标消费者和契合平台是提升短视频带货转化率的重要环节，也直接决定短视频带货的转化率。传播短视频账号的口碑也是一个关键环节，口碑较差会使短视频的传

播关注效果打折扣。通过平台和账号关注的目标消费者打开短视频之后能否持续看完并进行下一步，主要取决于短视频的卖点能否激起目标消费者的兴趣和消费意愿，这也是决定消费者能否进入决策过程下一个环节的关键。

如果短视频的卖点设计得较好，符合目标消费群体的特征，消费者就会产生打开观看的兴趣并进入下一个环节。从消费者打开视频到观看完的这段时间，是短视频带货转化的关键，因此完播率也是衡量短视频内容好坏的一个重要指标。内容是引起消费者兴趣以及提升完播率的关键。在内容的设计上，品牌的影响力加上情感的沟通，对引起消费者的兴趣具有较好的效果。可以通过短视频与目标消费者进行有限的双向互动，引导消费者进入购买环节。

除了完播率外，弹幕和视频下方的评论也会影响消费者的购买决策，良好的口碑和评论、弹幕的氛围调节都会促使消费者进入购买环节。一旦消费者产生购买欲望，进入交易环节的便利程度就与交易的转化率具有正向的关联。消费者在产生购买行为后，会因为情感和价值的认同而分享短视频，即进入分享环节。在分享环节，可以设置一定的物质和精神奖励机制，促使目标消费者进行更广泛的传播和推广，进入裂变环节。这个过程不断重复，就会产生几何级数的裂变购买行为，大幅度提升短视频带货的效果。

资料来源：王微微. 短视频对消费者购买决策的影响机制. 商业经济研究，2022 (1).

## 本章小结

金融市场购买者分为个体购买者和机构购买者，其购买决策受不同因素的影响。

影响个体购买者行为的因素主要包括三个方面：文化因素、社会因素和个人因素。金融客户的金融交易行为决策过程，与有形商品市场或其他无形商品市场中购买者的购买行为决策过程相似，一般包含需求识别、收集信息、评价方案、购买决策以及购后评价这五个阶段。

影响机构购买者行为的因素主要包括环境因素、组织因素、采购团队因素和个人因素。机构购买者对金融产品的购买过程通常包括明确需求、确定购买目标和规格、选择金融机构、正式购买以及满意度评估这五个阶段。

用户从产生需求到完成购买的全过程，由一系列用户行为的时间线构成，被称作用户的购买行为路径。随着互联网技术的飞速发展，传统的“单向线性”沟通模式已经转变为“双向交流”模式。

2007 年，麦肯锡提出了消费者决策流程的概念，将消费者决策路径从线性结构转变为环状结构。至 2015 年，麦肯锡进一步升级了该模型，新版本由“购买环”和“品牌忠诚环”两个相互内切的圆环构成，涵盖了考虑、评估、购买、体验、互粉和互信六个核心阶段。随着数字化时代的到来，信息真正进入了全方位、多层次、多维度的开放交流新阶段。

## 思考题

1. 简要分析影响个体消费者购买行为的因素。
2. 机构购买者与个体购买者相比有哪些不同特点?
3. 分析机构购买者的类型及其行为特征。
4. 联系实际举例说明数字化时代消费者决策路径有何特点。

**第四章**

# 用户数字画像与旅程地图

**【目的与要求】**

本章要求掌握用户数字画像的概念与特征、数据来源与标签分类、生成过程以及价值创造与应用场景；了解用户旅程地图的概念与作用、构成要素与制作过程及其应用；了解金融业用户数字画像的专题分析与实践，能够使用相关数据绘制金融产品的用户数字画像和旅程地图。

## 第一节　用户数字画像概述

### 一、用户数字画像的概念与特征

#### （一）用户数字画像的概念

交互设计之父艾伦·库珀（Alan Cooper）最早提出了用户画像（Persona）的概念，认为“用户画像是真实用户的虚拟代表，是建立在一系列真实数据之上的目标用户模型”。顾名思义，用户画像就是对通过系统或其他渠道所收集到的信息进行整合分析，描绘出用户的画像。形成用户画像的核心就是贴标签，如年龄、性别、职业等等。每一个标签分别代表了一个维度，各个维度之间相互联系，共同构成一个最接近用户真实情况的用户画像（如图 4-1 所示）。

用户数字画像是对用户在互联网上的行为、兴趣、消费偏好等方面的数据进行分析和整理的结果，它能够呈现出用户的特征和特点。随着大数据技术的不断发展，消费者一端实际上已经演化出了一些与传统用户不一样的特质，即在原有已知数据的基础上，可以整理出每一个消费者的相对完整的档案，用一个相应的数字化标签来表示每一个抽象出来的用户特征，从而形成各种标签的集合。用户数字画像不再是一个虚构的用户形象，而是所有用户不同类型的数据所呈现出来的总体特征的集合（如图 4－2 所示）。

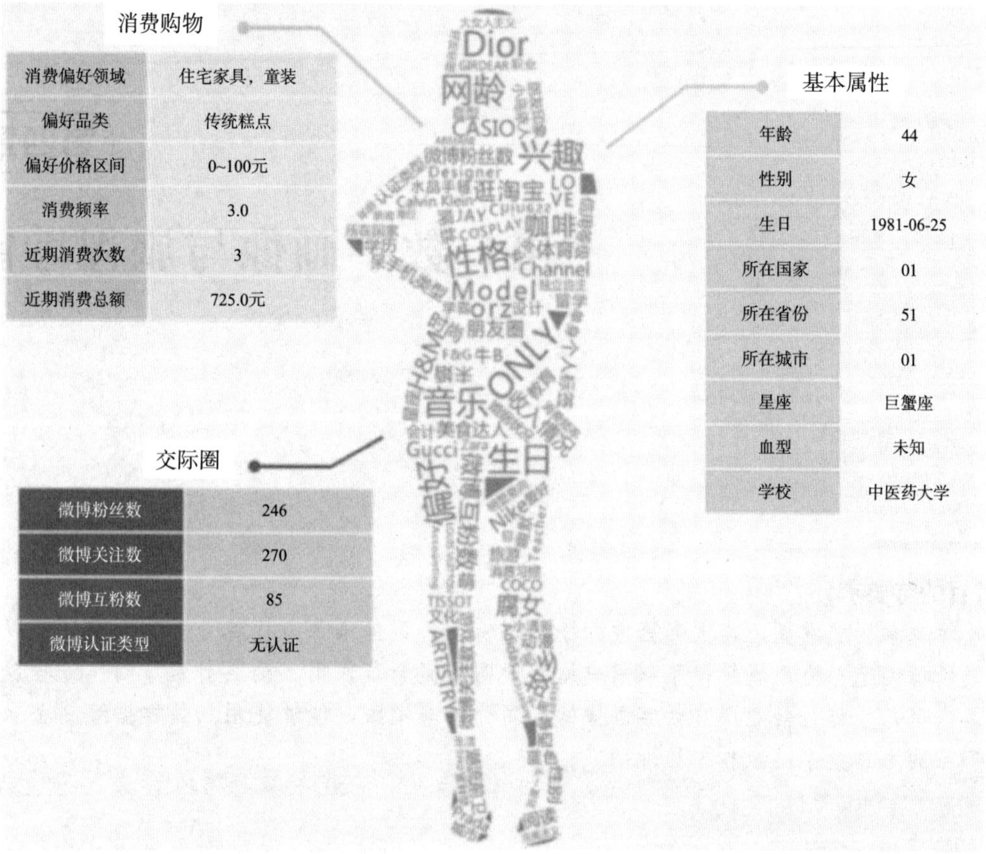


**图 4－1　用户画像举例**

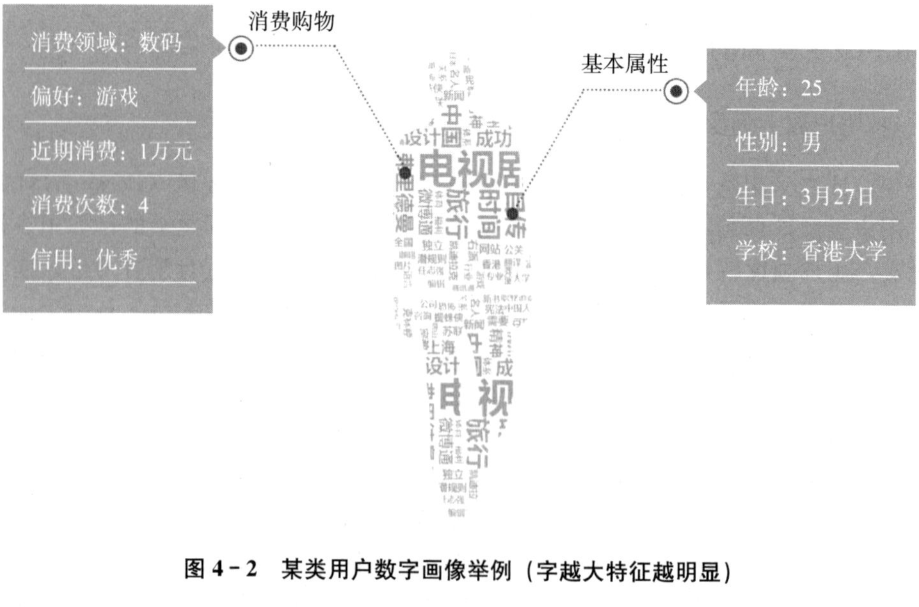


**图 4－2　某类用户数字画像举例（字越大特征越明显）**

### （二）用户数字画像的特征

第一，用户数字画像通过全方位的数据集合，更全面地描绘了用户的特征和行为。这种全样本的数据量远大于传统用户画像的数据量，使得企业能够借助用户数字画像更全面地了解用户的需求和行为。通过分析用户的网络行为数据、消费数据、社交媒体互动数据等各方面的数据，企业可以深入了解用户的兴趣爱好、消费习惯、心理特征、职业背景等各方面的信息。这种全面的数据集合使得企业能够更准确地把握用户的特征，从而更好地满足用户的需求。

第二，用户数字画像的数据获得方式更加便捷，企业无须再依赖传统的市场调研。在传统的用户画像中，企业需要通过市场调研、小组访谈、面对面沟通等方式来获取用户信息。这种方式不仅成本高昂、耗时较长，而且难以获得用户的真实想法和行为数据。相比之下，企业可以通过分析用户在互联网上的行为数据来获取信息以生成用户数字画像，无须组织小组调研或面对面沟通。这种数据获取方式更加实时、客观、全面，并且能够直接展示用户的特征，灵活再现用户的生活轨迹。这种实时的数据获取方式使得企业能够更好地把握市场机会，及时调整产品策略和营销策略，提高市场竞争力。

第三，用户数字画像还能提供更丰富的用户特征和行为信息，从而帮助企业更好地了解用户需求和行为。传统的用户画像往往只关注用户的表面特征和基本需求，难以深入了解用户的内心世界和真实需求。而用户数字画像则可以通过全方位的数据分析，揭示用户的深层需求和行为模式。这种丰富的用户特征和行为信息使得企业能够更好地理解用户的消费心理和决策过程，从而制定更加精准的市场营销策略。例如，企业可以根据用户的购买历史和浏览记录来预测用户的购买意向和消费偏好，从而制订个性化营销方案。这种精准的市场营销不仅能够提高企业的销售额和市场占有率，还能够提高用户忠诚度和满意度。

第四，传统的用户画像更侧重于呈现虚拟的典型用户形象，数据来源和获取方式相对有限。这种传统的用户画像往往基于小样本的调研数据或主观臆断，难以反映用户群体的真实特征和个体差异。而用户数字画像则更加注重用户的个体差异和全方位数据集合的应用分析，能够更加准确地反映用户的真实需求和行为模式。因此，在数字化时代，用户数字画像已经成为企业了解用户的重要工具。它能够为企业提供更全面、准确和实时的用户信息，帮助企业更好地把握市场机会。

第五，与传统的用户画像相比，用户数字画像是数字化时代一种更为先进、准确，能够用于实时了解用户需求和行为的工具。通过对全方位的数据集合、便捷的数据获得方式和丰富的用户特征及行为信息的应用分析，企业可以更好地了解用户的真实需求和行为模式，从而制定更加精准的市场营销策略。随着数字化时代的不断发展，用户数字画像的应用将会越来越广泛和深入。

## 二、用户数字画像的数据来源与标签分类

### （一）用户数字画像的数据来源

#### 1. 内部数据

内部数据是构建用户数字画像的关键。内部数据主要包括用户注册信息、用户行为数

据、用户服务记录等信息。

用户注册信息是构建用户数字画像的基础，涵盖姓名、性别、年龄、职业和地理位置等基本信息，可以帮助企业初步了解用户需求和偏好。交易记录进一步揭示了用户的消费习惯和购买偏好，包括购买行为、交易金额和购买频次，使企业能够了解消费者的消费能力和决策过程，进而制定更精准的市场营销策略。

用户行为数据，如网站上的点击、浏览和搜索行为，是构建用户数字画像的一个关键要素。这些数据揭示了用户的兴趣爱好和行为模式，可以协助企业深入理解用户需求，制订个性化的产品设计方案和确定营销策略。

用户服务记录，涵盖用户与客服的沟通记录，如投诉、建议和问题反馈，是用户对产品和服务满意度的直接反馈，可以帮助企业改进产品和服务质量，提升用户体验。

通过综合分析这些内部数据，企业可以更好地把握市场趋势和用户需求变化，及时调整产品和服务策略，与用户建立紧密的联系，提高用户满意度和忠诚度，推动企业持续发展。

**2. 外部数据**

在当今数字化的世界中，企业若想深入了解并精准把握市场需求，仅依赖内部数据是不够的。外部数据不仅能帮助企业全面了解用户，还能揭示市场趋势和竞争态势，从而为企业决策提供有力支持。外部数据包括社交媒体数据、市场调研数据、第三方数据等。

社交媒体数据是外部数据的重要组成部分。用户在社交媒体上的分享，为企业提供了大量的活动数据，如点赞、评论、转发等。这些数据不仅包含了大量信息，也体现了深层次的用户特征。企业通过分析这些数据，可以洞察用户的社交习惯、兴趣爱好和影响力，进而了解用户的心理和行为特征。

市场调研数据也是获取用户直接反馈的重要渠道。通过市场调研和问卷调查等手段，企业能直接获取用户对产品和品牌的认知与态度。这些一手数据极为宝贵，因为它们反映了用户的真实想法和需求。据此，企业可以进行产品优化和品牌策略调整，以提高市场竞争力。

第三方数据为构建用户数字画像提供了更广阔的视角。这些数据，如人口统计数据、地理信息数据等，可以从数据提供商或数据平台处获得。它们具有宏观性和全面性，可以帮助企业了解更广泛的市场环境和用户背景。通过与内部数据和其他外部数据的融合分析，第三方数据能够为企业提供更深入的用户洞察和更准确的市场预测。

### （二）用户数字画像的标签分类

按照统计方式不同，可以将用户数字画像的标签分为三类：事实类标签、模型类标签、预测类标签（如图 4－3 所示）。三类标签中，事实类标签最为简单，计算成本最低；预测类标签最为复杂，研发成本和计算成本最高。一般来说，用户数字画像标签中 80%以上是事实类标签，其余基本是模型类标签，预测类标签占比很小。

事实类标签是构建用户数字画像的基础要素，主要从清理和分析原始数据中获得，主要用于描述客观事实。这些标签包括但不限于人口属性、账户历史趋势、渠道使用频率、资金往来趋势、产品购买次数、投诉次数等，它们能够提供关于用户行为、偏好和特征的详细信息。这些信息对于企业来说至关重要，因为它们有助于企业更好地理解用户需求，

**图 4-3　用户数字画像标签分类**

优化产品和服务，提高客户满意度和忠诚度。因此，在构建用户数字画像时，事实类标签的准确性和完整性至关重要。

模型类标签是用户数字画像标签的重要组成部分，它们是基于确定的规则生成的，而这些规则由业务人员参与制定。与事实类标签不同，模型类标签更加灵活，可以根据企业的具体需求和业务规则进行调整。例如，“用户活跃度”这一模型类标签在不同企业的定义规则就有所不同。企业 A 可能将“过去 30 天内登录过 App 1 次以上的用户”定义为高度活跃用户，而企业 B 则可能将“过去 30 天内登录过 App 并停留 5 分钟以上的用户”定义为高度活跃用户。此外，有些业务规则可能较为复杂，需要引入数学模型来描述。例如，用户风险评分规则可以通过数学模型来预测用户的信用风险和欺诈可能性，从而帮助企业更好地管理风险，制定相应的策略。因此，在构建用户数字画像时，合理地制定和应用模型类标签，可以为企业提供更准确、更有针对性的用户洞察和决策支持。

预测类标签是用户数字画像中的高级标签，基于模型类标签并运用各种复杂的算法进行数据挖掘和训练，以得出预测性的标签结果。与事实类标签和模型类标签相比，预测类标签的复杂程度更高，开发周期更长，开发成本也相应较高。这主要是因为生成预测类标签需要进行深入的数据分析和机器学习模型训练，以揭示隐藏在数据中的模式和趋势。为了获得准确的预测结果，需要算法工程师参与，他们能够运用专业的算法和机器学习技术对数据进行深入的处理和分析。预测类标签在用户数字画像中发挥着关键作用。通过预测类标签，企业可以对用户的未来行为和需求进行预测，从而提前确定相应的营销策略和制订产品改进方案。例如，基于用户的购买历史和行为数据，通过机器学习算法进行训练和预测，可以得出用户未来可能购买的商品或服务，从而实现精准的个性化推荐。因此，预测类标签对于企业的决策制定和业务发展具有重要意义。然而，由于其开发成本较高，因此企业在应用预测类标签时需要充分考虑其实际需求和资源投入。

将得到的数据映射到构建的标签中，并将用户的多种特征组合到一起，可以将数据标准化变成标签标准化。标签的选择直接影响最终用户数字画像的丰富度与准确度（见图 4－4、图 4－5）。

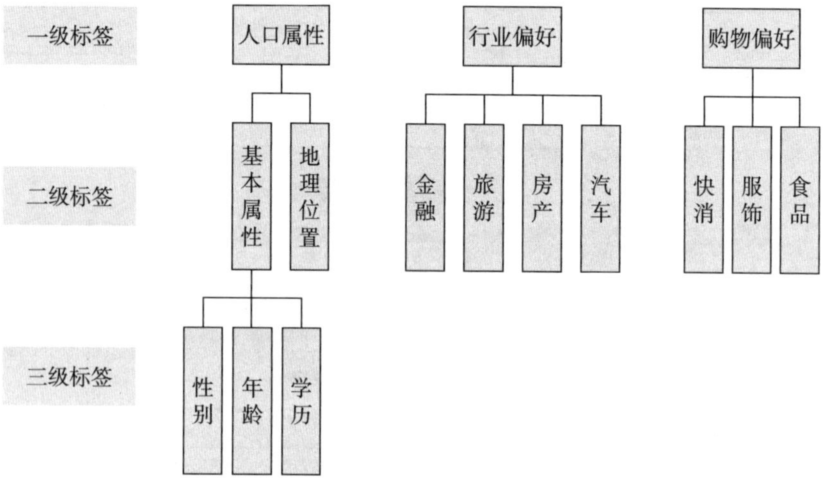


图 4－4 用户数字画像标签分类标准化

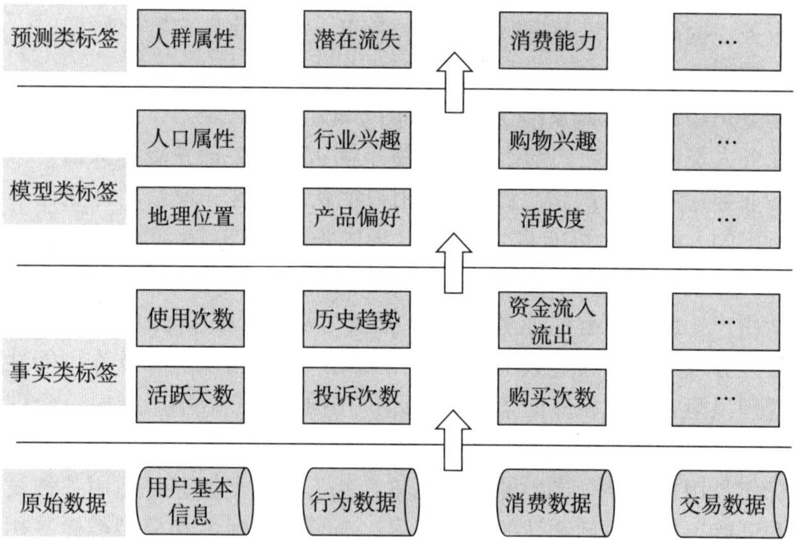


图 4－5 用户数字画像标签优先级排序

## 三、用户数字画像的生成过程

### （一）构建方式

在构建用户数字画像的过程中，企业可以采用多种方法，包括定性方法、定量方法和定性定量结合的方法等，三者各有优缺点。企业在构建用户数字画像时，可以根据实际情况选择合适的方法。通过综合运用这些方法，企业可以更好地理解用户需求和行为，为产品设计和营销策略提供有力支持，提高市场竞争力。

定性方法是基于用户研究方法进行分析和提炼的方法，如用户访谈等。通过这些方法，企业可以深入了解用户的特征，如年龄、职业、收入、爱好和行为习惯等。通过定性方法，企业可以获得用户的详细信息，并以此为基础建立用户数字画像。这种方法有助于企业更好地理解用户需求和行为，为产品设计和营销策略提供有力支持。

定量方法是通过建立用户数字画像模型，将各类用户数据汇集起来，利用聚类分析等统计方法对数据进行处理，提炼出各类用户特征并建立用户标签的方法。通过给用户数据打上标签，企业可以构建出一个完整的用户数字画像库。定量方法具有客观性和规模化的优点，能够快速、准确地识别用户特征和行为模式。

定性定量结合的方法则是一种更为综合的方法，结合了业务人员的专业性和数据分析的客观性。业务人员根据自身对用户的了解和分析，在系统中建立用户标签，明确标签的规则和算法。同时，通过数据分析和聚类技术，给用户数据打上相应的标签，从而构建用户数字画像库。这种方法既考虑了用户的实际需求和特征，又利用了数据分析的客观性和准确性，能够为企业提供更为全面和准确的用户洞察。

### （二）生成过程

用户数字画像的生成过程包括数据收集、特征提取、模型构建和应用实践等环节。

第一，数据收集是生成用户数字画像的重要基础，可以通过多种渠道来实现。首先，内部数据是企业的重要数据来源。这些数据包括用户在网站、应用或平台上注册时提供的基本信息，如年龄、性别、地理位置等。此外，用户的交易记录、行为数据以及用户服务记录等内容也是内部数据的重要组成部分。这些内部数据能够提供用户的基本信息和行为模式等有价值的信息。其次，外部数据是重要数据来源，可以丰富用户数字画像。这些数据通常来自第三方数据提供商或数据平台，包括社交媒体数据、市场调研数据等。外部数据可以提供更多维度的用户数据并增加深度，帮助企业更全面地了解用户的兴趣、偏好和行为模式。再次，企业还可以通过用户调研主动收集用户的意见和反馈。这些调研数据可以提供用户对产品和服务的主观评价和需求，对于企业了解用户需求和改善用户体验具有重要意义，是外部数据的重要补充。最后，日志数据也不可忽视。日志数据包括用户在使用网站、应用或平台时产生的日志记录，如点击日志、浏览日志、搜索日志等。这些数据能够反映用户的行为和兴趣，帮助企业更好地理解用户的需求和行为模式。在数据收集阶段，企业需要特别注意数据的准确性和完整性，并严格遵守相关的隐私保护法规，确保用户的个人信息安全。只有在合法合规且经过授权的情况下，企业才能合法收集和使用用户数据。

第二，特征提取是生成用户数字画像的关键环节，它将原始数据转化为有意义的特征，以便进行后续的分析和挖掘。这一过程包括多个步骤，每一步都对最终用户数字画像的准确性和有效性具有至关重要的作用。首先，数据清洗是特征提取的第一步，也是至关重要的一步。在这一步，需要对收集到的原始数据进行预处理，去除重复和异常的数据，填充缺失值，确保数据的准确性和一致性。这有助于提高后续特征提取的准确性和可靠性。其次，特征选择是从原始数据中挑选出最相关和最有价值的特征。通过特征选择，可以减少数据的维度，降低模型的复杂度，提高模型的效率和准确性。这一步骤需要基于业务理解和数据探索，挑选出与目标变量最相关、最具代表性的特征。特征编码是将不同类型的特征转化为计算机可以处理的数字形式。这是因为计算机只能理解和处理数值型数据，而现实世界中的数据往往是文本、分类等非数值型数据。最后，特征构造是根据业务需求和目标变量的特点，从原始数据中衍生出新的特征。通过特征构造，可以增加更多的维度和特征，提高用户数字画像的丰富度。这些新特征可基于现有特征的组合、变换或计算得出，有助于更全面地描述用户的属性和行为特征。

第三，模型构建是生成用户数字画像的关键环节，它使用机器学习和数据挖掘技术，从数据中发现用户的行为模式和偏好。首先，聚类分析是一种将数据划分成不同组或类别的分析方法。在用户数字画像的生成过程中，可以利用聚类分析，根据用户的特征和行为模式将他们划分为不同的群体。这可以帮助企业更好地理解不同群体用户的需求和兴趣，为个性化推荐提供依据。通过聚类分析，企业可以将具有相似特征和行为模式的用户归为一类，从而为他们提供更精准的产品和服务。其次，分类算法也是一种常见的机器学习方法。在用户数字画像生成过程中，分类算法可以根据用户的特征和行为将他们分成不同的类别。例如，企业可以根据价值不同将用户分为高价值用户和低价值用户，或者根据用户的购买历史将他们分成不同类别。通过分类算法的应用，企业可以进一步了解用户的价值和需求，从而制定更有针对性的营销策略。再次，推荐系统是另一种重要的技术，它可以根据用户的历史行为和偏好向其推荐个性化的产品和服务。推荐系统利用机器学习和协同过滤等技术，从大量的数据中挖掘用户的兴趣和需求。通过为用户提供符合其兴趣和需求的推荐，企业可以提升用户的满意度和忠诚度，同时扩大销售量和市场份额。最后，时间序列分析是一种对与时间相关的数据进行分析和预测的方法。在用户数字画像的生成过程中，时间序列分析可以帮助企业预测用户未来的行为和购买倾向。分析用户的历史数据和行为模式，可以为企业制定营销策略和改进产品提供有力支持。

第四，应用实践是用户数字画像生成过程的重要环节，它涉及将用户数字画像应用于实际业务场景，并不断更新和优化，以适应用户行为和需求的变化。一是个性化推荐和定制化服务。通过生成的用户数字画像，企业可以更精准地了解用户的需求和偏好，根据用户的兴趣、偏好和行为模式，为其提供个性化的产品和服务。这有助于满足用户的个性化需求，提高用户满意度和忠诚度。二是用户细分和精准营销。通过将用户划分为不同的群体，企业可以针对不同群体制定更有针对性的营销策略。例如，企业可以根据用户的购买历史、兴趣和行为模式，将用户划分为不同的群体，然后针对每个用户群体制定相应的营销策略。这种精准营销可以帮助企业提高营销效率和转化率，实现更好的营销效果。三是用户流失预测。通过分析用户的消费行为、反馈和互动数据，企业可以预测用户的流失倾向，及时采取措施挽留用户。这有助于企业提前发现潜在的问题和风险，采取有效的措施来提高用户留存率和忠诚度。四是产品和服务优化。企业可以根据用户对产品和服务的评价与反馈，了解用户的满意度和改进方向，从而优化产品设计并提高服务质量。通过用户数字画像，企业可以更全面地了解用户的意见和需求，有针对性地改进产品和服务，提高用户体验和满意度。五是市场竞争分析。通过分析竞争对手的用户群体和市场份额，企业可以更好地了解市场情况和竞争态势。这有助于企业制定更有效的市场竞争策略，提高市场份额和竞争力。

### （三）关键流程

综上所述，用户数字画像的生成是一个复杂且关键的过程。通过数据收集、特征提取、模型构建和应用实践等多个环节，企业可以从海量数据中挖掘出有价值的用户信息，为用户提供个性化的服务和精准推荐。其中用户数字画像的构建流程及应用流程分别如图 4-6、图 4-7 所示。

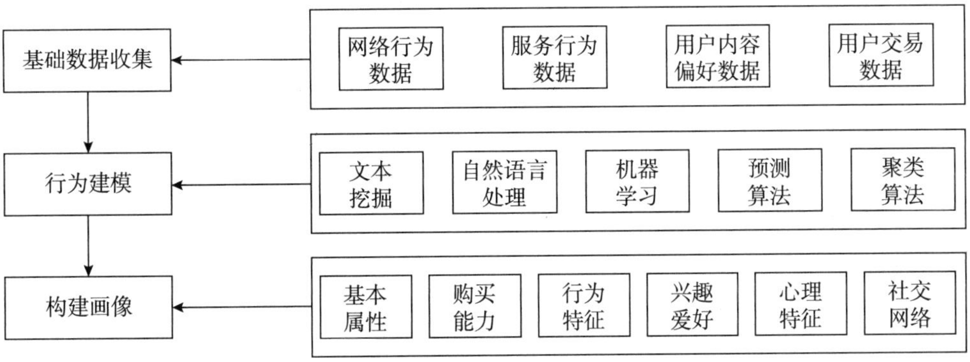


图 4-6 用户数字画像的构建流程

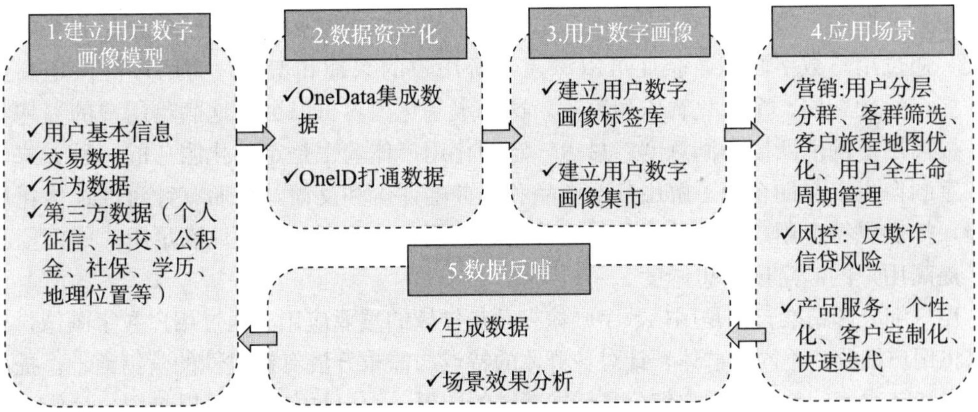


图 4-7 用户数字画像的应用流程

## 四、用户数字画像的价值创造与应用场景

### （一）用户数字画像的价值创造

用户数字画像是精准完成营销战略的基础。通过对消费者的需求进行洞察和预测，营销人员可以制定更精准匹配、更具前瞻性的营销战略规划。用户数字画像是通过对用户数据进行深入分析和挖掘得到的用户综合描述。它包含了用户的基本特征、兴趣偏好、行为习惯等信息，是企业了解用户、提供个性化体验和定制化服务的重要工具。以下将详细描述用户数字画像在数字化营销中的价值转化与创造，包括个性化推荐、定制化服务、用户

细分和精准营销等方面。

个性化推荐是满足用户个性化需求的重要手段，而用户数字画像在其中起到了关键作用。通过用户数字画像，企业可以深入了解用户的兴趣、偏好和行为模式，从而为用户提供更加精准和个性化的推荐。首先，基于用户兴趣的推荐是个性化推荐的重要方式。通过对用户兴趣和喜好的深入分析，企业可以将用户划分为不同的兴趣群体。基于这些兴趣群体的特征，企业可以向用户推荐与其兴趣相关的产品或内容。这种推荐方式能够更好地满足用户的个性化需求，提高用户的满意度和忠诚度。其次，基于用户行为的推荐是个性化推荐的重要方式之一。用户数字画像可以全面分析用户的行为模式，包括浏览历史、购买记录等。通过对这些行为数据的分析，企业可以发现用户的喜好和偏好，从而向用户推荐相关的产品或服务。这种方式能够使企业根据用户的实际需求和行为，为其提供更加精准和个性化的推荐。最后，跨平台推荐也是个性化推荐的重要方式之一。在多平台时代，用户在不同平台上的行为数据是分散的。通过用户数字画像，企业可以将用户在不同平台上的行为数据整合起来，实现跨平台的个性化推荐。这种方式能够提供更一致、连贯的用户体验，提高用户的满意度和忠诚度。

定制化服务是满足用户个性化需求的重要手段。通过用户数字画像，企业可以深入了解用户的个性化需求和特定要求，从而向其提供定制化的产品和服务。首先，定制化产品是定制化服务的一种重要方式。利用用户数字画像可以分析用户的特定需求和偏好，从而帮助企业为用户量身定制产品，满足其个性化的需求和要求。这种定制化产品可以更好地满足用户的期望，提高用户的满意度和忠诚度。其次，定制化内容也是定制化服务的一种方式。通过用户数字画像，企业可以深入了解用户的兴趣和偏好，为用户提供定制化内容，如个性化新闻、个性化音乐列表等。这种定制化内容可以更好地满足用户的兴趣和需求，提高用户的活跃度和满意度。最后，定制化用户体验也是定制化服务的一种方式。用户数字画像可以帮助企业了解用户对产品和服务的评价和反馈，从而有针对性地优化用户体验，提供更符合用户期望的服务。这种定制化用户体验可以更好地满足用户的期望和需求，提高用户的满意度和忠诚度。

用户细分和精准营销是用户数字画像在营销领域的重要应用。通过用户数字画像，企业可以将用户细分为不同的群体，针对各群体的特点与需求开展有针对性的营销活动，提高营销效果和转化率。首先，用户细分是精准营销的前提。用户数字画像可以将用户分为几类具有相似特征和行为模式的群体，如高价值用户、低价值用户、新用户、忠诚用户等。通过对不同群体的深入分析，企业可以了解各群体的特点和需求，进而制定更有针对性的营销策略。这种细分化的营销策略可以提高营销效果，降低营销成本，并提高转化率。其次，精准营销是用户数字画像的另一个重要应用。精准营销需要根据用户的个性化需求和兴趣，个性化推送广告和营销内容。通过用户数字画像，企业可以深入了解用户的兴趣爱好和行为习惯，将用户划分为不同的兴趣群体，向其推送与其兴趣相关的广告内容。同时，企业还可以分析用户的浏览历史、购买记录等行为数据，了解用户的偏好和需求，向用户推送相关的广告内容。这种个性化推送可以提高广告的曝光率和点击率，进而提高转化率。

### （二）用户数字画像的应用场景

用户数字画像在运营中的具体应用主要体现在用户路径和用户层级两方面。

一是用户路径中的用户数字画像应用。在整个用户路径中，从用户拉新到用户引导、转化和留存，以及后期的用户维护，都需要精细化的用户运营策略。而用户数字画像作为一种关键工具，为运营人员提供了深入了解用户需求的视角（如图 4－8 所示）。

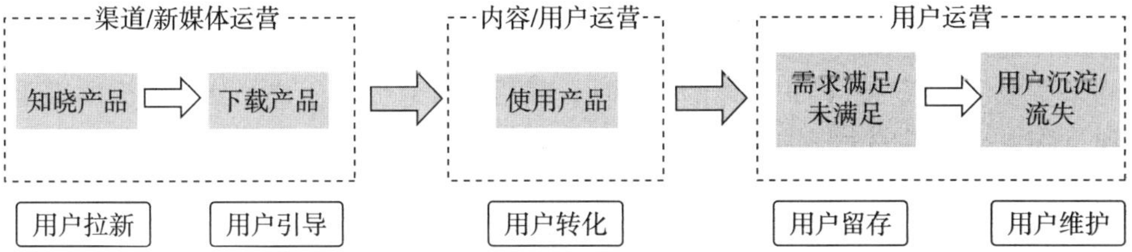


**图 4－8　用户路径流程图**

在用户拉新阶段，用户数字画像可以帮助营销人员识别潜在的目标用户群体，进而制定有效的营销策略，吸引这些潜在用户。例如，通过分析用户数字画像，可以发现活跃度较高的用户群体，针对这些群体设计特定的营销活动，以增加新用户的数量。在用户引导阶段，用户数字画像有助于企业了解用户的偏好和需求，从而为他们提供个性化的引导。例如，对于新手用户，可以通过用户数字画像分析他们的需求和困惑，为他们提供定制化的新手引导，帮助他们快速熟悉产品或服务。在用户转化和留存阶段，用户数字画像有助于企业发现用户的流失风险和转化潜力。通过对用户数字画像的分析，企业可以识别出即将流失的用户群体，并采取措施挽留他们。同时，企业也可以发现潜在的高价值用户群体，通过提供个性化的服务和优惠，促进他们的转化。在用户维护阶段，用户数字画像有助于企业了解用户的反馈和需求，为其提供个性化的服务和关怀。例如，通过分析用户数字画像，企业可以发现用户对产品某些功能或服务的评价和需求，有针对性地优化和改进产品或服务，提升用户体验。

二是不同用户层级下用户数字画像的应用。按照活跃层级，可以将用户分为潜在用户、活跃用户、忠诚用户和流失用户四类（如图 4－9 所示）。

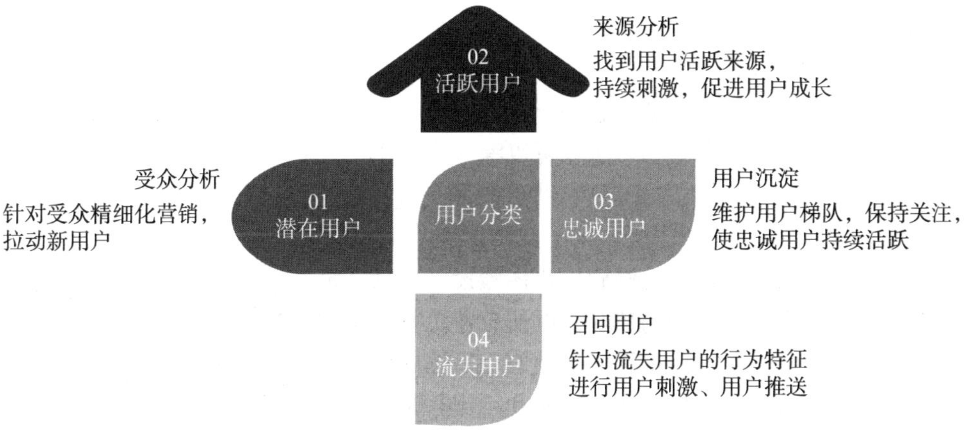


**图 4－9　根据活跃层级的用户分类**

首先，对于潜在用户，受众分析是关键。用户数字画像可以明确地描绘出吸引这类用户的营销点。根据用户数字画像中揭示的用户需求和兴趣，企业可以灵活调整营销内容或激励政策，从而促使潜在用户转化为真正使用者。其次，对于活跃用户，来源分析至关重要。通过观察不同渠道来源的用户在产品中的表现和活跃程度，企业可以确定哪些渠道的用户质量较高。这有助于企业优先投入资源，最大限度地利用有限资源，提升用户的活跃度和留存率。针对忠诚用户，用户数字画像有助于维护稳定的用户梯队。通过持续关注忠诚用户的行为，企业可以及时调整策略以满足他们的个性化需求。这有助于提高用户的满意度和忠诚度，确保核心用户群体的稳定性。最后，针对流失用户，分析流失原因至关重要。通过深入了解流失用户的特征和行为数据，可以明确他们是不是产品的目标用户，或者产品是否满足了他们的需求。根据流失原因，企业可以决定是否尝试召回这些用户，以降低用户流失率并提高整体的用户留存率。

## 第二节　用户旅程地图概述

了解用户的第一步，是对用户进行研究并收集信息。用户数字画像是树形标签体系，是基于前期的调研、业务的目标所抽象出来的具有普遍意义的、能够指导实际工作的工具。而用户旅程地图则是基于用户数字画像，更全面地展示过程（使用产品、遇到问题、解决问题）的一个工具。

### 一、用户旅程地图的概念与作用

#### （一）用户旅程地图的概念

用户旅程地图是指用户在与企业进行互动的过程中，经历各种接触点和体验的全貌图景。它涵盖了用户在发现产品或服务、进行购买决策、购买和使用产品、售后服务等整个过程中的感受和体验。用户旅程地图是一种视觉化的工具，通常以图表或流程图的形式展示，可以帮助企业更好地了解用户的需求、期望和痛点，为用户提供更加个性化和贴心的服务。

用户旅程地图不仅是一个工具，更是一种思维方式。它提醒企业从用户的角度出发，全面地思考用户在与产品或服务接触的全过程中所经历的一切。通过细致入微地描绘用户在每个阶段的思考、感受和行为，企业可以深入了解用户的真实需求，发现那些看似微小但影响用户体验的细节问题。这不仅有助于提升产品和服务的质量，更有助于建立长期的用户信任和忠诚度。

用户旅程地图的起源可以追溯到用户体验设计领域。最初，它以可视化的方式描述用户在与产品或服务交互过程中的体验，以便企业更好地理解用户的需求和痛点，从而提供更佳的用户体验。随着时间的推移，用户旅程地图的应用范围逐渐扩大，现在它已经成为一种通用的工具，被广泛应用于各个行业和领域，帮助企业优化产品和服务，提升用户体验和忠诚度。

#### （二）用户旅程地图的作用

用户旅程地图是一种多功能工具，它在企业营销中发挥着关键作用，特别是在理解用户需求和期望方面。这一工具的核心价值在于，它使企业得以从用户的视角出发，细致地观察和记录用户在与产品或服务互动时的行为、决策和情感反应。通过这种深入的洞察，企业不仅能够更精准地把握用户的实际需求，还能提供更加个性化和贴心的服务，从而满足用户的期望。此外，用户旅程地图还能揭示用户体验中的潜在短板和问题点，为企业在优化用户体验、提升用户满意度和忠诚度方面提供指导。它能够清晰地指出用户在不同阶段的需求和偏好，这为企业实施个性化营销策略提供了坚实的基础。尤为重要的是，用户旅程地图是一个动态的工具，它会随着市场环境和用户需求的变化而不断更新和优化。这种持续的改进和创新是企业保持市场竞争力的关键。

在金融数字化营销领域，用户旅程地图的应用尤为重要。它可以帮助企业识别并优化从用户品牌意识的建立到产品选择、购买决策、售后服务，直至品牌忠诚度培养的各个关键触点。因此，用户旅程地图的合理运用对于企业实现持续发展和获得成功至关重要。

值得注意的是，用户旅程地图的应用并不局限于 B2C 业务模式，它同样适用于 B2B 业务模式。无论是面向最终消费者还是面向其他企业客户，用户旅程地图都能帮助企业深入理解客户在购买决策过程中的体验，从而在两个领域发挥其价值。通过这种方式，企业能够更好地满足不同类型客户的需求，推动业务的持续增长。

## 二、用户旅程地图的构成要素与制作过程

### （一）用户旅程地图的构成要素

用户旅程地图的构成要素是描述用户在使用产品或服务交互过程中的体验的关键元素。这些要素包括步骤、决策、情绪和接触点，它们共同构成了用户旅程地图的核心内容。

步骤是用户在使用产品或服务交互过程中的每一个环节。这些环节可能包括用户了解产品或服务、进行购买、使用产品或服务、售后支持等。每个环节又可以细分为更具体的步骤，如购买环节可能包括用户浏览商品、选择商品、填写收货地址、支付等具体步骤。了解这些步骤可以帮助企业更好地理解用户的需求和期望，从而优化每个环节的设计和流程。

决策是用户在各环节中需要做出的选择或决策。这些决策可能涉及用户的偏好、需求、价值观等方面的因素。例如，在选择商品时，用户可能需要比较不同产品的价格、功能、品牌等，并最终做出决策。了解用户的决策过程可以帮助企业更好地理解用户的购买动机和行为，从而更好地设计产品或服务，满足用户的需求和偏好。

情绪是用户在各环节的情感反应。这些反应可能包括高兴、失望、兴奋、沮丧等。情绪既可以反映用户对产品或服务的满意度和忠诚度，也可以帮助企业更好地理解用户的心理需求和期望。例如，用户如果在使用产品或服务交互过程中感到不满意，可能会产生负面的情绪反应，这可能影响用户的忠诚度和企业口碑。因此，了解用户的情绪反应可以帮助企业及时发现并解决用户的不满和问题，从而提高用户的满意度和忠诚度。

接触点是用户与产品或服务的所有接触点，包括网站、App、客服、实体店等。这些接触点是用户与企业直接互动的地方，也是企业传递品牌价值和用户体验的重要途径。了解接触点可以帮助企业更好地整合资源和服务，提供一致的品牌形象和用户体验。例如，

企业可以在网站上提供便捷的在线客服支持，提供快速响应的用户体验；在 App 中提供丰富的功能和个性化的推荐，使用户更容易找到自己需要的服务和产品；在实体店提供舒适的购物环境和专业的售前售后服务，使用户感受到品牌的独特价值和专业性。通过整合不同接触点的资源和信息，企业可以更好地理解用户的需求和期望，提供更加全面和一致的用户体验。

### （二）用户旅程地图的制作过程

Forrester 五步法是一种制作用户旅程地图框架的方法，由全球知名的市场研究公司 Forrester Research 提出。这个框架可以帮助企业深入了解用户的需求和体验，优化用户旅程并提供更好的用户体验。以下是 Forrester 五步法的具体内容：

一是定义人物角色。在这一步骤，需要确定主要的用户人物角色，也称为买家人物或用户。每个人物角色代表着一个特定类型的用户，具有特定的需求、偏好和目标。人物角色通常是根据市场调研和数据分析得出的，可以帮助企业将用户细分并更好地理解不同用户在旅程中的不同需求。

二是绘制用户旅程地图。在这一步骤，需要绘制用户旅程地图，描述用户与品牌或企业互动的每个阶段（从与用户的第一次接触到最终的交易或转化），以及用户在每个阶段的需求、行动和感受。这一步骤可以通过数据分析、用户调研和员工洞察来获得信息并完成。

三是定义关键时刻。在用户旅程中，一些关键时刻或关键触点对于用户体验和决策过程至关重要。这些关键时刻可能是积极的，也可能是消极的，它们对用户的决策和忠诚度有着深远的影响。在这一步骤，企业需要识别并定义这些关键时刻，并理解用户在这些时刻的需求和感受。

四是分析痛点。在这一步骤，需要识别用户旅程中的痛点和障碍，即用户可能遇到的问题或不满意的方面。这些痛点可能导致用户流失或产生负面口碑，因此了解并解决这些问题对于提升用户体验至关重要。通过分析用户的痛点，企业可以制定相应的改进策略，优化用户旅程。

五是制订改进计划。最后一个步骤是根据前面的分析结果制订改进计划。在这一步骤，需要根据用户旅程地图和痛点分析提出具体的优化措施和行动计划。这些计划可能涉及改进用户服务、优化产品或服务设计、提升用户互动体验等方面。制订改进计划是为了确保用户旅程更加顺畅和愉悦，提高用户满意度和忠诚度。

## 三、用户旅程地图的应用

### （一）利用数据优化用户旅程地图

数据在用户旅程地图中的重要性不言而喻。它是制作用户旅程地图的基础，为全面了解用户需求和期望提供了有力的支持。以下是数据在用户旅程地图中的几个重要作用：首先，数据可以揭示用户的行为和偏好。通过分析用户行为数据，企业可以深入了解用户在购买过程中的行为路径，发现他们在哪些接触点上停留时间较长，对哪些内容更感兴趣等。这些信息对于优化用户旅程地图非常有价值，能够帮助企业更好地理解用户的需求和期望。其次，数据可以帮助企业发现用户的痛点。通过分析用户反馈和投诉数据，企业可以了解哪些环节容易引起用户不满，从而进行针对性的优化和改进。这种反馈对于提升用户体验和忠诚度至关重要。再次，数据还可以用于评估用户的体验和满意度。通过调查和问卷等方式收集用户满意度数据，企业可以了解用户对不同阶段和接触点的满意度，从而对产品和服务做出优化和改进。这种评估对于提高用户满意度和忠诚度具有重要意义。最后，数据可以为个性化营销提供依据。通过分析用户行为和偏好数据，企业可以了解用户的兴趣爱好和购买意向，从而为用户提供更加个性化和定制化的推荐和服务。这种个性化营销方式能够提高销售转化率，增加企业的市场份额。

数据驱动的用户旅程地图优化是一个系统性的过程，需要企业进行周密的规划和执行。在竞争激烈的市场环境中，了解用户需求和行为对于企业的成功至关重要。数据驱动的用户旅程地图优化包括数据收集与整合，数据分析与洞察，优化策略制定、实施、监测和成效评估，以及持续优化和改进等步骤。第一，企业需要从各种渠道收集数据，并对数据进行整合和清洗，以确保数据的准确性和一致性。第二，通过数据分析发现用户行为和偏好可以帮助企业了解用户需求和痛点，评估用户满意度。基于这些发现，企业可以制定具体的优化策略，确定需要改进的接触点和阶段。第三，采取相应的优化措施，这可能涉及产品改进、服务升级或活动推广等。这一过程需要跨部门协作，以确保措施的有效执行。第四，企业需要监测和评估优化措施的成效，通过设定关键指标和目标来衡量用户体验和满意度的提升。第五，建立一个持续优化和改进的机制，不断收集用户反馈和行为数据，根据数据分析结果持续优化用户旅程地图，以适应市场和用户需求的变化。这是一个迭代和持续的过程，需要企业保持敏锐的市场洞察力和创新精神，以不断提升用户体验和业务表现。

### （二）用户旅程地图与营销策略的融合

用户旅程地图是企业了解用户体验和行为的有力工具，而营销策略是企业吸引用户和促进销售的核心手段。本小节详细探讨用户旅程地图与营销策略的融合，以及如何将用户旅程地图应用于营销活动，以实现更有效的营销。

用户旅程地图与营销策略之间存在密切的关系。用户旅程地图通过数据和分析来描述用户在整个购买过程中的感受和行为，包括用户的需求、意向、体验等。而营销策略是企业为吸引用户和促进销售而采取的一系列措施和计划。用户旅程地图为营销策略提供了重要的依据和指导，可以帮助企业更好地了解用户需求，确定优化和改进的方向，指导个性化营销等。用户旅程地图和营销策略的融合可以帮助企业更加精准地吸引目标用户、提高销售转化率和用户忠诚度。

要将用户旅程地图应用于营销活动，企业需深入分析目标用户群体，明确营销目标。借助用户旅程地图，企业可以洞悉用户行为和偏好，实现精准营销。例如，在用户发现产品阶段，推荐算法可展示符合用户兴趣的商品；在购买决策阶段，优惠促销可以提升转化率。用户旅程地图还可以助力企业识别并优化用户接触点，如改善网站体验、简化购买流程，提高用户满意度和增强用户购买意愿。同时，通过洞察用户情感和需求，企业能在售后服务阶段提供更贴心的服务，提高用户信任度和忠诚度。数据驱动是优化用户旅程地图的核心。企业可以通过分析不断评估营销成效，识别影响因素，做出调整，以保持市场竞争力和实现持续发展。

## 第三节　金融业用户数字画像的专题分析与实践

在当前的金融市场中，消费者群体的年轻化趋势日益明显。随着这一变化，金融业正经历着从以产品为中心向以消费者为中心的转变。面对消费者行为和需求的显著变化，各金融细分行业均面临着重大挑战。因此，金融机构迫切需要识别并明确其目标用户群体，并根据这些用户群体的特定需求，开发和提供定制化、个性化金融产品。

### 一、用户数字画像对金融机构的重要性

在当代中国，出生于 20 世纪 80 年代和 90 年代的人构成了一个重要的社会经济阶层。据估计，该群体的人口数量约为 3.4 亿人，并且正逐渐成为金融市场的核心消费群体。随着信息技术的迅猛发展，尤其是互联网和智能手机的普及，这一年龄段人群的金融消费行为呈现出显著的演变趋势。他们普遍倾向于通过在线渠道，而非金融机构的线下实体网点处理金融事务。此外，这一群体普遍不愿意被动接受金融机构提供的标准化产品和服务，而是更加期待获得个性化和互动性强的消费体验。

智能手机成为日常生活中的关键工具，人均每日使用时间超过 3 小时，年轻人群人均每日使用时间更是超过 4 小时。因此，移动应用程序已成为金融机构吸引用户、促进交易、提供服务和收集数据的关键平台。面对这一趋势，传统金融机构在直接接触并了解年轻用户群体方面面临着挑战，亟须通过创新的方式和工具来适应这一变化。

综上，金融机构需要深入了解这一年龄段用户的需求和偏好，以便设计和提供更符合他们期望的金融产品和服务。这不仅要求金融机构对市场进行细分，还要求其利用先进的数据分析技术，如用户画像，来精准识别和定位目标用户群体。通过这种方式，金融机构能够在竞争激烈的市场中获得优势。

### 二、金融业用户数字画像设计的核心要点

#### （一）金融业用户数字画像设计的基本原则

许多企业在构建用户数字画像时存在一个误区，即认为数据维度越多越好，数据量越丰富越好。他们对数据赋予权重，甚至建立复杂模型，并投入大量精力生成用户数字画像。然而，最终往往只得到与业务关联性不强的用户数字画像，难以有效支持业务运营。因此，这种投入大量资源却收益甚微的做法是不值得的。实际上，用户数字画像所涉及的数据维度应当根据具体的业务场景来确定。构建用户数字画像应遵循以下三个原则：以信用信息和人口属性为核心；优先使用强相关性信息，忽略弱相关性信息；将定量信息转化为定性信息。

第一，以信用信息和人口属性为核心。个人信息是多方面的，包括个人基本情况、教育背景、社交和信用记录，其中，信用信息尤为重要。许多金融企业利用用户数字画像来寻找目标用户，并从中识别具有消费能力的潜在用户，信用信息能直接反映用户的消费能

力。金融企业确定了目标用户后，就需要接触他们，这时候人口属性就起关键作用了。人口属性涵盖了从遗传、变异到生理机能等生物特征，以及电话号码、性别、家庭住址等社会特征，这些信息能有效帮助金融企业联系用户，使企业更便捷地向用户销售产品和服务。

第二，优先使用强相关性信息，忽略弱相关性信息。当一列变量变化时，另一列与其相关联的变量发生相关变化的概率非常大，则二者间存在强相关性，反之则只存在弱相关性。相关性的强弱通常通过相关系数来衡量，相关系数的取值范围是 0 到 1。相关系数在 0.6 及以上，被视为强相关性，反之则为弱相关性。例如，在其他条件相同的前提下，深圳的平均工资高于青岛，40 岁左右的人收入高于 35 岁左右的人，金融业的平均工资高于邮政快递业。通过这些信息可以分析出，区域、年龄、行业对收入的影响较大，这些变量与收入高低之间存在强相关性。而从用户的其他信息（如身高、体重、姓名和星座）很难分析出其与消费者消费能力具有相关性的概率，因此这些信息是弱相关性信息，商业价值不大，不应被纳入用户数字画像进行分析。总之，在生成用户数字画像时，应重点考虑强相关性信息而非弱相关性信息。

第三，将定量信息转化为定性信息。生成用户数字画像的目的在于筛选出产品的目标用户群体。例如，可将年龄作为分组依据，将 18～25 岁用户划分为年轻用户、将 26～35 岁用户划分为中青年用户、将 36～45 岁用户划分为中年用户。也可以根据个人收入情况，将用户划分为高收入用户、中等收入用户和低收入用户。还可以依据用户的资产信息，将用户划分为高净值用户、中等净值用户和低净值用户。结合金融企业的定量信息，定性地对这些信息进行分类和分析，可以帮助企业更有效地筛选用户并快速定位目标用户群体。

### （二）金融业用户数字画像的核心信息

金融业用户数字画像的核心信息涵盖五个层次：人口属性信息、信用属性信息、消费特征信息、兴趣爱好信息和社交信息。

人口属性信息被用于描述用户的个人基本特征，有助于企业了解用户身份及接触方式。姓名、性别、年龄、电话号码、电子邮件和家庭住址等均属于人口属性信息。

信用属性信息被用于描述用户的收入潜力、收入现状和支付能力。它能帮助金融企业了解用户的资产和信用状况，从而精确定位目标客户群体。职业、收入、资产、负债、教育水平、信用评级等均属于信用属性信息。

消费特征信息被用于描述用户的主要消费习惯。它能帮助金融企业根据用户的消费特点向用户推荐相关的金融产品和服务。为了便于用户筛选，金融企业可以依据消费记录，将用户归类为具有特定消费特征的群体，如旅游爱好者、餐饮消费者、汽车购买者等。

兴趣爱好信息被用于描述用户的休闲偏好，这些偏好可能预示着用户在相关领域的消费倾向，可以帮助金融企业规划销售活动的方向。尽管兴趣爱好信息可能与消费特征信息有所重叠，但两者的信息来源不同：消费特征信息源自实际的消费记录，而兴趣爱好信息可能来源于社交网络和用户的位置数据。

社交信息反映了用户在社交媒体上的互动，这些信息通常能真实反映用户的需求和想法，并具有较大的转化潜力。例如，用户在社交媒体上询问上海的旅游景点、北京的交通状况，或是寻求低利率的房贷机构和优质的金融理财产品推荐时，这些社交信息都直接体现了用户的需求。

这五类信息基本上覆盖了生成用户数字画像所需的关键信息，企业需要对这些信息进行系统的整理和分析。金融企业可以将定量数据转化为定性洞察，并根据具体的业务场景筛选出具有强相关性的信息。

### （三）金融业用户数字画像工作的基本步骤

根据金融企业的数据类型和业务需求，金融企业的用户数字画像工作涵盖从数据集中调整到数据处理，从强相关性数据分析到定性分类数据分析的方方面面，目的是筛选目标用户。

第一，整理和汇总与生成用户数字画像相关的数据。金融企业内部信息分散在不同的系统中。信用属性信息主要集中于交易系统、产品系统和用户关系管理系统；人口属性信息主要集中于用户关系管理系统；消费特征信息主要集中于渠道系统和产品系统。兴趣爱好信息和社交信息通常需要从外部来源引入。文本挖掘技术可以用来收集和分析社交信息，这些信息往往是实时的，具有高商业价值和较大的转化潜力。例如，用户询问关于法国巴黎的旅游建议或餐厅推荐，可能预示着他们未来的旅行计划；用户比较不同房产的优缺点，可能表明他们有购房意向。金融企业可以据此及时提供相关的金融服务。

数据仓库是处理用户数字画像数据的关键工具，它根据业务场景和用户数字画像的需求对原始数据进行分类、过滤、归纳和处理，以生成所需的原始数据。然而，用户数字画像的维度往往不尽完美，因为不存在全面的用户数字画像信息，也没有足够的信息来完全了解用户。因此，进行用户数字画像分析的关键在于识别上述五类信息中的强相关性信息。

第二，识别业务场景中的强相关性信息。根据生成用户数字画像的原则，所有信息都应与这五类信息强相关。强相关性信息有助于金融企业有效整合业务需求并创造业务价值。例如，姓名、手机号码和家庭地址是人口属性信息中的强相关性信息；收入、教育背景、职业和资产是信用属性信息中的强相关性信息；旅游用户、汽车用户等是消费特征信息中的强相关性信息；摄影爱好者、游戏爱好者、健身爱好者、电影爱好者和户外爱好者是兴趣爱好信息中的强相关性信息；旅游战略咨询、财务咨询、汽车需求、房地产需求等是社交信息中的强相关性信息。

尽管金融企业拥有大量内部信息，但生成用户数字画像阶段无须使用所有信息。通过采用与业务场景和目标用户强相关的信息，可以提升产品转化率，提高投资回报率（Return on Investment，ROI），并促进数据变现。

第三，数据的分类和标签化。金融企业将所有信息集中后，根据业务需求处理信息，对定量信息进行定性分析以便信息分类和筛选。这部分工作尽量在数据仓库中进行，不推荐在数据管理平台（Data Management Platform，DMP）中进行。定量信息的定性分类是用户数字画像工作的重要组成部分，其主要目的是帮助金融企业简化复杂数据，对交易数据进行定性分类，并将商业分析的要求融入数据处理。例如，金融企业可以根据年龄段将用户分为年轻人、中青年人、中年人和老年人；可以按照用户收入、资产等将用户分为低、中、高净值用户；可以参考用户的财务消费记录、资产信息、购买的产品等来描述用户消费特征，并将用户分为电子商务用户、财富管理用户、保险用户、稳健型投资用户、餐饮用户、旅游用户、公务员用户等；还可以利用外部数据定性描述将用户分为具有不同兴趣爱好的用户，如户外爱好者、奢侈品爱好者、体育爱好者、摄影爱好者、高端车爱好者等。

将定量信息转化为定性信息，并根据业务需求对其进行标签化，有助于金融企业对目标用户进行精准营销，降低营销成本并提高产品转化率。此外，金融企业可以根据消费特征信息、兴趣爱好信息和社交信息来设计产品，优化产品流程并及时推荐产品，从而提高产品销售力度。

第四，在业务需求的基础上引入外部数据。使用用户数字画像的目的是为业务场景提供数据支持，包括寻找目标用户和联系目标用户。金融企业要全面了解用户的消费特征信息、兴趣爱好信息以及社交信息，仅仅依靠自身的数据是不够的。为了丰富用户数字画像信息，金融企业可以利用外部信息。其中，位置信息的引入有助于更准确地判断用户的兴趣爱好，而外部供应商数据的引入则能够提供更全面的用户社交信息。这些外部数据内容丰富，有助于企业更全面地了解用户。然而，引入外部数据是一项具有挑战性的任务。金融企业需要考虑如何提高外部数据与内部数据的匹配率，确保数据的相关性和及时性。此外，外部数据鱼龙混杂，合规性是金融企业必须重点考虑的方面。在引入外部数据或进行内外部数据匹配时，金融企业必须严格遵守隐私保护原则。对于用户的手机号码、家庭住址、身份证号码等敏感信息，应避免进行数据交换，但可以进行数据匹配和验证。

金融企业的外部数据有很多优质的来源，如银联、芝麻信用、运营商、腾云天下、腾讯、微博、前海征信以及主要的电子商务平台等。市场上已经有很多数据提供商，它们提供的数据质量很好。独立的第三方数据提供商可以帮助金融企业引入外部数据以降低交易成本，同时降低数据合规风险。此外，区域性大数据交易平台也是引入外部数据的途径之一。

第五，按照业务需求筛选用户。生成用户数字画像的主要目的是让金融企业挖掘现有数据值，使用用户数字画像技术来查找目标用户和发现用户需求，并进行产品推广和优化。

数据管理平台在用户数字画像构建中发挥核心作用。从技术角度看，它标签化用户数字画像数据，运用机器学习算法筛选特定人群，结合业务场景，提取有价值的数据和用户。数据管理平台曾主要用于广告行业，如今在金融业也日益受到重视。它可以助力信用卡公司识别下月可能分期购买大额电子产品的用户、理财用户、高净值用户、各类保险购买者以及不同投资风格的用户，从而提高产品转化率，释放数据价值。此外，它还可以帮助金融企业了解用户的消费特征、兴趣和近期需求，为其定制金融产品和服务，并实施跨界营销；利用消费偏好，提高产品转化率，增强用户黏性。数据管理平台还能作为引入外部数据的平台，引入外部有价值的数据以丰富用户数字画像，满足不同业务场景和需求。特别是移动大数据、电商数据和社交数据等还能助力金融企业实现数据的商业价值，使用户数字画像更贴近商业应用。

## 三、金融业用户数字画像的应用

### （一）银行业用户数字画像的应用

银行拥有丰富的交易数据、人口属性数据、消费数据、信用数据和用户数据。一般来说，在银行网点办理业务的用户年龄相对偏大，年轻的用户主要在网上办理业务。这就导致银行无法接触这些年轻用户并了解他们的需求。分析用户、了解用户、寻找目标用户、为用户设计产品已成为银行生成用户数字画像的主要目的。银行的主要业务是消费金融业务、财富管理业务等，生成用户数字画像需要围绕这两个方面进行。

银行的用户数据丰富，类型较多，数据量庞大，而且涉及许多系统，在利用这些数据生成用户数字画像时可以严格遵循以下五个步骤。第一步，在数据仓库中收集数据；第二步，结合业务场景筛选出强相关性信息；第三步，对定量信息进行定性分析，生成数据管理平台所需的数据，并使用数据管理平台进行信息标签化，筛选目标用户或深入分析用户；第四步，使用数据管理平台导入外部数据，改进数据场景的设计，提高筛选目标用户的准确性；第五步，结合业务需求筛选用户，推动市场营销并获得反馈，衡量数据产品的商业价值，利用反馈数据改进营销活动，提高投资回报率，形成市场营销的闭环，完成数据价值的变现。此外，数据管理平台还可以深入分析用户，并根据用户的消费特征、兴趣爱好、社交信息和信用信息开发和设计产品，为金融企业产品开发和销售提供数据支持。表 4－1 展示了银行数据管理平台可以实现的部分数据场景。

**表 4－1　银行数据管理平台可以实现的部分数据场景**

| 数据场景 | 数据源 | 目标用户 | 业务应用 |
|---|---|---|---|
| 寻找分期用户 | 银联数据、自助服务数据、信用卡数据 | 信用卡支出超过月收入的用户 | 分期付款 |
| 寻找高净值用户 | 银联数据、移动定位数据（别墅/高端社区）、房地产数据、银行自有数据、汽车模型数据 | 在银行资产较少但其他资产较多的用户 | 高端资产管理服务 |
| 寻找理财用户 | 用户自身数据（交易数据及工资数据）、移动用户财务管理/电子商务活动数据 | 将工资/资产转移到外部但消费不活跃的用户 | 金融服务 |
| 寻找境外游用户 | 用户自身卡消费数据、移动设备位置信息、海外社交网络的强相关性信息（路线、景点、费用等） | 境外游用户 | 金融服务 |
| 寻找贷款用户 | 用户自身数据（人口属性信息及信用信息）、移动设备位置信息、社会购买/消费强相关性信息 | 近期可能购买汽车/房屋的用户 | 金融服务（抵押/消费贷款） |

### （二）保险业用户数字画像的应用

保险业的产品是长期产品。保险公司内部交易制度和交易方式并不复杂。然而，许多保险公司尚未完成数据收集，所以需要在用户数字画像生成之前完成数据仓库的构建。保险公司的主要数据包括人口属性信息、信用信息、产品销售信息和用户家庭信息，缺少兴趣爱好信息、消费特征信息和社交信息等。保险产品主要包括人寿保险、财产保险、意外保险、养老保险和旅游保险等。表 4－2 展示了保险数据管理平台用户数字画像的业务场景。

表 4-2　保险数据管理平台用户数字画像的业务场景

| 业务场景 | 数据源 | 保险产品 |
| --- | --- | --- |
| 寻找车险用户 | 用户自身数据（个人属性信息）、外部养车应用程序活动状态 | 车险 |
| 推销意外保险 | 用户自身数据（个人属性信息）、移动设备位置信息 | 意外保险 |
| 推销人寿保险、养老保险、教育保险等 | 用户自身数据（家庭数据）、个人（家庭）生命周期信息 | 人寿保险、养老保险、教育保险等 |
| 寻找高净值人群 | 用户自身数据、外部数据 | 财产保险和人身保险 |

### （三）证券业用户数字画像的应用

传统证券业在数字化转型的过程中面临着来自互联网证券公司的激烈竞争。iiMedia Research（艾媒咨询）发布的《2022—2023 年中国互联网证券市场研究报告》显示，2023 年 2 月，中国互联网证券公司共拥有 App 319 个，其中同花顺等 6 个典型互联网证券公司 App 累计下载量集中于华为应用市场，同花顺主流平台累计下载量合计为 19.8 亿次。这表明互联网证券公司在移动应用方面的用户覆盖率和装机量上具有明显优势。随着“一码通”① 政策的实施，用户可以更加便捷地在不同券商之间转换，这无疑增加了传统证券行业留住老用户和吸引新用户的难度。

在证券业，人口属性信息（如用户名、手机号码、家庭住址和电子邮件地址）、交易用户资产、交易记录以及用户收入数据，构成了证券公司深入了解客户行为和偏好的基础。证券公司能够运用先进的数据分析技术，精准地识别和筛选目标用户群体，提供更加个性化的产品和服务，提升用户的交易体验，并努力增加个人用户的收入。在互联网证券公司中，采用这种数据驱动的客户服务策略的公司尤其多。行业领先者如东方财富和同花顺，通过其平台提供的社区服务和丰富的资讯内容，成功构建了一个活跃的用户交互生态系统。这种策略不仅提高了用户的活跃度，延长了用户停留时间，而且通过图文、快讯、短视频、长视频、直播和音频等多种形式，为用户提供了包括股票、基金、理财、债券、期货和贵金属在内的多方面资讯。这种多元化的内容策略有效地增强了用户黏性。

在此背景下，传统证券公司也在积极进行数字化转型。以华泰证券为例，公司通过数字化转型持续释放“业务＋科技”融合价值，2023 年盈利能力稳居行业头部。华泰证券的客户规模超过 2 100 万户，客户账户资产近 5 万亿元，其“涨乐财富通”App 月度活跃用户数为 938 万户，连续九年位居证券业首位。华泰证券的数字化转型包括提升客户服务平台的功能、优化交易体验、增强投资研究能力，以及通过数据分析提供个性化服务，这些都是为了在激烈的市场竞争中保持竞争力。

### （四）互联网财富管理用户分析

用户数字画像的主要目的是让金融公司挖掘现有数据的价值，利用数据画像技术寻找

① 在金融领域，尤其是证券业，“一码通”通常指的是一种账户整合服务。通过这项服务，投资者的沪深 A 股、B 股等各类证券账户可以关联到一个统一的账户，即“一码通”账户。

潜在目标用户，并对产品进行推广和优化。互联网金融公司对大数据技术的应用逐步成熟，对信用信息、人口属性信息、消费特征信息、分销利益数据、贸易数据、产品行为数据和产品偏好数据等信息的使用越来越频繁。寻找目标群体并为他们定制产品已成为互联网金融公司在垂直深耕领域的必然选择。

互联网金融相较于传统基金管理的核心优势在于灵活性和互动性。它能针对每个用户的需求，提供个性化、定制化的金融产品，满足用户对期限、风险、投向和盈利的不同要求。随着互联网金融公司的蓬勃发展，投资要考量的因素也日趋多元化，涵盖安全性、服务、品牌、收入和用户体验等多个方面。

用户需求差异大，有的追求高风险、高收益，有的偏好低风险和稳定收益，有的重视用户体验，还有的关注品牌信誉。互联网金融行业的使命正是满足这些多样化的投融资需求。许多平台正利用大数据技术为女性提供定制服务。例如，针对年薪 8 万～15 万元的 25～35 岁女性群体，互联网金融公司推出了多样化的资产和产品线策略；2015 年，赶集网为 3 亿名城市蓝领员工推出了定制化的信贷产品；一些网络借贷平台为特定用户群，如企事业单位员工、大学生和公务员等提供精准融资服务。

虽然互联网金融的获客成本越来越高，但用户的消费额也在增长。金融公司利用用户数字画像可以提供精准服务，从而强化用户归属感。

## 本章小结

本章讨论了两个关键主题：用户数字画像和用户旅程地图。用户数字画像是对用户在互联网上的行为、兴趣、消费偏好等方面的数据进行分析和整理的结果，它能够呈现用户的特征和特点。通过用户数字画像，企业可以更好地理解消费者的需求和偏好，从而提供更个性化的产品和服务。在金融业，用户数字画像对于制定营销策略、设计产品和优化服务至关重要。用户旅程地图是一种可视化工具，它描绘了用户在与品牌互动的过程中所经历的各个阶段。通过了解用户在做出购买决策过程中的不同阶段，企业可以更好地理解用户的需求和痛点，并提供更符合用户需求的产品和服务。对于金融业来说，深入理解用户的需求和偏好至关重要。通过利用用户数字画像和用户旅程地图，金融机构可以更好地了解客户的需求和痛点，从而提供更个性化的金融产品和服务。这有助于提高客户的满意度和忠诚度，同时也有利于降低营销成本，提高竞争力。

## 思考题

1. 与传统的市场调研方式相比，用户数字画像有哪些特征？

2. 举例说明如何绘制用户数字画像，以及如何实现用户数字画像的价值。

3. 以生活中的某个金融公司提供的服务为例，思考用户与公司产品或服务产生关系的全过程，绘制用户旅程地图，思索用户在每个接触点上的需求、行动和感受。

第五章

# 金融市场细分与市场定位

**【目的与要求】**

掌握金融市场细分的含义、作用和原则，理解个人客户市场细分的影响因素和企业客户市场的细分；掌握评估目标市场的基本方法，目标市场营销策略及其影响因素；深入理解金融市场定位的概念、步骤及策略和内容；了解数字化时代STP战略的升级。

## 第一节　金融市场细分

在现代广阔且复杂的市场中，营销人员几乎不可能独占整个市场，也无法凭借单一产品和销售模式应对所有客户，更难以满足所有客户多样化的需求。这是因为客户群体庞大且分散，他们的需求和购买习惯千差万别。同时，营销人员满足各市场需求的能力及自身可用资源各不相同。因此，每个营销人员都必须精准定位，找到自身最了解、最能有效满足需求的细分市场，而非在整体市场中盲目竞争，尤其是应避免与强大的竞争对手正面交锋。这构成了目标市场营销的现实基础。目标市场营销是指营销人员在深入市场调研后识别不同消费群体的差异，从中挑选出最具价值且能为其提供高效服务的消费群体作为目标市场，进而满足其需求，并在此过程中建立起具有竞争优势的品牌的营销方式。目标市场营销涵盖三大核心内容，即市场细分（Segmentation）、目标市场选择（Targeting）、市场定位（Positioning），所以又称为STP战略。当代成功企业的实践表明，目标市场营销是营销管理不可或缺的重要手段。其意义在于：通过细分，营销人员能更敏锐地发现市场机遇，揭示市场空白点，并以此作为目标市场；通过开发契合市场需求的产品、调整产品价格、优化销售渠道和广告策略，企业能够迅速而有效地进入市场；同时，营销人员能将精力集中于对产品有强烈购买兴趣的潜在客户，避免被“无效客户”分散注意力。

## 一、金融市场细分的含义

市场细分的概念由温德尔·史密斯（Wendell Smith）于20世纪50年代中期提出。市场细分是指营销人员通过市场调研，依据消费者特征、需求、欲望、行为、习惯及消费场景等方面的差异，将整体市场划分为若干内部具有相似特征的子市场的过程。每个子市场由需求相近的消费者群体组成，从而形成了多个细分市场。因此，市场细分是一种在差异中寻找共性的市场分类方法，它并非对产品进行分类，而是对具有不同需求的消费者进行分类。这一理论的提出标志着第二次世界大战后市场营销思想的新发展，是企业在经营中践行市场导向的营销观念的产物，对市场营销理论的发展具有里程碑式的意义。20世纪60年代以后，该理论在金融界得到了广泛认可和应用，催生了金融市场细分。

金融市场细分是指金融企业根据一种或多种因素，对整个金融市场的客户群进行划分，使得每个细分后的客户群在某一或某些方面具有相同或相近的需求特征，以便企业制定相应的营销策略来满足这些特定客户群的需求，从而顺利达成企业的经营目标。这意味着金融企业需根据与消费者需求紧密相关的细分变量，将市场细分为多个不同的子市场，以便其根据自身资源和能力选择服务对象，明确目标市场。一方面，金融市场细分将金融市场划分为多个客户市场，无论是个人客户市场还是企业客户市场，其对金融产品和服务的需求都存在显著差异，即不同细分市场对应着具有不同需求的客户群；另一方面，对金融产品和服务有同类需求的客户在居住环境、文化背景、年龄及消费倾向等方面表现出相似性，因此，金融市场细分实质上是对客户的细分，而非对金融产品和服务的细分，即在识别客户需求差异的基础上，对需求相近的客户群体进行归类。

## 二、金融市场细分的作用

### （一）发现市场营销的机会

市场营销的机会源自市场上尚未被满足的需求，这些需求常常是潜在的，不易被察觉的。例如，按客户为银行创造的价值大小进行细分，客户可以被划分为普通客户和优质客户。在此过程中，我们会发现优质客户的金融需求更加多元化与个性化。抓住这些新兴的业务需求，就能为企业开辟更多新的利润增长点。运用市场细分手段有助于金融企业发掘这类需求，并从中筛选出适合金融企业开发的需求，从而把握市场机会，使金融企业在细分市场中占据主动地位。

### （二）制定最优营销策略

市场细分是实施市场营销组合策略的前提。金融企业必须首先对市场进行细分，然后再选择目标市场。只有目标市场明确，企业才能制定出具有针对性和可操作性的营销方案，进而找到最佳的营销策略。

### （三）有效应对竞争对手

当前，金融企业间的竞争日益激烈，市场细分有助于金融企业发现目标客户群的需求特点，进而增强产品特色，提升竞争力。从不同的市场细分角度出发，金融企业能够发现不同客户群的特殊需求，并满足这些特殊需求，从而为企业带来更大的收益。

### （四）拓展新市场，扩大市场占有率

通过市场细分，金融企业可以选择最适合自身发展的子市场作为目标市场进行开拓。在成功占领这些子市场后，金融企业可以逐步向外拓展，进一步扩大市场占有率。

### （五）有利于金融企业发挥优势

对于整个市场而言，每个金融企业的营销能力都是有限的。通过市场细分，金融企业可以将整个市场划分为若干子市场，并确定自己的目标市场，从而将资源集中投入到具有优势的目标市场上。规模较小的金融企业更应充分利用市场细分原理，选择规模有限但具有潜力的市场精耕细作。

## 三、金融市场细分的原则

金融企业在对市场进行细分时，必须确保这一过程既切合实际，又对金融营销工作产生实效。为此，金融市场细分应遵循“五性”原则。

### （一）可进入性

可进入性指的是金融企业应具备向某一细分市场有效提供其所需金融产品与服务的能力，即该细分市场的开发应易于操作、便于实施。若某些细分市场的开发虽然在理论上可行，但在实践中难以操作，或金融企业无法提供差别化服务，则此类细分市场便缺乏现实意义。

### （二）可测量性

可测量性要求所细分的金融市场都能够通过具体的量化指标来反映其市场规模、购买潜力等特征，即各个细分市场的金融资产总量、需求规模及交易规模应能被准确测量。这些市场特征要素的具体数据需通过市场调查、专业咨询等途径获取。

### （三）可盈利性

可盈利性强调细分市场须具备足够的规模，以确保金融企业在提供差别化服务并扣除相关成本（包括新产品开发成本及营销费用）后，仍能实现盈利。因此，金融市场不宜划分过细，而应保证每个细分市场有足够的交易业务量，以支撑企业的基本盈利水平。

### （四）可成长性

可成长性关注的是细分市场在未来一段时间内的发展潜力，包括市场规模、市场容量的变化，以及可能衍生出的其他金融产品。在评估细分市场时，需同时考虑其当前及未来的规模与容量。例如，大中学生助学贷款市场初期客户数量有限，但随着教育消费观念的转变和教育产业化的推进，其客户基础有望实现显著增长。

### （五）可区分性

可区分性要求每个细分市场之间具有清晰的界限，使金融企业能够明确其服务对象、

潜在服务对象及重点服务对象。金融企业应基于不同细分市场的需求差异提供个性化的服务，以确保金融产品开发和价格策略具有较强的针对性。

## 四、个人客户市场细分

个人客户市场细分的核心在于对个人客户进行深入的需求分析。未来金融企业的营销要想获得成功，就必须对每一个细分市场的顾客需求有精准把握。在客户对金融产品的差异化、高质量需求日益增长的背景下，金融企业必须从战略角度出发，深入分析客户的潜在需求，解决客户的现实需求，并将为特定客户群体量身定制的金融产品精准推送给客户。

然而，影响个人客户需求差异性的因素纷繁复杂，这些因素在不同时期、不同地域、不同社会经济环境下表现各异，导致区分市场的标准也各不相同。但归纳其共性，人口因素、地理因素、心理因素和行为因素构成了个人客户市场细分的主要影响因素，是市场细分的重要依据。

### （一）人口因素

按人口因素细分个人客户市场，主要是基于人口统计变量，如客户的年龄、性别、收入、职业、受教育程度、社会阶层、种族等标准，将个人客户市场划分为不同的细分市场。人口因素是个人客户市场细分最常用的标准。

（1）按年龄，可将客户分为青年（20～35岁）、中年（36～59岁）与老年（60岁及以上）三个细分市场。青年客户群充满朝气，关注社会与环境，物质基础相对薄弱，偏好新奇、小额、短期且包装独特的金融产品。中年客户群则更为成熟、理性，拥有较高的社会地位和收入，其金融需求更加实际和稳健。老年客户群追求晚年的安稳生活，更看重金融企业的品牌和信誉，其投资行为受外界因素影响较小，且随着人口老龄化的加剧，这一客户群体将持续扩大，成为金融企业关注的重点。

（2）按个人收入，可将客户分为高收入阶层、中等收入阶层和低收入阶层。高收入阶层客户倾向于储蓄，以积累个人资产，其储蓄行为受市场价格波动和供求关系变化的影响较小，且随着本金的增加，日益重视增值性。中等收入阶层客户的储蓄动机源于对未来收入变动的预期，旨在平衡一生的消费。而低收入阶层客户则面临较大的生活压力，其存款行为受利率、证券市场等融资渠道的影响相对较小，但覆盖面广、户数多、金额小。

（3）按家庭生命周期所处阶段，可将客户细分为处于学习成长阶段的客户、处于单身无负担阶段的客户、处于新婚无子阶段的客户、处于抚养子女阶段的客户、处于子女独立阶段的客户、处于退休赋闲阶段的客户，并针对处于不同阶段的客户制定相应的营销策略。

处于学习成长阶段的客户的特点为无经济压力、无独立收入、追求时尚消费。此类客户主要为学生，学生依赖家庭收入，高收入家庭的学生是金融企业的潜在优质客户，低收入家庭的学生同样具有发展潜力。金融企业应提供基本存款账户、支付结算等中间业务，并在确保安全的前提下推广信用卡业务，以培养未来的VIP客户。

处于单身无负担阶段的客户的个人收入虽不高，但无赡养父母及抚养子女的负担，对未来收入有较高期望，可支配收入占比相对较高。处于此阶段的客户的金融需求包括为结婚积累财富（可向其提供理财服务和按揭贷款服务）及追求时尚消费（可向其提供消费信贷、信用卡服务）。

处于新婚无子阶段的客户一般夫妻双方均有工作，收入较高且负担较轻，可支配收入较高，追求时尚消费。虽有贷款，但家庭投资较少。针对这类客户，金融企业应设计房贷、车贷产品，并提供适当的理财产品，帮助其快速走出负债阶段。

处于抚养子女阶段的客户的支出主要集中于子女抚养及父母赡养上，收入增长有限，经济压力较大，时尚消费减少，储蓄增长困难，投资养老的比例上升。针对这类客户，金融企业应开发教育储蓄产品、个人理财产品等以满足这一需求。

处于子女独立阶段的客户往往事业有成，收入增加，子女独立生活，房贷已还清，支出减少，开始投资股票、基金，并增加旅游娱乐支出。针对这类客户，金融企业应重点开发理财、养老、年金等业务。

处于退休赋闲阶段的客户的收入主要来自养老金和子女补贴，他们的收入减少且医疗支出增加。部分财富较多者仍保持高消费水平，但多数人消费减少。针对这类客户，金融企业应提供支付结算等便捷高效的中间业务。

（4）按职业，大致可将个人客户细分为五类。

公务员客户群：在政府机关工作，收入稳定，选择金融产品或服务时严谨、细致，不喜冒险，出差多，是信用卡消费的主要客户群。

自由职业客户群：包括教师、律师、会计师等，他们一般文化修养高，关注企业形象和信誉，在选择金融产品时较为理智，注重文化品位，传播力强。

企业管理人员客户群：收入高于生产人员，流动性大，阅历丰富，对金融产品的需求量大，易接受新产品，能催生新需求。

企业生产人员客户群：庞大且以体力劳动为主，从众心理强，易受暗示，针对性营销广告对其选择金融产品有良好的引导作用。

私营业主客户群：人数逐年增加，对信用卡、个人支票、个人理财结算业务、小额抵押贷款等需求大，是储蓄存款的优质客户。

### （二）地理因素

按客户所处的地理位置，也可以对个人客户市场进行细分。金融企业在按照地理位置细分市场时，需特别关注市场密度。一般而言，市场密度高意味着该细分市场的购买潜力大；反之，则意味着购买潜力小，即市场密度与市场购买潜力成正比。市场购买潜力与细分市场中具有购买需求和购买能力的人数紧密相关，而有购买能力的市场需求方构成有效市场需求。细分市场的有效需求越大，该市场的吸引力就越强，开发该市场并盈利的可能性也就越大。

（1）按国别，可将客户细分为国内客户群与国外客户群。这两类客户群在金融服务需求上存在差异，分别倾向于本币化金融产品和外币化金融产品。金融企业为其提供服务的方式及手段也有所不同，特别是在交流语言、金融产品的载体文字以及办理业务所需手续等方面。

（2）按地理密度，可将客户细分为城市客户群、市郊客户群与农村客户群。不同客户群对金融服务的需求各异。城市客户追求多元化的金融产品和服务。由于城市内经营网点众多，因此城市客户在选择金融企业时更关注金融产品的价格（如利率）、特色服务以及服务的优质程度；市郊客户群和农村客户群的需求相对单一，其选择产品和服务时主要考虑便利性，且对个人理财服务较为关注。

（3）按地理位置，可将客户细分为沿海客户群、内陆客户群与边疆地区客户群。研究表明，个人客户的金融意识从东向西呈现递减趋势；而个人客户对金融产品的选择和金融服务的要求，则从西向东逐渐递增。

### （三）心理因素

按客户的个性特点和生活方式等心理因素，也可以对客户进行细分。

（1）按客户的个性特点，可将其细分为保守型客户群与冒险型客户群。个性是指个体特有的心理特征，它使一个人对其所处环境或面对的事物保持相对一致和连续的反应。保守型客户在购买时总是倾向于选择相对安全可靠、风险较小的金融产品，他们大多会将积蓄存入银行，而不愿投资于收益高但风险大的证券品种，其投资原则为“安全第一，收益第二”。相反，冒险型客户则更加关注新兴的金融产品和服务，尤其重视自身资产的收益前景。

（2）按客户的生活方式，可将其细分为时尚型客户群与实惠型客户群。时尚型客户思维活跃，不满足于现状，容易接受新生事物。这一客户群对新颖的金融产品表现出浓厚兴趣，往往更容易接受新的金融产品和金融服务，他们在选择时往往更看重形式而非内容。而实惠型客户则不太关注金融产品的外在形式，他们更加看重金融产品或金融服务的价格与未来收益，注重金融消费行为所能带来的实际经济利益。

美国斯坦福国际研究所通过大样本研究，总结出了一个通用的心理细分模型，该模型为行业提供了宝贵的借鉴。这一心理细分模型被称为 VALSTM 模型。VALSTM 模型依据心理动机与资源水平两大维度对消费者进行分类。具体而言，消费者的心理动机可细分为三类：追求理想、追求成就以及渴望表达自我。而消费者的资源水平则可划分为高资源和低资源两种。值得注意的是，资源水平的高低将直接影响消费者对自身动机的表达程度。通过将这两个维度的指标进行组合，可以将消费者细分为八个不同的细分市场（见图 5-1）。

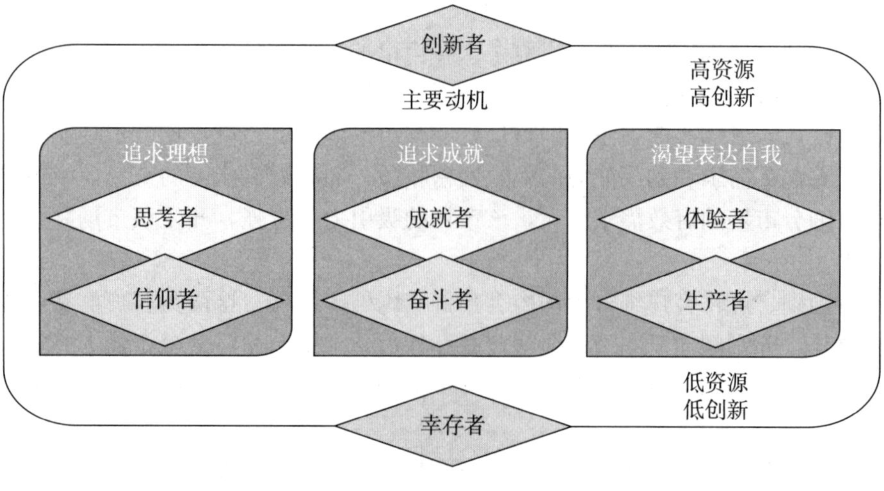


**图 5-1 VALSTM 模型**

### （四）行为因素

依据客户对特定金融产品和服务的目的、态度以及使用程度等因素，可将个人客户细分为不同的客户群。

（1）按行为目的，可将客户细分为利益型客户群、方便型客户群、安全型客户群与身份型客户群。一般而言，利益型客户较为看重金融产品所能带来的实际收益，如利率的高低或是否有赠品等，实际收益是这类客户选择金融产品的主要动机。方便型客户在购买金融产品时非常重视服务态度和质量，即快捷性和便利性是他们的重要考量。安全型客户在购买金融产品时倾向于选择信誉良好、实力强大且经营稳健的金融企业，以减少潜在风险，确保金融资产的安全。而身份型客户则会通过购买高额寿险来彰显其身份和地位。

（2）按忠诚度，可将客户细分为忠实型客户群、不坚定型客户群与变化型客户群。忠实型客户对某一或若干金融企业高度信任，对该金融企业的营销宣传、形象塑造以及营业网点的服务人员具有较强的认同感和亲近感，通常不易转投他处。不坚定型客户对自己熟悉的金融企业有一定感情，但当该企业遇到困难或其面临其他利益诱惑时，其可能动摇。变化型客户则没有长期信赖的金融企业，易受利益（如提高利率或赠送礼品）诱惑和新产品吸引，态度多变。

（3）按使用程度，可将客户细分为低度使用型客户群、中度使用型客户群与高度使用型客户群。使用程度指的是客户在一定时期内对某种金融产品的使用频率。例如，有些客户很少使用信用卡，仅用于代领工资、缴纳费用等，而有的客户则频繁使用信用卡购物消费。

（4）按购买状况，可将客户细分为潜在购买型客户群、首次购买型客户群与经常购买型客户群。此种细分的目的是实施差异化的营销策略，旨在保持并增加经常购买型客户的数量，将潜在购买型客户转化为首次购买型客户，再将首次购买型客户培养成经常购买型客户。

总之，个人客户需求的差异性往往是上述诸多因素综合作用的结果。因此，在进行个人客户市场细分时，应采用综合分析方法，全面考虑人口、地理、心理和行为因素，从而更准确地将个人客户细分为不同的客户群。

在现代金融市场中，金融机构越来越注重市场细分的精确性和全面性。它们采用多重标准进行综合分析和划分，同时考虑人口、地理、心理和行为等多种因素，以将客户归类到不同的细分市场中。这种方法能够帮助金融机构更精确地洞察客户需求，提供更符合客户需求的金融产品和服务。表 5-1 就是一个采用多标准划分市场的示例。

**表 5-1 多标准分类表**

| 人生阶段 | 年龄 | 生活方式 | 对金融产品的需求 |
|---|---|---|---|
| 学生 | 18 岁以下 | 主要靠父母资助，经济来源有限 | 简单、方便的储蓄账户 |
| 年轻人 | 18～23 岁 | 离开学校或接受高等教育，或开始工作，收入水平低 | 现金业务<br>投资或信贷<br>简单、方便的储蓄账户 |
| 年轻夫妇 | 23～28 岁 | 已经结婚，双方都有工资收入，生活安定，为家庭各项开支制订计划，准备积蓄 | 转账、付费等多功能账户<br>储蓄账户<br>消费贷款<br>保险<br>旅行服务 |

续表

| 人生阶段 | 年龄 | 生活方式 | 对金融产品的需求 |
| --- | --- | --- | --- |
| 有子女的家庭 | 28～45 岁 | 收入稳步增长，子女已经出生或成年，家庭开始购买耐用消费品、房产以及高价值商品 | 转账、付费等多功能账户<br>抵押和住房贷款<br>教育储蓄<br>保险<br>消费贷款 |
| 中年职场群体 | 45 岁至退休 | 工资收入较高，已经积累了一定的财富，个人可支配收入增加 | 储蓄和投资<br>非经常性贷款<br>重抵押<br>更换/改善住房贷款<br>财务咨询服务 |
| 退休老人 | 退休后 | 拥有一定规模的资产，需要提前规划自身和伴侣的身后事 | 现金收入管理<br>信托服务<br>保险<br>遗嘱<br>财务咨询 |

## 五、企业客户市场细分

企业客户是金融企业产品和服务的主要销售对象。就我国金融企业目前的情况而言，信贷业务与中间业务的主要服务对象均为企业客户，企业客户的业务量占比超过九成，因此，优质的企业客户已成为金融企业竞相争夺的对象。针对企业客户，主要依据行业、经营范围、机构性质、企业规模、企业所处生命周期阶段与风险承受能力、信用等级等标准进行细分。

### （一）按行业不同细分

不同行业在不同发展阶段，其经营效果或发展态势各异。因此，各金融企业均高度重视研究不同时期、不同行业的发展趋势，以制定相应的支持或限制市场发展的策略。

按三次产业分类通常是从产业分工角度出发进行分类，主要包括三大产业：第一产业——农、林、牧、渔业；第二产业——采矿业，制造业，电力、热力、燃气业；第三产业——服务业。其中，各产业又可进一步细分为更具体的行业。例如，制造业涵盖农副食品加工业、食品制造业以及烟草制品业等行业；服务业则包括批发和零售业、住宿和餐饮业、金融业等行业。许多金融机构针对其关注的细分市场，设立相应的业务部门，并由研究部门提供宏观、中观的分析研究报告及业务发展对策支持。

### （二）按经营范围不同细分

按经营范围不同，可以将企业客户主要分为国内经营企业和进出口企业。国内经营企业对金融企业的国内结算服务有大量需求；而进出口企业对金融产品的需求则呈现多元化的特点，如对国际信贷、国际贸易融资、融资租赁、信用证、银行保函、信息咨询等服务有需求，且对服务质量要求较高。

### （三）按机构性质不同细分

机构的性质在不同国家均非单一的。按机构性质不同，可以将企业客户主要分为企业单位客户群和事业单位客户群。企业单位客户群是金融产品和服务的主要需求者，也是金融企业盈利的主要来源。我国企业迫切需要信贷资金，而金融企业因不良信贷增加，惜贷倾向明显。相比之下，事业单位客户群近年来受到金融企业青睐，原因包括：事业单位客户闲置的预算内外资金成为金融企业对公存款的重要来源；贷款资产质量较好；委托金融企业代收代缴费用的中间业务发展迅速，如高等院校工资与学生补助等资金来源稳定。

### （四）按企业规模不同细分

企业规模通常以年销售收入为衡量标准。按企业规模不同，可以将企业客户分为大企业客户群与小企业客户群。大企业与小企业在经营理念、策略、市场行为及金融需求上往往存在较大差异。企业规模的不同在很大程度上决定了其金融产品需求的差异性。在我国，常按规模将企业划分为大、中、小型企业。随着市场化进程的加快，许多中、小企业已步入或正步入大企业行列。部分金融企业将目标市场定位于大企业，对中小企业关注较少。然而，中小企业作为市场经济中最活跃的成分，具有巨大发展潜力，但其融资难问题长期存在，阻碍了其健康成长。

### （五）按企业所处生命周期阶段与风险承受能力细分

企业生命周期一般包括建立阶段、扩大阶段、增长阶段、停滞阶段和衰退阶段，这为市场细分提供了又一维度。例如，风险资本倾向于投入高成长、高风险的高新技术企业，在其建立阶段进入，以追求高收益；而商业银行借贷资本则通常在企业的扩大和增长阶段进入，虽然收益相对较低，但风险也较低，收益稳定性高。

拓展阅读

招商银行客户细分

### （六）按信用等级细分

按信用等级，通常可以将企业划分为 AAA 级企业、AA 级企业、A 级企业、BBB 级企业、BB 级企业、B 级企业等，这也是国际通用的传统划分方法。银行据此决定其对不同企业的授信方式和授信额度，并提供相应服务，因此也可将信用等级作为营销市场细分的依据。

## 第二节　目标市场选择

所谓目标市场，即企业营销活动旨在满足需求的市场，也是企业为实现其预期目标而计划进入的市场。企业的一切活动均围绕目标市场展开。

目标市场选择，是指企业基于每个细分市场的吸引力，并依据企业的经营目标和经营能力，选择进入一个或多个对企业有利的细分市场的过程。选择和确定目标市场，明确企业的具体服务对象，不仅关系到企业任务和企业目标的完成，而且关系到企业营销战略的首要内容和基本出发点。目标市场的规模并非越大越好，也并非越小越佳。目标市场的规模过大可能意味着市场缺乏必要的细分，而规模过小则可能难以支撑企业的持续发展。

## 一、评估目标市场

金融企业在进行市场细分后会发现，并非每一个细分市场都适合其进入，因此需对目标市场进行全面评估。企业在选择目标市场时应着重考虑以下几个问题。

### （一）细分市场的潜力

细分市场的潜力是指在一定时期内，在消费者愿意支付的价格范围内，通过有效的市场营销策略，产品在该细分市场可能达到的最大销售规模。

对细分市场潜力的评估至关重要。若市场规模狭小且潜力有限，则企业进入后可能面临发展瓶颈。此处的潜力不仅涵盖市场当前的消费需求，而且涵盖潜在的消费需求。从长远发展来看，潜在的消费需求对企业更具吸引力。唯有细分市场存在未被满足的需求，企业方有提供产品并获取利润的空间。

### （二）细分市场的竞争状况

企业在决定进入某个细分市场前，必须评估自身是否能够通过产品创新等营销组合策略，在该细分市场上取得立足之地或竞争优势。因此，企业应优先考虑竞争对手较少、竞争对手实力较弱的细分市场作为目标市场。对于竞争异常激烈、竞争对手实力强大的市场，企业需谨慎进入，因为进入此类市场可能需要付出高昂的代价。当然，若企业有能力超越现有竞争对手，也可尝试进入几乎完成或完全被控制的市场。

### （三）细分市场特征与企业优势的契合度

企业所选择的目标市场应与其自身能力相匹配，并能充分发挥其优势。企业能力涵盖技术水平、资金实力、经营规模、地理位置、管理能力等多个方面。优势则指企业在上述各方面相对于竞争对手的优越之处。若企业进入的细分市场无法发挥其优势，则企业难以在细分市场上立足。

## 二、目标市场营销策略选择

金融企业在制定目标市场营销策略时，需综合考虑产品特性、产品市场生命周期、市场性质、竞争态势、资源条件等多重因素，并根据目标市场的不同需求特点，灵活采用多样化的目标市场营销策略。一般而言，任何有助于金融企业长远发展、提升经济效益及产品市场占有率的策略模式，均可被视为较优选择。

### （一）无差异营销

实施无差异营销策略的金融机构会将整个金融市场视为一个整体，针对个人客户和企业客户的共同需求，制订统一的营销计划，以开拓金融市场，扩大金融产品销量。此策略强调客户的共同需求，因而可能忽视客户的差异性。采用此策略的金融企业通常实力强大，拥有广泛且可靠的分销渠道，以及统一的广告宣传方式和内容。在实际操作中，它们只需推出单一的产品和标准化的服务，设计一套营销组合策略即可。例如，银行为满足客户对存款安全性的需求，只需制定安全保障策略，通过单一金融产品、统一价格、单一促销方式和单一分销渠道即可实现。我国财政部在发行国库券时，也常采用这种策略。

金融机构采取无差异营销策略的优点在于：大量同质产品的销售降低了金融产品的平均营销成本，金融机构无须进行市场细分，从而节省了调研、开发、广告等费用。然而，这种策略也存在明显缺点，即不适用于大多数金融产品。随着我国经济的发展，特别是发达城市经济的发展，人们对金融机构和金融产品的需求日益个性化，金融市场也因多种因素而不断变化。因此，一种金融产品长期被所有消费者接受的情况极为罕见。多家同类大规模金融机构同时采用此策略将引发异常激烈的竞争，客观上会倒逼金融机构改变这一策略。

### （二）差异性营销

实行差异性营销策略的金融机构会根据不同类型、不同层次消费者的需求特点，将整体市场细分为若干子市场，选择一个或多个子市场作为其目标市场，并针对每个目标市场制定和实施不同的营销组合策略，全方位地开展有针对性的营销活动，以满足不同客户的多样化需求，扩大金融产品的销量。以美国花旗银行为例，它在根据客户不同情况提供多层次服务方面一直处于领先地位。对于大众市场客户，花旗银行提供低成本的电子服务，如信用卡和邮购等服务；对于高收入客户，提供广泛的私人银行服务；对于富有且属于中上阶层的客户，则提供更加个性化的服务。这种策略使得花旗银行成为世界上最大的金融机构之一，其差异性营销策略值得我国银行等金融机构学习和借鉴。

采用差异性营销策略的优点在于：产品品种多、针对性强，能够满足不同客户的多样化需求，有助于促进金融市场繁荣。然而，金融产品品种繁多，销售渠道和方式、广告宣传方式的多样化，也会导致营销成本显著增加。这在一定程度上削弱了差异性营销策略在成本控制方面的优势。

### （三）集中性营销

与无差异营销策略和差异性营销策略不同，集中性营销策略从更微观的角度出发，其目标市场更加具体和细化。该策略要求金融机构既不面向整个金融市场，也不将力量分散到多个子市场，而是集中力量进入一个或几个细分市场，提供高度专业化的金融服务。采用此策略的金融机构不追求在整体市场上占有较大份额，而是力求在一个或几个较小的细分市场上取得较高的占有率，甚至占据支配地位。其具体做法是将金融机构的优势力量集中于某一个或几个细分市场，采取攻势营销策略，以取得市场上的优势地位。例如，某些银行将其目标定位于成为世界上最大的债券和商业票据交易商；在香港，有保险公司则将其所有资源专注于赛马比赛的保险项目，尽管这些项目的交易量不大，但它能独占这一细分市场。

一般来说，实力有限的中小金融机构更倾向于采用集中性营销策略。由于营销对象相对集中，因而它们能够集中优势资源，充分满足这部分客户的特定需求，进而赢得客户的信任和青睐，提升金融业务量、利润率和投资收益率。同时，随着金融产品分销渠道和广告宣传的专一化，金融机构的营销成本逐渐降低，盈利能力增强，金融产品和机构的声誉也随之提高。

然而，应当注意的是，采用集中性营销策略也伴随着较高的风险。由于目标市场相对狭窄，因此一旦市场环境发生突变，金融机构可能面临在竞争中迅速败退的风险。因此，金融机构往往需要在实行集中性营销策略时保持一定的灵活性，根据具体情况适时调整经营目标，以确保稳健发展。

### （四）定制营销

定制营销，也被称为“细分到个人市场的营销”、“个人定制营销”或“一对一营销”，是指在大规模生产的基础上，将市场细分至极致——将每一位顾客视为一个独立的细分市场。根据每位顾客的独特需求，企业单独设计、生产产品，并迅速交付。这种策略的核心在于以顾客愿意支付，同时确保企业能获得一定利润的价格，实现高效的产品定制。

在当今消费者日益主动的市场环境中，消费者更倾向于主动搜索、比较产品和服务的信息与评价，与供应商、使用者及评论人进行互动，在某些情况下甚至亲自参与产品设计。因此，银行等金融服务机构需要更加深入地了解客户的交易行为特点，根据他们的个性化需求量身定制产品和服务。通过掌握“交易背后的模式”并突出自身服务的独特价值，银行等金融服务机构可以在竞争中占据有利地位，这已成为该行业的一大竞争热点。

## 三、目标市场营销策略的影响因素

金融企业在做出目标市场营销策略决策时，需综合考量企业实力、产品特点、市场特点、产品生命周期以及竞争情况等多方面因素。

### （一）企业实力

企业实力涵盖资源能力、人力资源、财力支持、技术能力、生产能力、销售网络及管理能力等。企业若实力雄厚，则可选择差异性营销策略，以扩大销售和增加利润。反之，企业若实力有限，则更适合采用集中性营销策略，集中有限资源，从而在特定细分市场获取竞争优势。

### （二）产品特点

对于需求弹性小或高度同质化的产品和服务，企业可采取无差异营销策略。例如，信用卡结算业务差异不大，常由专业机构如中国银联代理清算；常规储蓄存取业务则普遍采用自动存取款机（ATM）操作。此类产品和服务多适用无差异营销策略。而对于差异较大的贷款、财务咨询等业务，或需求弹性较大的产品与服务，企业则更宜采用其他营销策略。

### （三）市场特点

若市场中大多数交易者的需求和偏好相近，且购买金融产品的数量或交易额在各时期波动不大，对营销刺激反应不敏感，则企业应选择无差异营销策略；反之，若市场内顾客群体差异显著，则企业应考虑采用差异性或集中性营销策略。

**（四）产品生命周期**

在金融产品投入期和成长期，企业可采用无差异营销策略，以探索金融市场潜在需求。进入成熟期后，企业应转向差异性营销策略或定制营销策略，以开拓新市场。而当产品步入衰退期时，为保持市场份额并延长产品生命周期，企业可采用集中性营销策略。

**（五）竞争情况**

首先，需关注细分市场中竞争对手的数量。在竞争对手较少的市场中，企业可采用无差异营销策略；而在竞争激烈、竞争对手众多的市场中，则更宜采用差异性或集中性营销策略。其次，企业需深入分析主要竞争对手的营销策略。若竞争对手采用差异性营销策略，则企业可考虑采用无差异营销策略，以满足被忽视的市场需求；反之，若竞争对手采取无差异营销策略，企业则应选择集中性或差异性营销策略，在特定目标市场上争取优势地位。

# 第三节　金融市场定位

## 一、金融市场定位的概念

金融市场定位是指金融机构基于目标市场的竞争态势及自身内部条件，明确自身在目标市场中的竞争位置，并据此制定有针对性的营销策略。

以中国银行在香港的市场定位为例，其将自身定位为“中资银行的强大后盾”。这一定位直接瞄准了具有民族情感且信赖中资机构的目标客户群体，同时隐含将提供更多、更新服务的承诺，从而打造了中国银行独特的竞争优势。

金融市场定位的基础在于差异化，而金融机构的差异化是其实现精准定位的关键保障。为此，每个金融机构都需制定相应策略，为目标客户群提供差异化服务。这种差异化体现在多个方面，包括但不限于为顾客创造更多利益、金融产品的独特性以及服务的差异化。具体而言，金融机构的差异可以表现为业务定价的差异化、业务产品的创新性以及业务服务体验的个性化。

金融机构的差异化发展策略有助于其摆脱传统低水平竞争的束缚，彰显其比较竞争优势，更好地适应我国市场经济的发展需求。这不仅有利于金融机构明确市场定位，还有助于其提升核心竞争力。

## 二、金融市场定位的步骤

金融机构的市场定位过程通常包含以下三个关键步骤：

第一步，全面分析所有可能的差异点，并评估这些差异点如何转化为金融机构的竞争优势。这一过程要求金融机构深入探究哪些差异点能够为其带来独特的市场地位，以及这些差异点如何帮助金融机构在竞争中脱颖而出。

第二步，精心选择适合本金融机构的竞争优势。当金融机构识别出多个潜在的竞争优势时，必须明智地决定哪些优势最能强化其市场定位，并据此制定市场定位策略。同时，金融机构还需考虑如何利用这些优势作为促销的焦点，以吸引目标客户的注意。

第三步，明确市场定位，并制定有效的传播策略。一旦确定了市场定位，金融机构就需要将自身定位清晰地传达给市场，确保目标客户群体能够准确理解并认同这一定位。不仅要通过广告语来宣传，更重要的是要通过实际行动和持续的客户体验来验证和强化这一定位。

### （一）分析差异点与竞争优势

在向目标客户提供价值的过程中，营销人员必须比竞争对手更了解客户的需求，并致力于为客户提供超越其期望的价值。如果金融机构能够成功地将自己定位为能够提供超额价值的品牌，那么它就赢得了显著的竞争优势。然而，这种定位不能仅停留于口号，还必须通过实际行动来证明，如提升产品质量、优化服务流程、改善客户体验等。为了找到真正的差异点，营销人员需要深入客户的使用场景，全面审视客户与金融机构产品或服务接触的每一个环节。

### （二）选择竞争优势

当一家金融机构有幸发掘出多个潜在的竞争优势时，它就面临着如何取舍的难题。此时，金融机构应综合考虑市场环境、目标客户群体、自身资源与能力等多方面因素，决定哪些竞争优势最有利于其建立稳固的市场地位。同时，在选择差异点进行促销时，金融机构也要确保这些差异点能够准确传达金融机构的核心价值主张，并与目标客户的需求和偏好高度契合。

对于选择差异点的数量，许多营销人员倾向于认为，金融机构应专注于向目标市场传达一个核心利益点，尤其是在当前信息爆炸的时代。因为消费者往往更容易记住并认同那些在某个方面表现突出的品牌或公司，所以这样做有助于在消费者心中树立鲜明的品牌形象。

并非所有差异点都具有同等的意义或价值，且每个差异点在创造顾客价值的同时也可能带来额外的成本。因此，金融机构必须精心挑选那些既能有效区分自身与竞争对手，又能最大化顾客利益的差异点进行促销。

### （三）明确市场定位并有效传播

定位并非对产品本身进行物理上的改变，而是在潜在顾客的心中留下一个独特且有利的印象。市场定位涉及企业对产品或服务以及品牌形象进行精心设计，以确保在目标市场上占据一个不可替代的位置。定位的最终成果是构建一个以顾客为中心的价值主张，它应简洁明了地解释为何目标市场中的客户会选择购买该产品。一旦公司确定了其市场定位，就必须坚定不移地通过设计合理的营销组合——产品、价格、渠道和促销策略——来向目标市场传达这一价值主张，从而实现价值的有效传递。

## 三、市场定位策略

根据金融机构在金融市场中所处的不同地位，主要存在以下四种定位策略：市场领导者、市场挑战者、市场追随者及市场补缺者。

### （一）市场领导者

处于市场领导者地位的金融机构，通常被公认为行业标杆，其行为对其他金融机构具有引导作用，其往往占据最大的市场份额，并在战略上享有高度选择权。市场领导者在进行市场定位时，往往采用“首位”策略，在客户心中留下深刻印象。这种“首位”定位体现在资产规模最大、金融产品创新领先、经营多元化、成本优势显著及服务品质卓越等多个方面。

多数市场领导者均实施多元化经营策略。例如，德意志银行是德国最大的商业银行，为客户提供全面的银行服务，其业务涵盖国内外收付、各种货币存款、个人及企业贷款、信用证处理、国际贸易融资、项目贷款与租赁、外汇及证券交易、债券发行与承销、信托业务等。其既是商业银行，也是投资银行及经纪人，多元化经营使其在德国客户心中树立了“首位”形象。

金融机构实施“首位”定位策略，旨在广泛宣传自身优势及市场领导地位。金融机构巩固并发展“市场首位”地位可从以下三个方面着手：

第一，扩大总市场规模。市场领导者是总市场规模扩大的主要受益者。因此，金融机构需密切关注外部环境变化，把握市场机遇，扩大服务范围。具体策略包括：市场渗透策略，即在现有市场中挖掘潜在客户；海外市场拓展策略，即当国内市场饱和时，向其他国家的金融市场进军；新市场策略，即通过创新金融产品和服务，开辟新市场，吸引新客户。

第二，保持现有市场份额。在积极争取更大市场份额的同时，金融机构也需采取措施守护既有市场份额。面对新进入者及现有竞争对手的挑战，市场领导者可采取以下策略巩固地位：持续发挥自身优势，提高市场进入门槛；迅速响应竞争对手的攻势；减弱竞争对手的进攻动机。

第三，扩大市场份额。通过不断创新金融产品、保持成本领先、增加营销投入、增设分支机构等策略，市场领导者可进一步扩大其市场份额。

### （二）市场挑战者

市场挑战者策略是指金融机构的定位为在行业中紧随市场领导者，位居第二或更后位置，旨在超越竞争对手。采取这种市场定位策略的金融机构的主要目标是增加自身的市场份额和利润，同时削减竞争对手的市场份额。市场挑战者通常不满足于当前的市场地位，会采取积极行动以提高市场份额，对其他企业发起挑战。其挑战对象可能包括市场领导者、实力相当的竞争企业，以及小规模的市场补缺者。市场挑战者需根据不同的竞争对象设定不同的攻击目标。

（1）攻击市场领导者。这一战略虽然风险较高，但潜在利润也巨大。市场挑战者需深入调研市场领导者的弱点和短板，如未满足的需求、客户不满意之处，从而确定攻击目标。

（2）攻击实力相当的竞争企业。市场挑战者应仔细分析竞争对手是否充分满足了客户需求，是否具备产品创新能力。若竞争对手在这些方面存在不足，市场挑战者便可视其为潜在的攻击对象，攻击目标是夺取其市场份额。

（3）攻击小规模的市场补缺者。对于经营不善、资金匮乏的小型金融机构，市场挑战者可争取其客户资源，甚至可直接兼并这些机构。

市场挑战者要成功发起进攻，除需根据自身实力选择攻击对象外，还需采取恰当的攻击策略。市场挑战者的攻击策略主要包括：

（1）正面进攻，即全力攻击对手的强项，而非弱项。市场挑战者可利用价格优势或服务创新来实施进攻。正面进攻的成败取决于金融机构的实力，实力（人力、物力、财力）雄厚的一方更有可能取胜。降价是一种有效的正面进攻策略，但要确保降价能够持久且不损害自身实力，市场挑战者需投入大量研发经费以降低产品成本。

（2）侧翼进攻，即集中优势力量寻找并攻击竞争对手的弱点。进攻方法包括地理性侧翼进攻（针对竞争对手忽略或表现不佳的产品和地区）和细分性侧翼进攻（针对竞争对手尚未重视或覆盖的细分市场）。侧翼进攻有助于市场挑战者更全面地覆盖市场，避免因与竞争对手正面冲突而两败俱伤。

（3）包围进攻，即在多个领域同时发动进攻，提供比竞争对手种类更多、质量更优、价格更低廉的产品和服务，以夺取市场份额。此策略适用于资源充足、制订了周密计划且确信能摧毁竞争对手防线的市场挑战者。

（4）迂回进攻，即避开竞争对手当前业务领域或市场，进攻其尚未涉足的领域，以扩大自身实力。具体方法包括产品多元化、市场多元化以及发展新产品以替代现有产品。

（5）游击进攻，即向竞争对手相关领域发动小规模、断断续续的攻击，旨在逐渐削弱竞争对手市场力量，直至瓦解竞争对手。此策略适用于小公司对抗大公司，主要手段包括局部市场降价、短促、密集促销以及法律行动等。

市场挑战者的进攻策略具有多样性，单一策略难以确保取得成功，通常需要设计组合策略以提高市场地位。金融机构在决策前必须准确识别竞争对手的弱点，否则将面临失败的风险。总之，市场挑战者具有强烈的进攻性，适合那些渴望快速发展的金融机构。

### （三）市场追随者

定位于市场追随者的金融机构在规模、实力等方面均不及市场领导者和市场挑战者。这类金融机构的营销策略往往以模仿市场领导者或市场挑战者为主，同时力求形成自身特色，避免因直接扰乱市场领导者的市场而遭到报复。市场追随者通常可选择以下两种策略：

（1）全面模仿。处于市场追随者地位的金融机构，往往在其营销策略上采取及时且全面的方式来模仿市场领导者的行为。例如，当市场领导者推出一种新型财务咨询服务并获得初步成功时，市场追随者应立即向现有细分市场提供类似的财务咨询服务，以巩固客户关系，防止客户流失。市场追随者需确保模仿的及时性和准确性，尽可能接近市场领导者的服务水平。若市场领导者引入自动柜员机等设备来提升客户便利性和延长营业时间，市场追随者则必须迅速在自己的细分市场上提供类似服务或更好的服务，否则可能面临客户流失的风险。市场追随者需密切关注市场领导者的动态，灵活应对其经营变动；同时，其高层管理人员应具备敏锐的洞察力和长远眼光，主动细分市场并集中目标市场，注重盈利而非单纯追求高市场份额。

（2）部分模仿。采取部分模仿策略的市场追随者仅追随和模仿市场领导者在有显著吸引力的金融业务上的行为，而在其他一般性的金融产品或服务项目上，则保持自身的特色或优势，确保在内部资源配置和经营活动上保持与众不同的风格。

### （四）市场补缺者

定位于市场补缺者的金融机构一般会选择避开主要竞争者，专注于占领空缺市场。市场补缺者定位通常被资产规模小、竞争实力较弱的小金融机构选择。这些机构基于自身条件，避免与市场领导者和市场挑战者直接发生冲突，转而利用大金融机构忽视或放弃的市场，开发新的金融产品或服务，以起到拾遗补阙的作用。实施此策略的关键在于金融机构进行专业化经营，通过专注于特定市场领域，开拓自己的特殊市场。这些市场虽规模不大，但往往是大金融机构不愿涉足的业务领域，对小金融机构而言，这些市场不仅能够为其提供稳定的利润来源，且风险相对较低。因此，小金融机构常定位于这些被大金融机构忽视的特殊市场，以避免正面竞争。

对于市场补缺者而言，其所选择的小市场必须具备足够的市场潜力，客户须具有足够的购买力，利润有增长潜力，且对主要竞争对手不具有吸引力。同时，金融机构须具备占领该市场的能力，并依靠其信誉来应对竞争对手的挑战。市场补缺者需完成三项任务：创造补缺市场、扩大补缺市场、保护补缺市场。在选择补缺市场时，多元化补缺市场策略相较于单一补缺市场策略更能降低风险，提高成功率。

## 四、市场定位的内容

大部分时候，当谈及企业的市场定位时，我们主要指的是品牌定位。但从整体视角出发，定位应涵盖三个核心层面：价值链定位、业务模式定位以及品牌定位。在实施定位策略时，企业应全面考虑这三个层面，而非仅局限于品牌定位。同样，定位的步骤也应遵循这一逻辑顺序：首先进行价值链定位，其次进行业务模式定位，最后进行品牌定位。

### （一）价值链定位

价值链概念由战略管理大师迈克尔·波特（Michael E. Porter）首次提出。将企业创造价值的过程细分为一系列相互关联但又各具特色的经营活动，这些活动共同构成了一个动态的价值创造过程，这一过程即为价值链。价值链理论强调，并非所有的经营环节都能创造价值或具备比较优势。实际上，价值和比较优势主要源于价值链上某些特定环节的价值活动，这些特定环节才是最具战略价值的。每个企业或业务单元都嵌入特定的行业，而每个行业又都处于更广泛的上下游价值链之中。因此，企业的盈利能力深受其与上下游行业博弈的能力以及在产业价值链中的定位的影响。

企业如何识别并定位自身的价值链?

首先，识别价值增值点，即在对行业价值链和业务价值链进行深入分析的基础上，明确价值增值点主要发生在上游、下游，还是本行业特定业务价值链的某一环节。

其次，分析企业内部资源和能力，即审视企业当前所拥有的资源，包括品牌、商誉、专利技术、营销渠道等无形资产，以及设备、厂房、办公设施等有形资产。同时，评估企业的各项能力，如产品生产能力、研发能力、营销能力、管理能力等。随后，与主要竞争对手进行对比分析，以识别出企业在该行业中真正的资源和能力优势。

最后，基于对价值增值点的识别和内部资源与能力的分析，明确自身在价值链中的定位。常见的价值链定位类型包括：

（1）单一产品价值链定位。当企业的价值增值点集中在产品研发环节，并且自身已具备强大的产品研发能力时，企业应进一步强化这方面的能力积累，以巩固和扩大其竞争优势。

（2）相关多元化价值链定位。企业若规模较大，能够向社会提供一系列产品，并具备强大的产品研发能力，那么在此基础上进行技术、产品的延伸，可显著降低企业的单位成本。此时，企业可采取相关多元化战略，利用共享技术、生产设备、原料供应渠道、产品销售网络等提升企业的规模经济效应和市场竞争力。

（3）无关多元化价值链定位。若企业所处行业已步入成熟期或衰退期，行业增长空间有限、利润率低且市场竞争格局基本稳定，那么企业应积极寻求其他行业的发展机会，即采取无关多元化发展战略，以开辟新的增长点。

### （二）业务模式定位

业务模式定位的核心在于回答“企业究竟是什么类型”的问题。在数字互联网时代，根据业务定位的不同，可以将企业分为以下四种类型：

（1）价值点企业。这类企业将业务聚焦于价值链的某一特定环节，其典型代表是“隐形冠军”企业。这些企业多为中小型企业，却能在某一细分市场内处于领先地位。它们通过高度创新与专业化，精准定义细分市场，并有效设置市场准入壁垒。

（2）价值链整合企业。此类企业通过并购或自建等方式打通价值链的上下游，实现产业链的资源整合与布局，从而显著提升企业的战略自由度与行业话语权。

（3）平台型企业。平台型企业运用平台经济与共享经济的理念，搭建资源平台，促进双方或多方之间的交易，通过收取合理的费用或赚取差价来盈利。同时，它们还致力于推动资源的最大化整合与优化。

（4）生态型企业。这类企业将自身的核心资源，如客户资源和网络资源，进行输出与分享，并在此过程中进行投资参股，从而构建起生态经济体系并以此持续推动自身发展。在金融领域，蚂蚁金服就是一个典型的电商金融科技生态型公司（见图 5－2）。通过直接或间接控股，蚂蚁金服目前持有包括第三方支付、民营银行、基金销售、基金管理、保险代理、财产保险、个人征信、企业征信、网络小额贷款、券商、商业保理等在内的众多牌照，业务板块覆盖了支付、基金、保险、理财、小额贷款、银行、征信、消费金融、现金贷、众筹等多个金融细分领域。

### （三）品牌定位

品牌定位，亦称“品牌心智定位”，源自艾·里斯（Al Ries）与杰克·特劳特（Jack Trout）所提出的定位理论。它指的是通过精心策划并打造公司的产品与形象，在目标市场中为自身产品或服务确立一个独特且辨识度高的位置，以此实现差异化竞争。其目标是将品牌形象深刻烙印于消费者心中，从而最大化公司的潜在利益。品牌定位的成效在于成功构建以消费者为核心的价值主张，促使消费者对品牌产生深刻认知并建立忠诚度，进而提升品牌的知名度与市场份额。

品牌定位涵盖多个维度，包括但不限于市场定位、价格定位、形象定位、地理定位、人群定位及渠道定位。这些维度共同构成了品牌定位的全面框架，助力企业深入洞察自身

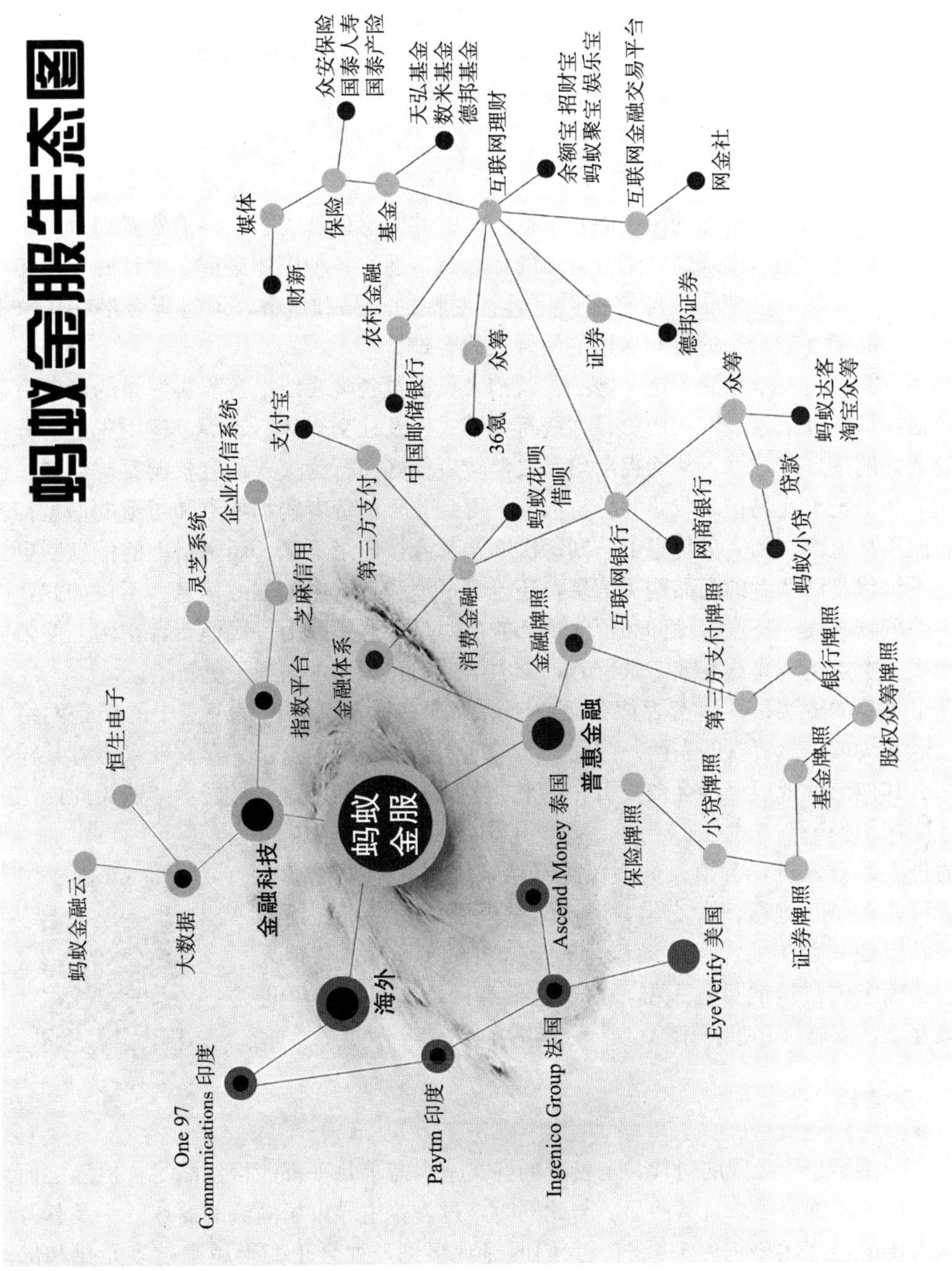
蚂蚁金服生态图
蚂蚁金服
金融科技
大数据
蚂蚁金融云
恒生电子
指数平台
灵芝系统
芝麻信用
企业征信系统
金融体系
消费金融
第三方支付
支付宝
蚂蚁花呗
借呗
互联网银行
网商银行
众筹
蚂蚁达客
淘宝众筹
贷款
蚂蚁小贷
互联网理财
媒体
财新
保险
众安保险
国泰人寿
国泰产险
基金
天弘基金
数米基金
德邦基金
余额宝 招财宝
蚂蚁聚宝 娱乐宝
互联网金融交易平台
网金社
农村金融
中国邮储银行
众筹
36氪
证券
德邦证券
普惠金融
金融牌照
第三方支付牌照
银行牌照
股权众筹牌照
基金牌照
小贷牌照
保险牌照
证券牌照
海外
Ascend Money 泰国
EyeVerify 美国
Ingenico Group 法国
Paytm 印度
One 97
Communications 印度

**图 5-2　蚂蚁金服生态图**

品牌在市场中的位置，以及相较于竞争对手的独特优势。

# 第四节　数字时代 STP 策略的升级

进入数字化时代后，STP 策略依然占举足轻重的地位，只是其实施方式和考虑因素发生了一定的变化。

## 一、超细分与精准营销

实施传统市场细分策略的企业通常依据人们的共同愿望和需求，将消费者划分为一个或多个细分群体，随后围绕这些细分群体的接触点，通过各种媒体渠道，设计并实施相应的营销策略。市场细分使企业能够提供更具针对性的产品和服务，通过聚合潜在买家群体，确保产品能在最恰当的时间送达给最合适的客户。

数字营销则进一步拓展了这一做法。营销人员通过各类在线平台收集海量的消费者数据，包括人口统计信息、购买历史、在线行为模式以及社交媒体活动等，运用先进的分析工具处理并解读这些数据，从而揭示出有关消费者偏好和行为模式的宝贵洞察。例如：通过信用卡和借记卡交易记录收集并分析数据，得到关于消费者购物地点和习惯的信息；若消费者使用某家商店的会员优惠卡，则每次购物都会被记录下来。而网络上的信息则更为丰富：不仅包含消费者的商品购买信息，还包含了消费者的个人偏好信息。不仅如此，而且个人的购物习惯、态度、信仰和价值观都能被跟踪。这是因为每次消费者在网上搜索或在社交媒体上点击“喜欢”或“赞”时，个人信息就在无形中得到了更新。

一个不争的事实是，消费者往往倾向于购买那些朋友（无论是现实中的还是网络上的）已经购买或表示喜欢的东西。因此，如果他们通过在网上点击“喜欢”来推荐某样物品，那么其他消费者很可能会被吸引。越来越多的大公司利用这一点展示“购买此产品的顾客还购买了……”。

通过大数据分析，营销人员不仅能够越来越深入地了解潜在消费者可能在何时进行何种交易，还逐渐掌握了消费者潜在的购买心理和促使其购买的深层次动机。基于这些深入了解，营销人员能够精确定位营销的目标人群，并通过信息网络与目标人群进行高效互动，实施“精准营销”。

拓展阅读

淘宝“千人千面”

## 二、小众营销

在当今供给趋于无限的时代，消费者的各类基本需求几乎都能得到满足，但随之而来的是派生性的超细分需求日益凸显。与此同时，过去曾主导市场潮流的商业巨头及其背后的大众市场的经济优势正逐渐减弱。我们明显观察到，社会正变得越来越多元化和部落化，这一趋势在企业选择目标市场时引发了新的变化。例如，以小众群体为目标市场的营销策略正逐渐兴起。

小众营销，顾名思义，是指针对具有特定兴趣、生活方式或价值观的人群或文化社区开展的营销活动。这些活动并不广泛覆盖大众消费者，而是精准聚焦某一特定群体。小众营销的优势在于能够更深入地理解目标受众的需求与兴趣，实现对产品或服务的精准定位，进而提升品牌认知度和消费者忠诚度。然而，这也要求营销人员投入更多时间与资源来深入了解目标受众，并创作出与之紧密相关的营销内容。

数字技术的兴起为小众营销带来了前所未有的机遇与渠道。营销人员可借助数据挖掘与分析技术，深入剖析消费者的兴趣、偏好及行为模式，从而精准锁定目标人群；通过AI与机器学习技术，企业可以向不同消费者提供个性化的产品和服务；在社交媒体平台上，他们可以投放专门针对目标受众的广告，或利用社交媒体群组与话题进行精准推广。此外，电子邮件营销与搜索引擎优化技术也是触达并吸引目标人群的有效手段。在数字技术的强力推动下，小众营销正以前所未有的速度蓬勃发展。

## 三、数字定位

随着数字技术的普及与成熟，越来越多的消费者开始接纳并使用数字化产品和服务。与此同时，市场竞争也愈发激烈，迫使企业追求更高效、更快速的市场响应能力，因此，数字化转型成为企业提升竞争力的关键路径。政府层面亦积极通过一系列政策激励企业加速数字化转型。显然，企业数字化转型已成为不可逆转的潮流。

数字化转型是指企业运用数字技术对其业务运营、企业文化及客户体验进行全面升级与改造，旨在提升企业的运营效率、增强其竞争实力并激发其创新能力的过程。这并非简单地采纳几项新技术，而是企业从根本上重新设计业务流程和组织架构，以适应数字化时代的新要求，应对新挑战。其核心在于，利用数据与技术手段优化业务流程，提高工作效率与质量，进而提升客户体验与满意度。

数字化转型对企业的市场定位提出了新的课题与挑战。从公司战略视角审视，数字化时代企业的市场定位已不再局限于传统的价值链定位、业务模式定位及品牌定位，还需考虑“数字定位”这一新维度，即成为数字化领导者或数字化追随者或数字化服务提供商。

### （一）数字化领导者

企业通过深度数字化转型，力求成为所在行业的数字化领导者，通过引领行业的数字化发展趋势，获取独特的竞争优势并扩大市场份额。

### （二）数字化追随者

在行业“领头羊”之后，存在大量数字化转型的追随者。这些企业紧跟行业领导者的步伐，迅速识别并学习行业领导者的数字化优势及政策，通过借鉴行业领导者的先进做法并融合自身特色，快速开拓新的业务领域，最终构建起有效的市场防御体系，以抵御来自竞品的威胁。

### （三）数字化服务提供商

此外，还有一种市场定位是数字化服务提供商。这类企业可能不具备数字化领导者那样雄厚的数字技术实力，也不具备与之匹敌

案例

数字化与个性化结合，
齐鲁银行助力客户新体验

的体量，在发展规模上与头部企业及部分行业追随者相比存在一定差距。然而，它们专注于提供高质量的数字化服务，满足市场特定需求，同样能在数字化转型的浪潮中找到自己的位置。

## 本章小结

实施目标市场营销涵盖三大核心内容：金融市场细分、目标市场选择、市场定位。

金融市场细分应遵循“五性”原则：可进入性、可测量性、可盈利性、可成长性及可区分性。根据客户类型不同，金融市场主要分为个人客户市场和企业客户市场两种。对于个人客户市场，细分的重要依据包括人口因素、地理因素、心理因素和行为因素。而针对企业客户市场，则主要依据行业、经营范围、机构性质、企业规模、企业生命周期阶段与风险承受能力、信用等级等进行细分。

通过全面评估各类市场，金融机构可确定其目标市场。在此过程中，有四种目标市场营销策略可供选择：无差异营销策略、差异性营销策略、集中性营销策略以及定制营销策略。根据自身条件及市场细分的特点选择合适的策略对金融机构顺利开展营销活动至关重要。

金融机构还需根据目标市场的竞争状况和自身条件，明确其在目标市场上的竞争地位。依据金融机构在金融市场上所处的不同竞争地位，主要存在以下四种定位可供选择：市场领导者、市场挑战者、市场追随者以及市场补缺者。

进入数字化时代后，目标市场营销策略也相应进行了升级，主要体现在以下三个方面：一是超细分与精准营销日益盛行；二是小众营销得到了迅猛发展；三是数字定位成为市场定位的新内容，与价值链定位、业务模式定位、品牌定位共同构成了市场定位的多元化体系。

## 思考题

1. 企业客户在进行市场细分时，常用的分类标准有哪些？
2. 简述四种目标市场营销策略的含义和异同。
3. 举例说明金融机构有哪些常用的市场定位策略。

## 第六章

# 金融数字化营销策略

**【目的与要求】**

本章要求掌握金融数字化营销策略的理念与作用；掌握实施金融数字化营销策略的方法及工具，并熟悉常用的方法及工具在金融产品营销中的具体应用；了解金融数字化营销策略的未来发展趋势和方向，能够理解真实营销案例中的数字化营销策略，掌握多种策略组合的综合实践方法。

## 第一节　金融数字化营销策略的理念与作用

### 一、金融数字化营销策略的理念

#### （一）金融数字化营销策略的概念

金融数字化营销策略，是指借助互联网和数字技术平台，将传统营销活动转化为以电子化的方式进行的创新营销活动，以实现更高效、更精准的市场推广和销售的营销策略。这种策略利用数据分析、社交媒体、搜索引擎等多种技术和手段，为企业寻找目标客户，了解客户需求，并为客户提供个性化的金融产品和服务，以提高客户满意度和忠诚度。

#### （二）金融数字化营销策略的要素

金融数字化营销策略的要素包含多方面，其中数据驱动和内容营销是关键。金融机构通过数据分析深入理解客户的行为、需求和偏好，从而为其提供个性化的产品和服务。同时，创造有价值、相关且有吸引力的内容对于吸引和留住潜在客户至关重要。

客户体验是金融数字化营销策略的另一要素。金融机构应关注客户旅程地图的每个阶段，并在每个接触点为客户提供卓越的体验。利用自动化工具和算法，为每位客户提供个性化的服务，是提升客户满意度的重要营销策略。

在智能手机广泛普及的背景下，移动优先策略已成为数字化营销的核心。金融机构需要专注于提升移动设备的用户体验，确保客户能够方便地获取金融服务。

多渠道营销涵盖搜索引擎优化（SEO）、搜索引擎营销（SEM）、电子邮件营销、社交媒体营销和在线广告，是扩大品牌知名度和吸引更多潜在客户的重要手段。

社交媒体的有效利用对于建立客户关系、推广金融产品和服务以及维护金融机构的声誉至关重要。同时，鉴于金融数据的敏感性，安全和隐私成为数字化营销策略的核心要素，金融机构必须采取严格的数字安全措施来保护客户隐私。

持续创新技术、工具以满足客户新的期望，是金融机构在数字化营销环境中保持竞争力的关键。通过不断适应变化并创新营销策略，金融机构可以更好地满足客户需求，提升品牌竞争力。

## 二、金融数字化营销策略的作用

### （一）提升客户体验

在提升客户体验方面，金融数字化营销策略的实施为金融机构带来了巨大的机会。首先，数字化营销强调对客户数据的深入挖掘，这使得金融机构能够更加准确地了解客户的真实需求和偏好。通过分析这些数据，金融机构可以为客户提供更加个性化的服务。例如，基于客户的消费习惯和投资偏好，金融机构可以为客户提供定制化的金融产品推荐，满足客户的独特需求。其次，数字化工具的应用也极大地简化了金融业务的办理流程。从在线申请、自动审核到智能客服，这些数字化工具为客户带来了前所未有的便利。客户不再需要亲自前往银行或证券公司，而只需在手机上轻轻一点，即可完成转账、查询、投资等操作。这不仅节省了客户的时间和精力，还大大提高了客户满意度。除此之外，金融机构通过实时互动和反馈机制与客户保持紧密联系。这种互动不仅有助于金融机构快速了解客户的真实需求和反馈意见，还有助于金融机构及时解答客户的问题、消除客户的疑虑。这种反馈机制不仅提高了客户满意度，还有助于金融机构不断完善产品和服务，提升客户忠诚度。

### （二）提升运营效率

金融数字化营销策略极大地提升了金融机构的运营效率，这主要体现在以下几个方面：第一，数据驱动的决策方式是数字化营销的核心。金融机构通过收集和分析各类数据，能够更加准确地预测市场趋势、评估营销效果、优化产品设计。这种基于数据的决策减少了主观臆断，提高了决策的科学性、效率和速度，强化了金融机构的竞争优势。第二，智能分析与推荐利用大数据和机器学习技术，为金融机构提供了深入的市场洞察。这些技术帮助金融机构分析海量数据，挖掘业务机会和风险点，制定更精准的营销策略，并及时响应市场变化和竞争对手的动态。第三，自动化与流程优化通过减少人工干预、提高工作效率，显著提升了运营效率。自动化工具和智能系统在客户管理、信贷审批、风险评估等方面实现了高度自动化，提高了业务处理速度，减少了操作错误，并降低了对人力资源的依赖程度，从而提高了盈利能力。第四，风险管理和客户关系管理也是数字化营销策略的重要组成部分。通过更好地管理客户信息、交易记录和服务历史，金融机构能够为客户提供个性化服务，并制定更精准的市场营销策略。第五，产品创新与迭代是数字化营销策略的重要驱动力。基于数据分析结果，金融机构能够快速了解市场趋势和客户需求变化，迅速推出符合市场需求的新产品和新服务，抢占市场先机，增加销售额，并提高客户满意度。

## 第二节　金融数字化营销策略的类型及实施

金融数字化营销策略的内容涉及利用数字技术、平台和方法来设计、执行和优化金融产品或服务的营销活动。基于此，结合当前的市场实践来看，金融机构实施的数字化营销策略主要包括品牌策略、产品策略、定价策略、分销渠道策略及促销策略。

### 一、品牌策略

金融数字化营销中的品牌策略，是指在数字化营销过程中，金融机构通过塑造品牌形象、传递品牌价值和提升品牌认知度，以吸引和留住客户的营销策略。品牌策略在数字化营销中扮演着至关重要的角色，可以帮助金融机构在激烈的市场竞争中脱颖而出。

#### （一）品牌定位

营销学者科特勒在《市场营销管理》一书中提到："营销就是定位。然而，金融机构的产品和服务是非常容易被模仿的，优势产品的寿命也比较短。没有一家金融机构能够同时成为所有顾客心目中的最佳选择，也没有一家金融机构能够提供顾客需要的全部服务。金融机构必须有选择地吸引一部分特定的顾客，从而在顾客心中占据一个位置。"

从企业的角度来看，品牌定位是让金融机构或产品走进消费者内心的一种方法，是在产品高度同质化、消费者的需求日益个性化的背景下产生的。具体来讲，品牌定位是指，金融机构根据目标市场上同类产品的竞争状况，针对消费者对该类产品某些特征或属性的重视程度，为本金融机构产品塑造强有力的、与众不同的鲜明个性，并将其形象、生动地传递给消费者，以求得消费者认同的营销活动。它以探究消费者心理、分析竞争对手为基础，力图确定一种能够切合消费者心理诉求的产品的独有特色：一是把自己与竞争对手区别开来，排除干扰；二是触动消费者，在消费者心目中留下深刻的印象，最终使消费者决定购买这类产品，并将其作为首选。

总体而言，在进行品牌定位时，金融机构需结合目标市场特性和消费者需求。金融机构应遵循几个关键原则来制定品牌策略：（1）基于产品特性定位。金融机构要深入理解自身产品或服务的独特卖点，如功能、设计、价格等，并选择最具优势的特点进行品牌定位。这有助于金融机构将自己的产品与竞争对手的产品区分开来，并吸引目标客户。（2）基于消费者定位。金融机构应根据消费者的性格、需求和偏好提供个性化服务，通过市场调研和数据分析，了解消费者需求，制定精准的品牌定位策略，以提高客户满意度和忠诚度。（3）寻找市场空当。在竞争激烈的市场中，金融机构应寻找未被竞争对手占据的市场空当。通过市场细分，发掘潜在机会，从而获得竞争优势并扩大市场份额。（4）差异化竞争定位：金融机构在定位时要考虑竞争对手的策略，找到自己的差异化优势。通过分析竞争对手的产品、服务和品牌形象，确定并强调自己的独特卖点，以吸引目标客户。通过这些策略，金融机构可以在市场中明确自己的定位，同时通过创新和差异化进一步增强品牌竞争力。

### （二）品牌推广

在完成品牌定位之后，金融机构需要采取一系列措施来将品牌形象有效地传递给目标客户群体，实现品牌价值的提升。品牌推广策略主要包括渠道推广策略和传播推广策略两种。

渠道推广在金融业的品牌推广中扮演着至关重要的角色。渠道是品牌与目标客户群体接触的关键环节，因此选择合适的渠道至关重要。金融机构需要根据目标客户群体的特点和需求来选择能触达他们的渠道，如线上平台、实体网点、合作伙伴等。作为连接金融机构与消费者的桥梁和纽带，分销渠道能够将金融机构的金融产品或服务有效地传递给市场，从而实现金融机构的营销目标。在这个过程中，金融机构需要通过各种分销渠道传递个人金融产品的品牌定位和形象，确保目标客户群体能够充分认识和了解品牌。同时，金融机构还需要优化渠道布局，提高渠道推广效率和客户满意度。在金融业，金融机构通常采用复式分销渠道策略，即同时采用两种或两种以上的分销渠道。采用这种策略可以扩大品牌的覆盖面，提高品牌知名度和客户认知度。例如，一家银行可将自设分支机构、客户经理等直接渠道，与网上银行、电话银行等间接渠道进行整合，以更全面地满足客户的金融需求。

传播推广也是品牌推广的重要一环。传播不仅包括广告宣传，还包括内容营销、口碑营销等多种方式。金融机构需要通过创造有吸引力的内容，与目标客户群体进行互动和沟通，提高他们的品牌认同感和忠诚度。同时，金融机构还需要积极运用数字营销手段，如社交媒体、搜索引擎等，扩大品牌影响力。传播推广是金融机构在品牌推广中的重要手段之一。通过多种传播工具的运用，金融机构能够提高品牌知名度，并与目标客户群体建立有效的联系和沟通。在金融业，传播推广的具体例子包括电视广告、网络广告、社交媒体营销、线下活动和公关活动（如新闻发布会、媒体采访）等。

渠道推广策略和传播推广策略并不是独立的，而是相互协调联系的。金融机构需要将两种策略有机结合起来，形成合力。通过渠道推广和传播推广的协同作用，金融机构可以更有效地传递品牌形象，实现品牌价值的提升。

### （三）品牌管理

品牌知名度管理、品牌美誉度管理和品牌忠诚度管理是品牌管理的三个重要方面，它们共同构成了品牌管理的完整体系。

品牌知名度是指一个品牌被社会公众认识和了解的程度。它是品牌被广大消费者接受和购买的前提。如果一个品牌没有一定的知名度，消费者不熟悉或根本不知道该品牌，那么该品牌很难赢得消费者的认可和接受。因此，品牌知名度是品牌管理的基础，是品牌与消费者建立联系的起点。

品牌美誉度是消费者对品牌留下好的印象的程度。它是以品牌知名度为基础的，没有品牌知名度就谈不上品牌美誉度。品牌美誉度反映了消费者对品牌的认同和信任，是品牌形象的重要组成部分。通过提高品牌美誉度，可以进一步提高消费者对品牌的忠诚度和信任度，从而扩大品牌的市场份额和提升品牌价值。

品牌忠诚度是指消费者对品牌的信赖和认可，以及长期重复购买该品牌的意愿和行为。品牌忠诚度是品牌管理的最高层次。它以品牌知名度和品牌美誉度为基础。品牌忠诚度管理可帮助企业提高销量，扩大品牌资产，降低营销成本，赢得竞争优势，实现品牌的长远发展。建立和维护品牌忠诚度需要企业在品牌形象、产品质量、服务体验等方面持续投入，不断提升品牌的综合竞争力。

## 二、产品策略

金融数字化营销的产品策略是指在数字化环境下，针对金融产品的推广和营销所采取的一系列策略和计划。它关注如何通过数字化渠道和工具来提高金融产品的曝光度，以吸引潜在客户，并促使他们进行购买或转化。

### （一）产品组合策略

产品组合策略是指金融机构根据市场需要和自身实力对产品组合的广度、深度和关联程度加以合理选择的策略。金融机构对于产品组合策略的选取，不仅受相关金融法规的限制，还受机构的经营规模、竞争力、市场前景和市场发展方向及机构的自身管理水平、能力等诸多条件的限制。

金融产品组合策略是金融机构在市场竞争中取得优势的关键。通过精心设计的产品组合，金融机构可以更好地满足客户需求，提高市场占有率，并实现可持续发展。一是优质产品和服务取胜策略。提供优质、专业的金融产品和服务是金融机构赢得客户信任的关键。通过提供具有竞争力的产品和服务，金融机构可以形成稳定的消费者群体，并在市场中树立良好的口碑。这有助于金融机构在竞争激烈的市场中立足，并持续发展壮大。二是创新取胜策略。创新是金融机构保持竞争力的源泉。随着科技的日新月异和市场需求的不断变化，金融机构必须不断创新，开发出适应市场需求的新产品。通过创新，金融机构可以引领市场潮流，满足客户不断变化的需求，在竞争中脱颖而出。三是快速响应策略。在当今信息时代，市场变化迅速，客户需求多样化。金融机构必须具备快速响应市场变化的能力，及时推出符合客户需求的新产品和新服务。通过快速响应市场变化，金融机构可以抓住市场机遇，赢得先机。四是以廉取胜策略。价格是客户选择金融产品和服务的重要影响因素之一。大多数客户都倾向于选择价格低廉的产品和服务。因此，金融机构可以通过合理的定价策略，适当降低产品和服务价格，以吸引更多客户。这不仅可以增加市场份额，还可以提高客户的满意度和忠诚度。五是系列产品策略。为了满足客户对不同金融产品的需求，金融机构可以提供一系列的金融产品或"一站式"服务。这种策略有助于留住客户，提高客户满意度。同时，通过增加产品线、扩展产品组合的广度和深度，金融机构可以实现经营上的规模经济效应，分散金融业务风险，从而提高自身的盈利能力和稳定性。

### （二）新产品开发策略

（1）扩张型产品开发策略。扩张型产品开发策略是金融机构在其市场地位稳定之后所采取的一种重要策略。通过扩展现有产品和增加交叉销售，金融机构将业务推向更广阔的市场，使其业务类型、产品品种和服务向纵深方向发展。这种策略的优势在于操作简便，金融机构能够吸引客户并为其提供更全面的服务，使客户在一家金融机构中获得所需的所有服务项目。

扩张型产品开发策略有助于提高客户满意度和忠诚度。客户在一家金融机构中可以获得“一站式”金融服务，方便快捷，省去了在不同金融机构之间转换的时间和精力。这种便利性使得客户更愿意长期与该金融机构合作，从而提高客户忠诚度。此外，扩张型产品开发策略还有助于推动金融机构向更全能、更综合的方向发展。随着客户需求日益多样化，金融机构需要不断扩展业务范围和增加产品线，以满足客户的不同需求。通过实施扩张型产品开发策略，金融机构可以逐步完善自身的业务体系，提高综合服务能力，从而在市场竞争中获得更大的优势。

然而，实施扩张型开发策略也需要注意控制风险。随着业务范围的扩大，金融机构需要加强对各类风险的识别、评估和控制，确保业务稳健发展。同时，金融机构还需要关注市场和监管政策变化，确保业务合法合规。

（2）差异型产品开发策略。差异型产品开发策略是金融产品开发的重要策略之一。该策略基于市场细分，旨在开发适合不同客户群体的差异化的金融产品。金融机构通过深入了解各个细分市场的需求和特点，针对特定客户群体设计符合其需求的金融产品和服务。

差异型产品开发策略的核心在于创新。产品开发者需要关注各个重要的细分市场，了解每个细分市场的金融需求，并确信其所提供的金融产品和服务能够满足这些需求，同时使客户和金融机构的效用、效益达到最高。金融机构可以为不同的细分市场设计不同的产品和营销策略，以满足不同客户群体的个性化需求。采用差异型产品开发策略，金融机构可以放弃不相关或无竞争力的产品和服务，将重心放在少数具有特色和竞争力的产品和服务上。这样不仅可以降低不相关服务带来的成本，而且可以利用垄断优势提高特色产品和服务的价格。

差异型产品开发策略的特点在于根据市场细分的结果进行产品设计，每个产品通常只适用于特定人群的某种或某几种需求。因此，金融机构需要在经营特色上下功夫，并在营销宣传中注重突出产品的特色和优势，使新产品易于被人们接受。通过实施差异型产品开发策略，金融机构可以更好地满足不同客户群体的需求，提高市场占有率，并实现可持续发展。

（3）卫星产品策略。卫星产品策略是一种独立的金融产品开发策略，其特点是金融机构所开发的产品与其核心业务脱离。购买这种产品的客户无需是该金融机构的核心账户持有者，甚至可以不是该金融机构的客户。这种策略旨在增加对非开户客户的销售，提高金融机构的市场覆盖率。

实质上，卫星产品策略创造了一种与金融机构的核心业务无关的独立产品。它的目标是通过满足非账户持有人的需求，吸引更多客户，从而增加销量。这种策略特别适合没有庞大分支机构网络和具有雄厚资金实力的大客户的小型金融机构。对于大中型金融机构来说，实施卫星产品策略也有一定的好处。首先，通过推出独立产品，大中型金融机构能够提高对非账户持有人的产品销售额。这有助于增进客户对金融机构的了解和认同，从而吸引更多的潜在客户。其次，卫星产品的推出也有利于提高金融机构的整体服务能力。最后，卫星产品策略还有助于增加对账户持有人的产品交叉销售额。由于这些独立产品与核心服务不同，因此金融机构可以为账户持有人提供更多的交叉销售机会，满足他们的多样化需求。这不仅能够提高客户满意度，还能进一步增加金融机构的收入来源。

值得注意的是，实施卫星产品策略需要仔细考虑市场需求、产品定位和目标客户群体等因素。金融机构需要确保其所开发的卫星产品符合市场需求，具有竞争力，并且能够为目标客户提供实际价值。同时，金融机构还需要根据自身的资源和发展战略，谨慎评估该策略的可行性。

## 三、定价策略

定价策略是企业根据市场需求和竞争情况制定合理价格的过程。它是企业营销策略的重要组成部分，涉及产品或服务的定价水平、定价策略类型、定价依据等方面。定价策略的制定需要充分考虑市场环境、客户需求、竞争对手等因素，以实现企业的营销目标。

### （一）定价策略的目标

定价策略是企业为产品或服务制定价格的策略。定价策略的目标包括以下几个主要方面：

第一，最大化利润。利润是企业经营的核心目标之一。定价策略需要确保企业在满足客户需求的同时获得最大的利润。通过合理的定价，企业可以实现产品或服务的最大利润，提高盈利水平。

第二，提高市场份额。在竞争激烈的市场中，企业可能需要通过降低价格来吸引更多的客户，进而提高市场份额。定价策略可以在一定时间内增强企业的竞争力，吸引更多潜在客户，从而提高市场份额。

第三，满足客户需求。定价策略不仅要考虑企业的利润，还需要考虑客户的需求和购买能力。制定与客户的价值感知相匹配的价格，能够提高客户满意度和忠诚度，形成良好的口碑。

第四，创造品牌价值。品牌价值是企业形象和信誉的重要体现。定价策略应该与品牌形象相符，能够提升品牌的形象，以及产品或服务的品牌价值。这有助于企业在市场中树立独特的品牌形象，增强客户的认同感和信任度。

第五，适应市场变化。市场环境是不断变化的，竞争对手的策略也在不断调整。因此，定价策略应该具有足够的灵活性，能够适应市场变化，能够及时调整以使企业保持竞争优势。企业需要密切关注市场动态和竞争对手的动向，以便及时调整自己的定价策略。

### （二）金融产品定价方法

对于金融产品，一般有三种广义的定价方法：成本导向定价法、需求导向定价法和竞争导向定价法。每一个定价策略都有几种可供选择的具体方法。

成本导向定价法是一种常见的定价方法，它以金融产品的成本价为基础，通过加成一定的利润率来形成最终价格。这种定价方法的优点在于简单易行，能够保证金融机构获得必要的利润。在实际应用中，金融机构可以根据自身情况和市场状况灵活运用成本导向定价法。例如，对于一些标准化程度较高的金融产品，金融机构可以采用成本加成定价法来确定最终价格；而对于一些差异较大的金融产品，金融机构可以采用成本加成定价与竞争状况相结合的方法来确定最终价格。成本导向定价法主要有成本加成定价法、盈亏平衡定价法、目标利润定价法三种形式（详见表 6－1）。

**表 6－1　成本导向定价法的主要形式**

| 定价方法 | 描述 | 优势 | 局限性 |
|---|---|---|---|
| 成本加成定价法 | 管理层在生产和营销成本的基础上加上特定金额的利润进行定价 | 简便，管理层只需查看成本表 | 需要对成本有准确了解，但这一点不易做到 |
| 盈亏平衡定价法 | 利用盈亏平衡分析原理来确定产品价格，即使金融机构收支相抵、利润为零时的价格 | 只需进行盈亏平衡分析 | 需要预测销量和成本，可能存在不确定性 |
| 目标利润定价法 | 根据量、本、利分析，确定目标利润，再计算单位产品价格 | 能够确定目标利润，并考虑总收入和总成本 | 需要区分负债类产品和资产类产品，并分别进行计算 |

需求导向定价法是一种基于客户价值观和购买动机的定价方法。通过深入了解客户的需求和期望，金融机构可以为其产品或服务制定更加合理、有竞争力的价格。这种定价方法有助于提高客户满意度和忠诚度，促进金融机构的可持续发展。需求导向定价法的主要形式有以下几种：

第一，商誉定价法。商誉定价法是一种将产品价格定得较高的策略，金融机构相信客户会将高价与高质量联系在一起。在金融产品定价中，客户的认知价值是一个关键因素，包括产品因素（如保本、安全、盈利等）、服务因素（如客户满意程度）以及社会心理因素（如潮流、时尚、模仿、影响、愿望、追求、逆反等）。

第二，创新产品定价法。金融机构推出新开发的产品时，为了尽快达到预期效益目标，可以采用创新产品定价法。这种策略包括先以优质高价入市，然后降价诱客，以及先以优质低价入市，然后占领市场并扩大份额两种。

第三，关系定价法。关系定价法的目标是与有潜力的客户建立长期信用关系。为了实现这一目标，金融机构可以向客户提供一种或几种现时现量亏损，但边际效益高的产品或服务。实施这种策略的前提是金融机构为该客户服务具有长期的、整体的、潜在的巨大效益。

第四，主导定价法。主导定价法是针对几种服务制定较低的价格，旨在吸引客户购买低价服务，同时顺带购买其他正常价格的服务。该定价方法的假设前提是主导产品与其他产品之间的交叉需求弹性为正。通过刺激客户对主导产品的需求，金融机构能够提高互补产品的销量。

竞争导向定价法是一种考虑市场供求关系和竞争状况的定价策略。与成本导向定价法不同，竞争导向定价法更注重市场需求和竞争环境对价格的影响。它以市场需求为基础，同时考虑竞争对手的价格水平、产品质量、品牌形象等因素，来确定本金融机构的产品价格。竞争导向定价法主要包括竞争平价法、差别定价法、竞争投标定价法。

竞争平价法是一种常见的定价策略，其核心思想是制定与竞争对手相同或相似的价格，以保持与竞争对手在价格上的竞争力。这种方法在某些行业中非常普遍，尤其是在那些由几家大公司垄断大部分市场份额且相互服务差别不大的行业。在这些行业中，价格领导者通常会率先调整价格，而其他金融机构往往会紧随其后，以保持与价格领导者的价格一致。这种跟随策略的目的是避免在价格竞争中处于不利地位，并确保金融机构在市场上保持竞争力。竞争平价法的实施需要金融机构密切关注竞争对手的价格动态和市场趋势。通过定期的市场调查和竞争对手分析，金融机构可以了解竞争对手的价格策略和产品定位，从而制定出与竞争对手相似或略有优势的价格。然而，竞争平价法也存在一定的风险。如果金融机构过于依赖竞争对手的价格策略，可能会导致自身定价的灵活性降低，难以应对市场变化和客户需求的变化。此外，如果竞争对手采取降价策略来抢占市场份额或提高销量，那么金融机构可能会面临销量下滑和市场份额减少的风险。

差别定价法是一种灵活的定价策略，它根据不同的市场条件、客户需求和产品特性，将客户、产品、服务、时间、地点等主要的市场营销要素划分为不同的等级，并分别制定不同的价格。这种定价方法的目的是通过优化组合，使金融机构获得其期望的利润。差别定价法的实施需要金融机构进行充分的市场调研和客户分析，了解不同客户群体的需求和购买行为，以及产品或服务的特性和优势。例如，对于标准化的、业务量大的产品或服务，金融机构可以制定较低的价格，以吸引更多的客户和提高市场份额；而对于非标准的、额外的产品或服务，金融机构可以制定较高的价格，以满足客户的特殊需求并获得更高的利润。

竞争投标定价法是一种通过竞标方式来确定产品价格的定价方法。它适用于具有投标竞价价值的产品，如巨额贷款、大额存单等金融产品。金融机构可以在国家法律政策允许的范围内，邀请若干家客户进行投标，并从众多投标者中选出最优的报价，以此作为该产品的最终价格。这种定价方法的优势在于其能够充分发挥市场竞争机制的作用。通过竞标过程，金融机构可以筛选出具有竞争力的报价，同时也可以促进客户之间的竞争，提高市场活跃度和金融机构的销售业绩。然而，竞争投标定价法也存在一些挑战和风险。例如，竞标过程中可能会出现恶意竞价、低价抢标等不正当竞争行为，这会对企业的利益和市场的公平竞争造成损害。因此，金融机构需要制定严格的竞标规则和监管措施，确保竞标的公正性和合法性。

### （三）金融产品定价常用策略

（1）撇脂定价策略。该策略也称高额定价策略，通常是指金融机构将新产品以较高的价格推向市场，以便在产品生命周期的初期尽快收回投资，实现利润最大化。当竞争者进入市场或产品时，再采取逐步降低价格的策略，以保持一定的市场份额。这种先高后低的定价策略，就像从鲜奶中撇取乳脂一样，从厚到薄，从精华到一般，故被称为撇脂定价策略。采用这种定价策略，主要是利用消费者对新产品好奇、求新的心理动机。在新产品刚上市而竞争产品还未出现时，新产品的新颖性和优越性会降低人们对价格的敏感度。

（2）渗透定价策略。该策略一般是指在新产品上市时，制定较低的价格，以快速向市场渗透，待产品在市场上打开销路并拥有一定的市场份额后，再逐步将价格提高到一定水平上的定价方法。这种定价方法主要是利用消费者求廉价、求实惠的心理。在新产品上市时，以低价位来刺激人们的需求，并给消费者留下产品经济实惠的印象，以得到消费者的信赖。

(3) 折扣定价策略。该策略是指金融机构在产品定价时，通过减让部分价格或给予消费者一定补贴，使产品的价格在基本价格的基础上下调一定幅度，从而鼓励消费者购买产品，扩大产品销售的定价策略。金融机构经常使用的折扣定价策略包括数额折扣策略、季节或周期折扣策略、付款折扣策略和费率优惠策略等。

(4) 关系定价策略。采用这种定价策略，金融机构可以通过向客户提供目前价格较低，但在某些方面极具吸引力的金融产品或服务来吸引客户，以期与具有良好发展前途（或潜在发展前途）的客户建立起长期信用关系，并获得今后向客户推广其他正常价格产品或服务的机会，从而在一个较长时期内比较稳定地增加其业务收入。

## 四、分销渠道策略

分销渠道是指产品或服务从生产者向消费者转移过程中所经过的、由各中间环节所联结而成的路径，涉及批发商、零售商、代理商和中介机构等。

### （一）分销渠道策略的演进

分销渠道策略的演进主要经历了五个阶段：

一是传统分销阶段。在这个阶段，制造商主要通过批发商、零售商等中间商将产品销售给最终消费者。这种分销模式的特点是渠道长、环节多，制造商对渠道的控制力较弱。

二是垂直整合阶段。随着市场竞争的加剧，制造商开始寻求对渠道的更有效控制，于是出现了垂直整合的分销策略。在这种策略下，制造商会向后整合批发商、零售商等渠道成员，形成统一的销售体系，以加强对渠道的控制力和提高销售效率。

三是水平整合阶段。在垂直整合的基础上，制造商进一步寻求与同类企业或竞争对手的合作，以扩大市场份额和降低成本。这种水平整合的策略可以通过联合采购、联合销售等方式实现。

四是多渠道分销阶段。随着互联网和电子商务的快速发展，消费者购买行为逐渐多样化，制造商开始采取多渠道的分销策略。在这种策略下，制造商会同时利用线上和线下的多条销售渠道，如实体店、电商平台、社交媒体等，以满足不同消费者的需求。

五是数字化分销阶段。在多渠道分销的基础上，制造商进一步利用大数据、人工智能等先进技术，实现分销渠道的数字化和智能化。在该阶段，制造商可以通过数据分析和预测，更精准地把握消费者需求和市场趋势，制定更有效的分销策略。

### （二）电子商务与在线销售渠道

随着信息技术的飞速发展和互联网的普及，电子商务成为金融数字化营销中不可或缺的重要组成部分。电子商务通过互联网平台，为金融机构提供了全新的销售渠道和服务方式。在数字化时代，金融机构需要充分利用电子商务和在线销售渠道，满足客户需求，提高销售效率，增强竞争优势。

(1) 利用在线销售渠道的优势。首先，扩大市场覆盖面。通过在线销售渠道，金融机构可以触达更多的潜在客户，扩大市场覆盖面。在互联网世界中，没有地域限制，金融产品和服务可以覆盖全球范围内的客户群体。其次，提高销售效率。通过电子商务和在线销售渠道，金融机构可以提高销售效率。客户可以在互联网平台上查找产品信息，自主购买，这减少了销售人员的工作量。同时，客户可以随时随地进行购买，不受时间和地点的限制，这提高了购买便捷性和客户满意度。再次，提升客户体验。通过互联网平台，金融机构可以提供个性化的购买建议和推荐，满足客户的个性化需求。客户可以咨询在线客服，及时解决问题，打消疑虑，获得更好的服务体验。最后，降低营销成本。相比于传统的实体店铺和线下渠道，电子商务和在线销售渠道具有较低的运营成本和销售成本。

（2）强化电子商务与在线销售渠道。一是建设电子商务平台。金融机构需要建设先进的电子商务平台，为客户提供在线购买和支付服务。电子商务平台应该具有友好的用户界面和交互体验，便于客户浏览和购买。二是加强数据分析与个性化推荐。利用数据分析和AI技术，金融机构可以对客户的购买行为和兴趣进行精准监测和分析。通过个性化推荐和精准营销，金融机构可以为客户提供个性化的购买建议，增强客户的购买意愿。三是加强在线客服与售后服务。金融机构需要加强在线客服与售后服务，及时解答客户的问题和疑虑。在线客服可以通过在线聊天和电话咨询的方式，为客户提供全天候的服务保障。四是提供多样化的支付方式。金融机构需要提供多样化的支付方式，满足客户不同的支付需求。除了传统的银行转账和信用卡支付外，金融机构还可以提供第三方支付和移动支付等。

（3）整合线上与线下分销策略。线上分销渠道通过互联网平台进行销售，为客户提供便捷的购买体验；线下分销渠道通过实体店铺和零售商进行销售，为客户提供面对面的购买服务。整合线上与线下分销策略的优势有很多。一是提升客户购买体验与满意度。通过整合线上与线下分销策略，金融机构可以为客户提供更加全面和便捷的购买体验。客户可以通过线上渠道了解产品信息和购买选项，也可以通过线下渠道进行实地体验和咨询。整合后的分销策略可以提高客户的满意度和忠诚度。二是扩大市场覆盖面，拓宽销售渠道。通过线上分销渠道，金融机构可以触达更多的潜在客户，扩大市场覆盖面，通过线下分销渠道，金融机构可以覆盖线下消费者群体，拓宽销售渠道。三是提高销售效率与盈利能力。线上与线下分销策略的整合可以提高销售效率。客户可以通过线上渠道自主购买，这减少了销售人员的工作量；同时，线下渠道可以提供面对面的销售和咨询服务，这增加了销售机会。整合后的分销策略可以提高金融机构的盈利能力，增加其销售收入。四是优化资源配置与降低成本。线上与线下分销策略的整合可以优化资源配置，降低成本。金融机构可以根据不同产品和客户群体的特点，合理分配线上与线下渠道的资源。整合后的分销策略可以提高资源利用率，降低销售和分销的成本。

### （三）跨渠道分销策略

随着数字化时代的到来，金融业务的分销渠道变得多样化和复杂化。传统的实体渠道已经不再是唯一的销售渠道，金融机构需要跨越线上线下，整合各种渠道，提供更加全面和便捷的服务，以满足客户多样化的需求。这就需要金融机构制定跨渠道分销策略，以实现资源整合，提高销售效率，提升客户满意度。

跨渠道分销是指金融机构利用多种渠道和平台进行销售和分销的策略。这些渠道既包括线上渠道，如官方网站、移动应用、社交媒体等，也包括线下渠道，如实体店铺、零售商等。通过跨渠道分销，金融机构可以将线上线下渠道整合起来，实现资源共享和互补，提供更加全面和便捷的服务。

跨渠道分销策略的优势较多。首先，跨渠道分销可以扩大市场覆盖面。通过整合多种渠道，金融机构可以触达更多的潜在客户，提高市场份额。其次，跨渠道分销可以提高销售效率。客户可以通过不同的渠道进行购买，不受时间和地点的限制，这提高了客户的购买便捷性。再次，跨渠道分销可以提升客户满意度。客户可以选择最适合自己的购买方式和渠道，获得更加个性化的服务体验。最后，跨渠道分销可以实现资源整合和优化。金融机构可以通过跨渠道分销，实现线上线下资源的共享和互补，降低销售和分销的成本。

跨渠道分销策略的实施需要金融机构明确目标、制定策略、建设平台、加强数据分析和个性化推荐，以及加强线上线下互动与协作。首先，金融机构需要明确跨渠道分销的目标，如扩大市场覆盖面、提高销售效率、提升客户满意度等，并根据目标制定相应的策略和措施。其次，金融机构需要建设跨渠道分销平台，实现线上线下渠道的整合，集成多个渠道的功能，提供友好的用户界面和交互体验。再次，金融机构应利用数据分析和 AI 技术对客户的购买行为和兴趣进行精准监测与分析，通过个性化推荐和精准营销增强客户购买意愿。最后，金融机构需要加强线上线下的互动与协作，建立跨部门协作机制，确保线上线下团队的有效沟通和合作，保持统一的品牌形象和服务标准，为客户提供一致的购买体验。通过实施有效的跨渠道分销策略，金融机构可以提升市场竞争力。

### （四）分销渠道的选择与优化

在金融数字化营销中，分销渠道可以根据不同的维度进行分类。常见的分销渠道包括直销渠道、零售渠道、批发渠道和电子商务渠道。直销渠道是指金融机构直接将产品或服务销售给最终客户的渠道，如企业自己的网站、移动应用和社交媒体平台等。其特点是金融机构可以直接接触客户，为客户提供个性化的购买体验。零售渠道是指金融机构通过零售商或经销商将产品或服务销售给最终客户的渠道。其特点是可以将产品推广到更广泛的市场，扩大销售覆盖面。批发渠道是指金融机构通过批发商将产品或服务销售给零售商或经销商的渠道。其特点是可以提高销售效率，降低销售成本。电子商务渠道是指金融机构通过互联网平台进行销售的渠道。在数字化时代，电子商务渠道已经成为金融机构重要的销售渠道之一。其特点是可以为客户提供便捷的购买体验，吸引更多的在线客户。这些不同的分销渠道各有特点，金融机构可以根据自身情况和市场环境选择合适的渠道进行营销和销售。

选择分销渠道在金融营销中具有重要意义，能够发挥多方面的作用。首先，通过选择合适的分销渠道，金融机构可以将产品或服务推广到更大的市场，从而扩大市场份额，接触更多潜在客户。其次，合理地选择分销渠道有助于提高销售效率，通过与专业的渠道伙伴合作，加快产品销售的速度，提高销售量和销售收入。此外，不同分销渠道可以为客户提供不同的购买体验，金融机构可以根据目标客户的喜好选择适合的渠道，提供更加便捷和个性化的购买体验，提高客户满意度和忠诚度。最后，通过与渠道伙伴合作，金融机构可以共享资源和成本，降低销售和分销的开支，从而实现降低成本的目标。因此，金融机构在营销过程中应该根据自身特点和市场环境选择合理的分销渠道，以充分发挥其作用。

分销渠道选择应遵循市场导向、客户导向、效率优先和合作共赢的原则。首先，金融机构应根据市场需求和客户偏好进行选择，通过市场调研和客户反馈了解目标客户的购买习惯和意愿，以找到最适合的分销渠道。其次，金融机构应以客户为中心，根据客户需求和购买习惯选择能够提供优质服务的分销渠道，提供个性化的购买体验。再次，金融机构应注重效率，综合考虑渠道伙伴的资源和能力，选择能够提高销售效率和降低成本的渠道。最后，建立合作共赢的关系，与渠道伙伴保持长期合作关系，共同分享成果，实现共同发展。遵循这些原则，企业可以选择较为合适的分销渠道，以实现营销目标。

分销渠道优化的方法与步骤包括评估现有渠道、分析竞争对手、寻找新渠道、优化渠道结构和加强合作与协调。第一，金融机构应对现有分销渠道进行评估，通过数据分析和客户反馈了解各分销渠道的销售状况和效果，发现它们的优缺点和改进空间。第二，分析竞争对手的分销渠道，了解市场的竞争格局，找到自身的竞争优势和差异化优势。积极寻找新的分销渠道，拓宽销售渠道，包括线上和线下渠道、直销和合作渠道等。第三，优化分销渠道的结构，调整不同分销渠道的比例和分工，根据市场需求和销售目标合理配置资源。最后，加强与渠道伙伴的合作与协调，共同制定分销策略，解决问题，共同发展，提高渠道的营销效率和效果。通过这些方法和步骤，企业可以逐步优化分销渠道，提升市场竞争力。

## 五、促销策略

促销策略是指金融机构为了达成特定营销目标而采取的一系列临时性、短期性的措施和活动。促销策略主要通过价格、产品、渠道、营销传播等方面的调整，以刺激客户购买和增加销售量。促销策略通常是短期的，目的在于快速增加销量，吸引更多客户，提高品牌知名度，扩大市场份额。

促销策略在金融数字化营销中具有重要意义。首先，促销策略可以帮助金融机构吸引更多客户。通过优惠活动、折扣等促销手段，金融机构可以吸引客户的注意，增强客户的购买欲望，从而吸引更多客户购买产品和服务。其次，促销策略可以刺激客户购买，增加销量，扩大市场份额，增强金融机构的竞争力。最后，促销策略可以提高客户满意度。通过优惠活动和个性化促销，金融机构可以满足客户不同的需求，提供更加个性化的服务，提高客户的满意度。

### （一）金融促销工具

金融促销工具一般有以下四种：

一是广告促销。金融机构在促销宣传过程中，首先采用的促销工具是广告。广告不仅是推销产品、吸引客户购买的重要工具，同时也是树立企业形象的重要工具。金融广告具体可以分为两类：一类是企业形象广告，即把金融机构作为一个整体进行包装宣传，旨在提高企业声誉，增强客户对企业的了解和信任：另一类是金融产品广告，即金融机构就其所提供的金融产品进行宣传，通过对金融产品的特点与收益的介绍和宣传，让客户了解该产品，激发客户的购买欲望。

二是人员促销。人员促销是指金融机构营销人员以促成销售为目的，通过与客户进行交谈，说明其购买金融产品和服务的过程。由于金融产品和服务的复杂性及专业性，尤其是随着新产品和服务的不断涌现，人员促销是否有效已成为金融产品和服务销售能否取得成功的关键因素之一。

三是公共宣传。公共宣传是指金融机构为了实现特定目的而进行的各种公关活动。金融机构要善于开展广泛的公关宣传活动，协调其与企业股东、内部员工、工商企业、同业机构、社会团体、新闻传播媒体、政府机构及消费者的关系，为金融机构及产品树立良好的形象，最终达到扩大销量的目的。

四是营业推广。营业推广是指金融机构为刺激一定时间内的市场需求，引起较强的市场反应而采取的一系列优惠促销措施，如降价、免费提供配套服务等，以此来吸引和刺激客户购买或扩大购买。它具有刺激性、灵活性、多样性、竞争性、见效快等优点，是各类金融机构普遍采取的一种促销方式。

### （二）金融促销组合策略

第一，聘用专业技术人才来推销。在大多数银行产品（如个人投资理财服务等）的交易中，客户对产品缺乏专门知识，因而希望卖方能提供良好的、专业的服务。如果银行在产品的销售过程中能采取专业方法，聘请专业人员来推销，那么效果会更好。例如，英国巴克莱银行运用"财务医生"来销售产品，反响很好。

第二，利用间接销售。利用间接销售是指银行不仅推销本银行的产品，而且通过推销相关产品来创造引申需求，使客户更有效率地利用本银行的各种产品，从而创造更多的销售机会。例如，银行通过宣传特约商户的购物优惠来促进信用卡的销售。

第三，注重建立并维护有利形象。有效的推销依赖银行的良好形象。银行销售人员的礼仪、效率、态度和销售技巧，都会影响银行的既有形象，因此在银行产品促销中，销售人员必须时刻注重建立和维护银行的有利形象。

第四，使购买简单化。客户对银行产品的功用和技术特点可能不太了解，特别是对使用或操作程序较多、较复杂的银行产品。因此，银行除了在设计产品时就要确立简明易懂的产品名称外，还要在促销过程中尽量使客户的购买简单化。

### （三）金融促销策略

金融促销策略是金融机构为了吸引和留住客户而采取的一系列促销措施。为了有效地实施金融促销策略，金融机构需要关注以下几个方面：首先，根据目标客户群体的特点和需求选择合适的促销方式。例如，针对年轻人群体，可以利用社交媒体和参与式促销等方式来吸引他们的关注和参与。其次，结合数字化技术进行精准投放也是关键。在数字化时代，金融机构可以利用数据分析和 AI 等技术对客户行为和兴趣进行精准分析，从而实现促销活动的精准投放，改善效果并节约成本。再次，整合线上和线下渠道也是必要的。金融机构可以将线上和线下渠道进行整合，形成线上线下联动的促销活动，如在线上推广促销活动并引导客户到线下实体店参与活动，增加与客户的互动。最后，引入创新元素可以增强促销活动的趣味性和新鲜感。例如，利用 AR 技术进行互动体验或开展线上线下联动的游戏活动等。通过这些措施，金融机构可以提升客户满意度和忠诚度，促进业务增长。

在数字化时代，数字化技术的应用在促销活动中发挥着越来越重要的作用。借助数据分析和用户数字画像，金融机构可以深入了解客户的购买习惯和兴趣爱好，为促销活动提供精准的数据支持和决策依据。AI 技术则可以根据客户的历史行为和偏好，进行个性化推荐，提高促销活动的针对性和效果。移动支付和二维码技术的普及，为客户参与促销活动提供了便捷高效的支付方式，实现了线上线下无缝衔接。同时，社交媒体平台为金融机构提供了与客户互动的平台，通过发布促销信息和互动活动，提高了活动的曝光度和参与度。这些数字化技术的应用有助于提升客户体验和营销效果，促进业务增长。

#### （四）促销内容与优惠方案的设计

促销内容是指在促销活动中向目标客户传递的信息。一个好的促销内容能够吸引目标客户的注意力，让客户了解促销活动的特点，激发客户的购买欲望。优惠方案是指在促销活动中提供的各种优惠和福利措施，包括价格优惠、提供赠品、积分返还、礼品兑换等。优惠方案是促销活动的核心内容，能够吸引客户参与和购买，提高销量。

设计促销内容与优惠方案是实现促销目标的关键环节。在此过程中，金融机构需要遵循以下原则与方法：首先，明确促销目标和受众群体，确保活动具有针对性。根据目标和受众特点，制定相应的促销内容和优惠方案。其次，突出差异化和个性化，以满足不同客户群体的需求和喜好。这有助于提高客户的兴趣和参与度，增强活动效果。同时，引入创新元素，增加趣味性，通过创意及互动性设计吸引更多客户参与和分享。再次，结合数字化技术进行精准投放。利用数据分析和个性化推荐等技术，将促销内容推送给符合条件的目标客户，可以提高活动效果。最后，金融机构需要平衡促销成本与收益，确保活动的可持续性和盈利性。遵循这些原则与方法，金融机构可以设计出更具吸引力和效果的促销内容与优惠方案，提升销量和客户满意度。

## 第三节　金融数字化营销的发展趋势

金融数字化营销策略的发展趋势受到技术进步和市场变化的影响。

### 一、技术进步对金融数字化营销的影响

#### （一）云计算与大数据分析

云计算是一种基于互联网的计算方式，它通过虚拟化技术将硬件和软件资源集中到一个虚拟的云中，然后通过网络提供给用户，以便其按需使用。

云计算具有以下几个特点：一是灵活性。云计算提供了灵活的资源使用方式，用户可以根据需求随时调整资源规模，按需付费。二是可用性。云计算通过分布式架构和冗余设计，确保了服务的可靠性和稳定性。三是可扩展性。云计算可以随着用户需求的增长而弹性扩展，满足不断变化的业务需求。四是安全性。云计算提供了安全可靠的数据存储和访问控制机制，可以保障用户数据的安全。

随着金融业数字化转型的加速，云计算在金融数字化营销中发挥着越来越重要的作用。表 6－2 描述了云计算在金融数字化营销中的主要应用场景。

表 6-2　云计算在金融数字化营销中的主要应用场景

| 应用场景 | 描述 |
| --- | --- |
| 数据存储和处理 | • 提供大规模、高可靠性的数据存储服务<br>• 金融机构可以存储海量的客户数据、交易数据和市场数据<br>• 利用云计算的计算资源和数据分析工具，金融机构可以对这些数据进行高效处理和分析<br>• 为金融营销提供数据支持和决策依据 |
| 营销自动化 | • 提供各种营销自动化工具，如邮件营销、短信营销、自动化流程等<br>• 这些工具可以帮助金融机构自动执行营销任务<br>• 提高营销效率和精准度 |
| 个性化推荐 | • 云计算可以基于大数据和 AI 技术，提供个性化推荐服务<br>• 金融机构通过分析客户的行为和偏好，为客户提供个性化的产品和服务推荐<br>• 提高客户满意度和转化率 |
| 客户互动和关系管理 | • 帮助金融机构建立客户互动平台<br>• 通过社交媒体、在线客服等方式与客户进行实时互动<br>• 通过云计算的 CRM 系统，更好地管理客户信息<br>• 提高客户留存率和忠诚度 |

### （二）AI 与机器学习

AI 已经成为当今时代的热词，它正逐渐渗透到各个行业，包括金融业。金融数字化营销结合了 AI 技术，使得金融服务更加智能化、自动化。

人工智能是一个广泛的领域，其目标是通过计算机系统来模拟人类的智能行为。它涵盖了机器学习、深度学习、自然语言处理等多个子领域。简单来说，人工智能可以分为弱人工智能和强人工智能。弱人工智能专注于特定领域的任务，而强人工智能则涉及更广泛的领域并表现出类似人类的全面智能。

在金融数字化营销中，人工智能的应用主要体现在自动化和智能化两个方面。AI 的一个重要应用是自动化。通过预设的算法和模型，AI 可以自动完成一些烦琐的、重复的任务，如数据分析、客户筛选等，大大提高了营销的效率。AI 的另一个重要应用是智能化推荐和决策。例如，通过机器学习算法，AI 可以分析客户的消费习惯、兴趣爱好等信息，从而为客户提供更加个性化的服务或产品推荐。同时，AI 还可以通过分析市场趋势、竞争对手等信息，为金融机构提供更加智能的决策支持。

机器学习作为人工智能的一个重要分支，在金融数字化营销中也有着广泛的应用前景。机器学习是人工智能的一个子集，它的基本原理是通过训练和优化算法，使计算机系统能够从数据中"学习"并做出预测或决策，而不需要人为进行编程。在金融数字化营销中，机器学习的应用场景非常丰富，如客户细分、模型预测和个性化推荐等。

在金融数字化营销中，机器学习技术具有广泛的应用。利用机器学习算法，金融机构可以对客户进行细分，深入了解不同类型客户的消费习惯、偏好等，从而制定出更加精准的营销策略。此外，通过结合历史数据和机器学习算法，金融机构还可以构建预测模型，对市场趋势、客户流失率等关键指标进行预测，从而提前做好应对策略。机器学习算法还可以用于个性化推荐，通过分析客户的消费数据和其他信息，帮助企业为客户提供个性化的产品或服务推荐，有效提高转化率和客户满意度。通过合理利用机器学习技术，金融机构可以不断提升营销的智能化水平，满足客户的多样化需求。

### （三）区块链技术

区块链技术是一种新兴的技术，正逐渐在各个领域展现其巨大的潜力。在金融数字化营销中，区块链技术也正在被积极探索和应用。

区块链技术是一种分布式数据库技术，它通过去中心化的方式，将数据存储在多个节点上，而不是集中存储在单一的中心服务器上。这种技术具有以下几个核心特性：（1）去中心化。区块链技术没有中心化的管理机构或硬件设备，所有数据都存储在多个节点上，并由这些节点共同维护和管理。这大大提高了系统的可靠性和容错性。（2）安全性。由于数据被加密并分布在多个节点上，区块链技术具有很高的安全性。攻击者需要同时控制大部分节点才能篡改数据，这使得区块链具有很强的抗攻击能力。（3）透明性和不可篡改性。区块链上的数据是公开可查的，且一旦写入就不能被修改或删除。这保证了数据的完整性和可信度。

随着区块链技术的不断成熟，其在金融数字化营销中的应用前景也越来越广阔。

应用场景一：数字货币。数字货币是区块链技术最广为人知的应用场景之一。通过数字货币，金融机构可以为客户提供更加便捷、安全的支付方式，并利用区块链技术的特性来保障交易的安全和透明。

应用场景二：智能合约。智能合约是一种自动执行的合约，当约定的条件满足时，合约就会自动执行相应的操作。在金融数字化营销中，智能合约可以用于实现自动化交易、支付等操作，提高交易的效率和可信度。

应用场景三：供应链融资。区块链技术可以实现供应链融资的透明、可追溯。利用区块链技术，金融机构可以更加准确地评估供应链的风险和信用等级，为企业提供更加合理的融资方案。

此外，区块链技术还可以用于构建去中心化的金融平台、保障客户数据的安全等方面。随着技术的不断发展和完善，区块链技术在金融数字化营销中的应用将会更加广泛和深入。

### （四）社交媒体与移动支付技术

社交媒体作为现代生活中不可或缺的一部分，对金融数字化营销产生了深远的影响。

社交媒体平台的用户规模庞大，且用户活跃度持续走高。以微信、微博、抖音等为代表的平台汇聚了数亿用户，他们每天在这些平台上花费大量时间浏览、分享和互动。这为金融机构提供了广阔的展示空间和潜在客户基础。

金融机构可以利用社交媒体进行品牌推广、客户互动和口碑营销等。通过精心设计的社交媒体广告、内容营销和活动，金融机构可以在社交媒体上迅速扩大品牌知名度。社交媒体为金融机构提供了一条与潜在客户直接互动的渠道。通过在线客服、问答互动等方式，金融机构可以更直接地了解客户需求，提供个性化服务。优质的服务和产品可以通过社交媒体上的用户评价和分享迅速传播。这为金融机构树立良好口碑、促进业务增长提供了有力支持。

随着移动支付技术的日益成熟，它为金融数字化营销带来了新的机遇和挑战。移动支付为用户提供了无需现金或银行卡的便捷支付方式，同时其安全性也得到了大幅提升，如指纹识别、面部识别等技术为支付提供了安全保障。通过移动支付技术，金融机构可以大大简化交易流程，提高支付速度，结合智能通知和提醒功能，为用户提供更好的服务体验。此外，移动支付技术还可以大幅提高金融机构的处理速度，降低交易成本，从而提高整体业务效率。更重要的是，利用移动支付产生的数据，金融机构可以深入了解客户的消费习惯和偏好，从而制定更加精准的营销策略和个性化服务方案，进一步提升客户体验和业务效率。因此，如何充分利用移动支付技术的优势，将其与金融数字化营销紧密结合，是金融机构需要深入思考和实践的重要课题。

## 二、市场变化对金融数字化营销的影响

### （一）客户需求与行为习惯的变化

在数字化时代，客户需求与行为习惯发生了深刻的变化。这些变化不仅影响消费者的日常行为，还给金融机构的营销策略和服务模式带来了新的挑战和机遇。为了在竞争激烈的市场环境中取得成功，金融机构必须深入了解客户需求与行为习惯的变化，并据此调整营销策略和服务模式。

**1. 客户需求的变化**

随着社会经济的发展和消费者受教育程度的提高，客户需求变得更加多元化、个性化。他们不仅关注金融产品的收益率和安全性，还对服务体验、品牌形象和社会责任等方面提出了更高的要求。

（1）对服务体验的关注。现代客户更加注重服务体验的质量。他们希望金融机构能够提供便捷、高效、个性化的服务，以满足他们在不同场景下的需求。例如，通过手机银行应用，客户可以随时随地进行转账、查询、支付等操作，这就要求金融机构提供稳定、安全的网络服务，以及友好的用户体验。

（2）对品牌形象的重视。随着消费者对品牌认知度的提高，金融机构的品牌形象成为吸引客户的重要因素之一。客户更倾向于选择那些品牌形象良好、值得信赖的金融机构，这有助于提高客户的忠诚度，促进良好口碑的传播。

（3）对社会责任的关注。越来越多的客户开始关注金融机构的社会责任履行情况。他们希望自己的资金能够支持那些具有社会责任感和可持续发展能力的金融机构，这成为客户选择金融机构的重要考量因素之一。

**2. 行为习惯的变化**

随着移动互联网的普及和数字技术的不断发展，消费者的行为习惯也发生了深刻的变化。这些变化不仅影响消费者的决策过程，还对金融机构的营销方式和渠道提出了新的要求。这些变化主要体现在以下几个方面：

（1）移动设备的普及。移动设备的普及使得越来越多的消费者通过手机、平板电脑等移动设备进行金融交易。这要求金融机构加强移动端服务的建设和优化，提供更加便捷、安全的移动金融服务。

（2）在线服务的兴起。随着互联网技术的发展，越来越多的消费者选择在线办理金融业务。通过金融机构的网站、社交媒体等渠道，客户可以轻松地完成转账、查询、支付等

操作。这要求金融机构加强在线服务系统的建设，提高服务质量和安全性。

（3）社交媒体的广泛应用。社交媒体在消费者中广泛应用，成为获取信息、交流互动的重要平台。金融机构需要充分利用社交媒体进行品牌推广、产品宣传，与客户建立更加紧密的联系和互动。

（4）数据分析的应用。随着大数据技术的发展，越来越多的金融机构开始利用数据分析来了解客户需求、预测市场趋势和提高营销效果。通过数据分析，金融机构可以更加精准地定位目标客户、制定个性化的营销策略，提供更加贴心的服务体验。

**3. 应对客户需求与行为习惯变化的策略**

面对客户需求与行为习惯的变化，金融机构需要采取一系列应对策略来提升营销效果和服务质量。

（1）强化移动金融服务。金融机构需要加强移动端服务的建设和优化，提供稳定、高效、安全的移动金融服务，满足客户随时随地的金融需求；同时，要加强移动金融安全保障，确保客户资金和信息安全。

（2）优化在线服务体验。金融机构需要加强在线服务的建设和维护，提高服务质量和安全性；通过简洁明了的界面设计、快速响应的客户服务以及个性化的功能设置，提升客户在线服务体验。

（3）利用社交媒体互动。金融机构应充分利用社交媒体平台与客户进行互动，及时回应客户的咨询和反馈；通过社交媒体发布有价值的内容，吸引目标客户关注，提高品牌知名度和美誉度。

（4）精准定位与个性化营销。金融机构应通过数据分析精准定位目标客户群体，制定个性化的营销策略和产品推荐；同时，利用大数据技术分析客户的消费习惯和偏好，提供更加贴心的服务和产品。

（5）提升社会责任意识。金融机构应积极履行社会责任，关注可持续发展和社会公益事业；通过公开透明的企业管理和良好的企业公民形象，增强客户信任度和忠诚度。

### （二）法规与政策对金融数字化营销的影响

在金融数字化营销的发展过程中，法规与政策的影响不容忽视。法规与政策不仅对金融业的发展起规范和监管的作用，同时也为金融进行数字化营销带来了机遇和挑战。为了在竞争激烈的市场中取得成功，金融机构需要深入了解法规与政策的变化趋势，并采取相应的策略来应对这些变化。

法规与政策对金融数字化营销的限制主要涉及以下几个方面：

第一，数据安全与隐私保护。随着用户对数据安全和隐私保护的关注度不断提高，法规与政策对金融机构在数据收集、存储和使用方面的要求也更加严格。金融机构需要遵守相关法律法规，保护客户数据的安全和隐私。

第二，市场准入与退出。金融业受到严格的法规与政策监管，对市场准入和退出都有一定的要求。这使得金融机构在开展业务时需要满足一定的资质条件和合规要求，确保合法经营。

第三，营销宣传的规范。法规与政策对金融机构的营销宣传活动有一定的限制和规范，要求金融机构遵守相关法律法规，避免虚假宣传。这要求金融机构在营销策略上更加注重合规性和诚信。

尽管法规与政策对金融数字化营销施加了一定的限制，但也为其带来了不少机遇。

首先是保障了合规发展。法规与政策的制定和实施，为金融数字化营销的合规发展提供了保障。金融机构在遵守相关法律法规的同时可以借助政策的支持，开展更加稳健、可持续的业务。

其次是促进了市场公平竞争。法规与政策对市场准入和退出的规范，有助于维护市场的公平竞争。金融机构可以凭借自身的实力和服务优势，在市场竞争中获得一席之地。

再次是推动了创新发展。法规与政策鼓励金融创新，为金融机构在数字化营销方面提供了广阔的发展空间。金融机构可以借助政策的支持，创新业务和服务模式，满足用户不断变化的需求。

最后是保障了用户权益。数据安全和隐私保护等法规与政策的实施，有助于保障用户的合法权益。金融机构可以借助合规的数据管理和隐私保护措施，提升用户信任度和忠诚度。

### （三）金融科技的崛起与创新

随着科技的快速发展，金融业正经历一场前所未有的变革。金融科技（FinTech）的崛起为金融数字化营销带来了巨大的机遇和挑战。FinTech 通过先进的技术手段和创新思维，改变了传统金融业务模式和服务方式，为金融机构和消费者带来了更多的选择和便利。

FinTech 的创新主要体现在以下几个方面：（1）服务模式的创新。与传统金融服务相比，FinTech 企业更加注重用户体验和服务便利性。它们通过线上渠道和移动端提供服务，使得用户可以随时随地获取金融服务。此外，FinTech 企业还通过大数据和人工智能技术对客户进行精准画像，以便向其提供个性化、智能化的服务。（2）产品形态的创新。FinTech 企业不断推出创新的产品形态，以满足不同用户的需求。例如，P2P 网贷、互联网保险、虚拟货币等新型金融产品和服务不断涌现，为用户提供了更多的选择。（3）技术手段的创新。FinTech 企业运用先进的技术手段，提高服务效率和改善用户体验。例如，大数据技术可以用于风险评估和信贷审批，人工智能技术可以用于智能客服和智能投顾等领域。（4）业务模式的创新。FinTech 企业通过与金融机构合作或开展自营业务，创新业务模式。例如，FinTech 企业可以通过与银行合作，提供线上支付、转账等便捷服务；也可以通过自营业务，开展线上贷款、理财等服务。

面对 FinTech 企业的崛起，金融机构需要采取一系列应对策略。

一是加强技术研发和应用。金融机构应加大在金融科技方面的投入，积极探索新技术在金融服务领域的应用，通过技术手段提升服务效率和用户体验，以满足市场需求。

二是创新业务模式和产品形态。金融机构应借鉴 FinTech 企业的成功经验，创新业务模式和产品形态，推出更加个性化、智能化的服务和产品，满足消费者多样化的需求。

三是加强与 FinTech 企业的合作。金融机构可以与 FinTech 企业展开合作，共同开发新产品和新服务，通过资源共享和优势互补，提升市场竞争力。同时，合作也有助于降低运营成本和风险。

四是提升风险管理能力。随着 FinTech 的发展，风险的类型在增加，复杂度也在提高。金融机构应加强风险管理能力建设，运用先进的技术手段对风险进行实时监测和预警，确保业务安全稳健发展。

五是加强人才培养和引进。金融机构应注重培养和引进具备金融科技背景的专业人才，为业务的创新和发展提供有力的人才保障。同时，加强内部培训和外部合作交流，提升员工的技术水平和创新能力。

## 本章小结

本章深入探讨了金融数字化营销策略的关键方面，包括其理念与作用、方法与实施以及发展趋势。金融数字化营销策略，是指借助互联网和基于数字技术的平台，将传统营销活动转化为电子化的方式进行，以实现更高效、更精准的市场推广和销售。这种策略利用数据分析、社交媒体、搜索引擎等多种手段，寻找目标客户，了解客户需求，并为客户提供个性化的金融产品和服务，提高客户满意度和忠诚度。数字化营销策略有助于提升客户体验和运营效率。金融机构的数字化营销策略包括：品牌策略、产品策略、定价策略、分销渠道策略和促销策略。金融数字化营销策略的发展趋势受到技术进步和市场变化的影响。技术，特别是金融科技的崛起，对金融数字化营销产生了深远的影响。随着云计算与大数据分析、人工智能与机器学习、区块链技术、社交媒体与移动支付技术等的快速发展和应用，金融科技的创新为金融数字化营销带来了巨大的机遇和挑战。市场趋势与金融数字化营销的未来发展息息相关，如客户需求和行为习惯的变化对金融机构提出了新要求，同时法规与政策的影响也不容忽视。

## 思考题

1. 金融数字化营销策略有何作用？
2. 列举 5 种金融数字化营销策略并简要说明。
3. 技术进步是如何助推金融数字化营销发展的？

# 第七章

# 金融数字化营销关系构建

**【目的与要求】**

本章要求了解金融数字化营销关系的内涵、构建策略及目标；掌握构建金融客户关系的关键步骤，以及社会化客户关系管理平台的构建；熟悉金融产品数字化营销中各类常见触达工具及其应用。

## 第一节　金融数字化营销关系概述

### 一、数字化营销关系的内涵

#### （一）构建数字化营销关系的必要性

企业经营的核心在于吸引顾客和留住顾客，前者是企业存在的基础，后者决定企业的持续发展。从营销层面来看，从 20 世纪 70 年代起，就有人在实践中提出了以管理和建立“关系”为基础的营销理念，认为企业经营应在获利的基础上，通过建立、维持和促进与客户的长期关系，来满足参与交易各方的需求和期望。企业经营的目的在于与客户构建长期的、相互依存的关系，构建一个与客户互动的社区，促进客户与企业及产品之间的连续互动，提高客户忠诚度，并巩固企业的市场地位。换个维度讲，所谓建立持续交易的基础，就是要与客户建立更深层次的关系。这种更深层次的关系，如果是指“与客户之间的情感”，那么更多地整体表现为品牌的偏好；如果指向终端的方便可达，则更多地表现为渠道通路建设的能力；如果指向绩效性的考核，则可以表现为“客户忠诚度”“NPS”（Net Promoter Score，客户净推荐率）等，这些都可以被归结为“关系”或“持续关系的基础”。

在评估数字化时代的营销策略时，其中一个核心要素就是“连接”。数字化让关系的建立、维护、提升变得更加容易，这也是数字化时代对营销策略的天然赋能。然而，很多企业虽然做了大量的数字化投放，对各种内容和媒介都有覆盖，但所得到的结果未必能达到企业的预期。结果未达到预期的原因除了顶层的营销战略不够准确之外，还有一个实质性原因在于：数字信息投放后，并没有形成与客户建立持续关系的基础。也就是说，目标客户被信息覆盖，但这种信息的覆盖并没有达到形成“强关系”的紧密度。

如图 7-1 所示，客户关系的建立以满足需求为核心，辅以各种经营手段，包括需求研究、产品研发、产品实现、产品交付和售后服务等各项关键的企业内部业务活动。而在数字化时代，客户不再孤立地完成整个购买过程，而是在购买过程中时刻处于“关系”的状态中，这意味着企业、客户以及其他利益相关者之间的各种互动几乎全时、全地、全域地连接起来，企业与客户的关系也需要扩展和深化。

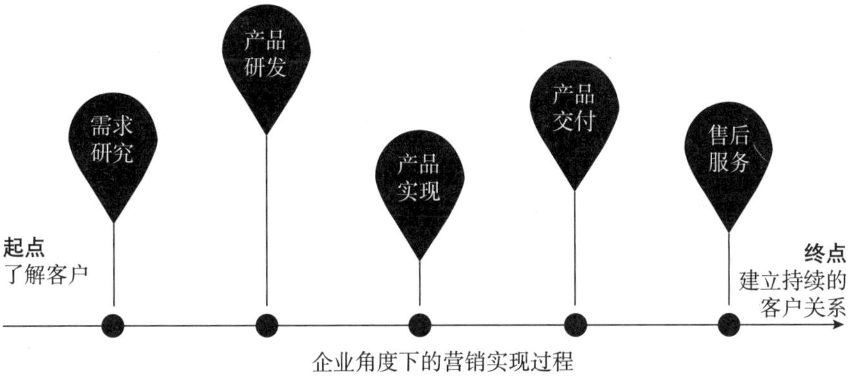


**图 7-1　企业角度下的数字化营销的实现过程**

### （二）数字化营销持续关系的概念

数字化营销中的客户关系管理，是指数字信息到达后，企业利用各种经营手段围绕目标客户创造、建立和保持的持续性互动状态。这种管理方式推动营销从单纯的信息传播转变为战略性的深度经营。可持续性的互动是持续关系建立的重要标准。企业达成与客户的交易并不意味着与客户关系的真正建立，缺乏持续、充分的互动基础的客户关系将无法长期抵御竞争对手的低价竞争策略。从客户的角度来看，持续的互动关系意味着其在经济利益、情感价值和社会性价值层面得到持续的全面满足，并积极参与到这种互动关系中。从企业角度而言，持续的互动关系意味着原先封闭式的企业内部活动将转变为客户与企业之间的共同协作。企业与客户的互动不仅限于销售环节，还扩展到了企业内部的其他价值创造环节。这种深度协作对企业而言，具有长远的商业价值。在移动互联网平台上，利用数字技术，“关系”在营销领域所展现出的广度、强度、内涵与手段都实现了重大升级，技术进步降低了企业与不同客户群体建立和维持关系的成本，数字化技术使得信息的创造、记录、分析和分享变得更加可行。

### （三）数字化营销持续关系的“新三角”要素

在数字化时代，客户在企业的协助下，与人群、信息和产品的结合更加紧密，客户与整个外部世界更加融为一体。客户营销关系的参与要素或对象也从过去的“人、物、场”拓展到“人、信息和企业提交物①”的动态结合。这三部分互为基础，相互促进（见图7-2)。

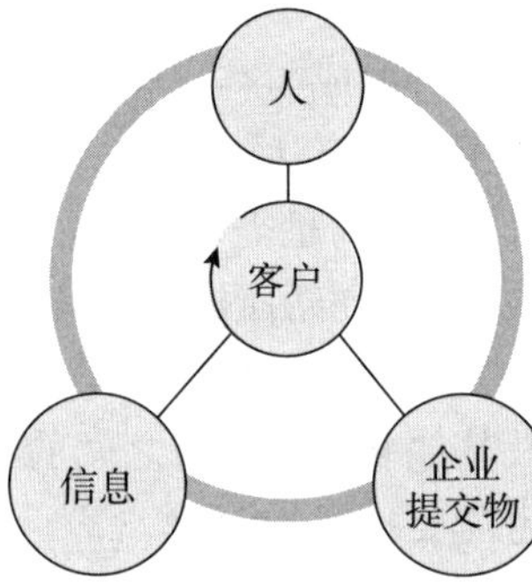


**图7-2 数字化营销持续关系“新三角”要素**

一是客户与人之间的关系。这种关系既可以是作为个体的消费者与具有相同利益需求或相近价值观和精神追求的人群的关系，也可以是客户与围绕客户需求的各类外部专家资源的关系，还可以是消费者与“拟人化”② 的企业之间的关系。

企业是非人格化的法人实体，但企业是由人组成的并且因人的活动而运作。从消费者认知便利角度出发，客户会根据个人经历和主观判断，赋予企业“人格化”的内容。如何主动引导和塑造企业在客户心目中的形象既是企业建立品牌时应考虑的重要内容，也是关系建立的一种手段。快消品企业选择的形象代言人通常要与企业或产品的真实使用者相符，在形象、个性乃至价值观上都要匹配，否则表面看起来企业是在做品牌资产的投资，实质上是在损毁品牌的根基。在工业品领域，越来越多的企业逐渐意识到以“人”的身份与客户以及其他利益相关者进行互动的重要性和必要性。

二是客户与信息之间的关系。这种关系包括企业为客户提供信息的内容和方式。在移动互联网时代，企业不仅需要为客户提供关于自身产品的各种功能和经济价值的信息，还需要为客户提供与其工作相关的专业知识或与生活方式相关的各种信息。这也可以看作企业为客户创造的无形价值，用现在的话说就是“一切产品都可以内容化，一切内容都可以产品化”。很多企业开始撰写周边行业的白皮书或者行业报告，打造品牌影响力，塑造领导力（或者合起来叫作“思想领导力”）。这些信息可能与企业的业务无直接关系，但围绕行业开展的各类行业信息发布会强化了企业在客户心目中的专业和行业领导形象。

在消费品行业，企业甚至可以通过提供生活方式和价值追求方式等为客户提供各种信息。通过积极吸引客户或其他外部资源进行信息的生产，客户既成为信息的享受者，又成为信息的生产者。在移动互联网时代，企业需要充分利用各种信息平台，匹配不同类型的信息内容，进行全面布局，覆盖客户在各种场景下的信息需求。

三是客户与企业提交物之间的关系。在这种关系下，客户与产品之间不只是购买、使用、消耗的关系。如果把以前的客户行为看成一条直线，那么数字化时代客户的轨迹会被拉长，甚至被扭曲。在移动互联网时代，企业可以将产品使用作为起点，在此基础上储存

① 在金融营销中，“企业提交物”通常指的是金融企业在为客户提供服务的过程中所产出的一系列具体成果或服务。这些提交物包括但不限于金融产品、研究报告、市场分析、客户咨询记录、合同文件、风险评估报告等。它们既是金融企业与客户互动的直接成果，也是金融企业专业服务能力的体现。

② “拟人化”是指企业在消费者心中的形象；而“人格化”是指企业主动塑造的形象。

各种应用数据，为客户创造各种可能的社交场景。而一些传统产品也拥有了数据存储功能、社交功能，进而在产品交易的基础上丰富了社交价值，建立了品牌与客户的持续关系。

另外，企业还可以通过在内部价值链环节与客户合作来进行互动，即客户不只是产品的购买者，更是产品的创造者和推广者。在产品形成过程中，客户与企业形成相互合作的新关系，共同创造产品，其中的核心客户成为新产品的忠实推广群体。比如在实践中，企业通过一系列众筹、众包、众推等共创行为，加强与客户的关系。

## 二、数字化营销关系的构建策略及目标

### （一）数字化营销关系的构建策略

在数字化营销的背景下，企业成功的关键之一是构建与客户的信任关系。无论是日常生活中的小事还是重要的消费决策，客户通常都更倾向于信赖他们熟悉的人。这种信赖往往源自与配偶、朋友和同事之间的紧密联系。与此相反，客户对制造商、零售商、广告主和名人的信任度通常较低。这表明客户更倾向于采纳“具有亲密关系的人”的建议，而非传统的广告或促销手段。

关系网的建立是一个持续的过程，需要不断吸引新客户、维护老客户，甚至直接促成交易。企业若无法有效建立这样的关系网，就可能会在市场竞争中失去关键优势。因此，企业需要重新思考如何在数字化环境下与客户建立联系。未来市场的竞争力将取决于企业建立和维护强大关系网络的能力，因此企业必须通过社交媒体、在线社区和其他数字平台与客户建立直接联系，并在这些平台上与他们进行有效互动。

在数字化时代，客户与物理世界、信息世界以及社交网络实现了全时、全地与全域的连接。因此，企业与客户的关系需要不断发展和深化。在制定策略时，企业应形成系统的内部规划并将其作为各项工作的起点。企业需要从连接目标、连接策略和连接点三个方面系统地实施构建数字营销关系的策略（见图 7－3）。

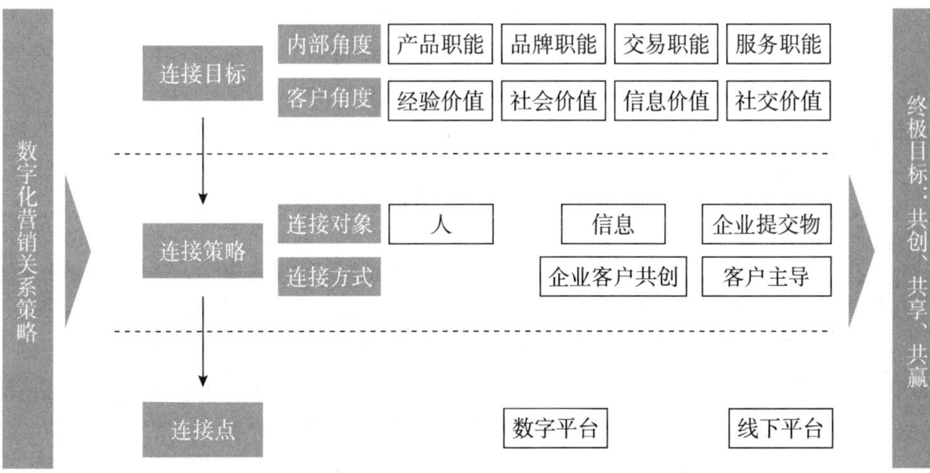


**图 7－3　数字化营销关系的构建策略框架**

企业构建数字化营销关系策略的第一步是明确关系的建立目的，即明确连接目标；第二步是根据连接对象与连接方式，结合目标实现的需要，设计连接策略；第三步，在完成策略规划后，企业需要根据不同连接对象的特点和需求以及连接方式（也称“关系的连接点”），充分利用移动互联网和线下平台实施策略规划。

### （二）数字化营销关系的构建目标

制定构建数字化营销关系策略的目的在于支持企业整体数字化营销战略，因此在企业营销战略中明确关系的作用至关重要。企业在制定关系策略时，应根据自身特点、行业属性及竞争需求，制定务实且适合自身状况的策略。

从企业内部角度而言，数字化营销关系构建策略的连接目标涉及以下四个方面：

第一，产品职能。产品职能指的是企业通过构建数字化营销关系来实现产品研发方面的目标，包括产品概念的挖掘、产品原型的设计和定型等，这些工作原本主要在企业内部完成。以产品覆盖为目的的连接能够更好地为客户提供经济价值，并增强客户的参与感和自我实现感。不同产品的复杂程度不同，对其他相关参与方来说有不同的门槛。如何利用金融产品作为切入点来建立关系，成为金融企业在数字化时代市场竞争中面临的一个重要挑战。招商银行在推出其移动支付产品“掌上生活”时，最初仅邀请了一小部分高端客户参与内测。当时，移动支付市场竞争激烈，而招商银行的这一新产品尚未被广泛认知，也未进行大规模的市场推广。这使得最初的内测客户成为招商银行最宝贵的种子客户，招商银行将其称为“尊享体验官”。随着“掌上生活”的功能不断优化，客户群从最初的几百人增长到数百万人，这些人构成了招商银行后来称为“掌上生活家”的忠实客户群。他们不仅成为该产品的长期客户，还通过口碑推荐吸引了更多新客户。

第二，品牌职能。品牌职能是指以公司或产品品牌为主要运作平台的市场活动。其成功的逻辑在于通过影响和塑造品牌受众的认知和感知，赢得品牌受众在行为和商业层面的支持。品牌职能在实践中通常包括以下典型目标：（1）提升公司或产品品牌在业务区域的知名度、认知度和好感度，为企业营造良好的社会氛围，并获得合作伙伴的支持。（2）提高企业在潜在客户群中的品牌知名度和认知度，并通过影响他们的认知和偏好，提高潜在客户的交易转化率。（3）提高品牌在现有客户中的活跃度，持续维护和巩固与现有客户的关系，确保已有客户的未来购买需求。（4）提高企业在行业人才网络中的知名度和美誉度，为企业持续的人才需求建立良好的雇主形象。

第三，交易职能。交易职能是在关系互动中促使客户达成交易以及让关系持续发展的必备经济基础，也是每一家企业永续发展的基本要求。在数字化时代，这一职能的实现可以完全通过电子商务等在线方式进行，也可以通过“线上到线下”（Online to Offline，O2O）的方式实现。交易职能的发挥需要在品牌、产品与服务职能得到充分发挥的基础上，以更加自然、顺畅和持续的方式实现。例如，华泰证券的涨乐财富通 App，客户下载并注册后可以开通股票交易账户，华泰证券通过 App 提供实时的市场动态、投资策略和财经资讯，同时具有智能选股、一键打新等便捷功能。这不仅提升了客户的交易体验，还促进了客户的多次交易和资产增长，进而提高了客户满意度和证券公司的市场份额。

第四，服务职能。服务职能是指企业通过关系活动来实现与服务提供及改进相关的目标。在关系的建立和互动中，企业提供的相关服务及增值服务，在实践中可以由企业主导实施，也可以由客户自发或利用专家资源来实施。移动互联网极大地便利了群体协作，服务已经成为互动的重要内涵，也成为客户能够在关系互动中获得的重要价值。例如，嘉信理财（Charles Schwab）是一家领先的金融服务公司，其主要业务是提供投资咨询、交易执行和相关财务规划服务。为了帮助客户解决在使用其投资平台过程中遇到的问题，嘉信理财建立了“嘉信理财客户服务中心”，由公司的专业投资顾问或资深用户提供咨询服务并解答客户提出的问题。此外，嘉信理财还提供在线教育视频、市场分析报告和投资策略研讨会，以提升客户的投资知识和管理技能。

从客户角度而言，建立、参与和维护关系的目的包含了对以下四种价值的广泛追求。目标客户对于不同价值的需求偏好，以及企业自身产品和服务的特性，决定了企业更适合满足目标客户的哪些价值需求。

第一，经济价值。企业必须能够为客户创造令客户满意的经济价值。在市场竞争中，经济价值体现为更好的产品使用体验、更具性价比的产品、更周到的服务，以减少客户使用产品和服务的维护成本、时间成本、风险成本等；经济价值在市场竞争中具有基础属性，是企业参与市场竞争需要满足的基本要求。

第二，社会价值。移动互联网的发展在技术上为大规模协作提供了支持，也创造了人与人之间建立直接联系的新范式——“自组织”形式。在共同目标和相似价值观的指引下，人与人之间的直接联系构成了社群，社群能够通过整合各种资源来实现具有更大社会影响力的目标。

在创建关系的社会价值时，企业需要关注以下两点：一是宏观思维与微观洞察相结合。“思大”即宏观思维，要求企业跳出单纯的商业视野，从更宏观的角度（如社会道德、社会价值创造）规划企业和品牌的社会价值。“虑小”即微观洞察，要求企业认识到客户是具有个性化需求的独特个体，要从独立个体的角度出发，关注客户的需求，注重细节，体现平等、尊重和人文关怀。二是注重企业业务、产品和社会价值实现的协同。以企业为主的社会价值活动（包括企业开展的履行社会责任的活动、慈善赞助活动等）需要与企业自身的业务能力、产品和服务紧密结合，才能够使企业与创造的社会价值之间建立明确的关联。

第三，信息价值。信息价值对于客户参与金融市场活动至关重要，这不仅涉及客户与金融机构的关系，也包括客户与更广泛的投资社群的关系。信息价值体现在投资者能够从所处的金融网络中持续获取符合自身投资需求的专业信息，以及及时获取影响投资决策的市场动态信息。例如，雪球是一个基于数据挖掘的金融信息和投资社交平台，其品牌定位是“聪明的投资者都在这里”。雪球针对投资者的个性特点和投资偏好有针对性地推荐有价值的、个性化的、相关的财经信息和投资策略，而不像传统的财经媒体那样无差别地将所有信息推送给所有用户。在雪球平台上，投资者可以根据自己的兴趣和投资目标，选择关注不同的股票、基金、加密货币等金融产品，以及专业投资者和投资机构。雪球通过算法分析用户的浏览和互动行为，精准推送市场分析、公司财报、专家观点等信息，帮助投资者做出更加明智的投资决策。此外，雪球社区还提供了投资者之间交流和分享经验的空间，增加了信息的多样性和互动性。

第四，社交价值。社交价值在于用户寻找同类，获得社群成员的支持、认同、互助和赞许，建立身份、兴趣和精神上的归属感和认同感。在金融关系建立中，社交价值是关系建立和维护的重要黏合剂，也是建立更深入关系的基础。例如，富达投资（Fidelity Investments）通过其在线投资社区和论坛，将业务经营的重点从单纯的投资产品逐步转移到社群建设上来。富达投资在全球范围内建立了投资者社区，汇集了具有不同背景和不同经验、水平的投资者，便于他们分享投资经验、市场见解和理财策略。社区定期组织线上或线下的投资研讨会、教育讲座和社交活动，提供专属的资源、市场分析报告和投资工具。社区成员在这个平台上分享对投资的热爱、交流投资心得，并结识具有相同投资兴趣的朋友，极大地提高了投资者对富达投资的忠诚度和活跃度。

在全面审视内部和外部目标之后，企业需要对上述内容进行详尽记录和深入考量，然后从众多目标中做出选择，确定长期和中短期目标，并明确各目标的优先级顺序。在明确了关系策略的目标之后，下一步就是构建营销关系连接了。

## 第二节　金融客户关系构建

### 一、构建关系连接

连接创造关系，连接实现价值；关系定义连接，关系成就未来。构建关系连接的终极目标就是企业与客户及其他价值生态成员共同创造价值，共享价值，实现各自独立状态下无法实现的更高目标。企业构建关系连接的过程可以分为四个主要的步骤，即打造关系连接平台、与客户建立连接、与平行企业建立连接、强化企业内部连接。

#### （一）打造关系连接平台

企业需要思考其是否有能力创造一个关系连接平台，通过这个平台，实现与消费者及本企业所在领域价值链中的其他利益相关者之间的连接。例如，中国平安保险集团（简称“平安保险”）很早就认识到，其不仅要提供保险产品，还要提供综合的金融服务。因此，平安保险开发了“平安金管家”这个一站式金融服务平台。该平台以平安保险为核心，整合了保险、银行、投资和贷款等金融服务，以及健康管理、汽车服务和生活缴费等生活服务，形成了一个全面的服务生态系统。该系统为客户提供了便捷的金融服务和生活服务，极大地提升了客户满意度和忠诚度，增加了平安保险的市场份额，并维护了平台的稳定性，促使服务提供方更积极地提供和创新服务，推动了平台的持续发展。

#### （二）与客户建立连接

企业需要通过信息、产品及服务与客户建立全面的连接。在营销学中，营销人员需要考虑以下五个层次的产品概念：一是“核心产品”，即客户真正的服务或利益需求；二是“基本产品”，即基于核心产品转化的一般产品；三是“期望产品”，即客户在购买该产品时期望获得的一系列特性和条件；四是“附加产品”，即产品超出客户期望的部分；五是“潜在产品”，即产品未来可能增加或者转变的利益。在连接背景下，企业需要提供有价值的信息，与客户建立全面的连接。信息作为内容，是客户与企业连接的重要原因和利益内涵，同时也是企业为客户提供的无形价值，是另一种产品。

### （三）与平行企业建立连接

在金融科技时代，金融机构与消费者的互动日益紧密，同时机构间也更倾向于建立合作关系。特别是那些共享客户资源的不同金融机构，能够实现跨领域无缝合作。如今，竞争不再是单一机构间的对抗，而是转变为不同金融生态系统内的相互依赖与合作。拥有生态系统的金融机构更容易取得优势。

以招商银行与京东金融的合作为例，双方联合推出了“招财金”服务。该服务通过整合京东用户的购物数据和招商银行的信用评估系统，为用户提供个性化的金融产品与服务。用户可以在京东平台直接申请招商银行信用卡，并获得相应的符合其购物习惯的信用额度和优惠，这不仅提升了用户的购物体验，而且增加了用户对金融服务的使用频率。另一个例子是蚂蚁金服与天弘基金合作推出的余额宝。蚂蚁金服依托支付宝广泛的用户群体，与天弘基金合作推出了余额宝服务，该服务允许用户将支付宝账户中的闲置资金转入余额宝，享受货币市场基金的潜在收益，同时保持资金的流动性。余额宝在支付宝生态系统内实现用户资金循环，将支付工具转变为理财工具，这种跨界合作使得余额宝快速发展，成为金融市场上广受欢迎的金融产品。

### （四）强化企业内部连接

金融机构内部的“连接”可以显著提升其生产力。一方面，通过调整组织架构和营造协作的文化氛围，可以促进部门间的有效沟通；另一方面，利用信息技术手段可以激发企业原有设备资产的连接潜力。例如，某大型保险公司通过升级其内部信息技术系统，实现了自动化的理赔流程。客户提交理赔申请后，系统会自动将案件分配给相应的理赔专员并实时监控理赔进度，确保流程的透明度和效率。此外，通过大数据分析，保险公司能够预测理赔趋势，提前调配资源，从而提高响应速度。另一实例是一家投资银行通过内部连接技术优化了交易流程。交易员、风险管理师和运营人员可以利用集成平台实时共享交易信息和市场数据。这不仅加快了交易执行的速度，还提升了风险控制的精确度。该平台通过算法自动匹配交易指令和最优执行价格，减少了人为操作的错误，降低了成本。

金融机构还广泛使用协同工具如飞书、企业微信、钉钉等，以促进员工之间的沟通与协作。这些工具支持即时消息传递、文件共享、视频会议和任务管理等功能，使团队成员即使远程工作也能保持紧密联系，有效协同完成复杂的金融项目。

## 二、构建社群

金融数字化营销中的构建社群是指，金融机构利用数字化手段聚集具有共同金融需求、兴趣或价值观的客户，使其形成固定社群，并对其进行有效管理和运营。社群可以在线上或线下运营，并通过社交媒体、论坛、俱乐部等多种形式呈现。

构建社群的意义在于帮助金融机构更好地了解客户需求，增强客户黏性，提升客户满意度和忠诚度。通过社群，金融机构能与客户进行更直接、更深入的交流与互动，及时收集客户的反馈和意见，进而优化产品和服务。社群也是金融机构展示品牌形象的重要平台，有助于提升品牌价值和增强影响力。

### （一）企业社群定位

在数字化时代，金融机构品牌社群的建设和维护对于企业来说，是客户关系管理的关键组成部分，也是企业持续发展的重要推动力。金融机构的品牌社群通过社交平台聚集关注品牌核心价值或共享价值观的客户，将现有客户、潜在客户与企业紧密连接。社群可以依托微博、微信、专业金融 App、在线金融论坛、网络研讨会等平台运作，但其目标与一般社交型社群有所不同。金融机构品牌社群需要始终围绕金融机构的经营目的展开，而社交型社群则更注重社群内部的互动和规模。

在金融机构的品牌社群中，信息内容应具有实际的客户价值，满足消费者在金融、投资、理财等方面的个人需求。金融机构需要提供专业、实用的金融信息来解决客户的实际问题，但这并不是金融机构品牌社群运营的唯一目标。企业还需将这些信息与自身的专业服务和金融产品相结合，同时注重信息使用者与创造者的互动。

在这个过程中，消费者不仅是信息的接收者，也是信息的创造者和传播者。金融机构则扮演着信息推动者和协助者的角色，促进信息的创造和分享。消费者在分享信息和实现自我价值的过程中，加强了与金融机构品牌社群的联系，而消费者生成内容的过程本身也是加强金融机构品牌社群凝聚力的重要方式。例如，招商银行通过其微博账号发布金融知识、产品信息和市场动态，同时与客户进行互动，解答客户问题，提高了品牌的亲和力和客户忠诚度。蚂蚁金服通过支付宝 App 内置的“生活圈”功能，建立了一个以金融服务为核心的社交网络，用户可以在生活圈中分享理财经验、交流基金投资心得，同时蚂蚁金服也会推送金融知识教育内容，提高用户的金融素养。

### （二）构建品牌社群

品牌社群是指基于客户对企业或品牌的功能、价值和文化价值的深度认同而自然形成的社交集群。这些品牌社群通过个人或集体的协作，致力于提高企业的运营效率和促进个体的价值实现。它是传统客户关系在数字时代和移动互联网背景下的延伸与发展。在构建品牌社群时，企业需遵循以下关键步骤：

首先，进行内部准备，审视现有的客户组织形态，包括其参与度和排他性。品牌社群往往起始于围绕产品成立的爱好者俱乐部，旨在吸引潜在客户；随着社群的成熟，部分品牌社群可能会对成员进行资格限制，如限制现有成员推荐或通过年度新成员的数量。企业还应评估现有客户关系管理活动的效果，关注销售额、客户活跃度和客户钱包份额等指标。在数字经济时代，企业还应监测品牌社群的规模、信息传播量和访问量等指标，并准备相应的组织资源和人才。

其次，明确规划品牌社群的核心议题，包括客户与企业的关系分析、品牌定位和社群活动策划。品牌社群应与企业的整体定位保持一致，利用数字时代的品牌社群在消费者心目中构建更加鲜明的品牌形象。

再次，积极招募品牌社群成员。招募的成员应既包括线上平台的关注者，也包括线下活动吸引的关注者。企业应鼓励在社交网络上活跃且忠诚度高的员工利用其专业知识和声望吸引潜在成员；同时，优化搜索引擎以提高关键词搜索的相关性，利用社交网络推荐、在线广告及时转化关注者，以及谨慎使用弹窗广告等方式，都能有效地将潜在成员转化为品牌社群的实际成员。此外，企业还可以通过参加展会、传统广告、公关活动、零售曝光和线下推荐等手段招募社群成员。

最后，品牌社群的活动组织与激励机制是社群管理的核心。品牌社群的吸引力通常体现在品牌、关系、小团体和偶像等多个层面。品牌吸引力有助于建立初步的品牌社群，但品牌社群活动的持续吸引力需要满足成员的需求，否则成员可能会流失。企业应及时发现并支持潜在的社群偶像，同时警惕社群偶像可能对社群造成的负面影响。

### （三）打造个人品牌

在数字经济时代，金融机构的客户越来越追求情感价值和个性化体验。客户不仅期待购买产品或服务，更希望在消费过程中获得情感上的满足、社会价值、尊重、认同感和存在感等附加价值。例如，客户在选择银行产品或服务时，不仅会关注产品本身的性能，更期待获得优质的服务、意外的惊喜或满足特定需求，从而获得愉悦的消费体验。这有助于客户对产品或服务及其提供机构产生依恋和信任。

随着金融科技的快速发展，金融产品变得更加多样化和个性化。客户面对海量的金融产品信息，越来越依赖理财顾问的专业建议。理财顾问的个人品牌成为赢得客户信任的关键因素。在金融行业一线，金融从业者不仅需要掌握金融产品知识，还需要通过微信、微博、视频号等平台与客户建立联系，提供个性化服务，从而提高产品或服务销量。

金融机构员工的数字化能力是传统金融机构数字化转型的重要组成部分。通过有效利用数字化工具，传统金融机构可以充分发挥自身优势，甚至在某些方面超越新兴的科技金融机构。尽管如此，许多金融从业者仍然依赖传统的营销方式，如电话、短信和面对面沟通等，未能充分认识到建立个人品牌的重要性。实际上，个人品牌的建立需要时间和持续的努力，但一旦建立起强大的个人品牌，金融从业者就能获得更多的职业机会和竞争优势。

为了建立个人品牌，金融从业者可以采取以下两个关键策略：第一，建设自己的内容平台。每位金融从业者都可以成为传递专业知识和投资信息的渠道。仅仅在朋友圈转发同质化的财经资讯是不够的。如何为客户提供独家、最新的资讯、产品及专家点评，如何设置专享直播间，让投资名人与客户互动，将财经知识和短视频整合到自己的内容平台中，是不断进阶的关键。第二，运用传播工具。专业内容的输出需要形式与实质并重，而不仅仅是追求传播量。金融从业者应学会使用各种专业传播工具，如 PPT、H5、15 秒小视频、5 分钟专业短视频等。这些工具不仅有助于引导客户树立正确的投资观念，还可以为双方深入沟通搭建桥梁，进而进入更深入的营销服务阶段。

## 三、构建社会化客户关系管理平台

### （一）定义特性与功能模块

构建社会化客户关系管理（Social Customer Relationship Management，SCRM）也是“建立持续关系的基础”的重要环节。社会化客户关系管理，即基于社交网络平台进行的客户关系管理，但不应简单理解为社交平台上的客户关系管理。在数字营销的大背景下，社交媒体平台成为重要的沟通渠道，企业容易接受以下观点：营销活动需要依托社交平台进行创新。社会化客户关系管理自然也要符合这一趋势。然而，许多企业容易陷入误区，误以为将传统方法应用到社交平台上就能成功。这种做法在其他营销工作，如目标明确的传播工作或营销活动中，或许能取得一定的效果，但在客户关系管理中可能收效甚微。这主要是因为社交平台上的客户关系管理实践具有一些新的特性：实现一对一营销；数据构成更广泛，涵盖私有数据和公共数据；客户行为更加数字化和透明化；拥有完整的客户生命周期；可以基于社交平台实现更便利的客户接入。

总之，在数字化时代背景下，社会化客户关系管理在更广阔的领域内取得了更完美的效果，同时帮助企业的社交媒体战略找到了更明确的目标，即基于品牌忠诚的持续客户关系和交易。

一般来讲，企业构建社会化客户关系管理体系主要围绕以下四个模块进行：

第一个模块是营销模块。营销模块是社交媒体营销的核心，涵盖了数字营销材料、销售接口等多个方面。通过提供与社交平台特性相匹配的数字营销材料，企业能更高效地吸引潜在客户，减少传统渠道的低效跳转环节。营销活动管理通过社交媒体平台策划和推广活动，旨在增加活动的潜在参与人数，并在活动开展期间及之后扩大影响范围。舆情监测工具通过企业账户或关键词搜索收集社交媒体信息，通过归类和分析，更新用户、销售和服务数据，同时获取客户评价和品牌对比观点。建立从社交平台导入销售体系的接口至关重要，这能够将粉丝转化为客户，将流量转化为实际交易。

第二个模块是内容模块。它在社交媒体营销中扮演着核心角色，包括多账户管理、内容营销和关键意见领袖的培养等。企业应明确目标社交平台，并深入了解各平台特性及其用户偏好。通过多账户管理，企业可确定适合各平台的内容，并塑造统一形象。在内容营销方面，企业需确保内容以客户为导向。社交媒体平台具有强大的传播力和营销属性，病毒性传播效果佳。但客户关注和转发并不等同于达成实际交易，因此企业需关注销售转化等实际指标。关键意见领袖在内容模块中发挥重要作用，企业需识别或培养与自身相关、能对接目标客户的关键意见领袖，并与之维持良好的合作关系，从而更有效地扩大品牌影响力，增进与目标客户的联系。

第三个模块是用户模块。它在社会化客户关系管理中起着关键作用。与传统的用户数据相比，社交数据更为丰富，因此用户账户管理需要具备更多维度，应包括积分体系、分组和标签等功能，以维持客户活跃度，实现多平台统一；通过社交数据开发出一套体系化的客户挖掘系统，将社交平台转变为能够持续发现商机的销售渠道。客户分类管理也是关键，企业需通过社交平台和奖励方式区分普通用户与促成实际交易的销售客户，并将销售客户进一步细分为不同类型的销售客户，为其设置相应的激励政策。在数字化时代，企业需关注客户在社交网络上的不满表达，通过服务接口迅速介入，将有不满的客户引导至正常的售后服务管理流程中，以应对不可控的传播风险。

第四个模块是数据模块。数据模块包括知识库管理、智能问答系统、数据仪表盘和数据分析。企业可以通过关键词抓取、在线服务等方式迅速积累服务案例，以此为基础快速高效地搭建知识库。同时，企业也可利用智能应答系统（如服务机器人）有效解决用户的基础或标准化问题，以有效降低服务中心的负荷。数据模块还包括数据仪表盘，社交平台非常适合用来收集营销数据，从多个维度展现企业的营销工作表现。数据分析也是数据模块的重要组成部分，构建社会化客户关系管理体系需要企业具有一定的数据分析能力，能够利用自动化工具将非结构化的社交数据转化为结构化格式，以便于分析和应用。

### （二）搭建数据营销平台

在数字化时代，金融机构特别注重线上获客、活跃客户和提升客户价值。为提升线上营销服务的管理效率，各金融机构纷纷搭建了智能数据营销平台。由于各金融机构的发展阶段、技术水平和开发目标不同，因此其所搭建的营销平台各有特色，但大致都包括智慧网点互动营销体系和线上营销体系等模块。智慧网点互动营销体系整合了多媒体信息发布、理财营销、智能自助终端，以及智能茶几、互动桌面、广告大屏、移动平板等设备，可以利用人脸识别和语音识别技术自动识别客户、主动推送产品、呼叫理财经理，并采集客户行为信息，提升 VIP 客户的服务体验，实现产品信息的精准推送。线上营销体系则可以利用微信、网上营业厅（如手机银行、网上银行、券商 App）等，向重点客户推送理财产品，分享理财知识、财经资讯、非金融活动等。企业可以通过分析客户的浏览和转发行为收集客户偏好数据，绘制客户画像，提供强有力的营销支持，构建线上线下融合的立体营销模式。

金融机构数据营销平台的另一发展趋势是构建自有场景以开放获客，以 App 为主要获客渠道，打造多样化的非金融场景。金融服务本身使用频率较低，但引入相关场景，可以将金融服务融入日常生活中的高频活动，利用各类生活场景吸引个人，让他们先体验服务并成为“用户”，然后逐步转化为“客户”。

#### 1. 数据分析与挖掘

开展金融产品数字化营销，需要在活动结束后开展多维度的数据分析，全面评估活动效果，并在此基础上对营销方案进行优化和调整，形成良性循环。因此，有必要了解互联网电商公司的数据评价体系。总体来说，可以将数据分为三类：用户数据、行为数据、业务数据（见表 7－1）。

**表 7－1　数据的类型**

| 用户数据 | | 行为数据 | | 业务数据 | |
|---|---|---|---|---|---|
| 描述维度 | 衡量指标 | 描述维度 | 衡量指标 | 描述维度 | 衡量指标 |
| 存量 | DAU/MAU | 频率 | PV/UV | 总量 | GMV |
| 增量 | 新增用户 | 路径 | 转化率 | 人均 | ARPU |
| 健康程度 | 留存率 | 时长 | 驻留时间 | 人数 | 付费人数 |

数据挖掘，也称为数据库中的知识发现（Knowledge Discovery in Database，KDD），是一个从大量数据中发现未知的、有价值的模式或规律等知识的过程。广义的数据挖掘涵盖了知识发现的整个流程；狭义的数据挖掘则专指运用统计分析、机器学习等技术来识别数据模式的智能方法，侧重于模型和算法的开发与应用。算法和数据同等重要：若样本量不足，那么即便是最先进的算法也难以发挥作用；如果数据充足，那么利用决策树、神经网络等算法可以揭示数据内部及其之间的潜在关联。

#### 2. 客户标签体系

客户认知（Know Your Customer，KYC）是基于大数据和 AI 等新技术的流程化分析过程，旨在提升对客户的了解。首先，企业应通过数据收集、行为建模、数据输出和标签管理，建立客户标签体系，以识别目标客户。其次，企业应通过高效采集、计算和分析手机端、PC端、社交媒体、线下网点等全渠道交互数据，揭示客户特征，绘制客户数字画像，综合分析标签和客户特征，洞察客户需求，实现对客户的有效分层和归类。企业的最终目标是通过提供金融及非金融服务，促进客户的价值认同。

在标签采集方法上，金融机构需整合内部分散的客户信息，并结合工商、司法、税务、征信、教育等外部数据，构建多维度标签。标签主要包括：客户基本特征，涵盖基本信息、所属行业、资质等身份特质；客户关联信息，考察客户关联关系的复杂性和多样性；客户履约能力，评估客户履行合同的实际能力、支付能力；客户行为偏好，分析消费、交易、投资及公共行为中的规律和习惯；客户信用历史，通过征信、行政及司法部门的评价，了解客户的历史信用状况。

客户的标签体系主要包括基础标签、潜力标签和行为标签等，各标签及相应的举例如表7-2所示。

**表7-2 客户标签体系及相应的标签举例**

| 客户标签体系 | 标签举例 |
|---|---|
| 基础标签 | 亲子、健身、养生、商旅、高潜力、有车族、企业主等 |
| 潜力标签 | 他行贵宾、保险高响应、金融资产高潜力、流失预警等 |
| 行为标签 | “Z世代”、“咖啡一族”、美容达人、收藏爱好者等 |

### 3. 客户生命周期管理

客户生命周期管理是一个动态过程，主要建立在时间维度上，企业必须对客户群当前价值及其变化进行合理判断和预测，进而制定相应的产品和服务策略。根据客户群服务期限和业务量变化，可将客户生命周期分为五个阶段：客户获取阶段（引入期）、客户提升阶段（成长期）、客户成熟阶段（成熟期）、客户衰退阶段（休眠期）和客户流失阶段（流失期）。成功的客户生命周期管理应以最小的投资成本吸引最多的客户，提升客户价值，延长成熟期，推迟衰退期，并减少高价值客户流失。

引入期的营销目标是吸引并留住客户。在金融业，这一阶段的“获客”不仅关乎企业短期的利润增长，更是企业长期发展“开源”的关键。通过精准的市场定位、创新的金融产品和优质的服务体验，金融机构能够建立起强大的客户基础，这为企业未来的成长提供了坚实的基础。持续吸引新客户，不仅能够增加交易量和市场份额，还能通过口碑效应吸引更多的潜在客户，从而形成良性循环。

成长期的营销目标是提高客户活跃度，让客户熟悉产品功能和使用场景。以基金产品购买为例，金融机构可以采用首次购买奖励、发放体验券等手段，拓宽用户的产品应用场景，使用户从购买产品中获得投资回报和良好体验，进而促进用户再次购买并成为成熟用户。

成熟期的营销目标是促进用户从活跃用户转化为忠诚用户和高价值用户，挖掘超级用户的转介潜力。用户在同一平台上持有的产品越多，流失的可能性就越低，因为转化平台的成本会随着产品绑定数量的增加而快速上升。金融机构高度重视交叉销售，将其作为营销策略实施过程中的关键环节，例如，向贷款客户推广保险产品，或向理财客户推荐信用卡，是促进用户转化的有效手段。此外，识别并利用用户中的意见领袖，鼓励其通过微信、抖音等社交媒体平台为金融机构进行宣传和代言，这种做法在吸引新客户方面的重要性正日益上升。

休眠期和流失期的营销目标是激活休眠用户、挽回流失用户。无论大型还是中小型商业银行，都面临着优质客户流失的挑战。优质客户流失的原因复杂，包括同业竞争、客户资产转移，以及银行内部服务能力不足、维护不到位等。对于休眠期和流失期的用户，企业需要建立预警机制，分析流失原因，并采取激励措施以挽留或召回用户。

## 第三节　金融数字化营销关系的常用触达工具

### 一、数字化触达概述

数字化信息的触达（Reach），即覆盖与到达，是指利用一系列数字化工具和方法接触客户及潜在客户。触达最初应用于数字营销的早期形式——在线广告，是企业接触目标客户群的工具。如今，数字化营销的手段和方式已大大丰富，不仅限于通过广告实现订单转化。几乎所有的数字化营销活动都包含触达客户的过程。在数字化时代，互联网的快速发展推动信息传播向更大规模演进。

数字化触达具有以下特点：（1）快速到达。在数字化时代，信息的传播速度是空前的，使用智能手机和互联网的数字化用户对此有深刻体会，如微博热搜、视频广告插播、“双十一”促销短信等的传播速度就非常快。（2）具有受众主导性。在传统传播中，信息的传递和接收是单向的，受众处于被动接收信息的状态。然而，数字信息传播允许信息迅速触达特定受众群体，受众可以根据自己的喜好主动传递信息，类似于口碑营销，但借助的是速度更快、影响更广的数字化平台。最关键的是，企业无法完全控制这一过程，包括受众的分享行为、分享内容和分享时间。（3）具有多向互动性。在传统传播中，信息发出者难以全面、深入地了解信息接收者的看法。在数字化时代，信息接收者获得了发声能力，信息传播活动不再是单向的，而是转变为“企业—用户”“用户—企业”“用户—用户”之间的多向互动。（4）具有超文本特性。尽管传统的信息传播有多种形式，但仍以文本传播为主体。而数字化传播通过图像、视频、AR、AI 等更为丰富的方式组织信息，让信息接收者获得更加丰富、更易理解、体验更佳的信息。

### 二、数字化触达的常用工具介绍

#### （一）社交媒体营销

社交媒体是一种互联网应用，它允许用户创建、分享、交流和评论内容，这些内容可以通过文本、图片、音乐和视频等多种形式传播。它为用户提供了一个平台，用户可以在平台上构建个人或群体的网络，分享信息，以及与他人互动。社交媒体赋予了用户更多的选择权，允许用户自行组织成为特定的群体。

从社交媒体的定义中可以看到，其本质特点以及与传统大众媒体的主要区别在于：用户生成内容（User Generated Content，UGC）和其社交属性。在互联网出现之前，用户之间的连接与互动就已经存在，但在移动互联网的推动下，社交媒体的内容传播具备了实现“病毒式传播”的可能性。无论是通过微博转发还是朋友圈分享，信息都能够得到迅速传播。从早期的博客、论坛，到微博，再到现在的微信社群，社交平台的不断发展正在改变人类获取和传播信息的方式。

随着数字化营销的不断演进，金融机构越来越多地采用社交媒体平台来发布促销信息宣传产品和推广品牌。以下是国内金融机构常用的社交媒体营销策略。

**1. 微信营销**

微信公众号和小程序为金融机构提供了与用户建立深度连接的机会。例如，招商银行通过微信公众号提供信用卡申请、账单查询等服务，并通过小程序推出各种优惠活动，如“周三理财日”，以吸引用户参与。

**2. 短视频营销**

随着短视频平台，如抖音和快手等的兴起，金融机构也开始利用这些平台进行营销。例如，中国建设银行在抖音上发布了一系列介绍金融知识的短视频，以轻松幽默的方式普及金融概念，同时通过直播带货的方式推广金融产品。

**3. 直播营销**

金融机构可以通过直播平台举办线上研讨会、产品发布会和理财讲座，与用户实时互动。例如，平安保险通过直播平台举办了多场关于家庭理财和保险规划的线上讲座，吸引了大量用户观看和参与。

**4. 微博营销**

微博依然是一个重要的社交媒体平台，金融机构通过发布行业动态、金融知识和互动话题来吸引用户关注。例如，中国工商银行在微博上定期发布金融安全知识，并通过“金融小知识”等话题标签鼓励用户参与讨论，提高公众的金融安全意识。

**5. 社群营销**

金融机构通过建立微信群、QQ群等社群，为用户提供专属服务和交流平台。例如，中信银行建立了多个以金融产品为主题的社群，邀请金融专家定期在群内解答用户疑问，提供个性化的金融咨询。

### （二）智能推荐

智能推荐系统作为人与信息之间的桥梁，利用现有数据预测未来用户与物品间可能形成的连接。数字化的网络世界主要包含两类节点：人和非人实体。随着万物互联趋势的推进，人与人之间的社会联系催生了社交产品；人与商品之间的消费联系催生了电子商务；人与资讯之间的阅读联系催生了信息流服务。

个性化推荐系统依据用户的兴趣和行为特征，向用户推荐适合的信息或商品，帮助用户在信息过载的环境中快速发现其真正需要的内容。这不仅提高了用户黏性，还促进了信息传播和商品销售。商业智能平台的推荐系统基于海量数据分析，依据热点信息或商品以及用户信息，包括性别、年龄、职业、收入、城市、历史浏览和购买行为、社交关系等个人信息，可以绘制全面的用户数字画像，从而实现精准推荐，有效提升点击率和购买率。智能推荐的流程详见表7-3。

表 7-3　智能推荐的流程

| 步骤 | 描述 |
|---|---|
| 1. 形成用户数据库 | （1）合理规划数据库的数据分类记录集合，根据用户的历史行为数据进行推荐<br>（2）根据用户特征，向该类用户推荐其可能偏好的产品或服务 |
| 2. 获取用户历史行为信息 | （1）获取用户信息，包括用户注册数据（更准确的属性数据）、用户描述数据、Cookie（储存在用户本地终端上的数据）。<br>（2）用户行为访问记录，即用户使用数据 |
| 3. 匹配相应的推荐算法 | 根据不同的需求与应用，匹配基于本公司业务和用户特征的"定制化算法"①，而在数字时代，这是各大公司的核心竞争力所在 |

### （三）数字化广告

数字化广告是通过数字化媒体传播信息的一种方式。在传统营销中，广告是一种极为重要的传播手段，具有悠久的历史。在数字化时代，广告仍然占据着核心地位，成为触达用户的主要手段之一。

与传统广告相比，数字化广告的特点包括：（1）形式多样。其形式的多样性远超传统广告。（2）全程性。数字化广告要求关注从策划到投放再到效果评估的全过程，而传统广告更多关注前期规划与购买。（3）具有成本效益。数字化广告的投放成本相对较低，更多企业承担得起。（4）面临监管挑战。数字化广告的低成本和易接入性要求有更严格的监管措施来防止虚假信息的传播。

数字化广告的发展可分为三个阶段：

第一阶段是网站购买时代。在互联网发展初期，国内用户主要浏览自己感兴趣的网站，尤其是门户网站。这使得门户网站的广告位价值极高。此时，广告主购买各网站的广告位，各网站根据日均流量收费。但这种方式无法细分访客，仍以大众为主要传播对象。

第二阶段是搜索购买时代。谷歌和百度成为用户首选的搜索引擎。用户通过关键词搜索获取信息，广告主据此投放广告，实现客户细分，并购买搜索引擎的页面广告位。

第三阶段是用户购买时代。互联网内容和形式的多样化，以及个性化、碎片化的用户体验，使得用户行为更加清晰，广告主能更精准地把握用户需求。利用 Cookie、软件开发工具包（Software Development Kit，SDK）、深度分销等工具，广告主能更精准地触达目标用户，提高广告投放的精准性和效率。

为更精确地触达潜在消费者，广告主需明确界定目标客户。可以通过人口属性、消费者行为数据、网页内容定向、关键词搜索数据、社交媒体定向以及企业对企业（Business

---

① 定制化算法主要有以下三种：一是基于内容的推荐（Content-based Recommendation）。它是信息过滤技术的延续与发展，是在项目的内容信息的基础上做出推荐，不需要依据用户对项目的评价意见，而更多地需要用机器学习的方法从关于内容的特征描述的事例中得到关于用户兴趣的资料。二是基于协同过滤的推荐（Collaborative Filtering Recommendation）。它是推荐系统中应用最早、最为成功的技术之一。它一般采用最近邻居用户技术，利用用户的历史喜好信息计算用户之间的距离，然后利用目标用户的最近邻居用户对商品评价的加权评价值来预测目标用户对特定商品的喜好程度，从而根据这一喜好程度来对目标用户进行推荐。三是基于关联规则的推荐（Association Rule-based Recommendation）。它是以关联规则为基础，把已购商品作为规则头，把推荐对象作为规则体。由于利用基于关联规则的推荐可以发现不同商品在销售过程中的相关性，因此这种定制化算法已经成功地在零售业中得到了应用。

to Business，B2B）营销中的专业角度定向等方法实现对目标客户的界定。B2B营销在隐私保护方面引发了争议。综合运用这些方法，广告主能更精确地定位目标客户群，从而提升营销效果。

数字化广告平台主要包括以下三个：

（1）需求方平台（Demand Side Platform，DSP）。需求方平台亦称买方平台，是针对广告主设计的在线广告投放管理平台。在互联网兴起之前，广告渠道无非指电视、户外、纸媒等，而在互联网时代，几乎所有有流量的地方都可以成为广告投放的场所。这对广告主来说是一个很大的挑战。例如，广告主若希望在一次投放中购买多个网站或者广告网络的资源，就需要熟悉各个平台的购买系统和操作规则。投放平台若过多，则不仅耗时低效，而且容易导致资源浪费。因此，DSP应运而生，它汇集了各种广告交易平台、广告网络、供应方平台等。广告主只需要在平台上设置自己的目标受众、创意、出价、预算等，DSP就可以利用技术和算法自动优化广告投放效果，并提供详细的数据报告。

（2）数据管理平台（Data Management Platform，DMP）。数据管理平台是把分散的多方数据进行整合并纳入统一的技术平台，然后对这些数据进行标准化和细分，让用户可以把这些细分数据推向现有的互动营销环境的平台。DMP的运作主要依托第三方Cookie数据。用户访问网站时，会生成一个ID，就是Cookie。DMP将Cookie作为用户的ID，记录下用户的历史浏览数据。DSP和DMP改变了广告主投放广告的思维，广告主从过去的找广告位置转变为现在的“找人”。

（3）客户数据平台（Customer Data Platform，CDP）。客户数据平台是一个收集和整合一系列线上和线下数据的营销平台。营销人员可以通过CDP查看详细的客户数据分析报告，创建客户档案、目标受众和客户视图，进行客户细分，然后将相关数据导出到其他系统来达到改进整体营销活动的目的。CDP的核心是从多个来源提取数据并进行数据清洗和筛选，分析生成关于消费者行为的报告，从而帮助营销人员有针对性地采取行动。CDP利用了日益发展的碎片化营销技术，通过数据驱动达到个性化营销的目的，提供了准确且全面的客户画像，用有意义的方式重新组织原始数据，帮助营销人员做出正确的决策。

### （四）内容营销

有“内容营销之父”之称的乔·普利兹（Joe Pulizzi）曾经多次给内容营销下过定义，其中简洁且接受度高的是：内容营销是创建和传递有价值、引人注目的内容，以吸引现有或潜在目标顾客的商业营销过程。其目的是：激励顾客采取能给企业带来利润的行动。与传统广告的“推”式思维不同，内容营销着重挖掘和生产真正吸引目标受众、对受众有价值并能使受众产生共鸣的信息，从而让人们主动追随和分享。有效的内容策略可以为用户提供真正的价值，使企业能有效地连接更多消费者，强化品牌资产，挖掘潜在的销售机会，帮助企业在行业中建立权威，占据领导地位。内容营销本质上是一种营销策略，重点在于吸引受众主动关注。

内容营销的要点如下：

第一，品牌价值清晰。品牌内容的生产并非随机的，而是深植于企业与品牌的核心价值之中。这有助于在目标受众中建立明确的品牌定位和认知。例如，招商银行通过宣传其金融科技服务，强调其“创新驱动，客户至上”的品牌理念，在消费者心中树立起专业可靠的金融品牌形象。

第二，圈层特征明显。品牌内容往往具有较强的专业性或特定领域的专属性，这种排他性有助于凸显目标受众的个人圈层特征，促使他们接受和分享内容，并实现内容在相关社群内的深度传播。例如，平安保险通过专属的 VIP 客户活动和在线社群交流，加强了品牌与客户之间的联系。

第三，内容可视化。随着信息量的激增，内容可视化变得尤为重要。科技发展使得信息传播从文字时代进入图片和视频时代，可视化内容对用户来说更加直观和友好。金融机构通过漫画、动画、照片和短视频等形式，使复杂的金融产品信息变得更加易于理解和有吸引力。例如，支付宝通过趣味横生的动画视频解释金融安全知识，提高了用户的接受度和参与度。中国工商银行利用 AR 技术，允许用户通过手机扫描人民币，观看生动的货币防伪知识介绍，这种创新的营销方式不仅提高了用户的参与感，也增强了品牌的科技感。

### （五）场景营销

场景营销是针对目标受众的需求，将品牌信息和营销内容融入特定场景，以达到更好的营销效果的策略。它强调将产品或服务与特定场景相结合，使其在目标受众的日常生活中自然展现，从而引发目标受众的兴趣和共鸣。在场景营销中，场景指的是目标受众的生活场景，可以是他们的日常生活、工作环境、特殊活动等。营销内容需要根据不同场景的特点进行定制，以确保内容与场景契合。

随着数字化时代的发展，金融业越来越重视数字化营销的重要性。金融数字化营销通过运用互联网、移动设备、社交媒体等数字化工具，将金融产品和服务推送给目标受众，以吸引潜在客户，提高业务转化率。在数字化营销中，场景选择与定位是一个至关重要的环节。

总体而言，场景营销作为一种新型的营销策略，正随着数字化时代社会和技术的发展而不断发展。通过将产品或服务与特定场景相结合，这种策略打破了传统广告的冷漠感，易引发受众的兴趣和共鸣，从而达到更好的营销效果。随着技术和市场的不断发展，场景营销将继续演变，为企业提供更多的机遇和挑战。企业和营销人员需要不断创新和改进，以把握这一新兴营销策略带来的机遇，实现营销的最终目标。

在金融数字化营销中，场景选择与定位需要有科学合理的策略与方法。以下是一些可以选择的策略与方法：(1) 研究目标受众。在进行场景选择与定位时，首先应深入了解目标受众的特征、兴趣、偏好和消费行为。通过数据分析和用户数字画像，企业可以了解目标受众的基本信息及其在互联网、社交媒体等平台上的行为模式。(2) 挖掘目标受众的场景偏好。了解目标受众倾向于在哪些场景中消费，对企业的场景选择与定位至关重要。通过分析受众的媒体消费习惯和兴趣偏好，可以发现潜在的场景选择机会。(3) 选择与金融产品相关联的场景。由于金融产品和服务与日常生活紧密相关，因而这样的场景选择能更有效地吸引受众。例如，在财经新闻网站和理财类社交媒体平台上投放广告和开展营销活动，都是与金融产品相关的场景选择。(4) 引入情感元素。企业在场景选择与定位时，应融入情感元素，以增强受众的情感共鸣。例如，通过讲述真实的用户故事，展示金融产品在现实生活中的实际应用效果，可以增强广告的情感吸引力。(5) 结合内容营销策略。将场景选择与定位和内容营销相结合，可以提升广告的可信度和吸引力。通过提供有价值的、与目标受众有关联的内容，可以吸引目标受众，并在内容中自然地融入广告信息。

（6）测试与持续优化。场景选择与定位完成后，企业应对营销策略进行测试并持续优化。借助 A/B 测试等方法，可以评估不同场景下广告效果的差异，并根据测试结果不断优化广告投放策略。

### （六）O2O

O2O 指将线下的商务机会与线上的互联网结合，使互联网成为线下交易的平台，这个概念最早来源于美国。O2O 的概念非常广泛，涉及线上和线下多个方面。2013 年，O2O 进入高速发展阶段，随着移动设备的整合和完善，O2O 商业模式迅速兴起，成为 O2O 概念在本地化应用中的重要分支。线下业务不仅是线上业务的实体支撑，也融入了互联网特性。O2O 这一互联网时代的概念，随着数字化时代的发展而不断演进。

与传统的消费者在商家直接消费的模式不同，在 O2O 平台商业模式中，整个消费过程由线上和线下两部分构成。线上平台为消费者提供消费指南、优惠信息、便利服务（预订、在线支付、地图等）和分享平台，而线下商户则专注于提供服务（见图 7－4）。在 O2O 模式中，消费者的消费流程可以分解为五个阶段。

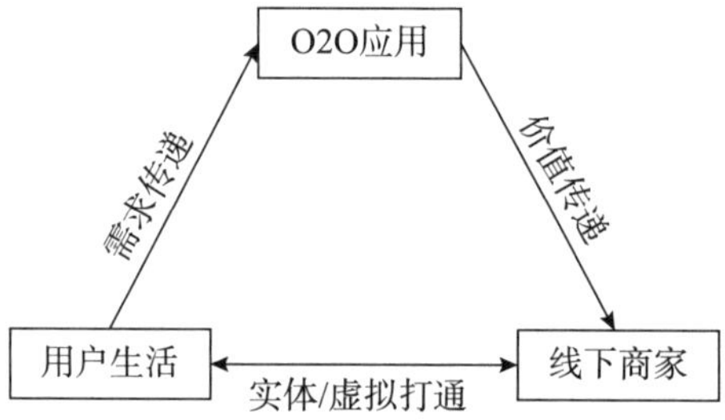


**图 7－4　O2O 经营模式图**

第一阶段：引流。线上平台作为线下消费决策的入口，可以汇聚大量有消费需求的消费者，引发消费者的线下消费需求。常见的 O2O 平台引流入口包括：消费点评类网站，如大众点评；电子地图，如百度地图、高德地图；社交类网站或应用，如微信。

第二阶段：转化。线上平台提供商铺的详细信息、优惠信息（如团购、优惠券）和便利服务，方便消费者搜索、对比、选择并完成消费决策。

第三阶段：消费。消费者利用线上获得的信息，前往线下商户接受服务并完成消费。

第四阶段：反馈。用户将其体验反馈到线上平台，有助于其他用户做出消费决策。线上平台通过梳理和分析用户的反馈，形成更完整的本地商铺信息库，吸引更多用户使用在线平台。

第五阶段：存留。线上平台为消费者和本地商户建立沟通渠道，帮助本地商户维护消费者关系，促使消费者重复消费，成为商家的回头客。

不同时期的成功 O2O 模式：

1.0 时代——团购：在这一时期，大众点评、美团等平台实现了传统实体消费与互联网的结合，消费者形成了新的消费习惯。在日常生活中，人们看到一家实体店铺，都会先在线上搜集相关信息，包括价格、服务、品牌等，但并不在意最后是在线上消费还是在线下消费。该时期重要的一点是传统线下行业有了一条叫互联网的新渠道，体现出 O2O 从线上到线下的本质。

2.0 时代——即时式消费：在这一时期，商品以及外卖、快递、跑腿等服务兴起，用户通过线上支付，就可以在线下享受到相关服务，例如，出行有滴滴，外卖有美团。这些即时式消费模式围绕用户硬性需求、传统服务的痛点，实现了消费的便捷性。

3.0 时代——O2O 无处不在：在这一时期，人们的生活已经离不开与 O2O 相关的产品和服务了。例如，中国建设银行通过与大众点评合作，在用户查看餐厅或商店评价时，提供相关的信用卡优惠信息，吸引用户办理中国建设银行信用卡。此外，通过百度地图的热力图功能，中国农业银行能够向用户推荐附近的网点和服务，提供便捷的线下服务引导。同时，中国工商银行通过微信小程序推出了线上预约办理业务的功能，减少了用户在网点的等待时间，提高了服务效率。

### （七）SoLoMo

SoLoMo 是 2011 年 2 月由著名风投公司合伙人约翰·杜尔（John Doerr）提出的概念，它整合了当时最热的三个关键词：Social（社交）、Local（本地位置）和 Mobile（移动）。在短短数月内，众多科技公司开始热议这一概念，SoLoMo 迅速成为全球关注的焦点。基于 SoLoMo 的营销模式被广泛认为是未来互联网营销的重要趋势。

基于 SoLoMo 的营销模式具有三个显著特点：首先是本地化，即围绕用户的地理位置信息开展商业活动。通过其移动应用，中国工商银行推出了基于用户地理位置的“周边金融”服务，用户能够获取基于他们当前位置周边的金融产品信息和优惠活动，如附近的工行网点提供的特色服务或促销活动。SoLoMo 不仅能帮助用户找到最近的地点，还能帮助商家发现附近有需求的潜在客户。其次是精准性，即通过收集和分析用户的实时地理位置信息，企业可以深入了解用户群体的行为模式、消费习惯等数据，为商家提供实时的数据分析服务。当用户通过基于位置的服务（Location Based Services，LBS）在某地签到时，系统会实时向他们的好友展示其具体位置，同时提供周边环境信息。最后是开放性。SoLoMo 如同一个大熔炉，融合了多样化的商业元素，以社交、本地化、移动性为核心，整合并提升其他元素的商业价值和运作效率。例如，支付宝利用其广泛的用户基础和移动平台，推出了“附近的优惠”功能，使用户能够根据自己所在的位置找到附近的商家优惠信息。金融机构也利用 SoLoMo 模式进行推广并提供服务。例如，招商银行通过社交网络平台推广金融产品，并与用户互动，收集用户反馈，提供定制化的金融解决方案。此外，招商银行还通过移动应用提供即时的理财咨询和交易服务，满足用户多样化的金融需求。

### （八）从公域流量到私域流量

公域流量，亦称平台流量，不属于单一个体，而为集体所共有。公域流量的主要类型涵盖：搜索类，如百度、360；电商类，如天猫、京东、拼多多；服务类，如饿了么、携程、大众点评；资讯类，如腾讯新闻、搜狐新闻；推荐类，如今日头条、抖音；视频类，如爱奇艺、优酷。私域流量指个体或企业在特定渠道拥有的、可直接触达的、无须付费且能反复利用的用户访问资源。私域流量分为浅层私域流量，如快手、微信公众号、App，以及深层私域流量，如微信个人号、企业微信等。私域流量主要通过公域流量转化、企业会员互换、用户裂变以及导购裂变等途径实现增长。

互联网销售产能绩效公式为：总产能＝$M \times A \times E$。其中 $M$（Market）代表件均产能，$A$（Activity）代表客户触达量，$E$（Effectiveness）代表成交率。在件均产能相同的市场环境下，客户触达量越大，整体绩效产能就越高；通过客户触达实现的成交率越高，整体产能就越大；足够大的流量是客户触达的有效保证。

私域流量的优势之一在于其具有较高的可控性。与以天猫、京东、拼多多等为代表的公域流量池不同，私域流量强调企业须将用户导入特定平台并进行有效管理，方可将其视为自身的用户资源。例如，中国建设银行通过在百度和今日头条等公共平台上精准投放广告，吸引用户关注其金融产品和服务；同时，通过微信公众号和 App 建立私域流量，提供个性化的金融资讯和服务，增强用户的忠诚度。招商银行则利用微信个人号和企业微信与用户建立更深层次的联系，通过定期发送定制化的理财建议和金融产品信息，提高用户的活跃度和转化率。

## 本章小结

本章深入探讨了金融数字化营销关系的内涵、构建策略及目标，介绍了构建数字化营销关系的必要性，强调了建立持续关系的重要性。本章阐述了数字化营销持续关系的概念，其为客户与人、信息、企业提交物之间的动态结合。本章提出了构建数字化营销关系的策略，包括明确关系的建立目的、设计连接策略和实施“关系的连接点”。同时，本章讨论了构建关系的目标，涉及产品职能、品牌职能、交易职能和服务职能，并从客户角度分析了企业对经济价值、社会价值、信息价值和社交价值的追求。此外，本章还介绍了金融客户关系构建的方法，包括打造关系连接平台、与客户建立连接、与平行企业建立连接以及强化企业内部连接。最后，本章探讨了社会化客户关系管理平台的定义、特性、功能模块和数据营销平台的搭建，还介绍了金融数字化营销的常用触达工具。

## 思考题

1. 如何通过数字化手段提升金融产品的客户忠诚度？
2. 描述数字化营销中“关系的连接点”的实现方式及其重要性。
3. 社会化客户关系管理平台是如何帮助金融机构提高营销效率的？

# 第八章

# 金融数字化营销客户关系管理

**【目的与要求】**

掌握客户关系管理的定义和重要性；认识客户的持久性、保留合适的客户、客户保留策略、客户关系链四种客户关系管理策略；了解客户保留策略的模型和四种关系纽带；理解客户终生价值概念的本质和意义，以及如何进行用户生命周期管理；了解客户关系管理系统的基本概念和搭建，以及其在金融业的应用和未来发展趋势。

## 第一节　客户关系管理概述

### 一、客户关系管理的定义

随着近年来数字媒体的普及，有观点认为市场营销主要与获客的过程有关，企业使用营销组合策略在很大程度上是为了获客。在金融业，获客也毫无疑问一直是营销的主要目的。然而，从 20 世纪 80 年代后期开始，营销技巧和资源越来越多地被用于现有客户群。也就是说，企业越来越关注向现有客户进行营销，鼓励他们购买更多相同的产品和服务，或者从企业的产品范围中购买不同的产品。这种形式的营销有许多不同的名称，如通用术语关系营销（Relationship Marketing）、客户保留（Customer Retention）等。无论使用什么术语，客户关系管理都是市场营销的一个分支，它涉及客户获取阶段结束后市场营销投入对获客做出的贡献。

客户关系管理的概念最早是由高德纳公司（Gartner）在 20 世纪 90 年代末提出的，所谓客户关系管理就是按照客户的分类情况有效地组织企业资源，实施以客户为中心的经营行为以及以客户为中心的业务流程，并以此为手段来提高企业的盈利能力、利润和客户满意度。赫尔维茨公司（Hurwitz）提出，客户关系管理的焦点是改善与客户关系有关的商业流程，如销售、市场营销、客户服务与支持等，并使之实现自动化。客户关系管理的目的是缩短销售周期和销售成本，增加收入，寻找新的市场和渠道，提高客户的价值、满意度和忠诚度。IBM公司认为，通过提高产品的性能，增强为客户服务的能力，提高客户交付价值和客户满意度，与客户建立长期、稳定、相互信任的密切关系，企业能够形成吸引新客户、维系老客户的完整生命周期。经过后续发展，客户关系管理还有了一些深层次的含义：

第一，客户关系管理是一项营销策略，通过选择和管理客户为企业创造最大的长期价值。客户关系管理需要用以客户为中心的营销哲学来支持有效的市场推广、营销和服务过程。

第二，客户关系管理是一个识别、挑选、获取、发展和维护可获利客户的过程。作为一种新型管理机制，企业实施的市场营销、销售、服务与技术支持等与客户相关的领域的客户关系管理极大地改善了企业与客户之间的关系。

第三，客户关系管理是一种基于网络的应用系统。它通过对企业业务流程的重组来整合用户信息资源，以更有效的方法来管理客户关系，在企业内部实现信息和资源的共享，从而降低企业运营成本，为客户提供更经济、快捷、周到的产品和服务，保持和吸引更多的客户，最终达到企业利润最大化的目的。

结合客户关系管理的上述内涵，本书将其定义为企业利用信息技术以及互联网技术协调企业与客户在销售、营销和服务上的交互，从而提升其管理方式，向客户提供创新式的、个性化的客户交互和服务的过程。客户关系管理能够帮助企业更好地了解客户需求，优化销售流程，提供优质的客户服务，制定更全面、有效的营销策略和产品计划等。客户关系管理的功能可以归纳为三个方面：

**1. 市场营销**

客户关系管理系统可以帮助市场人员分析现有的目标客户群体，进而帮助市场营销人员进行精确的市场投放。同时，客户关系管理也能帮助企业有效地分析每一次市场活动的投入产出比，根据与市场活动相关联的回款记录和举行市场活动的报销单据，就可以制作出所有市场活动的效果报表。

**2. 销售管理**

销售管理系统是客户关系管理系统的主要组成部分，主要包括潜在客户、现有客户、联系人、业务机会、订单、回款单、报表统计图等模块。客户关系管理系统既可以帮助业务员迅速记录沟通内容、建立日程安排、查询预约提醒、快速浏览客户数据，又便于管理人员管理与查看，可以达到提高整个公司的成单率、缩短销售周期的目的。

**3. 客户服务**

客户服务主要是为了及时获得问题客户的信息和客户历史问题记录等，这有助于企业有针对性且高效地为客户解决问题，提高客户满意度，提升企业形象。通过客户服务，企业既可以第一时间得知客户满意度，也可以第一时间得知客户的诉求，从而迅速做出响应。有些客户关系管理软件甚至还会集成呼叫中心系统，这样可以缩短客户服务人员的响应时间，提高客户服务水平。

## 二、客户关系管理的重要性

金融业服务的本质意味着金融机构总是与客户保持联系，但在以往的实践中，金融机构并没有很好地处理好与客户的关系。显然，这种情况正在逐渐改善。一系列环境因素促使金融机构越来越关注客户保留和客户关系管理的发展，这些环境因素主要包括：

**1. 获客成本上升**

随着市场或细分市场渗透率的提高，获得尚未被渗透客户的边际成本也会增加。自20世纪80年代以来，发达经济体大多数产品类别的市场渗透率稳步增长，这增加了边际获客成本。可以预期一个细分市场中新客户的边际价值可能比那些现有客户的边际价值要低。

**2. 对客户价值的关注**

获客的边际收益促使企业更加关注客户盈利能力，而不是产品盈利能力。这并不是说产品盈利能力不重要，但从金融产品服务的本质来看，单个产品产生的价值不如长期个人客户产生的价值。这两种价值的衡量标准在决定商业绩效方面都发挥了作用。通过客户价值的总和来评估一个企业的价值，比简单地衡量其有效产品利润的总和更有意义。

**3. 竞争**

零售金融服务业是一个充满活力和多样化的领域，新进入者面临的行业壁垒相对较低。第三方管理、网络分销、呼叫中心功能和资本获取等领域的创新使新进入者能够参与已经高度渗透的市场部门。在已经高度渗透的市场部门中，竞争环境的日益严峻意味着一个公司新获得的客户越来越有可能成为竞争对手的老客户。在这种情况下，保留现有的有价值的客户变得更加重要。

**4. 监管和立法**

不断加强的金融监管和立法对金融业产生了深远的影响，运营成本以及与培训和监管相关的成本增加影响了获客的成本。这些成本只能通过产品销售来弥补。

**5. 技术创新**

电信、数据库管理和互联网方面的技术创新对客户管理产生了巨大的影响。技术创新有助于在获客过程中获取详细的相关数据，这提高了金融机构管理客户关系的能力。

因此，在数字化背景下，现代企业不仅面临着更加复杂多变的市场需求，还面临着同行之间更加激烈的营销竞争，因此企业要生存和发展，就必须拥有更稳定的客户群体，有效的客户关系管理对于企业的长期发展至关重要。一般来说，客户关系管理主要通过以下几个方面增加企业价值：

**1. 提高业务运作效率**

信息技术的应用实现了企业内部的信息共享，使业务流程处理的自动化程度大大提高，从而大大缩短了业务处理时间，简化了员工工作，提高了企业内外部各项业务的运转效率，保证以最快的速度向客户提供满意的服务。因此，实施客户关系管理可以缩短企业产品生产、销售的周期，减少原材料和产品的库存，对提高企业的经济效益大有帮助。

**2. 降低成本，增加收入**

客户关系管理使销售和营销过程自动化，降低了销售费用和营销费用。同时，客户关系管理能够加强企业与客户之间的互动，帮助企业实现更准确的客户定位，使企业留住老客户、获得新客户的成本显著下降。由于企业在客户关系管理过程中掌握了大量的客户信息，因此企业可以利用数据挖掘技术来发现客户的潜在需求，实现交叉销售，开辟新的收入来源。

**3. 提高客户忠诚度**

客户关系管理是金融企业以客户关系为重点，通过开展系统化的客户研究，优化企业组织体系和业务流程，提高客户满意度和忠诚度的过程。忠诚的客户更有可能继续给企业带来订单。

**4. 挖掘客户的潜在价值**

每一个企业都有一定数量的客户群，企业如果能通过客户关系管理对客户的深层次需求进行挖掘，则可获得更多的商业机会。客户关系管理过程中产生了大量有用的客户数据，只要加以深入利用即可发现很多潜在需求。

**5. 拓展市场**

客户关系管理系统具有对市场活动、销售活动进行分析和预测的能力，能够从不同角度提供有关产品、服务的成本和利润的数据，并对客户分布、市场需求趋势的变化做出科学的预测，从而帮助企业更好地把握市场机会。

# 第二节　客户关系管理策略

## 一、客户的持久性

许多企业在客户关系管理方面有一个特点，即它们在努力获取新客户的同时失去了一些现有客户。就客户数量而言，这种获取和流失客户的过程可能会导致企业的努力白费，这被称为市场营销的“桶式理论”。对于任何企业来说，寻求增加新客户并减少客户流失以实现客户总数量的净增长都是其追求的目标。然而，“桶式理论”的流行会使这一目标成为一个缓慢且代价较大的过程。现实中，一家公司获得的新客户数量仅仅能达到与损失的数量相当，这种情况往往并不罕见。

面对这个问题，金融机构的解决方案是设计一个详细的客户维护方案。但如果这些方案导致金融机构在此过程中保留了相对价值较低（也可能是负价值）的客户，那么这些方案可能将是失败的。有些客户比其他客户更倾向于与金融机构保持关系，因此，识别与流失可能性相关的客户特征是一项重要的营销活动，它需要确定客户本身以及营销组合的哪些方面与客户持久性有因果关系。这绝不是一个容易和可以快速完成的过程，这要求金融机构在很长一段时间内对可能的因素进行详细分析。从长远来看，识别客户持久性可以通过提高平均客户价值及减少无关的营销和管理支出等途径对营销活动产生深远的有益影响。

金融机构如果决定实施衡量客户持久性的方案，就需要获取会影响客户持久性的数据，这些数据只能在获客过程中取得。与客户持久性相关的特征会因市场、客户细分、采购情况等因素不同而不同，没有放之四海而皆准的解决方案。一些与客户持久性相关的因素如下：

**1. 客户特点**

- 年龄；
- 收入水平；
- 职业；

• 以前使用特定产品类型的历史记录。

**2. 采集过程的特点**

• 客户实际需求的强弱；
• 产品是否被买卖（客户在采购过程中的主动性程度）；
• 使用的分销渠道；
• 个人、经销商或销售人员；
• 购置日期。

**3. 其他市场营销组合的特征**

• 促销活动的开展情况；
• 销售线索来源；
• 特价优惠；
• 产品特性的变化。

以上列出的是一些可能影响客户持久性的因素，每个企业都必须根据自己的具体情况进行具体分析。最终，这种分析能够为企业的营销规划提供信息，并将促销活动的重点放在相对持久的客户身上。

## 二、保留合适的客户

客户终止与金融机构的关系的原因有四种：

第一，客户自我诱发。客户最初的需求不再存在，如客户希望立即获得现金，因此放弃了养老保险。

第二，客户环境诱发。例如，客户已经失业，无法继续缴纳保费、支付利息。

第三，金融机构自我诱发。例如，糟糕的服务（服务失败）导致客户产生一定程度的不满，客户进而与其切断了关系；价格的变化也可能会导致客户寻找不同的供应商。

第四，金融机构环境诱发。例如，现行基本利率的上升可能导致一些客户破产；股市下跌可能导致客户兑现基于股票的投资；一个具有吸引力的竞争对手的报价可能引发客户转换供应商。

分析上述情况的目的是，金融机构必须确定它们可以施加影响的因素，同时为它们无法控制的因素制订应急计划。在理想情况下，企业会在最初的获客过程中仔细筛选客户以减少客户自我诱发的流失。当这种情况出现时，企业应该尽可能高效、迅速地处理客户的“离开”请求，从而付出尽可能少的代价。

从市场营销的角度来看，金融机构自我诱发的客户流失是一个特别值得关注的问题，因为这与企业未能提供正确的服务体验有关。研究表明，客户的转换或退出是一个过程，而不是对特定个体事件的反应。客户退出的触发因素通常是收费、信息和服务体验等无法满足其期望，在退出之前往往会有对企业负面印象的积累。退出是一个积累过程，这一事实表明，企业确实拥有与客户重建关系的机会，但这要求企业具备有效应对投诉的能力。

企业也需要谨慎管理由客户环境引起的流失。与失业有关的困难可能是企业无法克服的，企业应该以适度敏感而有效的方式处理。在现实生活中，失业往往是暂时的，采取贷款延期（展期）或政策贷款等措施可以帮助客户继续持有产品，直到其再次就业。仔细分析关键的客户变量，如收入水平、职业、客户关系持续时间和持有的其他产品，对于金融机构做出合理的判断至关重要。金融机构必须对管理人员进行培训，因为其在保持有效的客户—产品关系方面可以发挥重要作用。

最后，尽管留住老客户要比吸引新客户更具经济效益这一论点有力地增强了人们对客户关系管理的兴趣，但需要注意的是，这并不意味着企业在所有保留的客户身上都是有利可图的，也不意味着企业应该保留所有客户。正如本章后面将要介绍的，客户的终生价值各不相同。因此，市场营销人员面临的挑战不是留住所有客户，而是留住能使企业盈利的客户。根据客户的战略价值、实际价值以及服务成本的大小，可以把客户划分成以下不同的类别：

**1. 最有价值客户**

最有价值客户是指那些实际价值较高的客户，在金融机构的客户中排名前5%。他们为企业所提供的收入占企业总营业收入的40%及以上，是企业利润的主要创造者。对于这类客户，企业的营销重点是怎样留住他们。留住最有价值客户的方法有：

（1）积极倾听客户的意见。

（2）为满意客户提供关怀。

（3）从一线部门获取信息。

（4）提供直接、有效的客户服务行动。

（5）改变最有价值客户的退出趋势。

（6）制订客户忠诚计划。

**2. 二级客户**

二级客户是指那些在未来可能具有很高的战略价值，但目前实际价值还不是很高的客户。对于这类客户，企业应该实施的主要营销策略是价值挖掘，让二级客户稳健地升为最有价值客户。具体来说，增加二级客户为公司创收的途径主要有以下几种：

（1）让二级客户购买更多的现有产品，即通过保持联系、鼓励再购买、向顾客推荐高价格的商品、加快进入市场的速度和实施到位的政策支持等方式，提高顾客购买频率或消费额。

（2）让二级客户购买新的产品，即通过降低客户成本或风险、提供新产品或新服务的方式来提高现有客户的购买份额。

（3）制定组合价格，采取更加灵活的产品组合定价方式。

（4）简化沟通过程。

**3. 负值客户**

负值客户是指那些根本无法为企业带来足以弥补相关服务费用的收入的客户，此时，企业应该适时放弃这些客户。赖纳茨和库尔马（Reinartz and Kumar，2002）指出，存在这样一类客户——“藤壶”，即忠诚但无利可图的客户，企业为他们服务的成本相对昂贵，但无法产生可观的收入。

## 三、客户保留策略

泽丝曼尔（Zeithaml）和毕特纳（Bitner）于2003年提出了一个制定客户保留策略的模型，他们认为卓越的服务质量和价值是有效地实施客户保留策略的基础。他们进而确定了四种纽带（财务、社会、定制和结构）的顺序。这四种纽带应通过营销组合的方式实施，这样很可能留住有价值的客户。

第1层：财务纽带——数量和频率奖励、捆绑和交叉销售、稳定定价。

第 1 层的目的是通过提供一系列财务激励措施来将客户与金融机构绑定。在这种方式下，金融机构通过提高客户获得的经济价值来反映其对客户关系的认知价值。新加坡航空公司等推出的飞行常客计划就是一个典型的例子。在金融服务领域，富达（Fidelity）等公司会在现有客户后续购买共同基金时为其提供初始费用折扣。一般而言，保险公司也会为购买了家庭财产保险的客户提供折扣。信用卡公司经常在其他一系列服务上提供特别优惠，如航空旅行、酒店住宿和租车。万事达卡（Mastercard）向客户提供积分换飞行里程服务，以此鼓励客户继续使用信用卡。稳定定价是指金融机构向客户提供价格保护服务，使其免受价格普遍上涨的影响，以此减少客户流失。

财务纽带相对而言比较容易实施，也易于传播。正因为财务纽带的这些特点，它们很容易被竞争对手效仿，因此其作为一种实现长期差异化的手段具有局限性。

第 2 层：社会纽带——持续关系、个人关系、客户之间的社会纽带。

位于第 2 层的社会纽带代表金融机构试图识别客户的个性，是在第 1 层提供的财务激励基础上的互动，目的是建立客户与金融机构之间的联系。人寿保险行业就是一个典型的例子，该行业的顾问会定期与客户会面，了解他们的情况和需求。该行业的财务顾问经常报告，他们某一年的新产品销售额中大约有三分之二来自现有客户，此外还有五分之一来自现有客户的推荐。因此，对于那些投资于长期客户关系的公司来说，面向全新客户的销售额还不到新产品总销售额的五分之一。

发展社会纽带是 B2B 金融服务领域的一大特色。我们经常能够看到各种形式的赞助活动，包括体育和文化赞助活动。这种赞助活动不仅有利于在实际客户群中建立联系，而且也是金融机构与客户之间建立联系的有效手段。竞争对手仿效赞助商与客户建立社会联系要困难得多。

第 3 层：定制纽带——客户亲密关系、大规模定制、预测、创新。

第 3 层的策略涉及金融机构与客户之间的双向信息流动，目的是创建一个针对客户特定需求的营销组合。虽然这种定制过程的要素在第 1 层和第 2 层中都有所体现，但在第 3 层中，随着企业对客户个人需求的详细了解转化为客户特定的组合要素（如产品和服务特色），这种定制过程的界限就逐渐被打破。例如，苏黎世集团希望通过提供符合客户需求的解决方案来与客户建立关系。

客户数据库技术的进步使得大规模定制（即针对一个客户群进行营销）在企业对消费者（Business to Customer，B2C）领域成为一种具有成本效益的现实。互联网作为一种与客户沟通的高效手段，在进一步建立定制纽带方面发挥了重要作用。

第 4 层：结构纽带——共享流程和设备、联合投资、整合信息系统。

与客户之间建立结构纽带是金融机构面临的最大挑战，它与第 1、第 2 和第 3 层的纽带相结合，可以使金融机构获得长期的差异化和竞争优势。这方面的例子可以从 IT 供应商将其系统与一系列金融机构整合的方式中找到。第 4 层的纽带可以产生显著的协同效应，因为每个合作伙伴都能发挥自己的专长，创造巨大的价值。从客户的角度来看，这种整合关系从长期来看可能是有害的。因此，金融机构应考虑采取保障措施，确保能够减轻客户所面临的潜在的长期不利影响。同时，客户也必须对与金融机构形成结构纽带的成本、风险和效益做出商业判断。事实上，这种风险可能是双向的，因为有实力的客户可能会在与金融机构的长期合同谈判中拥有很大的话语权。

## 四、客户关系链

到目前为止，本章一直在强调获客和留住客户之间的关系。我们已经确定，首先要获取到合适的客户，才能留住客户。因此，我们将与获取和管理客户相关的过程概念化，将其视为一个总体过程的组成部分，并称之为客户关系链。客户关系链主要包括 6 种对象。

1. **营销对象**

营销对象是指已被确定为金融机构目标细分市场成员的个人。金融机构将利用营销组合来吸引营销对象，以便与他们进行某种形式的对话。

2. **潜在客户**

一旦建立了对话，营销对象就会成为金融机构的潜在客户。与这一环节相关的行为多种多样，例如，针对营销对象的电视广告可能会鼓励他们通过免费的热线电话联系广告商，以了解有关供应商或特定产品的更多信息。

3. **客户**

成为客户是有效的潜在客户挖掘活动的结果。这既可能体现为潜在客户同意购买保险等产品，也可能体现为潜在客户在没有实际购买产品的情况下登记成为客户。这种情况经常发生在股票经纪公司。

4. **重复购买客户**

一个常见的误区是，认为客户购买了产品就成为客户群的一部分，并认为客户对该金融机构产生了好感。然而，如果最初的金融机构没有收获客户的后续购买，那么客户很可能会与其他金融机构建立更紧密的联系。有证据表明，这类客户最初对金融机构营销活动的反应并不比完全陌生的营销对象对金融机构营销活动的反应更积极。现实中，金融机构对只拥有单一产品的客户采取故步自封态度的案例屡见不鲜。因此，有效的营销应着眼于确保新客户从自身购买第二种产品，而不是从其他金融机构那里购买。

5. **忠诚客户**

忠诚客户是指在某一金融机构购买了两种或两种以上产品的客户，当有需求时，他们会主动邀请该金融机构为其需求提供解决方案。客户也可能会联系其他金融机构，不一定会从该金融机构那里购买。但是，如果他们对当前的金融机构有足够高的满意度和信心，该金融机构就有机会获得更多业务。做出主动行为是忠诚客户的标志之一。

6. **宣传者**

宣传者是指那些对当前金融机构表示高度信任的客户，并且他们会向其他人推荐该金融机构的产品和服务，朋友、家庭成员、工作场所的同事和社会联系人都是宣传者进行宣传的对象。在金融服务领域，个人推荐被认为是消费者选择的一个特别重要的方面。试想一下，如果有 1%的客户成为金融机构的宣传者，那将会产生多大的潜在力量。

# 第三节　客户终生价值与生命周期管理

## 一、客户终生价值

客户终生价值是客户关系管理的核心，它将企业对盈利能力的思考从单纯的一次性产品利润率（尽管它们很重要）转移到对客户价值的更广泛的评估上，试图最大化短期产品利润可能并不会使企业具备最佳的长期盈利能力。例如，如果优质客户不相信溢价带来的增量价值，他们可能就不会购买收费相对昂贵的投资基金。相反，如果他们选择成本较低的替代方案，则有可能形成持久的关系。因此可以确定的是，基于现有客户群的战略一定是建立在客户终生价值的基础之上的。

简单地说，客户终生价值涉及对以下变量做出一系列假设（见表 8－1）。

**表 8－1　变量假设**

| | |
|---|---|
| 收入变量 | 购买产品的数量<br>购买产品的价值<br>单个产品的持续时间 |
| 成本变量 | 提供客户服务的成本<br>其他成本（索赔或坏账） |
| 推荐变量 | 引进新客户的数量<br>推荐业务的价值 |

案例 8－1 给出了一个说明性示例，这个案例只确定了相关的收入、成本和推荐变量的数据并计算了总和。事实上，通过详细分析客户的表现，金融机构可以进一步对其进行微调。总之，对于金融机构而言，开发一个合适的客户终生价值模型对于制定有效的客户管理策略至关重要。

## 案例 8－1

李华的工作需要经常出差，因此他到平安保险了解保险政策后购买了一份人身意外保险。第二年，他的汽车保险到期后，平安保险在与其他保险公司的竞争中获得了李华的汽车保险业务。此后，李华与平安保险建立了持久的关系，并在第五年的时候又购买了重大疾病保险。

李华向平安保险缴纳的保费情况如下：

| | 年保费（元） | 期限（年） | 总保费（元） |
|---|---|---|---|
| **收入变量（假设没有年度变化）** | | | |
| 人身意外保险 | 3 000 | 20 | 60 000 |
| 汽车保险 | 4 000 | 19 | 76 000 |
| 重大疾病保险 | 5 000 | 15 | 75 000 |
| 终生保费收入 | | | 211 000 |
| 收入佣金（20%） | | | 42 200 |
| **推荐变量** | | | |
| 李华介绍的新客户数量（假设每年一个） | | | 20 |
| 推荐业务总价值（假设购买一个产品） | | | 1 500 000 |
| 推荐佣金（20%） | | | 300 000 |

对平安保险来说，李华的终生保费收入的总额为 211 000 元，按年保费 20%产生的佣金价值为 42 200 元，但是李华推荐的新客户产生的佣金收入价值为 300 000 元。因此，平安保险通过与李华维持持久关系使得李华的终生价值在 20 年期间的总额达到了 342 200 元。这个案例让我们对最初销售一份价值 3 000 元的人身意外保险的真实价值有了一些了解。该案例强调了通过客户关系链来实现客户支持的价值。在这个例子中，真正的价值来自推荐，在本例所述的 20 年期间，李华终生价值的 87.67%来自由此产生的转介。

## 二、客户生命周期管理

客户生命周期管理是一个动态的过程，是建立在时间维度上的，必须对客群的当前价值以及价值的变化做出合理的判断和预测，进而制定产品和服务策略。根据客群服务期的时间长短以及客群业务量的变化情况，可以将客户生命周期模型分为五个阶段：客户获取阶段（引入期）、客户提升阶段（成长期）、客户成熟阶段（成熟期）、客户衰退阶段（休眠期）和客户流失阶段（流失期），如表 8－2 所示。

引入期阶段的营销目标是获取客户，留住客户。对于金融业而言，“获客”即“开源”，只有源源不断地获取新客户，企业才有长久生存和发展的基石。

成长期阶段的营销目标是让客户熟悉产品的功能和使用场景。以客户购买基金产品为例，多家金融机构会采取前 N 单奖励、发放体验券等方式，拓展客户的使用场景，让客户买入并享有投资收益，获得较好的产品体验，从而再次购买（复购）并转化为成熟客户。

成熟期阶段的营销目标是促使客户从活跃客户转化为忠诚客户和高价值客户，挖掘超级客户的转介潜力。客户在同一平台上持有的产品越多，流失的可能性就越低，因为转换平台的成本会随着绑定产品数量的增加而快速提高。因此，对于金融机构而言，交叉销售是其非常重视的营销环节，比如面向贷款客户销售保险产品、面向理财客户销售信用卡产品等，都是促进客户转化的常见方法。此外，挖掘客户中的“意见领袖”，通过微博、微信、抖音、哔哩哔哩等社交媒体，为金融机构“站台”和“代言”，其在引新获客方面的重要性也日益增强。

休眠期和流失期的营销目标是唤醒休眠客户、召回流失客户。无论是大型商业银行还是中小银行都面临着优质客户流失的问题。优质客户流失的原因比较复杂，既有客观上的同业竞争、客户资产转移等原因，也有主观上的银行内部服务能力不足、维护不到位等原因。对于处于休眠期和流失期两个阶段的客户，金融机构必须建立相应的流失预警机制，分析流失原因，采用激励措施挽留客户或者召回客户（如表 8－2 所示）。

**表 8－2　客户生命周期各阶段的营销策略**

| | 引入期 | 成长期 | 成熟期 | 休眠期 | 流失期 |
|---|---|---|---|---|---|
| 需要考虑的问题 | 如何发现并获取潜在客户 | 如何把客户培养成高价值客户 | 如何提高客户忠诚度；<br>如何推广新产品 | 如何延长客户生命周期 | 如何挽留或召回客户 |

续表

| | 引入期 | 成长期 | 成熟期 | 休眠期 | 流失期 |
|---|---|---|---|---|---|
| 客户管理工作重点 | 发现和争取尚未使用公司产品或竞争对手产品的客户；<br>寻找有效渠道；<br>提供合适的价值定位 | 提供刺激需求的产品组合和服务 | 针对性销售；<br>高价值客户差异化销售；<br>交叉销售 | 高危客户预警机制；<br>高危客户挽救策略 | 高价值客户赢回策略 |

**案例 8-2**

## 中信银行打造全生命周期的财富管理

中信银行强调客户的全生命周期陪伴，让客户在人生各个阶段、各个场景都能享受到有温度的服务。中信银行在财报中提出的重要目标之一，即做客户首选的财富管理主办银行，全力打造具有市场影响力的财富管理体系。

按照客户生命周期理论，处于不同生命周期阶段的客户会有不同的需求，而且这些需求会持续升级。中信银行强调客户的全生命周期服务，通过制定差异化的投资策略和资产配置方案，让客户在人生各个阶段、各个场景都能享受到有温度的服务。

这样的观点非常符合当今时代的环境，因为当今中国的零售银行市场已经度过了“跑马圈地”的阶段，相比追求新增客户的数量，对存量客户的精耕细作才是更大的挑战。要使目标群体从“活客”向“深客”转变，就必须聚焦深度服务和价值创造，即构建更为长期和紧密的客户关系。

在中信银行看来，要做好财富管理长期陪伴服务，需要从全客户、全产品、全渠道出发，满足每一个客户对专业理财的进阶需求。

**1. 针对养老客群**

中信银行创新推出“幸福＋”养老账本，升级“幸福＋”养老金融服务体系。这也是顺应监管层鼓励第三方从事养老金融，支持国家养老第三支柱发展的创新举措。

**2. 针对商旅客群**

中信银行持续拓展“商旅＋”生态体系，首发“中信银行万豪旅享家联名信用卡”，提供高品质旅行体验，夯实业内商旅客群体系领先地位；构建“金融＋汽车”生态，推出首款新能源车主专属信用卡“中信银行 i 车信用卡”，一站式满足车主客户的用车需求和金融服务需求。

**3. 针对出国客群**

中信银行推出留学金融服务场景以“两卡、一签、一汇、一证明”（“两卡”指护航计划借记卡、VISA 逍遥白金信用卡；“一签”指“全球签”服务；“一汇”指“留学汇”产品；“一证明”指资信证明）为核心的产品体系，满足客户留学全周期金融服务需求，结合客户旅程开展客户数字化运营，进一步提升客户体验，持续深化“要出国、找中信”的中信银行出国金融的品牌影响力。

事实上，金融机构要为客户提供全生命周期服务，就必须对客户分层，进行分群经营，做到以客户为价值导向。中信银行目前集中巩固养老客群、出国客群、商旅客群等客户群的特色金融需求，满足了消费者不同阶段的需求，极大地提高了客户黏性。按照中信银行的规划，未来服务还会扩大到全客群。

2022 年 3 月，中信集团成立中信金控，进一步释放财富管理潜力。数据显示，2022 年上半年，中信银行“五主”及以上客户数量突破了 1 600 万户。其中，个贷客户转化财富管理客户同比增长 22%，转化贵宾和富裕客户超过 2 万户；分行端的信用卡获客同比增长 53%。

资料来源：让财富有温度 中信银行品牌升级：打造全生命周期的财富管理. 新浪财经，2022-09-21.

## 第四节 客户关系管理系统

### 一、客户关系管理系统的基本概念

#### （一）客户关系管理系统的定义

客户关系管理系统是指利用软件、硬件和网络技术，为企业建立的用来收集、管理、分析和利用客户信息的系统。它以客户数据的管理为核心，记录企业在市场营销和销售过程中和客户发生的各种交互行为，以及各类活动的状态，提供各类数据模型，为后期的分析和决策提供支持。客户关系管理既是一种管理理念，又是一种软件技术。客户关系管理系统主要具有数据库可控性高、安全性高、数据实时更新等特点，具有日程管理、订单管理、发票管理、知识库管理等功能。

客户关系管理系统的主要工作包括：记录、管理所有企业与客户交易和交往的信息，分析哪些客户是有价值的以及这些客户的特征；实现自动化管理，动态地跟踪客户需求、客户状态变化，记录客户意见；通过自动的电子渠道实现对客户的自动化管理，如短信、邮箱、网站等。对于金融机构而言，客户关系管理系统还通过安全存储和管理敏感的金融信息，确保金融机构运行符合复杂的监管标准，在合规管理中发挥关键作用。

#### （二）客户关系管理系统的功能模块

通常而言，金融机构的客户关系管理系统主要包括四个模块。

**1. 营销模块**

（1）数字营销材料。该系统可以基于社交平台的特性提供数字营销材料，而非通过在社交平台上吸引客户跳转至传统渠道后再提供营销材料。

（2）营销活动管理。利用社交媒体平台配合开展营销活动。在活动开始前，社交媒体平台有助于增加潜在的活动参与人数；而在活动中和活动后，社交媒体平台有助于扩大活动的覆盖范围。

（3）舆情监测。基于企业账户或关键词搜索等工具，金融机构可以获得并分析相关的客户评价、客户对本品牌与竞争品牌的对比看法等相关的社交媒体信息，并不断地更新客户数据、销售数据和服务数据，因而有助于金融机构实现品牌定位和开展舆情监测工作。

（4）销售接口。企业需要建立从社交平台导入销售体系的接口，将粉丝转化为客户，将流量转化为交易。

**2. 内容模块**

（1）多账户管理。企业需要明确在哪些社交平台进行投入，各个平台的特性和用户风格如何，进而通过多账户管理确定哪些内容应当发布在哪些平台，并实现在所有平台上打造统一的形象。

（2）内容营销。企业所发布的内容必须是客户导向的。由于社交媒体平台的强扩散能力和营销属性，病毒性内容在传播上通常是很有效的。但通过发布病毒性内容获得的大量关注和转发并不一定会转化为实际的交易，因此，在进行客户关系管理时必须加入销售转化，或能够体现推动销售进程的实际指标。

（3）关键意见领袖管理。企业需要基于关键意见领袖进行内容营销。社交平台上的信息传播往往需要通过多个关键意见领袖才能完成多次扩散，企业必须识别或培养出与企业相关、最能帮助企业对接目标客户的关键意见领袖群体，并与之保持持续、良好的合作关系。

**3. 用户模块**

（1）用户账户管理。与传统的用户数据相比，社交数据更加丰富，因此客户关系管理的用户账户也需要具备更丰富的维度。企业需要通过积分体系或类似功能维持客户的活跃度，并对多个平台（包括线上平台和线下平台）的积分进行有效统一。分组、标签等功能也是用户账户管理的重要部分。

（2）客户挖掘。企业需要通过社交数据开发出一套体系化的客户挖掘系统，将社交平台转变为能够持续发现商机的销售渠道。

（3）客户分类管理。企业需要通过社交平台的某些功能和奖励方式来区分普通用户和能够促成实际交易的销售用户。如果数据体系足够完备，还应当将销售用户进一步细分为初步购买客户、重复购买客户、沉默客户等，并为之设置不同的激励政策。

（4）服务接口。在数字化时代，越来越多的客户选择将不满发布在社交网络上。由于社交网络具有极强的传播性，企业面临诸多不可控因素，因此企业需要在危机事件尚未发酵时，通过用户模块迅速介入，并将发表不满的客户正确引导到正常的售后服务管理流程中。

**4. 数据模块**

（1）知识库管理。企业可以通过关键词抓取、在线服务等方式迅速积累服务案例，以此为基础快速高效地搭建知识库。同时，也可利用智能应答系统（如服务机器人）来有效解决基础的或标准化的问题，以有效降低服务中心的负荷。

（2）数据仪表盘。社交平台非常适合用来收集营销数据，从多个维度展现企业的营销工作。

（3）数据分析。企业在社交平台上的数据分析能力是企业利用大数据的基础。构建社会化客户关系管理体系需要企业具有一定的数据分析能力。企业可以利用自动化、高效率的软件来对非结构化的社交数据进行结构化处理。

**案例 8-3**

## 新加坡安盛公司利用 Salesforce 保障客户参与

作为世界领先的保险公司之一，新加坡安盛公司（AXA Singapore）（以下简称“新加坡安盛”）希望帮助客户更安心地生活。新加坡安盛提供的产品可以帮助客户抵御风险，同时其正在进行数字化转型，以进一步增强公司的能力。“我们的愿景非常简单。我们希望成为最好的数字保险公司，为我们的客户和合作伙伴创造价值。”新加坡安盛首席转型和数字官托马斯·库尔奇克（Tomasz Kurczyk）表示。

现实情况要复杂得多。客户期望产品和服务越来越符合他们的需求。与此同时，全渠道配送已成为标配。为了获得技术优势并在竞争中脱颖而出，新加坡安盛不得不改变其业务方式。

“为了从整体上改变我们的销售、服务和吸引客户的方式，我们需要从拼凑的系统转向平台，Salesforce 帮助我们改变了业务。”库尔奇克说。

新加坡安盛现在已经开发了一个新的数字生态系统，该系统涵盖了销售、服务和营销等活动。Salesforce 是构建模块之一，它提供了贯穿始终的单一客户视图。库尔奇克表示，这种单一的客户视图对于提供全渠道体验和实现更高水平的自动化至关重要。它有助于通过电话和数字渠道提供更加个性化的客户体验。借助 Marketing Cloud，新加坡安盛能够根据客户资料提供产品信息、购买建议和优惠。它还能够测试和衡量这些通信，以增强用户黏性并提高其相关性。

库尔奇克说：“有了 Salesforce，我们对客户有了更多的了解，可以利用电子邮件和短信等接触点实现个性化、自动化服务。”“例如，如果客户购买了单程旅行保险，那么我们可以在他们旅行结束后发送电子邮件，欢迎他们回来，并提醒他们若需要索赔应如何提交相关文件。我们还可以推广其他产品和 MyAXA 应用程序，这是我们为客户提供的一站式自助服务。”

客户对新加坡安盛的数字渠道的满意度达到了令人印象深刻的高度。大约 90%的客户在与新加坡安盛进行网上互动后感到满意或非常满意。在库尔奇克所谓的“关键时刻”之后，该公司开始通过向客户发送调查问卷来收集更多反馈。这些调查问卷包括客户购买或续保保单、提出索赔或联系新加坡安盛客服的有关情况——无论他们使用哪种渠道。结果对管理层来说是透明的，因此管理层可以看到相关人员的表现，并确定需要改进的地方。

不仅仅是更高程度的个性化服务改善了客户体验。新加坡安盛提高了整个运营的效率，从而实现了更智能、更快速的客户服务。Salesforce 的自动化将错误和周转时间减少了 50%。新加坡安盛目前正处于持续改进中，它使用 Salesforce 跟踪关键指标，同时利用这些关键指标来进一步简化其运营。

“Salesforce 中的仪表板和报告使我们能够监控日常流程，并以积极主动的方式管理。我们不仅可以实时跟踪单个业务和流程，还可以分析业务的趋势，看看哪些步骤还需要进一步自动化。”库尔奇克说。

另一个提高效率的举措是减少面向客户的团队使用的系统和屏幕。客户支持代理可以在一个屏幕上访问他们需要的所有工具和数据，这样他们就可以更好地专注于客户并更快地响应客户的请求。

### （二）客户关系管理系统的类型

美国的调研机构 Meta Group 将客户关系管理系统分为运营型、分析型、协作型三种类型。

**1. 运营型客户关系管理系统**

运营型客户关系管理系统也称“前台”客户关系管理系统，它通过客户服务的自动化来改善与客户接触的流程，进而提高工作效率，使客户满意。它涵盖了与客户直接接触的各个方面，如销售信息管理、销售信息分析、销售过程定制、销售过程监控、销售预测功能等。

这种系统的设计理念在于：客户管理在企业经营中的地位越来越重要，它要求企业所有的业务流程实现流水化与自动化，包括经由各种渠道的客户接触点的整合，使“前台”与“后台”在管理上实现平滑的无缝连接。其目的是使企业在直接面对客户时能够提供自动化的业务流程，为各个部门的业务人员的日常工作提供客户资源，减少信息流动滞留点，为客户提供高质量的服务，使客户感觉其在和一个虚拟的个人做交易。

**2. 分析型客户关系管理系统**

分析型客户关系管理系统通常也称“后台”客户关系管理系统，它不需要直接同客户打交道，而是分析并理解发生在“前台”的客户活动，主要是从运营型客户关系管理系统应用所产生的大量交易数据中提取各种有价值的信息，为企业的经营管理和决策提供有效的量化依据。

分析型客户关系管理系统主要针对企业的业务主题，设计相应的数据库和数据集市，利用各种预测模型和数据挖掘技术，对大量的交易数据进行分析，对将来的趋势做出必要的预测或寻找某种商业规律。分析型客户关系管理系统是一种企业决策支持工具，可以指导企业的生产经营活动，提高企业经营决策的有效性和成功率。

**3. 协作型客户关系管理系统**

协作型客户关系管理系统是一种强调团队协作和信息共享的客户管理系统。它能为客户提供全方位的交互服务并收集客户信息，形成与多种客户交流的渠道。协作型客户关系管理系统是一种综合性的客户关系管理系统解决方案，它将多渠道的交流方式融为一体。

协作型客户关系管理系统是由呼叫中心服务、传真与信件服务、电子邮件服务、Web 站点服务和现场接触服务等多个部分组成的。协作型客户关系管理系统的参与对象也包括两种不同类型，即企业客户服务人员和客户。例如，企业员工通过电话指导客户修理设备，修理活动由员工和客户共同参与，他们之间是协作的，而运营型客户关系管理系统和分析型客户关系管理系统只是企业员工单方面的业务工具，在进行某项活动时，客户并未一起参与。

从上面对三类客户关系管理系统的介绍和分析中可以发现，运营型客户关系管理系统和协作型客户关系管理系统主要解决内部工作效率和交易数据的采集问题，并不具备信息分析的能力，只有分析型客户关系管理系统最具应用价值。

这三种类型的客户关系管理系统都侧重于解决某一个方面的问题，因此是不完全的。要实现企业与客户之间的联动，就需要将三种类型的客户关系管理系统结合在一起。在客户关系管理系统的实际项目中，三种类型的客户关系管理系统往往是相互补充的。一个完整的、典型的客户关系管理系统在实际应用中其实并不能从严格意义界定为运营型、协作型或分析型。

## 二、客户关系管理系统的搭建

### （一）搭建初期

对于金融机构而言，客户关系管理系统搭建初期的工作内容主要包括以下几点：

**1. 定义客户类型**

客户类型可以根据客户所处生命周期阶段和其他特征来划分。

（1）客户所处生命周期阶段。对客户所处生命周期阶段的管理对于企业的客户关系管理来说很重要，相应地，根据客户所处生命周期阶段，一般可将客户划分为新客户、老客户，或者活跃客户、沉默客户等等。产品初期运营时间尚短，可能不适合定义何为活跃客户和不活跃客户，但可以定义何为新老客户。例如，有的金融产品可根据注册时间，将小于一定天数的客户定义为新客户，而有的金融产品则以是否下过单来划分新老客户。

（2）其他特征。例如，根据客户终生价值，将其划分为最优价值客户、二级客户、负值客户等；根据客户平台特征将其划分为个人客户、企业客户等等。以上类型并非彼此互斥，如一个企业客户同时也可以是高价值的活跃客户。不过，对客户类型的定义会根据业务的发展进行阶段性调整。

**2. 提炼及验证基础客户标签**

在产品发展初期，客户体量可能很小，若样本量较少，则分析结果的参考意义可能不大。此时产品或运营人员可以先通过人工提取数据并对其进行分析，提炼可能需要的关键数据标签。随着数据量的增加，标签的目标作用性和相互关联性逐渐得到验证，随后逐渐被投入使用。

**3. 搭建基础模块**

由于标签和样本量都较少，客户筛选和基础图表等基础功能起到的作用更多的是提升运营人员操作效率，节省线下操作的人工成本。

### （二）搭建中期

在搭建中期，需要陆续补充客户类型和标签、构建营销功能（人工）、增加各种图表功能。随着客户基数达到一定量级，数据的分析结果已经可以充分指导营销及客户服务，此时就可以逐步搭建客户关系管理的关键功能之一——客户营销了。

简单的营销功能及流程为：短信、邮件、App 推送等主动触达→根据标签人工筛选目标客户→对目标客户进行分组→通过短信或邮件向目标分组客户推送营销信息（活动资讯、优惠券等等）。

此外，客户关系管理系统需要营销结果监控及分析功能。例如，该系统可以提供某个推送执行完成后的 7 日转化趋势，企业可据此考量营销活动效果。

### （三）搭建后期

在客户关系管理系统搭建的前、中期，筛选客户、选择推送内容、执行推送，都是由人工来执行的，客户关系管理系统此时更像是一个单纯的工具。在系统搭建的后期，有了足够的客户体量及有效标签，以上工作在理想情况下是可借由系统自动完成的，即实现自动化营销。典型的应用有如下几种：

（1）自动产品推荐。例如，针对个人喜好的“猜你喜欢”功能，当客户身上某种标签达到规则设置的量时，系统会着重将该产品推荐给客户。这种功能的表现层在对客端，主要还是依靠内部算法，客户关系管理系统可能需要支持某个常变参数的配置修改。

（2）“千人千面”。例如，针对不同标签类型的客户展示不同的推广内容。由于客户标签是不断滚动变化的，因此可以在客户关系管理中定制好若干个推广内容及对应的客户类型、标签优先级，让每个客户在处于不同标签类型时看到不同的内容。

（3）自动短信、邮件、消息推送营销。此种应用的实现方式类似于“千人千面”，只是触达渠道不同，且为主动触达。

（4）自动将客户聚类，即根据一定要求自动将样本中相似度较高的客户归为一个群组。由于客户的管理运营在各个产品上都扮演着重要的角色，因此大部分企业也都会有维护客户关系的系统及工具，一个符合企业业务发展需要的客户关系管理系统可以在很大程度上助力企业对客户的运营。

## 三、客户关系管理系统在金融业的应用和未来发展趋势

### （一）客户关系管理系统在金融业的应用

#### 1. 客户信息整合与深度挖掘

在金融机构中，CRM 系统通过整合来自各个渠道和业务部门的客户数据，建立了一个全面、详细的客户信息库。这个信息库不仅包括客户的基本信息、交易记录等结构化数据，还包括客户的社交媒体活动数据、在线行为数据等非结构化数据。通过对这些数据的深度挖掘和分析，金融机构可以更加准确地了解客户的消费习惯、投资偏好和风险偏好等，为后续的产品设计和营销策略提供有力支持。

例如，某银行通过 CRM 系统发现，在其高净值客户群体中有很大一部分客户对海外投资和资产配置表现出浓厚的兴趣。基于这一发现，该银行有针对性地推出了一款专为高净值客户打造的海外投资产品，并通过客户关系管理系统进行了精准的营销推广。结果显示，这款产品的销售额远远超出预期，为该银行带来了丰厚的收益。

#### 2. 精准营销与个性化服务

CRM 系统利用先进的数据分析技术，对客户群体进行细分和定位，可以识别出不同群体的需求和偏好。这使得金融机构能够制定更加精准的营销策略，通过定向推广、个性化产品推荐等方式来提高营销活动的效率和效果。同时，CRM 系统还支持金融机构为客户提供个性化的服务体验，如定制化的投资方案、专属的客户经理等，以满足客户的多元化需求。

以某保险公司为例，该公司通过 CRM 系统对客户的年龄、性别、职业、收入等特征进行了深入分析，发现不同客户群对保险产品的需求和偏好存在很大差异。基于这一发现，该公司针对不同客户群推出了不同类型的保险产品，并通过 CRM 系统进行了个性化的营销推广。最终，该公司的保险销售额大幅增长，客户满意度也显著提升。

### 3. 客户服务优化与提升

CRM 系统通过自动化的工作流程管理和多渠道客户互动功能，可以帮助金融机构实现服务的标准化和流程化，提升客户服务的响应速度和处理效率。通过对客户反馈数据的收集和分析，金融机构可以及时发现服务中存在的问题并进行改进，从而提升客户满意度和忠诚度。

例如，某银行通过 CRM 系统建立了完善的客户服务流程，包括客户投诉处理、业务咨询、产品推荐等环节。当客户遇到问题或需要帮助时，可以通过电话、在线客服、社交媒体等多种渠道与银行进行互动。CRM 系统会自动记录与客户的互动历史和客户的反馈意见，为银行改进服务提供了依据。通过不断优化服务流程和提升服务质量，该银行成功地吸引了更多的新客户，并保留了现有客户。

### 4. 风险管理与合规性监控

CRM 系统在金融行业的风险管理和合规性监控方面也发挥着重要作用。通过对客户交易行为的实时监控和分析，CRM 系统可以帮助金融机构及时发现潜在的洗钱、欺诈等风险行为，并采取相应措施进行防范和打击。同时，CRM 系统还支持金融机构进行内部审计和合规性检查，确保业务操作的合规性和规范性。

以某证券公司为例，该公司通过 CRM 系统对客户交易行为进行了全面监控和分析。当系统检测到某个客户的交易行为出现异常时（如频繁买卖同一只股票、大额资金转账等），会自动触发风险预警机制并通知风险管理部门进行调查处理。通过这种方式，该公司成功地避免了一起潜在的内部欺诈事件的发生，保障了公司和客户的资产安全。

**案例 8－4**

## 恒丰银行客户关系管理系统

在互联网金融迅速发展的背景下，差异化营销和个性化服务越来越成为银行维系长期客户的重要方面。传统银行的 CRM 系统主要关注内部数据，关注如何把银行内部各个业务环节中零散的客户信息搜集、汇聚起来。而在大数据时代，伴随社交和移动化的盛行，外部数据越来越丰富，银行不仅要关注内部数据，更要想办法把外部数据整合利用起来。银行应通过多种渠道获取大量中、高价值潜在客户的信息，获取更多的销售商机和线索，充分了解客户的个性化需求并提供差异化的服务和解决方案；拓展传统销售渠道，利用新媒体、新渠道开展精准营销，提高营销环节的投入产出比。

基于上述背景，恒丰银行 CRM 系统在大数据方面的探索体现在以下几个方面：

### （一）多渠道全方位的用户数字画像

为更好地分析客户，恒丰银行构建了全面、立体的用户数字画像，突破固有思维，将数据采集的着眼点放在从行内交易和维护数据中构建出立体的多维用户数字画像标签体系上来。多维用户数字画像标签体系主要的设计思路如下：（1）从多个角度出发进行分析，通过对客户的分析，定义客户的贡献度、忠诚度，刻画客户生命周期特征，为定位客户需求做好基础；（2）深度挖掘各类客户数据，实现对客户人生阶段及大事件的智能分析；利用特定客户群构建精准的用户数字画像，提取各个维度特征的语义标签，分析出特定客户群适合的服务和产品。

**（二）高价值潜在客户的获取**

CRM系统提供潜在客户获取、潜在客户营销、潜在客户转化的潜在客户生命周期管理功能，能够精准识别与行内客户关联的高价值潜在客户并进行营销和管理。根据客户类型不同，分为以下两个类别：（1）企业客户。以客户交易链、资金流向为主，以外部工商数据为辅进行客户定位和获取，结合宏观市场、产业链、金融市场等方面进行推荐。（2）零售客户。以渠道交易信息为主，以公开的工商注册信息、信用信息、公共社交网络如微博等信息为辅，结合本行客户的关联关系进行推荐。

**（三）基于关系网络的企业图谱**

企业图谱主要为业务人员实时掌握客户动态并准确预测客户行为提供决策、投资研究、风险控制等方面的服务。CRM系统采用机器学习方式，利用关系网络分析技术和基于MPI的图模型算法的并行化分布式计算对海量数据进行挖掘和利用，整合工商信息、司法信息、资讯信息、交易信息，提取体现上下游供应链、股东、投资、高管、抵押担保等企业间关系的信息，通过整合企业及企业关联信息，挖掘客户在互联网上的信息，结合多维交叉分析及智能算法，形成统一的企业图谱。

**（四）实时智能化的工作提醒**

1. 基于实时流处理的交易提醒

客户关系管理系统提供基于kafka、zookeeper、redis、storm等流处理组件的实时客户交易提醒功能，将交易数据加工汇总提醒发送到业务人员和管理人员的相关设备。

2. 基于影响性质的事件提醒

构建外部数据爬虫智能网络，整合互联网信息采集技术及信息智能处理技术，通过对互联网海量信息的自动抓取、自动分类聚类、主题检测、专题聚焦，实现对客户的网络舆情监测和新闻专题追踪，为全面掌握客户动态提供分析依据。

3. 对客户风险信号的智能分析

借助大数据平台的数据优势、计算优势，运用多种信息渠道和分析方法，根据金融机构的风险战略和偏好确定预警指标，并以这些指标为出发点，及时识别、分析、衡量客户和资产的信用风险状况或潜在风险，及时采取适当的措施，对信用风险进行汇报、防范、控制和化解。

4. 客户流失预警与客户挽留

系统综合现有活跃客户和已流失客户的历史行为，包括产品签约和持有情况、各渠道交易的业务类型和频度、同名账户交易情况等，利用组合决策树模型学习流失客户流失期间的行为特征和活跃客户行为特征。

**（五）产品推荐智能化**

CRM系统提供丰富的推荐策略，全方位满足客户的不同推荐需求，这体现在以下三个方面：（1）基于每位客户的不同喜好，“千人千面”地推荐产品；（2）根据客户历史浏览记录，利用协同过滤、SCD等关联性算法推荐产品；（3）紧跟热点，推送当下最热的产品，以满足大部分客户的需求。

**（六）资讯信息定制化推荐**

CRM系统对金融新闻网站上的金融财经领域的热点资讯实时进行采集及热点聚合分析，对热点内容进行内容语义分析，提取语义标签，如资讯分类、行业、机构品牌、人物、地点、主题关键词、语义短语等，结合情感分析技术分析客户的喜好，进而针对客户的个性化需求，实现资讯的个性化定制与推荐。

**（七）多渠道定向化的精准营销**

CRM系统提供了基于客户画像和客户行为的精准营销功能，可以通过多渠道、定向为不同客户提供具有针对性的服务和产品推荐，为营销活动智能划定客户群，降低银行和客户总成本，并提高客户总价值。（1）线上为主，更强调多波段、跨渠道、线下线上有机协同营销；（2）通过流处理组件和drools规则引擎的运用，以及预定义事件筛选目标客群，结合营销场景，实现事件式营销，提升营销成功率。

资料来源：案例：恒丰银行：基于大数据的客户关系管理系统. 搜狐网，2017-06-20.

### （二）客户关系管理系统的未来发展趋势

自客户关系管理系统诞生以来，不同规模的企业都在努力从客户关系管理投资中获得最大价值。随着技术的发展，客户关系管理系统也在不断创新和演进，未来客户关系管理整体的发展趋势主要有以下几个：

**1. 社交型客户关系管理**

社交媒体已经成为大部分企业的重要营销平台之一，在客户互动方面发挥着越来越重要的作用。集成社交的客户关系管理系统可以挖掘客户重要信息，并将其添加到客户关系管理数据库中，不仅可以帮助企业与客户进行更加密切的交流，还可以向企业提供对客户行为和购买模式的前所未有的洞察。

**2. 基于云的客户关系管理**

基于云的客户关系管理是收集客户数据的一种经济且高效的方式，它能为企业提供更大的可访问性、灵活性和可扩展性，并能降低硬件和软件维护成本。如今，随着云计算的不断发展，基于云的客户关系管理系统将会日益发展壮大，其未来发展也不容忽视。

**3. 基于AI的客户关系管理**

AI技术无疑将成为未来客户关系管理的重大发展趋势。因为AI具有使每一项业务都变得更加智能的潜力，所以它能明显强化客户关系管理系统。通过数据学习，它能帮助企业找到问题的答案，以及预测哪些客户线索最有可能产生积极成果等。无论它的预测是否准确，但显而易见，未来AI将在客户关系管理领域扮演更重要的角色，为企业提供更精确的市场预测和更个性化的营销策略。

**4. 物联网集成的客户关系管理**

随着物联网（Internet of Things，IoT）在各种应用方面取得重大进展，物联网集成的客户关系管理也可以更好地根据内容相关的数据定制客户体验。这种整合将以更好、更深入的客户洞察力的形式为企业带来前所未有的发展机遇。

### 5. 移动客户关系管理

随着越来越多的客户倾向于使用移动设备，且移动客户关系管理能满足客户交互的“实时性”要求，企业开始更多依赖移动客户关系管理来保持与客户的联系。从内部的任务分配到外部的客户参与，移动客户关系管理能更好地帮助企业与客户随时随地保持连接与互动，及时了解客户最新的需求，及时做出响应，从而给企业带来巨大利润。

## 本章小结

本章主要介绍了金融数字化营销客户关系管理。

对于金融机构而言，客户的持久性是客户关系管理过程中需要考虑的一个关键因素。金融机构应该更加关注客户自我诱发和客户环境诱发导致的客户流失。客户保留策略的模型，通过对财务纽带、社会纽带、定制纽带和结构纽带以营销组合的方式加以实施，很可能帮助企业留住有价值的客户。客户关系链则体现了消费者从怀疑到支持的过程，客户关系链的价值通过企业重视得到增强。

客户终生价值是客户关系管理的核心，它将对盈利能力的思考从单纯的一次性产品利润率转移到对客户终生价值的评估上。基于此，企业可以从客户生命周期的角度对客群的当前价值以及价值的变化做出合理的判断和预测，进而制定相应的产品和服务策略。

随着客户关系管理理念深入人心，现实中已有非常多的金融机构应用了客户关系管理系统，这是利用信息科学技术帮助企业实现以客户为中心的管理模式的典型例子。客户关系管理系统与大数据密不可分，其未来的发展也离不开大数据的支持。

## 思考题

1. 如何理解客户关系管理的定义？
2. 如何寻找有价值的客户并与其保持持久的关系？
3. 请举例说明可以采取哪些客户保留策略。
4. 什么是客户关系链？客户关系链是如何体现客户关系管理的过程的？
5. 什么是客户终生价值？如何计算客户终生价值？
6. 如何基于客户生命周期进行客户关系管理？
7. 简述如何搭建客户关系管理系统。

第九章

# 银行业数字化营销

**【目的与要求】**

本章要求掌握商业银行的主要业务；了解银行业的数字化转型历程，熟悉数字化转型过程中商业银行的发展模式变革，以及银行业数字化营销的转型和类型，比如普惠金融、线上支付、纯网络银行；了解银行业数字化营销策略的创新；讨论商业银行的数字化营销典型案例。

## 第一节　银行业产品和业务概述

商业银行是金融体系的重要组成部分，其业务活动不仅关乎自身经营效益，还直接影响到国民经济的稳健运行。根据资产负债表的构成，商业银行的业务可以细分为负债业务、资产业务和中间业务三大类。

### 一、负债业务

负债业务是商业银行资金的主要来源，是其开展资产业务和中间业务的基础。负债业务的核心在于通过各种方式吸收社会公众的闲置资金，形成商业银行的负债，主要包括存款业务和其他负债业务。

#### 1. 存款业务

存款是商业银行最主要的资金来源，也是负债业务的核心。存款业务根据存款单位性质、流动性、来源性质等可分为多种类型。根据存款单位性质不同，存款业务可分为以下两种。

对公存款：主要针对企事业单位、社会团体等机构客户。对公存款主要包括活期存款、定期存款、协定存款、通知存款等产品。其中，活期存款流动性强，便于企业日常经营资金周转；定期存款则利率较高，适合企业中长期资金安排。协定存款和通知存款则为企业提供了更为灵活的资金管理方式，满足了企业多样化的资金需求。

对私存款：主要针对个人客户。对私存款主要包括活期存款、整存整取、零存整取、整存零取、存本取息、定活两便、教育储蓄等多种产品。这些存款产品各具特色，满足了个人客户在不同生活阶段、不同风险偏好下的储蓄需求。

存款业务不仅为银行提供了稳定的资金来源，还通过支付利息吸引了大量社会闲置资金，促进了资金的有效配置。同时，存款业务也是银行与客户建立长期合作关系的重要纽带。

**2. 其他负债业务**

除了存款业务外，商业银行还通过发行金融债券、向央行借款、同业拆借等方式筹集资金。这些负债业务为银行提供了多元化的资金来源渠道，增强了银行的资金实力和抗风险能力。

金融债券：银行通过发行金融债券从市场上筹集资金，通常用于补充银行的长期资金需求或支持特定项目。金融债券的发行有助于提高银行的资本充足率，降低融资成本。

向央行借款：银行面临短期资金紧张时，可以向中央银行申请再贴现或再贷款以获取资金支持。这种方式有助于缓解银行的流动性压力，维护金融市场的稳定。

同业拆借：银行之间通过同业拆借市场进行短期资金融通，以满足临时性资金需求。同业拆借市场的利率通常反映了市场资金供求状况，对货币政策传导具有重要影响。

## 二、资产业务

资产业务是商业银行运用资金赚取收益的主要方式。银行的资产业务是指银行将其筹集到的资金投放到贷款、证券投资等领域，以实现资金保值增值的业务。

**1. 贷款业务**

贷款业务是商业银行最主要的资产业务，也是其利润的主要来源。贷款业务按照偿还期限可分为短期贷款、中期贷款和长期贷款；按照保障条件可分为信用贷款、担保贷款（含抵押贷款、质押贷款、保证贷款）和票据贴现；按照用途可分为流动资金贷款、固定资产贷款、农业贷款、科技开发贷款、房地产贷款、金融机构贷款和消费贷款等。

短期贷款：主要用于满足企业或个人的短期资金需求，如生产经营周转、临时性资金需求等。短期贷款期限短、流动性强，有助于银行快速回收资金并降低信用风险。

中期贷款：主要用于满足企业技术更新改造、并购融资等中长期资金需求。中期贷款期限较长，有助于企业实现长期发展目标。

长期贷款：主要用于满足重大项目建设、基础设施建设等长期资金需求。长期贷款期限长、金额大，对银行的风险管理能力要求较高，但也能带来较高的收益。

贷款业务不仅为银行提供了稳定的收入来源，还通过支持实体经济发展促进了国民经济的增长。同时，贷款业务也是银行与客户建立长期合作关系的重要途径。

**2. 证券投资业务**

证券投资业务是商业银行运用资金进行证券买卖以获取投资收益的活动。证券投资业务包括债券投资、股票投资、基金投资等多种类型。通过证券投资业务，银行可以分散贷款风险、提高资金运用效率并增加非利息收入。

债券投资是银行证券投资业务的主要组成部分。银行通过购买国债、地方政府债、金融债等债券品种获取固定收益并降低风险。股票投资和基金投资相对风险较高，但收益也更为可观。银行在进行证券投资时需根据市场情况和自身风险偏好进行合理配置。

## 三、中间业务

中间业务是商业银行依托自身业务、资金、技术、机构、信誉和人才等方面的优势，为客户提供各种金融服务并收取手续费的业务。中间业务不直接动用银行资金，但能够增加银行的非利息收入并提高银行的服务水平和市场竞争力。

**1. 支付结算类中间业务**

支付结算类中间业务是商业银行为客户办理由债权债务关系引起的与货币支付、资金划拨有关的收费业务。该类业务包括支票结算、汇票结算、本票结算以及汇兑、托收承付等多种产品。支付结算类中间业务有助于降低客户的交易成本并提高交易效率，是银行基础金融服务的重要组成部分。

**2. 银行卡业务**

银行卡业务是商业银行发行银行卡并为客户提供消费信贷、转账结算、存取现金等服务的业务。银行卡业务不仅为银行带来了手续费收入，还通过提供消费信贷和提高支付便捷性提高了银行的品牌形象和市场份额。随着金融科技的发展，商业银行的银行卡业务也在不断创新，如移动支付、虚拟信用卡等新型支付方式不断涌现。

**3. 代理类中间业务**

代理类中间业务是商业银行接受客户委托，代为办理客户指定的经济事务并提供金融服务的业务。该类业务包括代理政策性银行业务、代收代付业务（如水电费、电话费代缴业务）、代理证券业务（如基金销售业务）、代理保险业务以及代理银行卡收单业务等。代理类中间业务有助于拓宽银行的服务范围并满足客户多样化的金融服务需求。

**4. 担保类中间业务**

担保类中间业务是商业银行为客户债务清偿能力提供担保并承担客户违约风险的业务。该类业务包括银行承兑汇票、备用信用证以及各类保函等。担保类中间业务有助于增强客户信用并促进交易达成，但同时也对银行的风险管理能力提出了更高要求。

**5. 承诺类中间业务**

承诺类中间业务是商业银行在未来某一日期按照事前约定的条件向客户提供约定信用的业务。该类业务包括贷款承诺（如授信额度）、透支额度等可撤销承诺，以及备用信用额度、回购协议和票据发行便利等不可撤销承诺。承诺类中间业务有助于满足客户的短期资金需求并提高银行的资金运用效率，但同时也需要银行具备较强的风险管理能力和资金实力。

**6. 交易类中间业务**

交易类中间业务是商业银行为满足客户保值或自身风险管理的需求，利用各种金融工具进行资金交易活动的业务。该类业务包括外汇买卖业务、金融衍生品（如期货、期权）交易业务以及贵金属交易业务等。交易类中间业务有助于银行分散风险和提高资金使用效率，但同时也对银行的市场判断能力和风险管理能力提出了较高要求。

7. **基金托管业务**

基金托管业务是商业银行接受基金管理公司的委托，安全保管所托管的基金资产并为所托管的基金资产办理资金清算等业务的活动。基金托管业务有助于保障基金资产的安全和完整，以及提高基金运作的透明度和规范性。基金托管业务也是银行非利息收入的重要来源。

8. **咨询顾问业务**

咨询顾问业务是商业银行依靠自身在信息和人才等方面的优势收集和整理有关信息，并结合银行和客户资金运行的特点形成系统的方案，将其提供给客户以满足客户经营管理需求的服务活动。咨询顾问业务包括财务顾问、现金管理咨询以及并购重组咨询等多种类型。咨询顾问业务有助于打造银行的专业形象和提升市场竞争力，并为客户提供更加全面和专业的金融服务支持。

# 第二节　银行业的数字化转型和数字化营销

在 21 世纪的全球金融版图中，银行业的数字化转型已成为不可逆转的趋势，它不仅重塑了银行的运营模式，也深刻影响了银行提供金融服务的方式。从对直销的初步尝试到电子银行的广泛普及，再到互联网银行的兴起，银行业的数字化转型历程充满了挑战与变革。

## 一、银行业数字化转型简史：从直销到互联网银行的跨越

### （一）直销银行的萌芽：对个性化服务的初步探索

在 20 世纪 70 年代以前，银行业主要依赖人工对纸质文档进行业务处理。柜员们需要手动记录每一笔交易，核对账目，处理存款和贷款等业务。这种操作方式不仅效率低下，而且容易出错，导致银行运营成本高昂。同时，由于“信息孤岛”现象严重，因而不同银行之间的信息交流不畅，客户体验也大打折扣。

直销银行是商业银行数字化转型的先锋，其诞生标志着商业银行开始尝试绕过传统的物理网点，直接面向客户进行营销与服务。直销银行的概念最早可追溯至 20 世纪后半叶，但其真正意义上的大规模兴起则是在互联网技术逐渐成熟的背景下发生的。

直销银行的核心优势在于其低成本、高效率的运营模式以及个性化、定制化的服务体验。通过电话、邮件、互联网等渠道，直销银行能够直接与客户建立联系，了解客户需求，为其提供量身定制的金融解决方案。这种去中介化的服务模式不仅降低了银行的运营成本，还极大地提升了客户服务的响应速度与质量。

在直销银行发展初期，一些先锋银行开始尝试通过邮寄信用卡、电话营销等方式推广其产品和服务。随着互联网的普及，直销银行逐渐将重心转向线上，通过官方网站、移动应用等渠道为客户提供更加便捷、全面的金融服务。直销银行的成功实践为后续电子银行和互联网银行的发展奠定了坚实的基础。

### （二）电子银行的崛起：金融服务的数字化革命

进入21世纪后，随着互联网的普及和信息技术的发展，电子银行逐渐成为商业银行数字化转型的主力军。电子银行是指利用电子设备和网络技术为客户提供自助式金融服务的银行系统，包括网上银行、手机银行、电话银行等多种形式。

电子银行的崛起标志着金融服务正式进入数字化时代，客户不再需要亲自前往银行网点办理业务，只需通过电脑、手机等电子设备即可随时随地享受便捷的金融服务。电子银行不仅提供账户查询、转账汇款、投资理财等基本功能，还通过引入大数据、人工智能等先进技术，提供个性化推荐、智能客服等高级功能，极大地提升了客户体验和服务质量。

电子银行的普及也促进了银行业的竞争与合作。一方面，各大银行纷纷加大在电子银行领域的投入力度，通过不断创新、优化产品和服务来吸引客户；另一方面，银行之间开始加强合作与交流，共同推动电子银行标准的制定和实施，促进金融市场的健康发展。

然而，电子银行的发展也伴随着一定的风险和挑战。网络安全问题、客户隐私保护、技术更新迭代等都需要银行高度重视并采取有效措施加以应对。此外，随着移动互联网的兴起和智能手机的普及，手机银行逐渐成为电子银行的“新宠儿”，为银行提供了更加广阔的市场空间和发展机遇。

### （三）互联网银行的兴起：金融服务的全面数字化

随着互联网技术的不断发展和金融创新的不断深入，互联网银行应运而生并迅速崛起。1995年，全球第一家纯互联网银行——美国安全第一网络银行（Security First Network Bank）在美国成立，标志着互联网银行时代的到来。随着互联网技术的普及和电信基础设施的完善，越来越多的银行开始推出网上银行服务，这些服务不仅拓宽了银行的服务渠道，还极大地提升了客户体验。客户可以通过互联网随时随地进行账户查询、转账汇款、支付消费等操作，实现了金融服务的无缝对接和即时响应。

进入21世纪后，随着智能手机的普及和移动互联网技术的发展，移动支付迅速兴起并成为银行业数字化转型的重要推动力。通过手机银行等移动支付平台，客户可以随时随地进行账户查询、转账汇款、支付消费等操作，进一步提升了金融服务的便捷性和高效性。同时，移动支付还促进了金融场景的多样化和个性化发展，为银行业带来了更多的商业机会和增长点。

互联网银行的兴起标志着金融服务全面进入数字化时代。客户只需通过互联网即可享受全方位的金融服务，如存款、贷款、支付、理财等。互联网银行不仅打破了传统银行的物理限制，实现了金融服务的无界化，还通过引入大数据、云计算、人工智能等先进技术实现了金融服务的智能化和个性化。

互联网银行以其便捷性、高效性和低成本等优势迅速赢得了市场的青睐。它不仅满足了年轻一代客户对数字化金融服务的需求，还通过创新的产品和服务模式吸引了大量新客户。同时，互联网银行还积极与金融科技公司、电商平台等各类第三方机构建立合作关系，共同打造开放共赢的金融生态体系。

## 二、银行业数字化促成发展模式变革

从20世纪80年代ATM、电话银行占据主流，到目前全渠道银行、机器人顾问等得到系统应用，“互联网＋”随着大数据、区块链、AI、云计算等技术的发展不断深化，数字经济飞速发展。在数字经济的驱动下，用户的消费模式和交易习惯发生了深刻变化。银行不仅利用自动客户服务、虚拟客服24×7全天候服务、在线自助、社交媒体互动等数字化工具提升服务质量，而且加速融合科技与金融，对银行业的数字化转型进行前所未有的加速变革。这主要表现在以下几方面：

**（一）加速零售业务数字化转型步伐**

在推进零售业务数字化转型过程中，银行需强化科技、渠道、客户、人才四方面的管理能力，加强数字技术运用，打造数字生态，使银行摆脱时空和人员限制，实现大零售业务数字化。银行数字化转型借助大数据、云计算和人工智能等新兴技术，充分利用结构化数据以及非结构化数据处理技术，实现自有数据、公共数据、合作数据的互联互通，以科技为动力，推动产品和服务创新，促进金融产品和客户生活场景无缝对接与融合，加强产品创新，开发适应客户全生命周期的金融产品，围绕客户的衣食住行等多方面场景提供最佳服务体验。

**（二）加快对公业务数字化转型步伐**

银行对公业务的数字化转型起步较晚，但整体推进速度较快。不过，在疫情期间及之后，企业客户线上化需求不断提升，线上化行为不断被强化，客观上加速了对公服务的数字化技术应用。作为对公业务的产品、渠道部门，交易的线上化、移动化、智能化特点天然符合对公业务数字化转型发展的要求。从业务范畴来说，对公业务嵌入了企业生产、经营的各个场景，可以覆盖支付结算、现金管理、贸易融资、供应链金融等。

**（三）加快资金业务数字化转型步伐**

从数字技术应用来看，信息化、集成化、智能化是未来资金业务的鲜明特点，大数据、人工智能、云计算等技术不会改变资金业务的投资交易本质，但可以有效赋能交易模式、投资决策、组合管理、风险防控、业绩评价、运营管理等。资金业务数字化转型旨在助推业务和技术有机融合，打通资金业务全域数据，加快投资交易、资金结算、交易对手分析、日常风险监控等环节的重构。在智能风控、智能交易、智能营销、智能投顾等领域加大投入，探索以智能化方式为线上同业服务平台和一线交易员赋能，提升内部管理运营效率。

**（四）加快信贷（贷款）业务数字化转型步伐**

在信贷业务方面，银行通过一系列数字化措施来提高效率、降低成本，并增强风险管理能力。例如，银行通过利用大数据和AI技术分析大量的客户数据，利用机器学习算法对客户的信用历史、交易行为进行分析，预测贷款违约风险，构建精准的信用评分模型，实现信贷审批的自动化和智能化；在贷款咨询和客户服务中引入智能客服，为客户提供智能化的问题解答和贷款指导，提升客户体验；通过提供手机银行App，使客户可以随时随地进行贷款申请、查询和还款，提高了服务的便捷性；通过建立智能风控系统，实现对信贷风险的实时监控和预警，降低不良贷款率；通过线上信贷平台提供小额贷款服务，简化了贷款流程，提高了审批效率。

#### （五）加快中间业务数字化转型步伐

数字技术驱动的中间业务创新具有重要价值，中间业务渠道创新增强了中间业务产品与客户之间的互联互通，使得中间业务产品突破了时间和空间的桎梏，提高了客户对中间业务产品的可接触性。尤其是将偏远地区客户等弱势群体纳入服务范围，能够降低客户对中间业务产品的搜寻成本。中间业务产品创新的个性化特征非常明显，比如，支付结算类产品被应用于各种支付场景，银行卡类产品与消费场景融合，互联网金融类产品被用于为商户搭建交易、支付、管理等方面的金融服务平台，代理类产品被嵌入多种生活场景，贸易金融类产品被用于为外贸交易企业打造一站式金融服务平台。中间业务产品创新的个性化设计趋势有利于提升市场需求预测能力和客户群体特征分析能力，进而升级银行营销模式，优化银行经营决策。中间业务渠道创新为客户搭建的一站式服务平台便于客户了解中间业务产品，解决银行中间业务产品与客户之间的信息不对称问题，减少客户与中间业务产品之间的匹配成本。

#### （六）加快资管业务数字化转型步伐

对我国商业银行而言，资产管理业务是直接融资市场的重要组成部分，是商业银行优化融资结构、推动生产要素改革和现代化转型的重要业务单元。商业银行在资产管理业务领域大力探索数字技术的运用，着力推动数字化战略顶层设计在资产管理业务领域的应用，坚持以客户需求为导向，基于客户信息的深度挖掘，开发和设计差异化、定制化的资管产品。目前，部分国内外金融机构已通过数字技术在资管价值链上的运用，对传统投研模式、业务流程、管理模式进行重塑。由于资产管理业务无需线下介质，因此其天然具备电子化和信息化属性，在数字化和智能化转型方面有得天独厚的优势。商业银行亟须推动资产管理领域金融科技与业务发展的“煲汤式融合”，提升自身在渠道、投研、风控、运营等方面的适应性、竞争力、普惠性，实现客户分层、业务创新和差异化定位，提升国际竞争优势，打造中国式现代化商业银行。

## 三、银行业数字化营销的转型和类型

#### （一）银行业数字化营销的转型

银行业数字化营销的转型，从前、中、后台更新优化了银行的传统业务，促进了零售金融业务大步发展，强化了银行作为信用中介的职能，扩展了银行的功能，推动实现了多种类场景营销。银行业主动拥抱金融科技，紧跟科技潮流，优化信贷流程，从基础设备、业务流程等维度设计重构，加大数字化、智能化研究领域的投入，构建适应客户需求变化的智能银行，加快信贷业务数字化转型，在竞争中保持优势。

**1. 数字化营销推动银行建立丰富多样的零售金融场景营销**

普惠金融与金融科技的融合为零售银行的场景创新搭建了更为广泛的平台，以生态圈为依托的普惠金融应用不断延伸，从早期的支付结算、消费到智慧医疗、智慧城市，普惠金融的概念和内容不断深化。从零售银行的实践和案例来看，各大行一方面着手搭建以手机银行 App、信用卡 App 为核心的场景工具；另一方面则与互联网平台、金融科技公司等第三方开展密切合作，共同构建开放式、多样化的零售银行场景，为普惠金融注入新的动力。从实际效果来看，以普惠金融为驱动的零售银行场景创新，不仅为银行业转型提供了发展路径，丰富了零售银行的服务内容，提升了客户体验，而且为普惠金融的深化、落地创设了新的模式，拓宽了零售银行的获客渠道。所以，场景金融将逐步成为零售银行竞争的高地。

比如，消费金融场景。消费金融的崛起成为互联网平台和电商发展的最大红利，过去由支付宝、微信、京东等互联网平台搭建起来的消费金融场景也迅速传递到互联网银行领域。以网商银行、微众银行为代表的互联网银行抓住了消费金融和普惠金融的场景发展机遇，聚焦新业态场景，依托互联网提供数字化金融服务，互联网银行的普惠场景融合了供应链、产业链、交易链，与用户的商业场景、生活场景、交易场景紧密关联。

再如，信用卡业务场景。在信用卡线上客户经营过程中，商业银行可以通过建立消费生态圈、搭建用卡支付场景、扩大客户服务范围、优化客户体验等方式实现信用卡线上客户规模的自发性增长，并在此过程中依托数字化经营管理手段，精准营销促销，扩大用卡消费规模，开启信用卡业务数字化经营的“第二发展曲线”。通过数据挖掘，圈定用卡习惯良好的高价值信用卡客群，运用智慧关系链将重点客群分层分类，差异化适配信用卡产品，开展线上拓客营销、促销活动。

**2. 数字化营销推动银行支付业务的更新与创新**

随着金融科技的快速发展，支付宝、微信等非银支付机构的互联网移动支付业务快速发展，给商业银行带来了前所未有的竞争压力。非银支付机构的支付业务自带社交属性并与普惠金融高度契合，因而分流了商业银行的大量支付业务客户，加之互联网智能移动终端的快速普及与新型支付方式的使用门槛低、交易便利以及附带社交功能带来的客户高黏性等多重因素叠加，对商业银行传统支付业务产生了极大的冲击。

商业银行加大了对包含移动支付功能在内的手机银行 App 业务的发展转型力度：(1) 对手机银行 App 进行了金融服务功能整合，将电话银行、短信银行等传统金融服务融入手机银行 App，提升金融服务便捷度。(2) 加大金融科技创新力度，将语音交易、生物特征识别（人脸、指纹识别）、智能语音客服等新型服务方式嵌入手机银行 App，降低使用门槛，提升客户体验度，从而扩展金融服务目标客户群体。(3) 在手机银行 App 开展系列营销活动，提高存量客户使用率，同时吸引新客户，持续提升手机银行 App 的获客能力和客户黏性。但由于各商业银行主体之间存在商业竞争，因此除几个银行外，大多数商业银行推出的手机银行 App 的使用场景，仅针对本行发行的芯片卡及虚拟账户，而支付宝、微信等非银支付机构则可以代理绑定大多数商业银行个人客户的账户，进而提供支付结算服务。与此同时，在上述非银支付机构构建的支付场景中，商业银行的手机银行 App 并不能对其生成的二维码进行扫码支付，事实上形成了手机银行 App 的支付场景壁垒。

**3. 数字化营销推动银行普惠金融功能的发展**

数字普惠金融借助大数据、云计算和人工智能等信息科技，能够全面、迅速地获得借款人在互联网中的行为数据，从而为商业银行信贷风险评估提供准确的原始数据。商业银行能够运用机器学习有效评估信贷等风险，提高风控与贷款评估模型的准确度，对客户进行信用分级管理，从而减少由信息不对称引发的逆向选择与道德风险。数字化营销对县域普惠金融功能发展的推动作用最为明显。

多年来，县域银行网点立足地方，服务农村，已经逐渐发展成为我国多层次农村金融体系中最具活力和成长性的金融机构类型之一。为更好地适应各地发展需求，县域银行网点下沉服务重心、转战乡村振兴领域、深入推进数字普惠金融具有不可忽视的重要意义。在数字信贷出现后，各银行立足于特色化信用贷款产品，纷纷推出专属优惠利率，组建工作专班送贷上门，借款人只需一部智能手机即可完成全部操作。此类产品不仅简化了审批流程，缩短了审批时限，而且节省了借款人的融资成本。从县域银行网点的功能性出发，数字支付、数字信贷、数字理财等几类数字普惠金融服务可获得性显著提升。据中国社会科学院农村发展研究所发布的《中国县域数字普惠金融指数报告2022》，在被调研居民中，县域及农村地区居民获取信用贷款的占比高达73.4%，其中，互联网贷款占57.5%，其他渠道包括地方性和大型金融机构。以金融的普惠性拓展金融服务的广度和深度，优化资源配置，助推经济社会高质量发展，进而达到全体人民共同富裕，具有非常重要的意义。

**4. 数字化营销推动政府机构业务创新，形成G-B-C全链条营销**

政府机构属于客户的客户，其派生性较强。政府机构涉及人民群众社会生活的方方面面，具有极强的辐射性，政府客户群体合作关系的建立能够为商业银行带来更多的客户群体，而且政府机构的对外合作项目较多，发展业务的机会也多，尤其是一些代理政府的业务正处于快速增长阶段，所带来的派生业务包括结算业务、电子银行业务等多个业务点。

G-B-C全链条营销服务体系是商业银行培育发展新动能、获取未来竞争新优势的重要引擎。通常来说，政府（Government）、企业（Business）、个人（Customer）构成了社会经济的主体，商业银行为社会经济各主体之间的资金流动提供了通道，由此衍生出各类金融产品和金融服务。当前，伴随着国家财政、社保、军队等重点领域改革方案的落地，作为资金源头，G端资金加速向下游沉淀，流向B端和C端客户的趋势明显。近年来，国家加大了基建投资力度，形成了溢出效应，B端资金回流G端；个人缴纳社保等费用，C端资金流向G端；通过消费金融生态圈的搭建，B、C两端之间资金流动变得更加紧密。

在新形势下，统筹运营G、B、C三端客户的资金流和信息流，构建全链条营销服务体系，是商业银行深化经营转型、提升核心竞争力的关键所在。以工会组织G-B-C全链条营销为例，截至2022年7月底，全国已建工会基层组织（B端）超过281万个，工会会员（C端）超过3亿人，B、C端客群十分庞大。银行与B端客户建立合作关系，代建工会经费收支管理系统，协助工会对源头性经费进行收缴分拨、审批支付管理，可实现工会经费资金在本行体系内的闭环流动，缓释同业因工会资金竞争对存款规模、付息成本产生的冲击。同时，工会经费收支管理系统通过支持政府消费券发放和核销以及职工福利采购、会员会费收缴、助业贷款发放等，实现本行对消费补贴资金的有效承接、个人会费资金的有效争揽，打通“各级工会—企业会员—个人会员”的G-B-C场景，成为各银行获客、活客的利器。

面对激烈的同业竞争，各商业银行应充分发挥集团公司整体优势，加强银行各条线、集团各子公司的协同决策，形成发展合力，进一步提高综合营销服务能力。重点在政务信息化、企业系统化、个人综合化等服务领域持续发力，旨在打通G-B-C全量拓户路径，争夺G-B-C全链条服务制高点，构建商业银行整体服务新优势。以中国工商银行融e购平台为例，2014年1月以来，中国工商银行创新推出“e公益”“e资产”“e采购”“e跨境”

“车云贷”等特色业务，居银行系电商首位。经过几年的发展，融 e 购平台已搭建起“三大服务系统（购物中心、商户中心、运营中心）＋四大运营体系（用户体系、订单服务体系、支付服务体系、物流服务体系）”的平台体系架构，形成了信息流、资金流、物流“三流合一”的闭环体系，实现了 G 端服务链、B 端采销链、C 端消费链与银行资金链的“四链合一”。

5. **数字化营销催生数字银行新形态**

我国现在的互联网银行多是民营银行，其中微众银行、网商银行、新网银行、亿联银行四家银行获批时就定位为互联网银行；富民银行、众邦银行、三湘银行、苏宁银行等多家民营银行将打造数字银行作为战略方向和发展目标，以数字技术驱动业务全流程；锡商银行定位于以移动金融和物联网技术为手段，积极探索具有物联网金融特色的科技型银行，它们都可被视为准互联网银行。此外，独立法人直销银行（现有百信银行和中邮邮惠万家银行两家）与互联网银行的模式和定位大致相同，也可看作互联网银行。目前，我国互联网银行在很多方面都具备了数字银行的特征，已经具备较高的金融科技水平、较强的业务创新能力和风险控制能力，并实现了自身关键核心技术的全面自主可控。

作为原生数字企业，互联网银行具有与传统银行不同的基因，它们首先是金融机构，同时具备科技企业基因，在思维方式、体系构架、人员配置和运营方式等方面接近科技公司，在多个运营环节上用技术取代了人工。毫无疑问，金融是互联网银行的基本属性，科技属性是互联网银行的基础、路径，科技属性贯穿了互联网银行运行的过程、方法、工具、模式。科技创新的目的是依靠高技术驱动更好地开展金融服务，这也是互联网银行区别于传统银行的最突出特征。

互联网银行在运营管理、服务模式、风险控制、产品设计等各个方面应用大数据、人工智能、云计算、物联网、区块链等金融科技，其场景化获客能力、平台化运营能力和智能化风控水平都得到了大幅提升，使传统银行难以触达的金融服务成为可能。互联网银行普遍建立了“大中台、重技术、扁平化”的技术驱动型组织架构，多采用事业部制，决策链条更短，效率更高。随着技术的不断迭代升级、大数据的不断积累更新、模型算法的不断完善提高，互联网银行前景广阔，在我国银行业中最有可能率先实现全面数字化，成长为数字银行。

在银行业数字化营销过程中，银行依赖大数据、人工智能、云计算、移动技术、区块链等多种技术，致力于将金融产品内嵌至各类数字化新场景，围绕客户、数据、服务等维度打造新形态，通过建立数字化渠道和平台，满足客户多元化需求，提升核心竞争力。在新场景、新形态涌现的同时，银行业也面临着新挑战。这些新挑战包括：（1）技术应用与更新。数字化转型要求银行采用新技术，如大数据、人工智能、区块链等，但这些技术需要高昂的投资成本，且技术更新速度快，银行需不断跟进。（2）数据安全与风险。随着数字化程度的提升，银行的信息系统和客户数据面临更多风险，如数据泄露、网络攻击等，需要加强信息安全管理和技术防护。随着数据泄露和网络安全事件的增加，客户隐私保护和客户信息安全保障成为银行业的关键任务和面临的最大挑战。（3）人才与组织变革。传统银行文化和组织结构不易对新技术进行灵活应用，员工可能存在抵触情绪或技术能力不足的问题，银行需要改革组织架构，引进和培养所需人才。（4）法规遵从性和合规性。银行在进行数字化营销时，须遵守相关法律法规，以确保业务的合规性并保护客户权益。这包括遵守《中华人民共和国网络安全法》和《中华人民共和国个人信息保护法》，确保客户数据的安全和隐私；同时，根据《中华人民共和国反不正当竞争法》和《中华人民共和国广告法》，银行需确保营销内容的真实性和合法性，避免误导性宣传。此外，银行应遵守《中华人民共和国消费者权益保护法》。（5）跨渠道一致性。银行投资多渠道整合平台和技术，但因不同渠道的平台和技术存在差异，因而整合过程中跨渠道一致性成为挑战。银行需要整合手机应用、网站、社交媒体等多渠道，确保客户在不同渠道上获得一致的体验。

## （二）银行业数字化营销的类型

### 1. 大数据基础上的内容营销

内容营销是一种通过创建和分发有价值、相关和吸引人的内容来吸引和保留明确定义的受众，并最终驱动盈利性客户行动的策略。在银行业中，内容营销包括理财教育、视频、博客、白皮书等，旨在提供金融知识，建立品牌权威，并提高客户忠诚度。在数字化营销中，银行通过内容营销提供金融知识，建立品牌权威，并提高客户忠诚度，如发布高质量的金融博客文章、制作金融知识视频、举办在线研讨会和网络研讨会、在社交媒体上分享行业新闻、通过电子邮件发送定期的金融报告、行业白皮书等，通过趣味性和知识性的内容，如金融知识、产品特点、优惠活动等吸引客户，并邀请专业人士和意见领袖进行线上直播。优质内容的筛选会直接影响数字化营销工作的成效，精心选择营销的主要内容，有助于在营销主题思想和营销内容的支撑下促进营销内容的广泛传播。

新冠疫情加剧了客户离行化与业务线上化的趋势，商业银行纷纷开启“以客户为中心”的“非接触式”营销转型，积极探索利用大数据技术、人工智能算法进行内容营销，通过创建和推送高质量的内容来吸引和保留客户。通过深入的数据分析，精准定位客户需求，提供个性化的内容服务，来增强客户黏性，提升市场竞争力。基于大数据分析，银行能够深入了解客户的兴趣、偏好及行为模式，从而为客户提供个性化的内容推荐，如定制化的资讯、理财产品信息等，提高内容的吸引力和相关性。结合大数据和人工智能技术，银行可以精准预测客户的潜在需求，推送具有针对性的营销内容，促进客户的转化和留存。通过实时监测客户对内容的反馈和互动数据，银行可以及时调整营销内容，优化客户体验，确保内容营销的有效性和客户满意度。例如，中国建设银行构建业务、数据、技术三大中台，将数据、技术融入业务营销；招商银行通过加大金融科技投入，以招行 App 为中心构筑“网点＋App＋场景”的客户营销渠道；中国工商银行大力发展智能投顾系统，促成客户营销，根据客户的偏好、资金用途，定制符合客户喜好的、有倾向性的理财产品，智能化指引客户投资理财，有效激发客户购买意愿。

### 2. AI 精准营销

精准营销是一种基于数据分析的营销策略，它允许银行根据客户的交易历史、行为模式和偏好来定制个性化的服务和产品推荐。AI 精准营销的思路在于：在客户数据分析这项重要工作里投入必要的资源，采用传统数据分析，找出客户行为背后的规律；同时运用大数据技术，得出细分群体的行为特征，从而有目的、有计划地开展精准营销和服务。AI 精准营销以客户服务的全生命周期为主线，分别将客户获取阶段、客户提升阶段、客户成熟阶段、客户衰退阶段和客户流失阶段的客户经营活动与大数据应用场景相对应，为客户提供匹配的产品与服务。精准营销成为客户提升阶段营销活动的代名词，客户提升的主要分析方法有聚类分析法、关联分析法、倾向匹配得分法等，这些分析方法的主要功能在于实现客户的针对性营销以及关联营销等，提高单一客户价值和利润贡献率。AI 因其在自动化、个性化服务、风险管理等方面的广泛应用，被认为是推动银行业数字化转型的关键技术。而基于 AI 技术的精准营销以客户为中心，从数据挖掘与分析角度精细化地进行客户细分，深刻洞察客户需求，传递客户个性化需求产品或送达共性特征客群的产品等，有助于企业实现客户价值贡献的最大化。

**案例 9-1**

兴业银行根据信用卡 App 行为数据进行客户分群，了解用户是否绑卡、使用激活、积分兑换以及在 App 上是否消费、分期、申卡等主要指标贡献度较高的信息。App 行为数据的核心维度分别是时间、频次、结果。在核心维度中，不同客群会呈现不一样的特征，可基于业务需求和行为数据统计分析，进行场景化行为数据标签的搭建。同时，借助第三方 POI（Point of Interest，兴趣点）数据的补充，确认用户偏好，引入三方数字标签，对不同客群匹配不同奖励的营销资源。基于以上多方数据，兴业银行在客户分群的基础上，运用机器学习聚类模型、RFM 模型等对信用卡存量用户数字画像进行多维度分析，如将客户拆分为分期、跨境、积分、优惠券、还款、额度等多类客群，便于营销资源调配及客群精准营销。

调查显示，依托精准智能营销方案的商业银行，营销成功率普遍提升 50%～60%；利用客户画像分析开展交叉营销的商业银行，客户的购买率普遍提升 30%～50%；利用大数据管理客户生命周期的商业银行，存量客户激活率普遍提升 30%以上，坏账率普遍降低 20%以上。与传统营销模式对比，开展智慧营销有助于商业银行大幅提升营销效率、降低营销成本、优化服务体验。

### 3. 丰富多样的场景营销

在零售端进行场景化布局成为商业银行近年来营销发展的主要方向。当前，客户不仅追求产品优质和服务细致，更在乎的是产品和服务的附加价值，如是否能够引起共鸣，是否能成为谈资，是否可以成为一种标签等。不同的场景带给人们的心理感受和由此引发的行为举止完全不一样。对于银行来说，其可以在现有产品的基础上对这类产品赋予新的意义，通过不同的场景刺激客户的不同心理，如通过讲故事、创场景等方式，结合多个关键词，如梦想、温馨、安全等，带给客户不同的感受，以此激发客户对产品和服务的认可，由此达到场景化营销的目的。为了提升市场竞争力，不少银行建设了许多与客户生活相关的应用场景，如银医一卡通、银校一卡通等，这些应用场景赢得了社会关注。同时，银行利用线上线下一体化构建针对不同用户群的生态圈，包括车主、理财爱好者、老年群体、青年群体等，与相应服务机构合作，推出针对性金融服务，满足不同用户群的全面需求。通过构建这种“场景＋营销”的生态圈，商业银行建立了智慧零售金融服务与经营新体系，提高了银行的市场竞争力，进一步提升了用户的满意度。

例如，众所周知的招商银行“周三饭票日”，就是整合餐饮类特惠商户资源，在每周三为信用卡持卡用户提供餐饮商户折扣优惠。还有中国银联联合当地商业银行开展的“移动支付便民工程”，围绕客户“吃、住、行、游、购和娱”等多方面需求，联合学校、医院、菜场、商圈、社区建设与支付息息相关的应用场景。各商业银行多措并举，充分整合现有资源，深度挖掘潜在资源，始终结合客户需求开展场景建设，主要目的是完成客户营销工作，完成获客、维客、黏客、提升客户综合贡献等一系列工作。

**4. 线下线上的整合营销**

由于移动互联网摆脱了时间、空间的限制，因此在线上进行整合营销可以让银行更快地获得潜在客户。相比于过往单一的线上、线下渠道，线上整合营销成本更低、传播范围更广。基于移动化、碎片化的营销，可以将争夺客户的时间提前，利用线上整合营销把客户原本的被动接受营销变为主动接受营销。以 4C（Cost、Consumer、Communication、Convenience，即成本、顾客、沟通、便利）理论代替传统的 4P（Price、Product、Promotion、Place，即价格、产品、推广、渠道）理论，并用 4R（Reaction、Relevance、Reward、Relationship，即反应、关联、报酬、关系）理论补充 4C 理论，着重于发展主题、对象、工作的整合，使营销的目标和战略更加贴合市场。

然而线上化并非万能的，尤其是在营销方面，线上渠道有一些难以克服的固有短板。比如，线上渠道对潜在客群的覆盖范围整体上比较粗略、模糊，营销覆盖的遗漏情况难以明确，对客群难以实施穷尽化、精耕细作式的网格化经营手段。又如，线上渠道在“温度、情感、信任感”的建立、连接与传递方面还非常欠缺，而信用、安全是银行长久经营的基石。再如，线上渠道仍然难以对客群线下的活动轨迹、注意力予以充分覆盖，线下仍将长期存在大量“离线流量”。银行机构在市场战略、市场定位、营销战略上合理搭配，线上网络与线下网点相互补充，以此开发出更富竞争力的产品，达成平等双向的互动和长期交流，以实现客户黏性、忠诚度的有效提升。

截至 2024 年，中国有 19 万多个银行网点，美国有近 10 万个银行网点。为了在新时代生存和发展，银行不断对网点布局、科技运用、网点运作以及网点员工进行战略调整，近年来，银行网点呈现去交易化、去现金化趋势，凸显服务中心、生态中心的线下地位。银行将线上场景融入线下网点，建立线上线下统一的整合营销平台，成立新的整合营销部门来调配银行资源，制订统一的营销方案。这样既解决了线上缺乏“温度”的痛点，也能“平滑”线上互动和线下互动的边界，保障区域活动的一致性，以及各部门之间的协同作用。利用线上线下提高营销深度，可以挖掘客户数据，借助大数据对客户和潜在客户进行营销，实现企业内部资源利用的最大化和企业整体收益的最大化。

**5. 基于 App 的移动营销**

移动金融营销作为一个新生事物，着眼于营销渠道的创新。由于民众对以智能手机为代表的移动通信方式日益熟悉并深度依赖，在可预见的未来，手机将成为银行连接客户的主要途径之一。

移动银行 4I 模式分别为分众识别（Individual Identification）、即时信息（Instant Message）、互动沟通（Interactive Communication）和个性化（Individuality）。（1）分众识别。分众识别是指移动营销与个体进行一对一沟通，每一部手机与其使用者身份都具有唯一对应关系，可以利用技术识别手段进行识别，能与金融消费者的身份建立起唯一对应关系，可以解决金融消费者是谁、在哪里等问题。（2）即时信息。即时信息是指银行移动营销传递信息具有即时性，为银行获得动态反馈和互动跟踪提供了可能。银行根据金融消费者的消费习惯构建用户数字画像后，就可以在金融消费者最有可能产生购买行为的时间发布金融产品信息。(3) 互动沟通。互动沟通是指移动营销“一对一”的互动特性，可以使银行与消费者形成一种互动、互求、互需的关系。这种特性可以帮助银行甄别关系营销的深度和层次，针对不同需求识别出不同的层次，在营销资源分配上做到有的放矢。(4) 个性化。个性化是指智能手机的属性个性化、私人化、功能复合化和时尚化，消费者对于个性化的需求比以往更加强烈。移动数字化营销也具有强烈的个性化色彩，传递的金融信息具有鲜明的个性化特点。

**6. 基于新媒体的社交媒体营销**

网络技术的发展为社交媒体的崛起提供了技术支撑，以微信、微博、QQ、小红书、知乎、贴吧、B站、Facebook、Twitter（现为X）等为代表的社交媒体平台，聚焦了KOL、草根等不同圈层的群体，银行可以通过社交媒体平台与客户建立联系，发布内容，参与讨论，收集客户反馈。首先，银行可以借助专业的团队生产出权威、原创的内容，同时在营销传播中注重线上线下结合、新媒体与传统媒体结合，有效利用植入式促销、跨界营销、话题营销等。以支付宝“集五福”为例，支付宝通过多渠道营销引爆线上线下，成为互联网金融营销的典型。再如，招商银行在整个优化营销渠道方面，从最初的微信“爱心漂流瓶”，到跨界合作的“面相财富值”的趣味H5，从出国留学卡的“番茄炒蛋”再到轻短喜剧系列《职场BATTLE》，创造多渠道玩法，及时捕捉社会热点和痛点，让招商银行品牌年轻化，充满人情味，触动人心。

在电商直播带货大行其道的当下，直播成为增强用户黏性、降低成本、实时互动的有效手段，银行通过直播、短视频等普及金融知识，适时营销产品和服务，尝试引入了“刷脸识前途”“测测您今年的财运”等趣味玩法。例如，2018年3月，中国银行在新媒体营销体系的构建方面做出探索，从注册自有品牌“中银直播间”的模式入手，力求采用直播营销的手段为客户群体提供实时信息传播服务和咨询服务等。中国银行手机银行还搭建了微银行系统，在微信公众号上重点对“中银直播间”进行了系统的开发，还设置了抖音官方认证账号，建立了手机银行直播、微信公众号直播和抖音直播的综合营销模式，为客户群体提供全球化、新媒体化的服务，银行的新媒体营销传播效果得到了显著改善和提升，极大地增强了营销工作的综合发展成效。

中国建设银行高度重视微博营销工作，在2019年组织开展的微博营销活动中，就通过创设微博话题“9 000万官微，在乎这样的你”的方式进行营销，还在营销过程中邀请联想官方认证账号、中国移动官方认证账号、TCL官方认证账号等助力转发和互动，获得了良好的传播效果，促使营销信息广泛传播，并且银行还将新媒体营销与传统会员营销、饥饿营销、比附营销、事件营销、口碑营销、植入营销等进行融合，形成了新媒体营销体系。

除此之外，银行业不断增加获客新途径，如裂变营销以及全域营销等，拓展了新的营销场景，如虚拟场景营销和游戏化营销。

# 第三节　银行业数字化营销策略的创新

## 一、产品策略的创新

### （一）以客户为中心的银行产品创新转变

银行数字化营销的产品设计理念转变主要体现在以客户为中心、数据驱动、互动与参与、个性化与定制化以及注重数据安全与客户隐私等方面。这种转变有助于银行更好地满足客户需求，提升客户体验，从而在激烈的市场竞争中脱颖而出。

（1）以客户为中心。在传统银行的产品设计中，银行往往以产品为中心，关注产品的功能和特点。而在数字化营销中，银行的产品和服务观念转变为以客户为中心，关注客户的需求、体验和行为。这个根本性转变要求银行更加深入地理解客户需求，以便为客户提供更加个性化、便捷的服务。银行从“产品驱动”转向“客户驱动”，重新梳理和定义了核心客户旅程，持续推动数字化流程再造，提升客户体验并降低运营成本。在数字化营销中，银行产品和服务的提供是一个动态的过程。银行可以根据市场变化和客户需求的变化，灵活调整产品设计和功能。这种动态调整能够帮助银行快速适应客户群体变化，保持竞争优势。例如，人工智能聊天机器人可以提供个性化的客户服务，自动化客服系统能够快速响应客户需求，解决客户的问题。数字化营销为银行提供了低成本、高效率的试验平台。通过不断尝试、创新，银行可以发掘新的产品设计理念和方法，为客户提供更加独特、新颖的服务。

（2）数据驱动。数据是实现差异化和个性化的关键。银行通过设立专门的数字部门或子公司，推动全面数字化战略，重塑组织架构，实现以客户为中心、数据驱动的服务模式。通过对客户数据的分析，银行可以洞察市场趋势和客户需求，从而设计出更符合市场需求的产品。数字化营销使得银行能够收集并分析大量的客户数据，以数据驱动产品设计和改进。银行利用先进的技术手段，如人工智能、机器学习等，来提高营销效率，增强营销效果。通过对大数据的分析，银行可以了解客户的偏好、行为模式和需求，从而设计出更符合市场需求的银行产品。数据还能帮助银行优化产品设计，提高客户满意度。

（3）互动与参与。数字化渠道使银行与客户之间的互动更加频繁和深入。产品设计不再仅仅是银行单向地为客户提供服务，而是需要鼓励客户参与和反馈的双向互动。银行要通过内容营销帮助客户了解金融产品和市场知识，鼓励客户参与讨论，增加与客户的互动。数字化渠道为银行提供了与客户互动的机会。产品设计不再局限于传统的功能和界面设计，而是加入了交互元素，使产品更加有趣、易用。例如，利用 AI 技术可以实现客服智能化，为客户提供即时、个性化的服务。在积极探索营销创新的过程中，一些银行选择爆款的主题内容和思想，创设具备话题性、时效性和娱乐性的营销内容，对营销热点信息进行快速传播。通过与客户互动，银行可以及时了解客户的需求变化，不断优化银行产品设计，扩大品牌影响力。

（4）个性化与定制化。在数字化营销的背景下，客户需求更加个性化与定制化。因此，银行的产品设计也需要更加注重个性化与定制化，以满足不同客户的需求，提高客户满意度。利用数字化技术，银行可以为客户提供更加个性化与定制化的服务，建立良好的客户关系，提高客户忠诚度。银行利用大数据、人工智能等技术手段，可以提升风险管理能力，实现个性化营销；利用定制化智能客服，可以提升客户体验，增加新客户的转化率。数字化营销的银行产品的差异化和个性化主要体现在定制化服务、交互式设计、数据驱动决策、动态调整和创新与实验等方面。这些差异化和个性化有助于银行在市场竞争中脱颖而出，提升客户体验和忠诚度。一些中小银行依托区域市场深耕细作，打造具有地方特色的金融产品和服务，也可以实现个性化创新。

（5）注重数据安全与客户隐私。在数字化营销中，保障信息安全和客户隐私至关重要。银行应采用多因素身份验证，提高账户安全性，确保客户数据的安全，保护客户隐私。银行应通过生物识别技术、移动支付等手段提供无接触服务，提升交易的便捷性和安全性，为客户提供更好的体验。客户无须携带实体银行卡即可完成交易；采用加密技术保护数据在传输过程中不被窃取；建立应急响应机制，以便银行在数据泄露发生时迅速采取行动，减少损失。

### （二）银行资产业务产品的创新

科技赋能，可以推动银行资产业务前中后台的数字化再造，实现业务过程和业务规则的数据化，并以此为基础开展信息数据统一治理，不断创新业务模式，全面提升投资交易及运营效率。实现业务运营平台化，有助于资产业务各部门、各环节合理配置数据资源，避免系统隔离、数据隔离、信息不共享等问题。

银行可以借助互联网、大数据、人工智能等技术，引入客户流、资金流、信息流、金融交易和社交等行为数据，整合工商、税收、海关和法院等政府公共信息，以海量多维度的客户数据为基础，结合银行内资源禀赋，建立针对不同类型客户、不同贷款用途的各类智能决策模型。同时，银行还可以与大型企业、电商平台、科技企业等第三方合作，实现资源共享、信息共通、利润共享，开展线上线下智能信贷业务。

基于银行内外数据，商业银行应运用大数据、人工智能等技术，用数据驱动风险管理，实现风控场景化、数据化、模型化的信贷闭环管理。贷款前，商业银行应运用客户行内外数据，对客户进行精准画像，引进指纹识别、人脸识别、虹膜识别等先进生物识别技术确认客户身份。贷款中，银行应借助申请评分模型、行为评分模型、经营画像模型、个人画像模型等构建信贷风险评价体系，对客户信用风险进行评估。贷后，银行应实时监测资金去向和客户行为，及时排查违约信息，建立黑、灰名单，及时发现潜在违约客户。

大数据、云计算等信息技术的应用，使得小微企业的经济行为和资产记录得以真实完整地展现，在很大程度上解决了传统金融决策下的借贷双方信息不对称问题，有效缓解了小微企业融资难问题。基于大数据等技术的应用，各家银行专门为小微企业研发了相关信贷产品，助力国家解决小微企业融资难问题。

### （三）银行中间业务产品的创新

根据《银行中间业务产品分类和代码》中关于中间业务产品的定义，数字技术主要驱动支付结算、银行卡、互联网金融、代理、贸易金融等类型中间业务产品的创新与发展。具体来讲，支付结算类产品创新主要是指银行以网上银行、人行支付、本行汇兑等系统为基础，创新支付结算工具和自助设备，使客户享受更方便快捷的账户查询、转账汇款、现金存取、消费和电子对账等服务。银行卡类产品创新主要是指银行依据场景金融创新服务理念，根据客户各类生活场景推出各种主题的借记卡、贷记卡、准贷记卡。互联网金融类产品创新主要有四类：一是银行利用互联网技术、移动互联网技术、中文短消息技术为个人和企业打造综合性服务平台，如自助银行、网上银行、手机银行、电话银行、短信银行和微信银行；二是电子商务，即银行在互联网、企业内部网和增值网上，以电子交易方式进行的交易活动和相关服务；三是网络支付，即网络商户依托公共或专用网络，通过网络支付系统，受理持有个人或单位结算账户的客户通过电子渠道发起的支付申请，用于购买产品或服务，并完成货币支付或资金转移；四是平台增值服务，即银行将具有知识产权的科技产品或服务作为可输出的产品，为金融机构提供管理、科技、业务流程等全方位金融服务。代理类产品创新主要是指银行将代理社保、工资、税费的收缴和发放场景嵌入网络服务平台。贸易金融类产品创新主要是指银行依托互联网、云计算、区块链等技术，面向应收资产交易各参与方，提供应收资产管理服务、账户管理服务、资产交易服务、资金监管服务、结算服务、风险管理服务等的全方位一站式综合金融服务平台。

在数字经济背景下，银行中间业务参与主体——客户和银行——的行为发生了较大变化，即客户的社会行为在网络上会留下“足迹”，银行与越来越多的企业达成合作共生关系，进而形成网络结构的生态圈。客户和银行的行为变化推动银行中间业务从实体环境向虚拟网络空间转移。

### （四）银行智能化中后台的成本控制

数字化转型促使银行建立数据仓库和分析体系，整合内外部数据，建立一个统一的数据仓库，并建立包括数据采集、清洗、整合、分析和可视化等环节在内的数据分析体系。比如，中国工商银行建立了庞大的数据仓库和分析体系，通过数据分析了解客户的行为和偏好，为产品和服务优化提供支持。

（1）通过自动化审核减少操作风险。通过利用智能合约技术，银行可以对金融交易合同进行自动审核和执行。这有助于降低合同风险，提高合规性。基于人工智能和机器学习技术，银行可以实现贷款、信用卡等业务的自动化审核。系统能够根据客户征信、历史表现等数据自动评估风险，快速做出决策，从而提高审批效率，并减少人为错误。

（2）通过智能评估提前预警风险，降低违约率。通过实时收集并分析各项业务数据，银行可以及时发现潜在的风险，如欺诈行为、异常交易等。通过利用大数据技术，银行可以对海量数据进行深入挖掘和分析，从而发现潜在的风险点。通过利用先进的数据模型，银行可以对各类风险进行精细化评估。预警系统能够快速响应，采取相应的风险控制措施。通过构建智能风控平台，整合内外部数据资源，实现全方位的风险监测和预警。平台能够实时更新风险信息，为各部门提供统一的风险视图。这有助于银行更准确地评估风险，提前预警并采取措施。

（3）通过运用大数据和人工智能技术为业务前台赋能。通过运用大数据和人工智能技术，如机器学习、自然语言处理等技术，银行可以对数据进行深度挖掘和分析，发现潜在的价值和规律。比如，中国建设银行与人工智能公司合作，开发了智能客服系统，通过机器学习技术自动回答客户的问题，提高服务效率；定期进行数据分析，包括客户分析、产品分析、市场分析等，为决策层提供决策依据。又如，中国农业银行每月发布客户分析报告，通过数据分析发现客户的消费习惯和偏好，为产品开发和营销策略的制定提供支持。

（4）通过智能化中后台数据分析，银行可以深入了解客户需求，优化产品和服务，在控制成本的同时增强营销效果。

## 二、渠道策略的创新

品牌建设不仅仅是为了形象宣传，更是为了提升产品质量。数字化时代的品牌营销需要回归营销的本质，商业银行注重产品创新和服务质量，需要重新洞察和理解客户，提供满足客户需求的产品和服务，提高客户满意度和忠诚度。

（1）创新零售业务渠道。在零售（个人）业务领域，银行可以通过电脑端、移动银行等方式实现全网个人用户深度覆盖，充分借助开放银行平台的输出能力，将账户、支付、理财、信贷等服务广泛输出到各行业客户的 App、小程序、公众号上，实现全网获客。银行应将月活客户数作为考核指标，将全部产品在移动银行上线，吸引客户在移动银行上使用产品、参加活动，这有利于月活客户规模稳步提升，以及各专业条线客户的长期稳定；充分发挥微信等外部社交平台的传播引流作用，强化外部平台上Ⅱ/Ⅲ类账户开户与电脑端、移动银行注册等功能的联动，在实现线下业务（例如，理财销售业务、贵金属代理业务、信用卡业务等）流程标准化的同时，将业务办理流程向线上转移，优化银行传统业务流程；推动科技与业务深度融合，在日常经营管理中，将先进技术应用于金融业务；基于对客户数据的分析研究，搭建营销平台及风控平台，了解客户业务的变化情况，对客户进行精准画像，提高主动营销、事前防控风险的能力。

（2）重构对公业务渠道。银行可以通过构建银行大规模并行处理（Massively Parallel Processing，MPP）、体验官、用户评价中心和会计经理工单四个端到端的体验响应机制，建立高效的银行体验响应体系，加快推动银行由被动解决问题向主动全面赋能转型；聚焦企业客户的融资、结算、出表等需求，综合运用一揽子产品，提供全链条、数字化、综合化服务，助力企业客户进行集约化、精细化、专业化经营管理；强化线上服务能力，加快企业手机银行、企业微信银行、微信小程序等移动端建设，持续提升移动端服务体验，为对公客户提供轻量级、多场景、一体式的移动金融服务，在对公领域，推动对公金融服务与产业融合，落实好对公客户服务部署，推广企业网银、企业掌银、银企通等对公服务渠道，推出“普惠 e 站”，将企业掌银打造成服务城乡客户、落实普惠金融服务的重要载体；瞄准重点行业，围绕开户、票据、融资、采购、销售、保付、收付、资金监管等环节，大力发展产业链金融，探索对公金融产品的开放输出，将金融服务无缝融入企业经营管理和产品购销过程；优选核心公司类客户及其产业链上下游客户群作为重点客户，瞄准产业链生产端、贸易端、服务端的需求，以点串链、聚链成网，按照行业特点打造“一链一场景”的产业链金融服务新模式。

（3）多渠道进行数字化精准营销。银行应实现各渠道数据和信息的无缝交互，为客户提供完美的服务体验，利用数据分析进行深度数据挖掘，精准营销并增加交叉销售的机会。这些渠道主要包括三种：一是官方网站。银行应打造专业、对用户友好的官方网站，提供丰富的产品信息、便捷的服务入口。二是移动应用。银行应推出功能齐全、用户体验良好的移动应用，满足客户随时随地的金融需求。三是社交媒体平台。银行应在主流社交媒体平台上开设官方账号，发布有价值的内容，与客户互动。例如，中国农业银行在微信、微博等平台积极与用户互动，发布金融知识、优惠活动等信息，提高用户黏性。银行还应利用大数据、人工智能等技术，对目标客户群体进行精准画像，并制定个性化的营销策略。银行可以进行跨渠道整合营销，即通过整合线上、线下渠道，实现多渠道协同营销，提高品牌曝光度。例如，招商银行在地铁、公交车身广告上印制官方微信二维码，引导用户关注其社交媒体账号，实现线上线下流量互导。在数字化时代，商业银行利用数字化渠道如互联网、移动应用、社交媒体等来扩大品牌影响力至关重要。

（4）渠道互动参与，全渠道整合。社交媒体、在线论坛等渠道为客户提供了与银行实时互动的机会。客户可以随时提出问题、意见和建议，银行能够及时回应和改进服务，形成良好的互动关系。VR 技术和 AR 技术的应用，为客户提供了沉浸式的服务体验。例如，通过 VR 技术，客户可以在家中参观银行的网点；通过 AR 技术，客户可以在移动设备上获得更加丰富的交互式服务体验。银行通过整合线上线下的服务渠道，可以实现全渠道的无缝衔接。客户无论通过哪种渠道访问银行服务，都能够获得一致、高效的服务体验。

## 三、细分策略的创新

数字化营销通过数据收集与分析、用户数字画像与细分、个性化推荐系统、实时反馈与调整、多渠道整合、动态内容与情境营销以及客户生命周期管理等方面的应用，能够帮助银行实现智能推荐和精准营销，提高银行的营销效率和客户满意度，进而提升银行的业务竞争力和市场地位。借助数字化渠道，银行可以将服务扩展到更广泛的客户群体，突破地域限制，提高市场占有率。数字化分销渠道可以大幅提高银行的销售和服务效率，降低运营成本。

### （一）精准营销基础上的智能推荐

智能推荐系统通过逻辑回归、聚类分析、K 均值聚类等算法，从客群基本属性特征、产品持有结构、渠道偏好、交易行为偏好等维度对六大重点客户群进行分析，采用客户基本信息、客户属性信息、客户资产及负债、资产负债变动率、RFM—频度、RFM—金额、资金流向—辐射范围、资金流向—笔数、资金流向—金额等维度的指标建模，研究各类细分客户群对银行的综合价值贡献、产品偏好等情况；根据细分客户群在当前生命周期中的核心需求，设计运营及激励手段，形成客户洞见，开展精准营销；利用机器学习和人工智能技术来分析客户数据，识别模式和趋势，据此预测客户需求。智能推荐系统可以自动推荐最符合客户需求的金融产品和服务，从而提高销售效率和客户满意度。

数字化营销通过以下几个方面帮助银行在精准营销的基础上进行智能推荐：（1）数据收集与分析。数字化营销能够收集大量关于客户的行为、偏好和需求的数据。通过分析这些数据，银行可以深入了解客户的特点和需求，为智能推荐和精准营销提供依据。（2）用户画像与细分。基于数据分析，银行可以构建详细的用户画像，将客户群体进行细分。针对不同细分市场的客户，银行可以编制更有针对性的营销策略和推荐方案。（3）个性化推荐系统。利用机器学习和人工智能技术，银行可以构建个性化推荐系统。该系统能够根据客户的行为、偏好和需求，为其提供个性化的产品和服务推荐，通过提高推荐的精准度，提高客户满意度和转化率。（4）实时反馈与调整。数字化营销能够提供实时的数据反馈，帮助银行及时了解营销活动的效果和客户反馈。基于反馈数据，银行可以不断优化推荐算法和营销策略，实现精准营销的持续改进。（5）多渠道整合。数字化营销强调多渠道整合，包括线上线下的各种渠道。通过整合不同渠道的客户数据，银行可以更全面地了解客户需求，实现更精准的推荐和营销。（6）动态内容与情境营销。数字化营销可以根据客户的实时情境和需求，提供动态的、有针对性的内容和推荐。例如，根据客户的消费习惯和兴趣，数字化营销可以帮助银行向客户推送个性化的产品广告和优惠信息。（7）客户生命周期管理。数字化营销可以帮助银行管理客户的生命周期，覆盖从潜在客户的开发到现有客户的维护和拓展全过程，针对不同阶段客户的营销需求，制定个性化的推荐和营销策略，提高客户满意度和忠诚度。

### （二）多渠道分销网络

在数字化时代，商业银行基本上都建立了多渠道分销网络，包括线上和线下的分销渠道。线上渠道主要包括网上银行、手机银行、微信银行等，线下渠道则包括实体网点、自助银行、客户经理等。例如，中国工商银行的分销网络覆盖了线上和线下的多个渠道。在线上方面，中国工商银行推出了网上银行和手机银行，客户可以通过这些渠道办理转账、查询、投资理财等业务。同时，中国工商银行还通过微信银行提供服务。在线下方面，中国工商银行拥有庞大的实体网点体系，可以为客户提供面对面的服务，同时在自助银行和移动设备上提供便捷的自助服务。再如，招商银行的分销网络以线上渠道为主，以线下渠道为辅。招商银行的网上银行和手机银行功能齐全，界面友好，用户体验较好。同时，招商银行也注重线下渠道的建设，提供专业的客户经理服务，致力于提升客户满意度。又如，中国建设银行的分销网络注重线上渠道和线下渠道的融合。中国建设银行推出了“建行到家”等线上业务，将线下的银行业务延伸到线上。同时，中国建设银行也注重实体网点的升级改造，通过提供智能化的自助服务设施提升客户体验。这些银行的分销网络建设都注重线上和线下的融合，通过提供多渠道的服务方式满足不同客户的需求。

### （三）优化用户体验

优化用户体验是商业银行提升竞争力的关键。在数字化营销时代，银行应确保不同渠道间的用户体验一致且优质，为客户提供便捷、高效的服务。

（1）设计简洁、易用的界面。简洁、易用的界面能够减少操作步骤，便于客户快速找到所需的产品或服务。例如，中国银行的手机银行界面采用简洁的设计风格，提供了清晰的导航菜单，便于客户快速访问常用功能。

（2）强化个性化服务。银行应利用大数据和人工智能技术深入了解客户需求，提供定制化的服务和推荐。例如，中国工商银行宁波分行鉴于超高净值客户对于财富保值增值的需求及个性化定制需求日益增加，致力于新兴个性化业务的研究与突破，依托强大的产品研发团队和专家团队，以专业的需求分析、团队协作、运行管理能力为金融资产在5 000万元以上的高净值客户量身打造集投资账户服务、金融资产质押服务、代理投资服务、增值服务等于一体的专户投资服务。

（3）提供实时、智能的客户服务。在数字化时代，商业银行提供24×7的在线客户服务，通过聊天机器人、人工客服等多种方式解决客户问题。例如，中国建设银行的微信银行利用智能客服快速回答客户的问题，提高了服务效率。通过微信银行中的“建行小 E”功能，客户可以进行账户查询、转账汇款、信用卡还款、理财产品购买等多种银行业务操作，同时还可以通过语音或文字与“建行小 E”进行交互，获取相关的银行服务信息和帮助。“建行小 E”的智能化程度较高，可以根据客户的需求和问题，为客户提供个性化的服务和解决方案，以及更加便捷、高效的银行服务体验。

## 四、促销策略的创新

在数字化时代，银行的促销策略同样占据至关重要的地位。举办促销活动可以提高银行在市场上的品牌知名度。采用优惠和奖励等手段有助于增加销售量，强化客户关系，刺激客户购买更多产品或服务。银行在促销手段上的创新包括广告创新、公关创新、促销创新和人员推销创新四种。

### （一）广告创新

广告创新是指银行利用数字化营销技术，通过社交媒体、搜索引擎、电子邮件等渠道发布创意内容，向潜在客户精准投放广告，吸引潜在客户关注，如银行在抖音上发布信贷营销短视频，实现广泛传播，促进客户咨询。银行通过创新内容营销，围绕基层故事创作短视频，讲述银行故事，打造特色栏目，增强品牌与客户的情感连接，展现服务温度和品牌形象。银行可以利用大数据、人工智能等技术进行精准广告营销，比如，中国工商银行软件开发中心打造的一站式广告智能投放平台，能够实现外部新媒体流量的统一对接和智能竞价投放。

数字技术的运用使商业银行能够定期评估其广告策略。银行可以通过网站分析工具、CRM 系统等收集和分析数据，了解活动的流量、转化率、销售额等关键指标，对不同的广告促销策略进行 A/B 测试，比较不同策略的效果，找出最优方案。例如，平安银行在进行数字化营销时，采用了多渠道投放广告促销的方式。为了评估不同渠道的效果，其采用了数据分析工具来对各个渠道的投放广告流量、转化率等指标进行实时监控。通过数据分析，平安银行发现社交媒体渠道的广告转化率较高，而搜索引擎广告的流量较大。基于这些反馈，平安银行决定增加在社交媒体上的广告投放，并优化搜索引擎广告的关键词和创意，同时，还通过客户反馈了解到用户对某些促销活动的参与意愿不强，于是对活动内容和形式进行了调整，增强了互动性和趣味性。

### （二）公关创新

公关创新是指银行利用数字化营销手段，通过新闻稿、官方网站、社交媒体、电视网络等渠道发布有吸引力的公关文宣，提高公司的知名度和美誉度。银行在社交媒体平台上发布行业洞察、理财知识等高质量创意内容，可以吸引潜在客户关注；利用社交媒体平台发布有关公司业务、财务状况、市场动态等方面的信息，可以加强与客户和公众的互动交流。例如，光大银行将金融知识教育体系与乡村公益结合，从切实关爱乡村留守儿童入手，以“与光同行——给乡村孩子的一节课”视频教学课程弥补乡村通识教育短板，让金融智慧启蒙之旅从敦煌启程传递到全国近 2 000 所乡村学校，让源源不断的光大金融力量注入更多乡村。

### （三）促销创新

促销创新是指银行创新促销方式，将金融服务融入客户的生活场景，如在线购物、旅游、教育等，为客户提供场景化的金融解决方案。银行通过手机 App 和移动广告进行产品推广，提供便捷的移动银行服务。银行通过分析客户数据预测客户需求，提供个性化的金融产品和服务；利用大数据和人工智能技术，打造个性化理财推荐系统，实现细分客群精准触达；通过微博、微信等社交媒体平台与客户互动，提高品牌知名度和客户忠诚度。例如，中国农业银行通过腾讯新闻平台的《大国之树》节目，将银行品牌与节目的生态魅力、经济魅力以及人文魅力相结合，节目探寻的树与中国农业银行“三农”金融服务品牌标签深度契合，节目的核心立意与中国农业银行用金融力量守护绿水青山的目标相呼应，在带来正向社会营销价值启示的同时，也树立了良好的银行品牌形象。

银行结合数字平台创新促销方式，再根据产品特点和客户需求选择合适的促销方式，如折扣、赠品、积分兑换等。比如，中信银行与电商平台合作，推出“购物满额享银行优惠”活动，实现了与电商平台的互利共赢。中信银行信用卡在年中消费节期间，携手京东、淘宝、天猫等电商平台，为持卡用户提供丰厚福利，让广大消费者的每一笔消费都有回馈，如“购物享满减”和“消费加积分”等优惠活动。中信银行信用卡还联合京东商城推出了“消费满立减”活动。在活动期间，在京东商城已绑定中信银行信用卡的用户，有机会领取满 100 元减 20 元的京东支付券，该支付券可用于购买京东商城实物类商品。浦发银行针对其信用卡业务推出了“消费满额送礼”活动，鼓励客户消费。再如，浦发信用卡重磅推出“金秋消费”系列活动，聚焦生活场景，提供超值福利。活动期间，持卡人通过浦发信用卡活动页面可领取小浦消费券，消费券分为无门槛小浦消费券、小浦消费券券包两种类型，可分别用于参与“66 生活”活动的商户，以及“饿了么”“美团外卖”“美团美食”、咖啡饮品专区、快餐甜品专区、娱乐出行专区内指定商户，充分满足持卡人多元的消费需求。

### （四）人员推销创新

人员推销创新是指银行利用数字化营销技术，通过线上推广、线下渠道活动等方式，将线上渠道与线下渠道结合，开展人员推销，提升客户关系管理能力，这有助于提高客户留存率和客户忠诚度。银行通过提升客户经理的数字化技能提供个性化的客户服务，增强客户体验；通过举办线下活动，如理财讲座、客户答谢会等，增加与客户的互动，提高客户忠诚度；通过在社区内设立银行服务点提供近距离的银行服务，提升客户获取服务的便利性；利用 CRM 系统跟踪客户信息，为客户提供更加精准的服务和产品推荐，实现线上渠道和线下渠道的协同，为客户提供无缝的银行服务体验。

例如，杭州银行通过建设营销中台，解决其分散经营的问题，将原来以业务为中心的服务模式转变为以客户为中心的服务模式，提升小微企业客户部门在营销领域的业务管理能力。小微企业客户条线名单制营销模式的推出使得覆盖全部小微客户的经营成为可能，解决了客户经理精力有限、无法覆盖所有客户的问题，通过分层经营协助营销人员提升了产能。

## 第四节 银行业数字化营销的典型案例

### 一、背景描述

在技术趋势、国家战略、行业竞争的驱动下，商业银行纷纷走上了数字化转型之路。然而，对于直面客户、站在市场竞争最前沿的商业银行基层分支行而言，如何通过实施数字化转型实现批量获客、提升营销服务成效一直是它们面临的挑战。“网络强国”、“互联网＋”行动计划、“数字中国”等国家战略陆续实施，全面吹响了数字化社会治理的号角，各级政府智慧政务平台建设步伐显著提速。网上办事、“指尖办事”、“不见面办事”等逐渐成为政务服务的主要模式，商业银行依托政府智慧政务平台为金融服务赋能、探索金融服务数字化转型也随之成为新形势下的必选项。

从数字化转型的路径看，银行业大多围绕 G、B、C 三端做文章。比如，招商银行重点做强 C 端，中国农业银行提出打造 G 端、B 端、C 端场景融合生态，中国建设银行总行则提出“G 端链接、B 端赋能、C 端突围”的数字化转型路径。中国建设银行广州分行地处作为大湾区两大核心城市之一的广州市，该区域内以中小民营企业为经营主体。中国建设银行广州分行一直以来与当地政府保持良好合作关系，与同业相比，其对公业务、零售业务在当地占有较大优势。中国建设银行广州分行基于区域经济发展特点和竞争优势，确定转型重点以 G 端为突破口，促进 B 端、C 端获客，率先与广州市线上政务门户合作，与政务服务和数据管理局（简称“政数局”）建立战略合作伙伴关系，创造数字赋能、渠道融合、“金融＋政务”服务新局面，有效带动获客、活客以及各项对公、零售业务的持续提升，积累了商业银行数字化转型驱动发展新的基层实践经验。

近年来，广州市政府将深化“放管服”改革、优化营商环境、提升公众满意度、为数字经济发展赋能作为建设“数字广州”的目标和内涵。广州市成立政务服务和数据管理局，由该局负责统筹推动“数字政府”建设；组建数字政府运营中心，由该中心为“数字广州”提供技术支持。广州市政数局实现了数据自动化采集、传输、归总，支撑政府各部门、各镇（街道）数据共享应用、高效协同办公，方便了群众、企业办理各项政务业务。这些数据对于中国建设银行广州分行开展数据驱动的产品和服务创新具有重要意义，也能为中国建设银行广州分行创新“金融＋政务”新服务奠定基础。但如何才能与政府合作，分享政务数据，搭上政务数字化建设的快车呢？在政府对新合作领域持谨慎态度的情况下，银行应如何打消政府对合作的疑虑呢？面对政银合作的非排他性，银行如何在同业竞争中脱颖而出，掌握主导权，抢占业务先机呢？这些问题萦绕在中国建设银行广州分行的领导层和营销团队的脑海中。

### 二、案例主线

该案例主要分为以下几个阶段：

（1）把握契机，曲线合作。早在 2019 年，中国建设银行广州分行就了解到广州市政府正在构建数字政务平台并计划打通相关系统、整合数据。于是，该行工作人员多次主动寻求与政府合作，但得到的回复是这些平台暂时仅供内部使用，不对外开放。这表明政府对于与银行开展这种新型合作持谨慎观望态度，主要是因为这种合作模式尚新，且银行并非传统科技公司，政银的合作效果尚待验证。尽管合作未能成功，但中国建设银行广州分行并没有放弃。其迅速转向与政府合作的科技公司，并了解到政府数字政务平台由某家科技公司承建。于是，中国建设银行广州分行想到了“曲线救国”的合作方式，其主动找到这家科技公司，从服务融合和技术参与的角度探讨合作可能。虽然公司对合作方向表示认可，并愿意协助说服主管部门，但中国建设银行广州分行最终还是收到了公司表示遗憾的回复，称鉴于主管部门的态度，不便开展进一步合作。尽管再次遭遇挫折，但中国建设银行广州分行的工作人员并未气馁。他们从公司的回复中看到了与政府定向科技公司合作的可能性，只是还需要等待一个合适的契机。

2020年初，新冠疫情暴发，这一方面催生出众多新兴场景，服务线上化、业务线上化、办公线上化趋势加速；另一方面导致运用大数据发放电子通行绿卡、支持健康打卡等疫情防控需求更加紧迫。广州市政数局委托该科技公司开发具有电子通行绿卡、健康打卡等功能的“穗好办”App及小程序。2020年3月27日，该科技公司推出“穗好办”App测试版。这时，中国建设银行广州分行的工作人员意识到契机来了，他们找到该科技公司，双方就将“穗好办”App打造为本地化的、健全的移动政务服务门户离不开银行的支持达成了共识，并将共识传达给广州市政府，获得了政府相关部门的认可。自此，中国建设银行广州分行智慧政务合作迈出了第一步。

（2）示范引领，乘势而上。在推进“穗好办”App建设的过程中，该科技公司及其背后的广州市政府仍对与银行合作的模式、价值空间有所疑虑。为让合作模式与合作价值更加清晰和具体，中国建设银行广州分行以中国建设银行广东省分行与广东省政数局合作开发“粤省事”的模式为案例，向该科技公司详细介绍了其合作方式、合作后数据引流、用户服务使用等情况，并通过该科技公司影响其背后的广州市政府，进一步巩固合作关系。最终，双方借鉴“粤省事”合作模式，实现了中国建设银行掌上银行与“穗好办”App用户互认、功能互用、相互引流，共建“政务服务＋线上金融”体系。

2020年4月，新冠疫情已由集中暴发期进入防控期，复工复产逐渐加快。广州市政府为加快复工复产，促进疫情后经济恢复，着手深入推进政务服务扁平化，促进营商环境持续改善。中国建设银行广州分行在了解到广州市政府将深入推进市级智慧政务平台后认为，这是将其与政府定向科技公司合作上升为与政府智慧政务共建合作的绝佳时机。于是，中国建设银行广州分行迅速组织商讨合作推进策略，确定了“充分展现中国建设银行已有政务服务的基础与优势，充分表达合作诚意，趁热打铁快速推进”的营销策略，并迅速拿出合作意向书与合作意向协议。合作意向书详细列明和阐述了中国建设银行广州分行这十多年来在水电气费代缴、事业性收费代办、便民金融服务场景等民生政务领域的金融服务成效、科技实力与科技资源投入、双方全面合作方向等内容。分行领导层带领营销团队与广州市政数局进行了深入洽谈，成功达成了双方在智慧政务建设方面进行合作的初步意向。

（3）服务赋能，成为伙伴。虽然与政府就智慧政务全面合作达成了初步意向，但将意向落实为明确合作协议仍面临着重重困难。中国建设银行广州分行提出的合作意向协议以帮助政府提高政务民生数字化服务能力为出发点，将中国建设银行数据融合、场景建设的需求融入其中。然而，政府对政银合作的方式仍存在疑虑：一是服务融合可能引起的数据交换、新政务场景建设方式是否会存在隐患？二是目前仅与中国建设银行建立该类合作关系合适与否、后续推广与否？在两点疑虑面前，双方合作推进速度骤然减缓。

银行应如何打消政府疑虑并继续推进合作呢？中国建设银行广州分行在详细分析了政府需求痛点的基础上，牢牢把握住政府深化政务服务扁平化的改革需求，敏锐捕捉政府对渠道互用的兴趣点，带领团队多次与政府深入沟通双方渠道融合，提出可发挥中国建设银行广州分行网点服务渠道优势，在网点试点建设微型政务办事大厅的合作方案。该方案通过发挥中国建设银行网点覆盖面广的优势，将政务智能机器引入网点厅堂，协助政府为群众提供政务咨询、政务指引等服务。该方案适当让渡了中国建设银行服务资源，为双方共建“金融＋政务”智能设备机器、构建“金融＋政务”线上线下一体化服务体系、创新“金融＋政务”产品赢得了合作空间，也向政府呈现了双方合作价值，打消了政府的合作疑虑。

2020 年 12 月 16 日，广州市政数局与中国建设银行广州分行举行“互联网＋政务服务”全面业务合作签约仪式，并发布了“穗好办”政银合作下中国建设银行 283 个服务网点名单。业务合作协议除了包括试点网点建设微型政务办事大厅外，还包括健全双方互联网门户民生政务服务体系、升级双方自助终端、探索“智慧政务服务＋建行金融服务”等合作条款，为后续数据融合、产品服务创新打下基础。广州市民、企业通过中国建设银行智能柜员机，可办理社保、公积金、工商等 13 个大类共 123 个高频事项，网点覆盖全市 11 个区。

“现在，银行网点都成了政务大厅了，实在太方便了。”2021 年 2 月 4 日，广州市民王先生在中国建设银行申请办理个人住房贷款业务时，在建行网点的智慧柜员机就把不动产登记证明打印了。“少跑一趟不动产登记中心还免去了排队的烦恼，”王先生忍不住点赞道。打印社保清单、查询医保参保证明、申请提取公积金……如今，广州市民、企业只要进入全市任何一个中国建设银行网点，在大堂经理的指引下使用中国建设银行智能柜员机，即可办理一系列高频政务事项。

经过持续的优化改进，“穗好办”App 已上线 1 200 余项便民事项，实现市民通过“小屏”“小窗”即可随时随地办事。为进一步实现把政务服务送到市民家门口，中国建设银行广州分行利用自身遍布全市的网点和强大的金融科技优势，为“互联网＋政务服务”发展注入金融新动能。如今，广州市民办理政务服务，不用再跑政务大厅排队，上百项高频政务以及金融服务可就近办、身边办。

除了在银行网点提供高频政务服务，拓宽市民办理政务服务的渠道外，中国建设银行广州分行还将一体化政务服务平台向社区的“最后一米”延伸，助力政府加快推进政务服务向基层下沉。2021 年，中国建设银行累计助力各区政数局在街道、村社布设“综合性政务服务一体机”67 台，进一步推进“互联网＋政务服务＋金融服务”向乡村输出。中国建设银行在政务一体机上线水、电、煤等 15 项生活缴费功能，政务一体机的金融赋能不断加强。

中国建设银行广州分行相关负责人表示，“政务 G 端＋银行 B 端＋群众 C 端”政银融合服务模式有效弥补了线上服务不能办结、线下窗口经常排队的问题，并将数字政府的一体化政务服务能力向社区的“最后一米”延伸，是实现基本公共服务均等化、普惠化、便捷化的利器，让基层群众办理政务可实现就近办、身边办。

（4）创新赋能，开放银行。中国建设银行广州分行与政府的智慧政务推进到此，可以说是戏台已搭好，正待大戏开场。而如何将政银合作转化为业务价值，加快金融产品服务创新正是这场大戏的主轴。中国建设银行广州分行以“开放银行”理念为统领，以网络金融部与机构业务部为主导，协同联动、各有侧重，拉开了这场大戏的序幕。中国建设银行广州分行依托其全行推进的金融科技战略优势，继续保持同业领先优势，积极做好“穗好办”App＋建行服务赋能，依托总行“平台化、插件式、快捷化”的开放银行体系，围绕账户、支付结算、缴费、融资、证明、查询等各类金融产品与服务，将该行个人金融类产品与服务输入“穗好办”App。在新的社会经济发展形势下，“穗好办”App已经成为广州市服务广大企事业单位以及民众的重要政务网络门户，而中国建设银行广州分行借此契机，持续通过在“穗好办”App嵌入建行政付通服务、“建行到家”金融服务、建行对公预开户系统等功能，实现了“智慧政务服务＋建行金融服务”的多维度、高频度融合，这标志着中国建设银行广州分行“穗好办”智慧政务项目的用户互认、功能互用、支付场景建设三项目标初步实现。后续通过与政务技术公司合作，在动产与不动产抵押、企业验资等领域重构“政务＋金融”服务流程，逐项打通社保、工商、税务、公安、残联、司法、不动产、海关、民政、卫健等服务事项的建设银行支付渠道与数据交换通道等。同时，中国建设银行广州分行统筹推进线下渠道“微型的政务办事大厅”建设，如挑选业务量大的营业网点打造政银合作试点样板，引入政务智能柜台终端，经营好试点网点政务专区，将中国建设银行金融服务产品向政务服务机器输出，双方共同升级和打造具备“政务民生＋金融”综合服务能力的智能自助终端。充分利用政务智能柜台可在线申请和办理开办企业、办理经营许可证以及办理400多个民生类业务事项的优势，发挥秒报秒批、远程办事的便捷性，借助政务智能柜台便捷流程，融入建设银行金融服务，助力网点源头获客。借助政府在交通违规缴费、村居改造等公共场所铺设机器的契机，铺设综合政务智能机器，增加中国建设银行政务场景获客、活客渠道，为源头批量获客、抢占当地村居市场奠定良好基础。

中国建设银行广州分行充分发挥金融科技力量，以搭建平台助力政府提升政务金融服务质效。其积极推动与“穗好办”App的金融服务对接，现已打通线上支付方式，为400多个非税缴费事项提供了缴费渠道，率先接入社保卡补换卡、党费缴纳、学杂费缴纳等便民服务事项。“穗好办”穗金融服务专区的服务越来越丰富。伴随“穗好办”穗金融服务专区的优化升级，中国建设银行上线“惠懂你”（提供全线上小微企业信贷服务）、“建融家园”（提供住房租赁服务）、“云网点”（提供预约取号、网点导航服务）、劳动者港湾等多项优质金融便民产品及服务，实现政务服务与金融服务的高效对接，同步推动“政务＋金融”新模式不断优化升级。截至2023年3月27日，“穗好办”App用户注册量与App电子通行证使用申请量超过1 900万人次，小程序提供查询、办理、预约等服务高达1.8亿人次，高峰期每秒有近万人使用。中国建设银行广州分行是当地首家与政府签订智慧政务战略合作协议的商业银行，也是首家试点银行，与同业相比抢占了G端合作先机，大大提高了争取G端未来各类业务入口的话语权。

2023年9月，中国建设银行广州分行又推出了为民营企业提供金融服务的App“新穗商”。“新穗商”采用了广州市委统战部、广州市工商联等十个部门主办、中国建设银行广州分行和中山大学作为战略合作伙伴共同发起并实施的“政校银企”四方联动培养模式，旨在助力民营企业实现新老交接和有序传承。

## 三、项目效果

该项目的落地得到了政府部门与公众的广泛认可，被《南方日报》《广州日报》等主流媒体持续报道，有效宣传推广了中国建设银行“智慧政务”场景品牌，树立了便利民生服务、履行社会责任的国有大行形象。目前，中国建设银行广州分行各项存款已达9 900亿元，各项贷款已达8 800亿元，业务规模不断实现新的突破，在同业中占据优势，通过与“穗好办”App开放银行的用户互认，提供水费、燃气费、非税、教育类费用缴纳等缴费服务，以及广佛通公交卡充值服务，共建“政务+金融”全服务渠道。

随着项目合作的深入，后续还将进一步为中国建设银行带来B端和C端获客、用户非银数据沉淀、产品服务创新等多重高价值收益，从而促进数字化转型、对公开户、信贷渗透、存款沉淀。但如何进一步扩大合作，持续抢占政务数据开放、政府项目参与的先机？如何通过G端合作推进铺设和经营优质C端场景，实现C端持续获客活客？如何紧跟数据要素市场化进程，以G端挖潜优质B端，与政府培育数字经济同频推进？如何为全行“业务数据化、数据资产化、资产价值化”数字化转型探索出更多有益经验和创新模式？这些仍是银行需要进一步思考的问题。

案例

招商银行手机App商业模式创新

案例

微众银行的数字化探索

## 本章小结

在数字化转型中，商业银行通过技术驱动赋能，以多维数据为基础，降低传统业务门槛，将客户群体拓展至规模较大、对价格相对敏感的大众客户，同时突破时间和空间的限制，为客户提供24×7的高效、便捷、精准的服务。

本章概述了商业银行的业务类型和特点。银行业的数字化转型历程包括直销银行模式、电子银行模式、互联网银行模式三个阶段，以及商业银行数字化营销的转型和类型。在数字化过程中，商业银行围绕零售业务、对公业务、资金业务、中间业务等传统业务加快转型升级的步伐，促进自身业务发展。在当今时代，银行业发展模式面临百年未有之大变革，在变革过程中，商业银行建立了丰富多样的零售金融场景，发展出普惠金融，推动银行支付业务更新，推动政府机构业务创新并形成G-B-C全链条营销，并出现了数字银行新形态：互联网银行。本章还介绍了商业银行的数字化营销的类型，包括大数据基础上的智慧营销、AI精准营销、丰富多样的场景营销、线下线上的整合营销、基于App的移动营销以及基于新媒体的社交媒体营销。本章还讨论了银行业数字化营销策略的创新，主要包括产品策略的创新、渠道策略的创新、细分策略的创新、促销策略的创新。最后，本章讨论和分析了中国建设银行数字化营销的典型案例。

## 思考题

1. 为什么说银行业需对传统业务进行大变革？哪些数字技术对于银行提升营销效果至关重要？

2. 为何说数字化营销是银行业数字化转型的关键环节？

3. 在数字化时代，商业银行的数字化营销有哪些创新？

4. 在数字化时代，商业银行如何进行内容营销？

5. 商业银行如何进行社交媒体营销？试举例说明。

6. 商业银行如何进行 AI 精准营销？试举例说明。

7. 商业银行努力建设金融场景的意义是什么？商业银行应该如何建设金融场景？试举例说明。

8. 在案例分析中，中国建设银行广州分行是如何通过“穗好办”政务平台构建 G-B-C 链条，实现业务增长与客户沉淀的？

第十章

# 保险业数字化营销

【目的与要求】

熟悉主要保险产品以及保险市场产品结构；了解保险业数字化转型的背景和趋势；掌握保险业数字化营销的概念及意义、关键要素、营销关系构建、流量平台及其在数字化营销中的运用；掌握保险业数字化营销的产品策略、品牌策略、定价策略、分销和促销策略。通过本章的基本理论学习，讨论并深入理解保险业数字化营销的相关案例，以及数字化营销对保险业发展的重要意义。

## 第一节　保险业产品与业务概述

保险业是金融业的重要组成部分，主要提供风险管理和经济保障服务。它通过收取保费，在个人和企业面临潜在损失时为其提供财务保护。在金融体系中，保险业发挥着分散风险、促进储蓄和投资、维持经济稳定的关键作用。保险业通过提供多样化的保险产品，在发生不可预见事件时为人们提供必要的经济支持，保障了人们的资产安全。同时，保险资金也是资本市场的重要力量，有助于促进资源的有效配置和经济的长期发展。

保险是以集中起来的保险费建立保险基金，用于对被保险人因灾害或意外事故造成的经济损失给予补偿，或对人身伤亡和丧失工作能力给予物质补偿的一种制度。党的二十大报告提出了中国式现代化的宏伟构想，为商业保险发展提供了巨大机遇。作为国民经济的重要产业和风险管理的关键机制，保险业在全面推进乡村振兴和建设社会主义现代化强国中发挥着重要作用。

根据保险标的的不同，保险产品可划分为人身保险产品和财产保险产品。

### 一、人身保险产品

人身保险是以人的寿命和身体为保险标的的一种保险，当被保险人在保险期限内发生死亡、伤残、疾病、年老等事故或生存至规定时点时，依照保险合同的规定，保险人向被保险人或受益人给付保险金。按保险范围不同，人身保险可分为人寿保险、人身意外伤害保险和健康保险。

### （一）人寿保险

人寿保险简称“寿险”，是以被保险人的寿命为保险标的，且以被保险人的生存或死亡为给付条件的人身保险。人寿保险可以只承保生存风险，也可以只承保死亡风险，还可以同时承保生存风险和死亡风险。相应地，普通型人寿保险根据所承保的风险类型，可大致划分为死亡保险、生存保险和两全保险。其中，两全保险又称“生死合险”，是将定期死亡保险和生存保险相结合的保险形式。两全保险既有死亡保障又有生存保障，是储蓄性极强的一种保险，不仅可以使受益人得到保障，同时也可以使被保险人本身享受其利益。

#### 1. 定期寿险

定期寿险指以死亡为给付保险金条件，且保险期限为固定年限的人寿保险。对于被保险人而言，定期寿险最大的优点是可以以极为低廉的保险费获得一定期限内较大的保险保障。其不足之处在于，若被保险人在保险期限届满仍然生存，则其不能得到保险金给付，而且已支付的保险费不再退还。这种保险不包含储蓄或投资成分，保费通常较为低廉，适合预算有限但需要短期内获得保障的人群。定期寿险的保险期限可以是 5 年、10 年、20 年等，被保险人根据自身的需求和预算进行选择。它是一种消费型保险，如果保险期限届满被保险人仍然生存，则保单终止，之前支付的保费不退还。

#### 2. 终身寿险

终身寿险是指以死亡为给付保险金条件，且保险期限为终身的人寿保险。终身寿险是一种不定期的死亡保险，即保险合同中并不规定期限，自合同有效之日起，至被保险人死亡之日止。与定期寿险不同，终身寿险的保费相对较高，提供永久性的保障。此外，终身寿险通常具有现金价值，被保险人如果需要，可以选择提前取出。这种保险适合那些希望获得长期保障或有储蓄或投资需求的人群。

与定期寿险相比，终身寿险最大的优点是可以得到永久性保障，而且投保人有退保的权利，投保人若中途退保，可以得到一定数额的现金价值（或称为退保金）。

#### 3. 年金保险

年金保险是指以生存为给付保险金条件，按约定分期给付生存保险金，且分期给付生存保险金的间隔不超过一年（含一年）的人寿保险。年金保险是一种退休规划工具，为退休后的被保险人提供定期收入。投保人通常在退休前定期支付保费，退休后开始领取年金。年金可以是一次性领取的，也可以是分期领取的，直至被保险人去世。年金保险通常提供税收优惠，以增强其作为退休规划工具的吸引力。这种保险适合那些希望确保退休后有稳定收入来源的人群。

市场上的“年金”类保险属于生存保险。按给付方式（或给付期间）划分，年金保险可以分为终身年金保险、最低保证年金保险和定期生存年金保险。年金保险特别是终身年金保险，具有很强的养老功能，很受有养老安排和财富传承需求的消费者重视。

#### 4. 新型寿险产品

除上述传统形式的保险以外，市场上还有新型寿险产品，如万能寿险、投资联结保险和分红保险等。这些保险产品具有不同程度的投资功能和资产配置功能，是在前述基础险种上的创新。

万能寿险是一种提供死亡保障和现金价值积累的灵活的保险产品。它允许投保人根据自己的需求和预算调整保费支付金额，同时提供获取投资收益的机会。万能寿险的死亡利益和现金价值会根据投保人选择的投资选项不同而不同，通常包括股票、债券和其他投资组合。这种保险适合那些寻求灵活性和投资增长潜力的客户。

投资联结保险是一种将保险保障与投资机会相结合的产品。它允许投保人将部分保费投资于股票、债券、基金等金融工具，以获得更高的长期回报。与万能寿险不同，投资联结保险的投资风险完全由投保人承担，投资收益直接反映在保单的现金价值上。这种保险适合那些愿意承担更高投资风险以换取潜在更高回报的客户。

分红保险是终身寿险的变种，它允许投保人分享保险公司的盈利。如果保险公司的盈利超过预期，部分超额利润将以分红的形式返还给投保人。分红可以增加保单的现金价值，提高死亡利益，或用于抵缴保费。分红保险通常提供保证的最低利益和非保证的红利，适合那些希望在获得保障的同时有机会分享保险公司盈利的客户。

### （二）人身意外伤害保险

人身意外伤害保险简称“意外险”，是指以因意外伤害而身故或残疾为给付保险金条件的人身保险。被保险人遭受意外伤害事故时，保险人按照合同规定提供部分或全部保险金额给付。意外险的保险期限一般为一年。意外险的保险责任是保险人因意外伤害而死亡或残疾，不包括疾病所致的死亡，即意外伤害的发生原因必须是外来的、不可抗拒的、偶然的。投保人或被保险人本人所致的伤害，属于除外责任。只要被保险人遭受意外伤害的事件发生在保险期内，而且自遭受意外伤害之日起的一定时期内（责任期限内，如 90 天、180 天等）造成死亡或者残疾的后果，保险人就要承担保险责任，给付保险金。除重大疾病保险以外，绝大多数健康保险尤其是医疗费用保险的期限常为一年。

### （三）健康保险

健康保险是以被保险人的身体为保险标的，为被保险人因疾病或意外事故遭受伤害时发生的直接费用或间接损失提供补偿的一种保险。其中，按照保险责任不同，健康保险可划分为医疗保险、疾病保险、失能收入保险、长期护理保险等。

#### 1. 医疗保险

医疗保险，也称医疗费用保险，是一种为被保险人提供医疗费用保障的保险产品。它覆盖被保险人在保险期间内因疾病或意外伤害而产生的医疗费用，包括住院费用、手术费用、诊疗费用等。医疗保险通常有免赔额和赔付比例的限制，被保险人需要自付一定比例的费用。这类保险产品有助于减轻疾病给被保险人造成的经济压力，确保被保险人能够获得必要的医疗服务。

#### 2. 疾病保险

疾病保险，也称重大疾病保险，旨在为被保险人提供特定重大疾病保障。当被保险人被确诊患有保险合同中列明的重大疾病时，保险公司将一次性给付约定的保险金，以帮助被保险人应对疾病带来的经济压力和额外费用。疾病保险的保障范围通常包括癌症、心脏病、中风等重大疾病。

3. **失能收入保险**

失能收入保险，也被称为残疾保险，旨在为因疾病或意外伤害丧失工作能力的被保险人提供收入补偿，维持其基本的生活水平。失能收入保险一般根据被保险人的职业、收入水平和保险合同的具体条款，确定赔付金额和赔付期限。

4. **长期护理保险**

长期护理保险为被保险人在因年老、疾病或残疾而需要长期照护时提供保障。这种保险覆盖被保险人接受长期护理服务的费用，包括家庭护理、成人日托、辅助生活设施和专业护理设施等相关费用。长期护理保险有助于减轻老年人因护理需求增加而面临的经济负担，确保其晚年生活质量。

随着我国居民的生活水平日益提高，居民对人身保险的需求也日益提升。近年来，寿险业务占保费收入的比率逐年上升，以平安保险为例，平安保险的寿险业务收入在整个集团收入中的占比超过了50%。虽然寿险业务收入占比较大，但是互联网寿险近年来却进入了瓶颈期，连续两年负增长。健康保险的竞争逐渐由之前的“价格战”进入了“服务质量战”，这也是健康保险业务增长乏力的原因之一。其他类别的人身保险由于产品设计过于单一，行业产品同质化严重，因此发展相对缓慢。一年期的医疗保险（如目前市场上非常热门的百万医疗险）依旧是健康保险领域的“宠儿”。对于保险公司来说，终身重疾险、定期寿险可给保险公司带来较稳定且缴费期较长的保费，但此类对保险公司发展更有利的长期险种在互联网时代却面临着难以打开市场的局面。因此，在互联网时代由短期险向长期险转型是我国保险公司未来最需要解决的问题之一。

## 二、财产保险产品

财产保险是指投保人根据合同约定，向保险人交付保费，保险人按保险合同的约定对其所承保的财产物资及有关利益因自然灾害或意外事故造成的损失承担赔偿责任的保险。财产保险的范围很广泛，除人身保险以外的各种保险，均可归为财产保险。根据保险标的的形式，财产保险可以划分为有形的财产保险和无形的财产保险。有形的财产保险的标的为各种具备实体的财产物资，如动产、不动产、固定的/流动的财产以及在制的或制成的财产物资等，包括企业财产保险、家庭财产保险、工程保险、机动车辆保险、飞机保险、货物运输保险、农业保险等。无形的财产保险以没有实体的合法利益为保险标的，如各种费用、产权、预期利润、信用、责任等，相关险种包括信用保险、保证保险、责任保险等。

### （一）机动车辆保险

机动车辆保险（简称“车险”）是以机动车辆本身及机动车辆的第三者责任为保险标的的一种运输工具保险。保险公司对机动车辆因在合同约定范围内的自然灾害或意外事故所造成的人身伤亡或财产损失负赔偿责任。在我国，车险不仅是运输保险中最主要的险别，是我国非寿险业务中的第一大业务，也是财产保险最主要的业务来源。

车险的基本险种分为车辆损失险、第三者责任险和车上人员责任险。车辆损失险，简称“车损险”，是以机动车辆本身作为保险标的的保险。当保险车辆遭受保险责任范围内的自然灾害（不包括地震）或意外事故，造成保险车辆本身损失时，保险人依据保险合同的规定给予赔偿。第三者责任险，简称“三者险”，是保险人赔偿因被保险机动车发生意外事故而使第三者受到人身伤亡或者财产损失的保险。根据是否属于强制保险，第三者责任险又划分为交通事故责任强制保险（简称“交强险”）和商业第三者责任险。交强险是指由保险公司对被保险机动车发生道路交通事故造成本车人员、被保险人以外的受害人的人身伤亡、财产损失，在责任限额内予以赔偿的强制性责任保险。车上人员责任险，即车上座位险，指的是被保险人允许的合格驾驶员在使用保险车辆过程中发生保险事故，致使车内乘客人身伤亡，依法应由被保险人承担赔偿责任的保险。

**（二）企业财产保险和家庭财产保险**

企业财产保险和家庭财产保险是以投保人存放在固定地点的财产和物资作为保险标的的一种保险，保险标的的存放地点相对固定且处于相对静止状态。其中，企业财产保险是以法人企业的财产物资及有关利益为保险标的，由保险人承担火灾及有关自然灾害、意外事故损失赔偿责任的财产损失保险，是财产保险的主要险种之一，对保证社会再生产的持续进行和国民经济的正常运转有着重要意义。

**（三）货物运输保险**

货物运输保险，简称“货运险”，是以运输中的货物为保险标的，保险人承保因自然灾害或意外事故而遭受的损失的一种保险，是财产损失保险中的主要险种之一，属于运输保险的一种。在我国，货运险也是历史最悠久的保险业务之一。根据适用范围不同，货物运输保险可分为国内货运险和涉外货运险。根据运输工具不同，货物运输保险可分为铁路、水路、公路、航空以及其他运输工具（如管道）货运险。

**（四）农业保险**

农业保险是专为从事种植业、林业、畜牧业和渔业生产过程的农业生产者，因遭受自然灾害、意外事故以及疫病、疾病等保险事故所造成的经济损失提供保障的一种保险。根据保险标的性质的不同，农业保险可分为种植业农业保险和养殖业农业保险两大类。

**（五）工程保险**

工程保险是承保建筑安装工程期间一切意外物质损失和对第三人承担经济赔偿责任的保险。工程保险包括建筑工程一切险与安装工程一切险，属于综合性保险。保险标的为工程项目主体、工程用的机械设备以及第三者责任。

**（六）责任保险和信用保险**

责任保险是一种以被保险人对第三者依法应承担的赔偿责任为保险标的的保险，主要有公众责任保险、第三者责任保险、产品责任保险、雇主责任保险、职业责任保险等险种。

信用保险是以义务人（被保证人）的信用为保险标的的保险，是伴随着商业信用的发展而产生的一类保险业务。被保证人根据权利人的要求向保险人投保自己信用的保险是保证保险；权利人向保险人投保被保证人信用的保险是信用保险。其中，出口信用保险是为了支持和促进本国出口贸易的发展，由政府指定的金融机构或保险公司为国内出口商（卖方）承担收汇风险的保险，是国家为了保障出口企业的收汇安全而提供的一项由国家财政提供保险准备金的非营利性的政策性保险。出口信用保险在促进我国对外贸易发展方面起着不可或缺的作用。

## 三、保险市场产品结构

图 10－1 展示了 2021 年中国保险市场的产品结构。可以看出，人身险和财产险分别占据了保费收入的 73.9％和 26.1％。其中，在人身保险中，寿险“一枝独大”，占据了 70％以上的市场份额，其次是健康险，份额为 25％；在财产保险中，车险占据了 66％的市场份额，其他如责任险、农业险等的占比均在 10％以下。

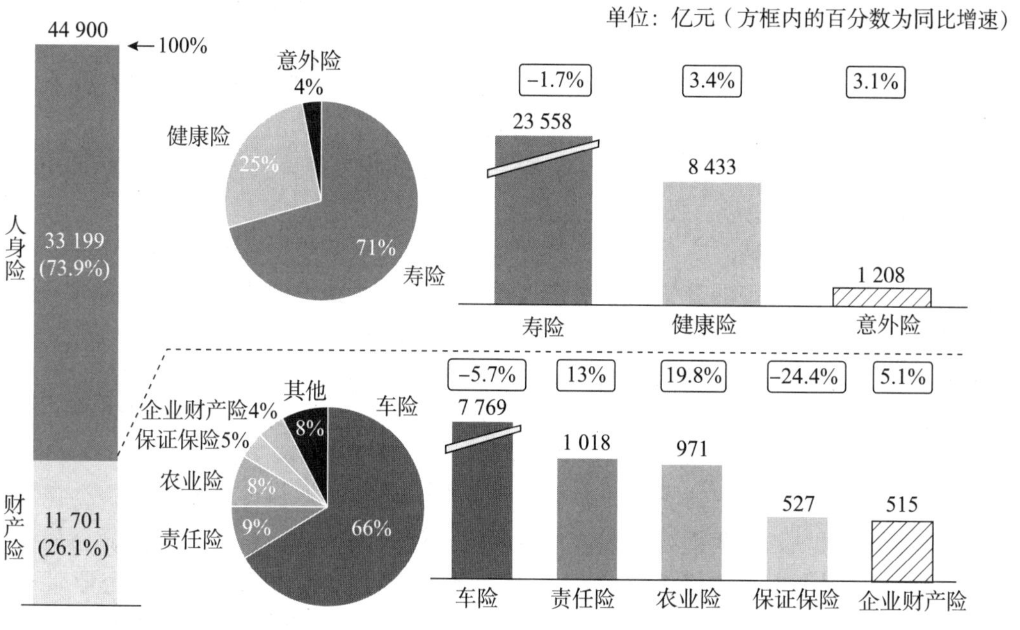


**图 10－1 2021 年中国保险市场的产品结构**

资料来源：中国银行保险监督管理委员会。

从增长趋势来看，未来健康险业务将高速增长，其他险种则步入稳定发展阶段。伴随一系列强监管政策落地，寿险的理财属性回归保障属性，财产保险亦从恶性竞争转向有序发展，保险行业进入产品结构切换的低速成长阶段。健康险由于居民投保消费型医疗保险产品的意识提升和政策红利驱动，在各险种销售表现中一枝独秀，2017—2021 年年均复合增长率达 18％，2021 年原保费收入达 8 433 亿元。财产保险受新车产销量下滑、车险综合改革影响，增速大幅下滑，2017—2021 年年均复合增长率仅为 4％；寿险受中短存续期产品业务减少、代理人规模增长放缓、人口红利逐渐消失等因素影响，同比下降 1.7％。众多保险公司纷纷开启重点险种转型，如从财产保险延伸至健康保险或探索新型保险场景。与标准化的寿险产品相比，健康保险业务发展对保险公司的基础数据、产品设计、分销渠道和生态集群建设等方面提出了新要求。

# 第二节　保险业数字化转型的背景与趋势

近年来，新技术的快速发展以及新冠疫情的暴发，使得保险业加快了数字化转型的步伐。保险业是经营风险的行业，无论是产品精算设计、资产管理还是运营管理等，均涉及严谨而复杂的风险模型或数理技术。因此，保险业与数字化经营天然契合。在经过数十年的粗放式增长之后，保险业加快数字化转型，走高质量发展道路，是提升公司长期竞争优势的治本之策。

## 一、保险业数字化转型的背景

我国保险业在规模快速扩张的同时，也存在一系列影响高质量发展、迫切需要解决的"痛点"，主要包括以下几个①：

第一，产品同质化较为明显，设计与迭代周期相对较长。保险公司的一款产品从需求分析、产品设计、监管报备到投放市场，一般需要 2～3 个月的时间。保险公司的产品并不具有版权属性，一旦一家公司有新产品推出且市场反响良好，其他公司就会很快跟进，市场上产品同质化较为明显。投入市场的保险产品的更新以年计。

第二，销售高度依赖"人海战术"，成本和风险"双高"。一方面，传统的以代理人、银行、专业中介为主的分销渠道费率高昂，保险公司庞大的线下分支机构网络使其运营成本居高不下。数据显示，销售成本是除了赔付支出外最大的成本项。在寿险领域，销售成本占保险公司已赚保费的 14.53%；在财产保险领域，销售成本占保险公司已赚保费的 20.47%。另一方面，在"人海战术"下，保险营销人员整体素质较低且流动率高。

第三，核保所需数据不够充分，容易"错放""错杀"。在核保环节，保险公司相对于客户处于信息弱势，无法准确掌握客户的财产、健康等关键信息，如果保险公司低估了客户的风险，则会发生"错放"，"错放"意味着后续出险风险高，会给企业带来损失；如果保险公司高估了客户的风险，则会发生"错杀"，"错杀"意味着保险公司拒绝承保，可能会导致保险公司错过业务机会。如果说销售人员的责任心是风险的第一道防线和可持续经营的第一枚齿轮，则高效核保是保险公司风险的第二道防线和可持续经营的第二枚齿轮。

第四，理赔取证等业务效率有待提高。出险理赔是保险公司最大的成本支出项。取证不足、快速理赔会增加保险公司的理赔成本，而充分取证、谨慎理赔则将拉长理赔周期，降低客户体验，进而降低客户的满意度，不利于客户的开拓和维护。对于消费者而言，出险理赔速度快慢是其决定是否购买某款产品的关键因素之一。此外，在有些情境下，如果没有科技的加持，取证较难进行，如獐子岛的"扇贝跑路"事件。

第五，传统信息系统的紧耦合架构灵活性低、难以重用特定的关联模块，传统竖井式架构无法满足未来平台化业务需求。保险公司以往的 IT 架构是紧耦合的竖井化 IT 架构，

---

① 复旦大学，众安保险. 2021 保险数字化营销白皮书。

“孤岛”现象较为严重，IT 系统资源无法跨系统共享，资源利用率低。各管理系统经年累月地以竖井式架构存在，导致数据不一致、整合效率低、共享成本高，拥有海量数据却难以满足多样化业务场景需求，难以为业务开展提供指导性意见及实现价值增值。随着互联网、新兴技术的蓬勃发展，普通大众的日常生活场景衍生出多样化的保险需求，在此背景下，传统 IT 架构难以支撑快速创新发展的业务需求，暴露出诸多弊端。业务系统各自独立、数据共享难严重阻碍了行业的效率提升。沟通依靠邮件信息、纸质单据，效率低、周期长。

第六，在传统模式下，保险业相关企业之间没有可以良好连接各方的协作系统，彼此之间多是依靠纸质单据流转、邮件信息沟通等方式协作，效率低、周期长，业务系统各自独立，数据共享难，存在大量信息“孤岛”，严重阻碍整个行业的效率提升。对于核保而言，若某客户在一家公司有拒保记录而没有在业内共享，那么另一家公司在核保中“手一松”可能就通过了该客户的核保，从而给自身埋下隐患。

## 二、保险业数字化转型的主要趋势

近年来，保险业为寻求新的增长点，纷纷加大科技投入，加快数字化转型。通过数字化与高科技的加持，保险公司拓宽了获客的渠道，降低了获客的成本。承担传统重复性工作的人力将逐步被人工智能等高科技替代。保险公司的成本结构将发生翻天覆地的变化（见图 10－2）。以众安保险为例，软件服务模块化为企业提供了低成本、高灵活性的数字化转型营销方案。通过细化各种线上场景，大力推广高性价比的百万医疗产品（尊享 e 生系列），实现从投保到理赔的保险经营全过程电子化，不但为风险控制提供了数据支持，还通过科技发展大幅降低了公司运营成本，提升了企业的竞争力。

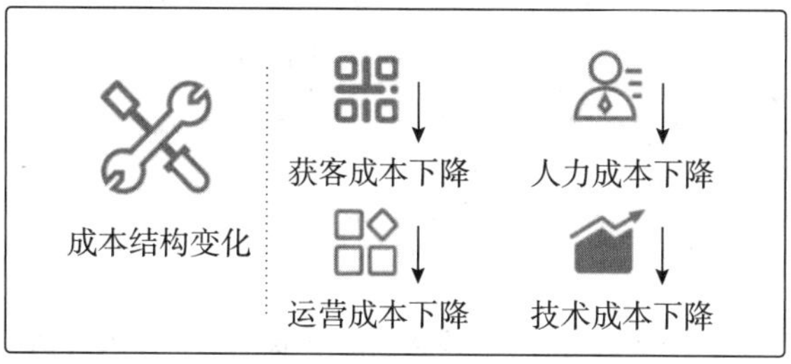


**图 10－2　保险业数字化转型过程中的成本结构变化**

### （一）业务增长：以用户体验为先

在新冠疫情暴发之前，保险公司主要通过代理人规模的扩张实现业务增长。2015—2019 年，保险销售人员（含代理制）数量从 471 万人暴增至 973 万人。寿险保费收入实现了 9.27%的复合增长。这种“渠道为王”的业务增长方式存在明显弊端：一方面，高昂的人力成本提高了保险产品的定价，降低了保险产品的性价比；另一方面，代理人素质参差不齐导致销售转化率不尽理想。目前，“80 后”“90 后”客户正逐步成为保险公司的核心目标客户。保险消费群体正趋于年轻化和互联网化。基于熟识的人际关系建立信任、依赖“人海战术”销售保险产品的渠道分销模式将逐步失效。因此，从 2020 年开始，保险公司开始主动压缩费用成本并精简人力，代理人数量连续两年较大幅度下滑，从 973 万人下降至 2021 年的 642 万人，降幅达 34%（见图 10-3）。

“用户体验为先”已成为保险公司的新价值导向。在产品供给严重同质化、销售渠道触达乏力的情况下，对保险产品有更多认知的新一代消费者更加重视用户体验。目前，保险公司积极借助抖音等互联网媒体渠道进行宣传，减少公众与保险公司、产品服务的信息差。同时，互联网保险公司正在推出大量创新产品，强调重点由投资高收益转变为融生活、社交和娱乐为一体的更好的服务体验。

用户体验可以概括为让用户更安心、更省心、更开心，提升的关键在于实时、自助、随需、交互。其中，实时意味着用户能够看到、感知到，如展示理赔流程的实时化进展；自助意味着客户可以自主利用保险公司的各类工具来满足需求，如智能保顾；随需意味着动态调整，即保险公司可以为用户提供个性化定制产品，如基于驾驶行为数据打造的基于使用量的保险（Usage-Based Insurance，UBI）；交互意味着双方或多方顺畅协作，如车险定损、健康保险手术预审等。数字化打破边界，实现全要素实时连接；智能化打造极致的实时、自助、随需、交互体验。数智化是保险业实现数字化转型、提升用户体验的必经之路。

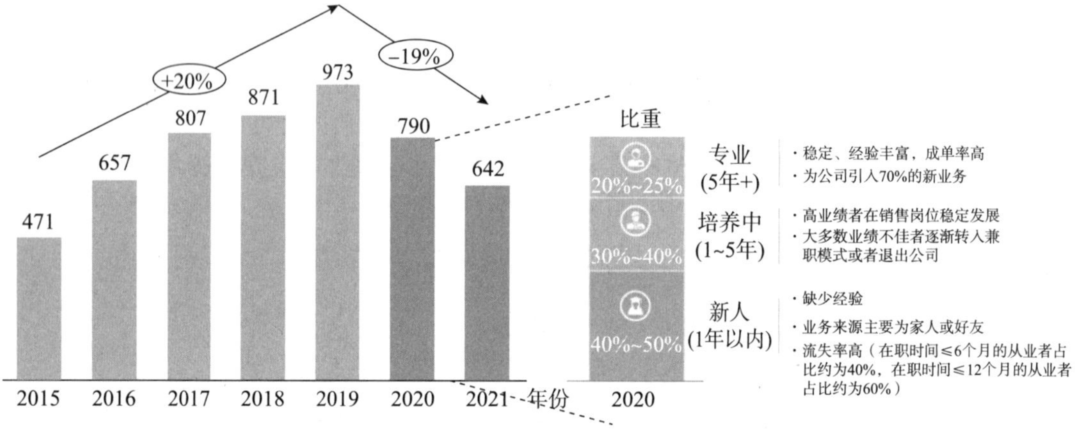


**图 10-3 2015—2021 年中国保险业销售人员数量（万人）、增速及结构**

资料来源：中国银行保险监督管理委员会发布的《关于 2021 年底保险公司销售从业人员执业登记情况的通报》。

### （二）业务运作：以科技赋能智能化服务

数字化转型促使保险业逐步过渡到自动化、智能化服务（如智能保顾、智能投保、智能核保、智能理赔等）阶段。在投保和核保环节，客户可以通过线上自助服务平台获得实时报价、选择产品等。通过对海量核保数据进行分析，人工智能系统可以模仿、学习核保员的业务处理经验，提升核保效率。保险公司可以在线上实现对健康告知的智能初审，通过简单问答、问题勾选等进行初步筛查，大大简化了投保过程。例如，众安保险的智能客服拥有超过 30 万次的语料标注和优化，其服务能力不断提高，越来越契合用户的所需所想，目前已经实现全渠道覆盖，问题解决率超过 90%，智能交互式话音应答（Interactive

Voice Response，IVR）意图识别准确率高达97%。在理赔环节，客户可以根据指引自动上传理赔资料，由后台理赔机器人自动审核，这大大提高了理赔效率，提升了保险公司的风险控制水平。基于机器学习、深度学习的自动化软件还可以自动全方位解析客户数据并为客户建立唯一健康档案，支撑业务人员指导用户购买各类保险产品，并为以用户为中心的关联家庭成员提供健康管理服务。

### （三）经营方式：以数据洞察驱动业务决策

随着市场的快速变化、企业规模的不断扩大，保险业对实时、分布式事务决策的需求日益增强。企业管理者受限于个人精力，较难顾及所有业务的决策制定。在数智化技术的帮助下，基于信息数据形成的智能决策，能够系统化、普惠化、实时服务于基层业务人员的决策需求，缩短决策链路并降低个体认知偏离导致的决策风险。数智化领先企业使用智能化技术处理数据，形成深入洞察并指导企业开展业务，经营决策的准确性和及时性大幅提高。例如，国外Lemonade及Traffk等初创保险公司，运用机器学习技术分析成千上万种数据以形成用户洞察，支撑业务人员为保险用户提供个性化服务并引导用户完成保险购买决策。泰康保险上线数据驱动型英才代理人招募管理体系，基于数据洞察筛选高绩效代理人，延长其服务期限，满足用户体验为先时代的人才管理需求。目前，该系统已在泰康保险全国36家分公司推广使用，管理70余万名保险营销人员。

### （四）商业模式：更强调生态集群作战

数智化技术应用驱动保险公司走上平台化、生态化经营之路，保险公司的做法由过去的“单打独斗”转为生态集群作战。在生态集群体系内，保险公司与生态伙伴基于平台实现多维数据连通及流量资源共享，连接多元用户及需求场景，形成实现数智化经营的基础条件。保险公司还可以与互联网平台合作，获取流量和数据，提高自身定价能力和风险管控能力。以共享出行平台为例，平安保险与滴滴于2015年10月合作推出“滴滴平台司乘意外综合险”，并在2016年投资滴滴6亿美元。保险公司可以与医疗健康产业（特别是互联网医疗机构）合作，形成互联网医疗与商保支付的强连接。例如，众安保险与微医合作，推出“家庭守护”互联网医院门诊保险；平安保险、中国人保与微脉合作，推出“网约护士”保障计划。保险公司与医养、交通、制造、家居、能源等跨行业企业合作，针对细分场景痛点定制保险产品，以不断提升用户体验。例如，瑞再企商保险旗下的数字保险平台iptiQ与宜家合作开发Hemsker嵌入式家庭保险产品，提供装修险、入室盗窃险、家庭意外险等保险产品。消费者在购买家居时，可选购Hemsker保险产品，一站式获得从购买房屋到装修的保险保障。

在数智化技术的加持下，保险生态集群关联企业基于数据互动形成对市场、用户及企业生产的全景洞察，整合一体化的产品与服务，提升保险公司及生态集群的核心竞争力，满足保险用户全生命周期的需求并为其提供更好的服务体验，驱动保险产业链上下游企业共创共赢式发展。

# 第三节 保险业数字化营销概述

## 一、保险业数字化营销的概念及意义

保险业数字化营销，是以数据为基础、以保险产品和服务为对象的金融营销。具体而言，保险营销是通过可视化的数据分析来洞察用户、发现需求，打通全域化数据，为营销决策提供支持，让数据为内容生产、场景塑造赋能，进而实现智慧营销、智慧运营，达到保险产品营销的一体化和营销自动化。

在数字化时代，数据成为企业重要的资产，从市场研究到品牌推广、从信息获取到用户转换、从营销创意到用户体验，每一个环节都需要基于对市场和用户数据的深挖。同时，数据也不再是离散的变量。全流程数据整合，即通过大数据挖掘更加精准地刻画市场和用户，成为数字化时代保险企业数字化营销的基本功。随着信息技术、大数据应用的不断迭代和发展，数字化时代保险的数字属性将获得更强大的技术支撑。数字化思维的导入和数字能力的加强，将使保险业在产品、营销、运营、客户管理等各个环节实现更高效的运行（见图 10－4）。

在中国保险发展早期，保险代理人数量决定了保费收入，增员是各保险公司必不可少之举。可称此阶段为“保险行业 1.0”时代。1992 年，友邦保险进入市场给中国保险业带来了代理人制度，形成了中国当前主流的金字塔代理人架构，并成为保险公司保费收入的支撑力量。在这个时代，代理人的数量决定了保险公司的保费收入，各大保险公司主要依赖人海战术展业。在数字化转型大背景下，保险营销将不再主要依赖人海战术，而是借助互联网、大数据等新工具，多维度挖掘和分析用户行为，准确预测潜在需求，进而实现精准的营销，以大大降低销售成本，提高展业效率。这个时代可称为“保险行业 2.0”时代。

保险业数字化营销是“保险行业 2.0”时代保险公司数字化转型升级的关键环节，对于推动保险业高质量发展意义重大。对于保险公司而言，要想实现降本增效，在激烈的竞争中胜出，在销售端提高营销效率、降低营销成本具有重要意义。在保险业数字化转型的过程中，数字化营销，即渠道端的数字化转型升级是保险公司绕不开的数字化转型关口，也是保险公司数字化转型的必争之地。全球咨询、经纪和解决方案公司韦莱韬悦的最新季度保险技术简报显示，2020 年全球保险科技领域共发生了 377 笔融资交易，全年累计融资总额达 71.08 亿美元，创历史新高。

## 二、保险业数字化营销的关键要素

保险业数字化营销的关键要素主要涉及用户、产品、场景和内容。它们之间的关系可以概括为保险业数字化营销的“PPSC”模型。“PPSC”分别是指用户（People）、产品（Product）、场景（Scenario）和内容（Content）。如图 10－5 所示，与传统零售的“人、货、场”概念相比，“PPSC”模型中新增了第四个要素——内容（Content）。各要素之间的关系是：用户数据是基础，内容创新是根本，产品营销是体现情感包裹的服务，而要实现这一切，需要用技术、内容、服务共同构建一个匹配产品营销的场景。

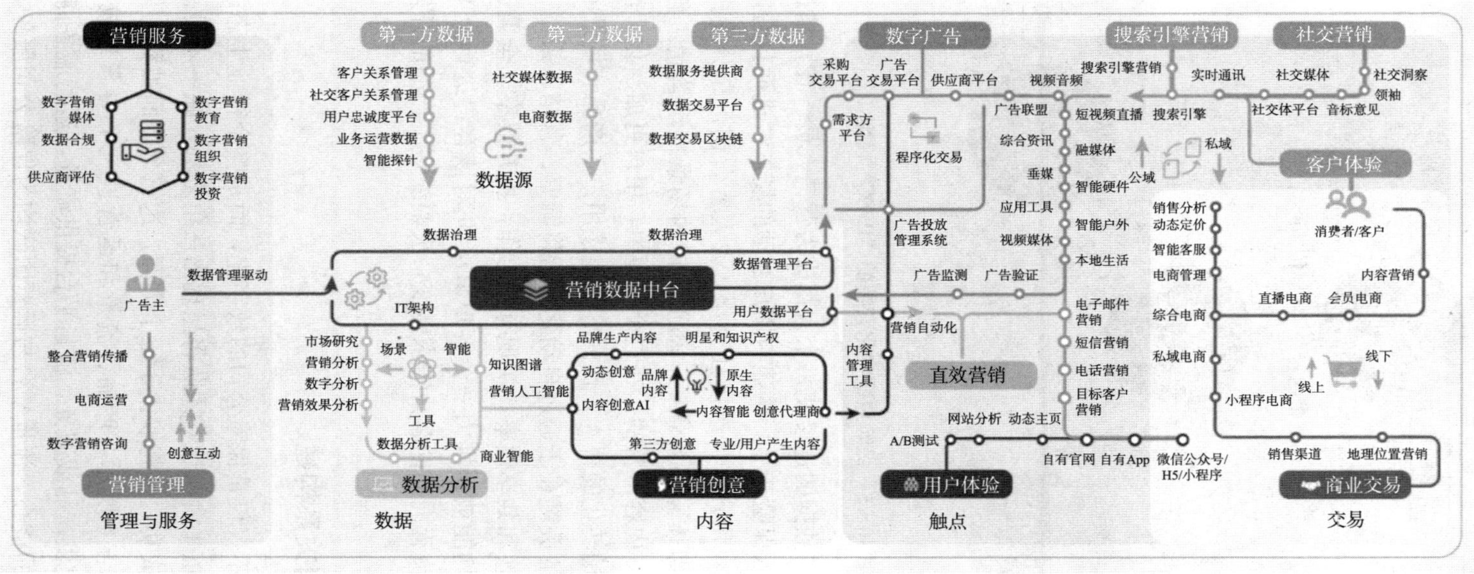


图 10-4 保险数字化营销图谱

资料来源：复旦大学，众安保险．2021保险数字化营销白皮书。

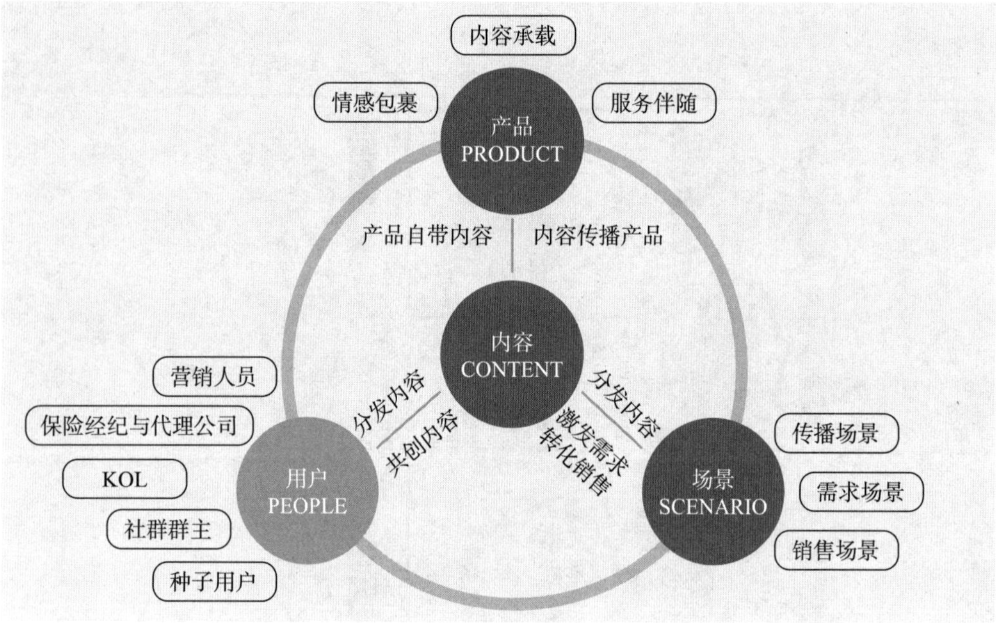


**图 10－5　保险业数字化营销的"PPSC"模型**

在数字化时代，网络与数据的连接使每个人都成为营销人员。在营销过程中，通过整合有价值的保险内容，融入保险产品，构建与用户互动的场景，进而打造四位一体的保险业数字化营销模型，包括：用户——连接社交化，人人皆营销，充分发挥网络效应；产品——产品即服务，服务即体验；场景——基于具体的场景推动营销工作，即营销场景化；内容——一切皆内容，内容即营销。在这个模型中，用户更加泛化，产品也不再只是指产品本身，场景成为营销转化的根本，而内容是连接用户、产品和场景的核心。

提高数字化运营能力的关键在于通过自动化运营将洞察、营销、采集、分析等环节有效串联起来，提升信息交换和共享效率，实现有效协作，提升效率。全渠道营销，即不论客户从哪一个渠道触达，均能被识别为一个客户 ID，并对该客户进行全渠道数据的搜集和分析。运营由面向业务流程向面向客户需求转变，大幅缩短了产品的开发周期，满足了产品快速迭代的需求。

## 三、保险业数字化营销关系构建

保险业的数字化从来不仅仅是保险公司的数字化，而是整个行业生态的数字化。在数字化时代，保险公司、流量平台与运营团队将呈现出三角之势，缺一不可。相应地，保险业数字化营销是否能取得成功，也将取决于三个方面，这三个方面被称为保险业数字化营销的铁三角定律。如图 10－6 所示，产品、流量和运营这三个要素形成"铁三角"。在"铁三角"中，保险公司提供产品或服务，流量平台提供流量，运营服务商提供运营服务。保险公司是铁三角结构中的核心，流量平台与运营团队均为保险公司服务。其中，专业的运营平台能真正理解保险的本质，传递正确的保险文化，进行专业的数据处理，促进信息高效转化，为保险公司助力。

保险公司在数字化营销上的认知和投入，很大程度上决定了其在市场竞争中的地位。特别是对于中小型保险公司而言，合纵连横，借力外部可靠、专业的第三方机构是明智的选择。在用户、产品和运营模式均不断迭代更新的数字化时代，有效运营将是其成功的关键。

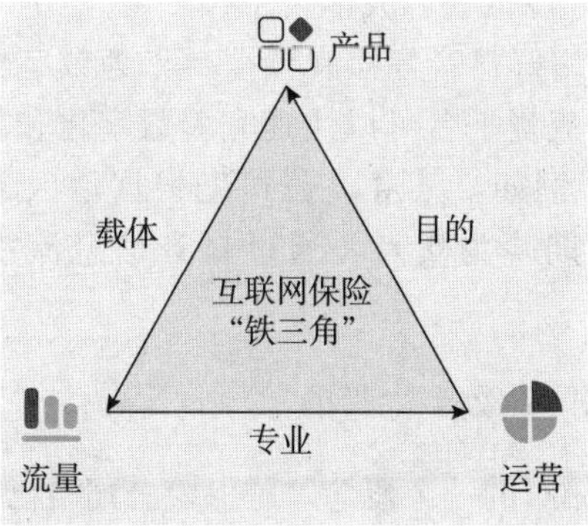


**图 10-6　保险业数字化营销的“铁三角”**

## 四、流量平台与保险业数字化营销

在“铁三角”结构下的非接触型运营模式中，流量平台作为一个载体，起着非常重要的作用。流量平台可以对传统营销进行有效赋能，例如，基于用户标签、用户行为和用户画像，对用户进行生命周期管理，构建个性化用户旅程，打造“千人千面”的用户体验，同时大幅提升运营效率和营销效果。

根据性质不同，流量平台可以划分为公域流量平台和私域流量平台。两者都对保险业数字化营销起着不可替代的作用。

### （一）公域流量平台与保险业数字化营销

公域流量即公共的流量，是指各大主流互联网平台上的流量。我国的公域流量按来源可分为三类：一是内容流量，如通过抖音、B 站、知乎、今日头条等内容平台获得的流量；二是电商流量，如通过淘宝、京东、拼多多等电商 App 获取的流量；三是社交流量，主要指通过微信、QQ、豆瓣等社交平台获取的流量。公域流量具有获取容易、黏性差和稳定性差的特点。所谓获取容易是指即使一个粉丝也没有，保险公司发布的内容也有可能在公域流量平台上被分发给百万、千万级别的用户。所谓黏性差和稳定性差，主要是指保险公司很难二次、三次触达这些流量。

在公域流量平台中，腾讯系流量平台（微信、朋友圈、QQ 等）拥有庞大的用户基数，联结了用户、商业等多个领域，有良好的大数据基础可供分析用户真实的需求。保险公司携手流量平台，将线下业务线上化，大大提高了渠道效率。近年来，字节跳动在金融领域的影响不可小觑，特别是字节跳动旗下短视频 App——抖音已经成为金融机构重要的获客阵地。2020 年 8 月，抖音的日活跃用户已超过 6 亿人，金融兴趣用户超 6 000 万人，金融内容月均播放量超 75 亿次。

在公域流量平台中，保险公司合规、有效地获取用户资源主要从两方面着手：一方面是基于不同平台的特点，使用不同的广告投放方式，并结合平台特点，对推送的内容、形式和标题等方面做定制化处理，提高在平台上获取流量的能力，同时基于经验不断优化调整，提高在平台上的获客能力；另一方面是结合不同平台对自身用户的数字画像和用户标签，以及需要营销的产品受众的特点，与平台联合开发或优化算法，以提升推送的精准程度，提高转化率和转化质量，降低获客成本。

当下，保险公司如何利用好抖音等短视频平台，为数字化营销转型提供助力，是一个新生的课题。善用第三方流量平台可以快速完善数字化和新媒体内容布局，开创保险业未来线上业务的新格局。例如，某寿险公司先根据地区、年龄、性别等筛选目标受众，再以免费测保、低价短期险为卖点，通过抖音信息流投放，单日获客量突破了5万人。

### （二）私域流量平台与保险业数字化营销

私域流量是与公域流量相对的一个概念，是保险公司自己拥有完全支配权的平台所沉淀的粉丝、用户、客户等流量，包括微信公众号、各保险公司的App等。相对于公域流量而言，私域流量是可控、可反复触达的流量。保险类私域流量的客户对互联网保险的接受程度较高，并且拥有较强的投保和续保意愿。因此，近几年各保险公司都积极开拓和发展各自的私域流量。

与公域流量平台相比，私域流量平台的优势主要体现在以下方面：一是拥有主动权。在私域流量平台中，运营者发布的内容可以有效触达目标用户群。二是获客成本低。相较于在公域流量平台中一次性的付费推广，私域流量用户是经过筛选的、更加精准的用户群体，可以多次转化，除去运营成本，流量成本基本为零，营销获客成本低。三是用户稳定性高。私域流量用户基于前期的筛选沉淀，相关度高，更加精准，因此具有更高的稳定性，对运营者的信任程度高，不易流失。四是有利于高频互动获取更精准的信息。私域流量运营者与用户间有更亲密的连接和更频繁的交流，对用户画像信息的把握更加精准、高效，可实现营销信息的精准触达，实施差异化营销推广策略，全面提高转化率，充分挖掘用户价值。

根据最新公开信息，中国87家人身保险公司中有70余家开通了经营互联网保险业务的网站，多家人身保险公司上线了自营App，每家公司都有自己的公众号或微信小程序。这些私域流量平台是保险公司进行数字化营销的重要载体。例如，中国人寿有“国寿e店”“中国人寿寿险”App；人保寿险已经搭建起由“人保e通”“人保e家”“人保寿险管家”App组成的公司移动生态圈；平安人寿推出了“平安金管家”“口袋E行销”等App赋能客户与代理人，实现了数字化展业与数字化客户经营。

### （三）流量平台与客户转化

在数字化时代，保险公司更多面向的是数字产品的用户。有效地盘活公域流量和私域流量，是成功实施数字化营销策略的关键。从公域流量平台中有效甄别用户并导入自己的私域流量平台，进行相应的运行维护、需求激发，实现有效的潜客经营和客户转化，形成对自身品牌的长期认同，对保险公司而言变得更加重要（见图10-7）。

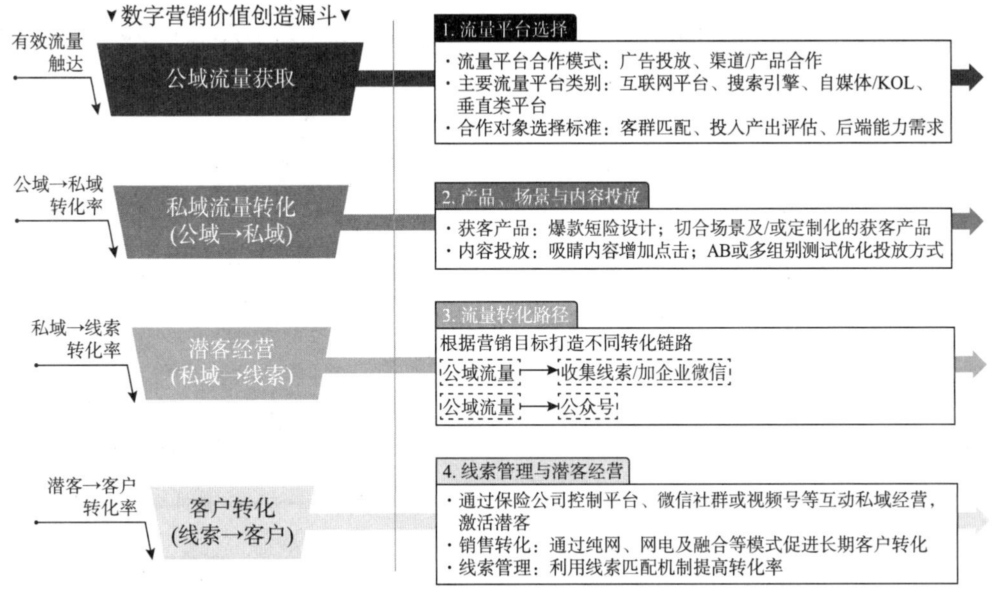


**图 10-7 流量平台与客户转化**

资料来源：波士顿咨询公司（BCG），腾讯. 保险行业数字化洞察报告。

# 第四节 保险业数字化营销策略的创新

保险业开展数字化营销并不意味着要淘汰传统的营销方式和渠道，而是一方面要通过科技对传统个险、银保、电销、网销等渠道进行赋能和升级，另一方面要积极开拓微信、公众号、App、社群等新的客户触达方式和路径，最终打通各个渠道，协同营销，形成新的增长点。

## 一、产品策略

### （一）产品设计理念的转变

数字化时代的产品设计理念比以往任何时候都更强调以客户为中心。在数字化时代，保险公司提供的产品将更加多样化，更加契合客户需求。通过数字化的分析技术，深入了解客户，分析客户行为，对客户进行数字画像，结合市场分析、产品定位和应用场景，对产品的功能、服务、价格进行更加精准的定制化、差异化和个性化处理，以更好地满足客户的需求。

与此同时，产品设计与更新的周期也将大幅度缩短。保险公司的一款产品从需求确定、产品研发、精算定价、监管报备，再到内部培训、投放市场，一般需要 2～3 个月的时间。新产品推出后，后续的更新周期则以年计。目前，已经有保险公司利用数字技术将新产品开发上线时间压缩至 3 小时了。

随着科技的不断发展，数智化技术在各类保险产品的设计与创新过程中的应用也变得更加普及。以健康保险产品的设计与运营为例，智能算法和大数据分析为精准的需求分析奠定了基础，从而为保险产品的定制化设计创造了条件，并在核保、健康管理、理赔及售后服务等各个环节为保险服务赋能（见图 10－8）。

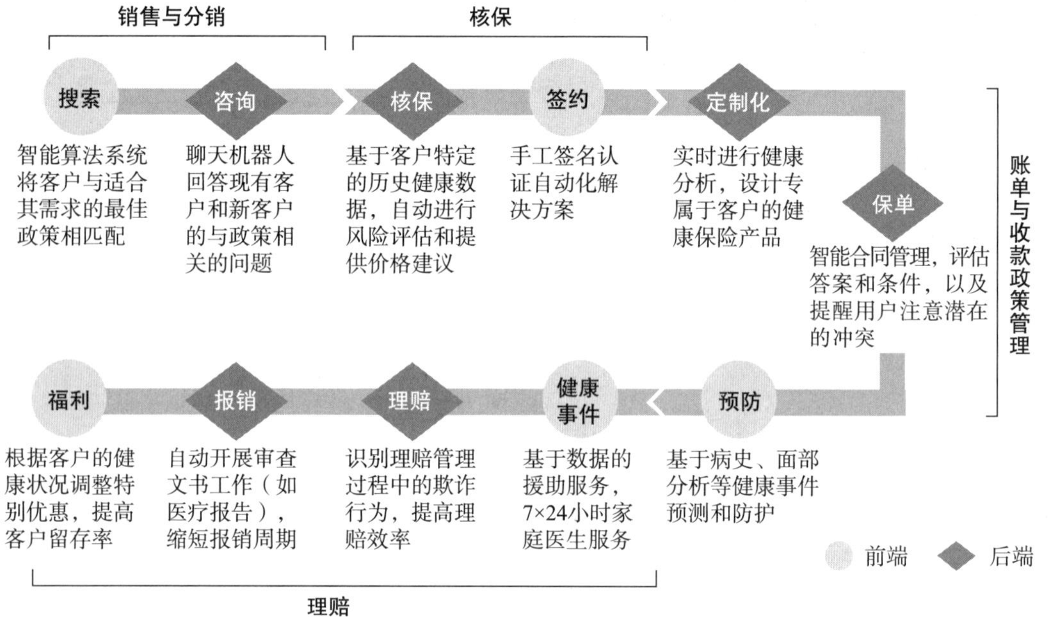


**图 10－8　健康保险价值链及新技术应用**

### （二）产品设计的差异化和个性化

AI、物联网和大数据分析等新技术的运用使保险产品设计实现从“千人一面”到“千人千面”的转变成为可能。未来，保险公司会更加将客户视为个人，而不是客户群体，通过对客户浏览轨迹的追踪以及对客户消费习惯、健康信息、驾驶信息等数据的归集和分析，了解客户内心的偏好，为客户提供更加符合其需求的产品与服务。

例如，众安保险的“尊享 e 生”百万医疗产品可选择“全家桶”模式，即选择家庭投保方案，家庭成员可以共享免赔额，还可以在单人基础上享受家庭价格优惠，优惠幅度随着参保人数的增加而增大。中国人寿打造了智能保险顾问，根据客户基本信息、家庭结构、收入支出、资产负债、社保福利、保险状况、生活习惯等多维度信息，利用大数据、机器学习和 AI 算法，为客户构建个性化的家庭保险保障组合规划，提供有针对性的评估和购买建议。某亚洲领先的人身保险公司以“人生旅程阶段”为理念设计了系列化保险产品，包括年轻时期的寿险、中年时期的家庭年金、老年时期的医疗及退休保障产品等。

## 二、品牌策略

品牌是保险公司取得成功的关键要素。一直以来，在消费者心目中，保险的存在感低、价值感弱。要让客户感觉到保险的温暖，必须打破距离感。在数字化时代，保险的品牌营销需要回归营销的本质，重新研究、洞察并理解消费者的情感和认知。

### （一）数字化时代的品牌建设

技术与社会的进步正在重塑从产品设计到经营理赔的全流程，“人（新人群）、货（新供给）、场（新场景）”在不断演变。“人”是需求的发起者和感知者，近几年受疫情影响，中国消费者无论是思维模式、生活习惯还是消费行为都发生了巨大变化。对保险公司而言，不是保险产品卖点优先，而是要把保险产品解构成具象的事件、标签、记忆点，先建立和用户的关系，才能实现“人”和“货”的连接，用理念认知推动用户为产品“买单”。在竞争激烈的保险市场上，面对快速更新的保险产品，保险公司更加需要激活产品营销的想象力，以全域创新的开创之举，打标签、强印象、促销售。现阶段，保险公司要适应和“新人群”对话场景的改变。保险机构需要不断打造新场景，提高品牌影响力。例如，聚焦数字经济、邻里生活、绿色低碳等消费新热点，打造数字营销场景，促进商业、文化、旅游、体育等消费融合联动，形成新消费格局，多维度加速赋能“新场景”时代的品牌营销。

“新人群”需要的不仅是产品，更是一个具有良好口碑的品牌。保险公司只有先提升品牌美誉度，再将品牌和场景紧密联系在一起，才会使用户在心中产生联想和画面，进而在脑海中建立起产品、服务和其想要的生活、日常需解决的问题之间的联系。

### （二）舆情监控与危机公关体系建设

随着互联网的普及和自媒体的兴起，普通人在互联网上有了更多表达观点的机会，微信、微博、知乎和视频号等平台为社会大众提供了发声的机会与渠道。在畅通信息渠道的同时，“键盘侠”与“造谣者”在匿名机制的保护下，也存在信口开河或恶意抹黑等动机。俗话说：“好事不出门，坏事传千里。”负面消息往往比正面报道传播得更快，社会大众对负面报道的点击量与转发量往往呈现出指数增长的趋势。因此，负面消息的“杀伤力”极大。尤其是对于上市公司而言，这种影响会在短时间内对公司股票价格造成冲击。在网络风暴的围剿下，如果不对舆论情况与敏感话题进行监测与回应，企业的形象就可能遭到损害。哪怕保险公司花费几十年甚至上百年建立的品牌，也可能在不利的舆情中面临巨大挑战，对后续的业务造成难以挽回的影响。

因此，保险公司的品牌策略离不开舆情监控和危机公关体系建设。舆情监控是数字化时代保险公司品牌建设不可忽视的一环。保险公司需要引导各平台用户了解自身的经营理念、公司文化以及产品初衷，把握舆论的走向，从源头预防负面舆情的产生。保险公司需要建立全网 7×24 小时的舆情监测系统，在第一时间获取与自身或竞争对手相关的负面舆情，及时捕捉指标异常并进行预警，做到将风险扼杀在摇篮中。一旦发生与企业负面消息相关的舆情，就及时予以处理，进行有效的危机公关，从而最大限度地减轻舆情对企业品牌的损害。

## 三、定价策略

在定价方面，数字化营销可以基于对客户习惯和行为数据的分析，搭建风险因子定价模型。例如，就车险而言，保险公司可以将客户以往的交通违法违章记录、车辆保养记录等作为模型因素。就健康险而言，保险公司可以鼓励客户主动接受年度体检并提供体检记录，与保险公司共享个人健康信息，酌情推出差异化定价，给予部分客户保费优惠等，从而提高营销成功率，增加利润。数字化营销也能帮助营销人员强化客户的全生命周期管理，密切掌握客户的投保、核保、保单更新、出险、理赔等进度，及时响应客户需求。

### （一）产品定价的精准化

在数字化转型过程中，保险公司可利用AI技术分析数据，完善精算模型，从而使产品定价能更精准地反映潜在风险。例如，中国某领先的财产保险公司面对车险定价难、赔付高等承保压力，利用百度智能云所提供的互联网大数据，辅以AI分析，多维度优化车险智能定价模型，准确评估客户风险，进行精准定价，提高了承保利润。美国某领先的车险公司推出UBI汽车保险，在传统价格因素（车型、地区等）基础上利用装置侦测客户驾驶习惯，调整汽车保险费率。客户参加计划后将获得一个小型装置，以监测其驾驶距离、时间、急刹等习惯。保险公司对监测数据进行分析后做出驾驶习惯提醒及定价调整。该计划吸引了众多记录良好的驾驶者，帮助他们平均每年节省逾150美元。某欧洲财产保险公司鼓励客户在建筑物中安装物联网设备，该物联网设备可以从能源、水、空调等连接系统中收集数据，保险公司通过智能化平台分析这些数据以监测建筑物中的异常情况，在需要维护时进行预警和早期干预，将客户财产损失风险降至最低，减少了自身的潜在赔付。

### （二）风险控制的智能化

风险控制（简称“风控”）是保险公司经营管理的核心环节。风控智能化将帮助保险公司精准定价、识别欺诈及提升风险管理能力。保险公司可将智能风控嵌入保险业务价值链各环节，推动跨部门的协作。

在事先预防环节，保险公司可以从客户洞察方面提出预防性建议，降低健康保险等业务的赔付成本。例如，美国某领先的医疗保险机构面对慢病管理成本控制问题，推出了Ⅱ型糖尿病数字健康计划，协助病人控制病情。该机构为患者配备连续血糖检测仪及健康活动追踪器，通过App为患者提供慢病管理计划，并基于病人数据提供相应的慢病改善建议，通过维持投保人的健康状况降低了自身的赔付成本。

在事后理赔环节，保险公司可利用票据智能审核，防控理赔欺诈风险。例如，中国太平洋保险针对车辆保险定损程序复杂、潜在欺诈事件频发等问题，推出“太·AI”车辆智能定损产品，通过图像识别技术分辨车辆、损伤部件及损伤程度，有效提升了车险理赔效率。中国泰康保险面对团伙式、系统性欺诈问题，建立了反欺诈关联知识图谱。中国泰康保险与百度智能云在2019年共同成立了联合创新实验室，联合搭建反欺诈关联关系图谱，基于客户信息构建关联人物，通过模型演算识别潜在欺诈行为，减少了不必要的赔付。目前，模型已成功应用于医疗津贴型保险，并识破了多起骗保欺诈行为，有效提升了保险公司的风险管理能力。

## 四、分销和促销策略

保险公司通过构建自己的数字化平台，在符合监管要求的前提下，利用保险短视频、网络直播营销独特的表现形式、高传播速度以及高互动性，可以部分缓解外部环境给保险业带来的运营冲击。目前，保险公司和客户彼此触达的渠道更加丰富。除了传统的代理人、第三方中介机构、保险公司网站等接触点外，消费者还可以从微信朋友圈、今日头条推送、支付宝—蚂蚁保险渠道、淘宝购物场景等接触点接触到保险。保险公司基于合适的投放平台，借助数智化手段可实现精准营销，提高渠道效率，提升客户满意度。

### （一）选择合适的广告投放平台

在广告投放方面，目前行业主要的流量都被“四巨头”（百度、阿里、腾讯、字节跳动）所占据。其中，百度依旧是搜索引擎流量最大的一方；“阿里系”最有名的就是支付宝以及淘宝、闲鱼等与交易相关的渠道，这些渠道无论在大众日常生活相关的数据收集方面还是分析方面都非常具有优势；腾讯作为顶级的流量渠道，仅仅是微信一个平台，就有朋友圈、公众号、小程序等为腾讯提供数以十亿计的流量；字节跳动是最早将人工智能应用于移动互联网场景的科技企业之一，被称为新晋流量之王，旗下有多个 App 流量矩阵，“技术出海”是字节跳动全球化发展的核心战略，其旗下产品有今日头条、西瓜视频、抖音、火山小视频、皮皮虾、懂车帝、悟空问答等。

保险公司根据自身情况，选择合适的投放平台，利用互联网媒介流量推广，加快传播速度，高效触达和转换客户，提高营销效率。例如 H5 小游戏、朋友圈系列海报等能够基于用户进行差异化的推广和营销，便于保险公司在各类贴近衣食住行娱等的生活场景中沉浸式推广保险产品。

### （二）科技赋能保险客户体验

利用科技和互联网，保险公司可以开展更加多样化的营销活动，不断提升客户体验。例如，在理赔环节，不少公司都推出了便捷投保理赔服务，有效提升了客户体验，有助于进一步赢得客户信任。现在，数字人助手可协助保险公司实现与客户的人机自然沟通。例如，中国知名互联网保险公司打造专属数字人客服形象，在视频中为客户提供理赔进度查询、保单退保等服务（见图 10－9）。又如，某欧洲保险公司为解决车险报价不便捷、无法快速跟进客户需求的痛点，与科技公司合作打造智能聊天机器人，利用智能会话功能在手机聊天软件上生成文字来为客户提供个性化、即时的双语种车险报价，缩短了对客户需求的响应时间并降低了人力成本。

**图 10－9　互联网保险公司数字人客服形象**

资料来源：百度智能云。

### （三）智能推荐和精准营销

新技术的发展，使产品智能推荐和精准营销成为可能。保险公司可通过数智化分析描绘客户画像，精准匹配供需，赋能客户触达与转化。

例如，中国人寿构建了智能精准营销系列模型，为营销服务提供智能化支持，包括保障型产品购买预测、规模型产品购买预测、十年期产品购买预测、保单借款概率预测等分类预测模型及客户保障缺口分析等量化预测模型，并应用于“国寿 e 店”相关服务专区、中国人寿寿险 App“猜你喜欢”和“健康保障大 PK”等应用场景，大幅提升了销售服务效率；中国人保健康构建了健康医疗大数据，引入云计算、人工智能等现代科技，精准描绘客户的“健康画像”，推进产品服务创新；人保财险创新性地推出“AI＋营销”保险营销新模式，应用人工智能技术发掘客户价值、识别客户风险、预测客户需求，并以此构建客户标签体系；通过知识图谱、社会网络等技术整合标签逻辑关系，推出了“智能保顾”，为客户提供“千人千面”、一人一策的精准保险服务。

## 第五节　保险业数字化营销的典型案例

### （一）案例介绍①

众安在线财产保险股份有限公司（简称“众安保险”）是中国首家互联网保险公司，成立于 2013 年，由蚂蚁集团、平安保险、腾讯等知名企业联合发起。其总部位于上海，不设任何分支机构，完全通过互联网展业，技术人员在全体员工中的比例接近 50%。2017 年 9 月 28 日，众安保险在香港联合交易所主板上市，成为国内“互联网保险第一股”。成立 10 余年来，众安保险保费收入的年均复合增速接近 50%，增速远超行业平均水平，显示了众安保险强大的市场竞争力和发展潜力；在线累计服务的用户数量已经超过 5 亿人次，累计保单量超过 640 亿张，相当于全国每 6 张保单中就有 1 张出自众安保险。

作为中国保险科技的先行者，众安保险以“科技驱动金融　做有温度的保险”为使命，致力于通过金融科技手段为用户提供个性化、定制化的保险产品和服务，是数据管理、战略规划以及人工智能应用方面的积极探索者和参与者，也是中国保险业数字化转型的先锋。短短十余年间，众安保险通过科技赋能，不仅实现了自身的快速成长，也为整个行业的数字化转型提供了宝贵的经验和启示。

### （二）案例分析

#### 1. 数字化的客户洞察

作为第一家互联网保险公司，众安保险从成立伊始就从事科技驱动的保险业务，其数字化营销策略的实施离不开对海量数据的分析与利用。为了实现这一目标，众安保险在过去十余年中累计投入数十亿元用于科技研发，建设了强大的数字化基础设施，如保险核心

① 本节前两个案例资料参考了易观数科和鼎翰文化联合发布的《保险业数字化营销洞察与策略白皮书》，第三个案例来自零壹财经·零壹智库发布的《海外创新案例——保险科技篇》，在此表示深深的感谢。

系统“无界山 2.0”，形成了先进的数据平台和数据仓库。

首先是实现用户数据信息的统一化管理。面对近 1 000 条渠道、2 000 多种产品、20 000 多个配对（CP）以及 640 亿张保单，为了精准识别出哪些数据归属于同一位客户，众安保险开发了同人模型，通过数据的收集、清洗、映射和整合，将核心属性标签、非核心属性标签以及实体属性标签统一应用于“一个人”的身上。以用户行为数据标签为例，通过深入分析客户在网站、应用或服务中的点击、浏览、购买、搜索等行为，众安保险可区分出对营销活动反应敏感的客户群体，识别出习惯在特定时段使用 App 的客户，以及发现宠物爱好者家庭等特定用户群体。

其次是在大数据分析的基础上实现对客户的数字化洞察。众安保险能够根据数据统计指标的波动，迅速定位并分析出数据异动发生在哪条渠道、哪种产品、哪个商务环节或阶段。这种方法极大地节省了时间，提高了公司的整体运营效率。以往需要两名专业人员花费两天时间完成的分析任务，现在只需一名具备基本技能的员工即可在不到 10 分钟的时间内实现快速定位并进行可视化分析。凭借这种高效的数据处理和分析能力，众安保险能够更精准地理解客户需求，优化产品和服务，发挥数据资产的最大价值。

**2. 差异化的用户策略**

保险公司需要根据客户的不同层次，制定并实施差异化的客户策略。众安科技推出的 X-Man 智能营销平台，可以通过数据实时采集和自动化运营，增强个性化营销效果。众安保险利用大数据技术进行客户细分，可以在特定时间和地点通过特定渠道向客户推荐特定产品，实现个性化的精准触达。例如，针对老年人手机操作不熟练的痛点，众安保险提供耐心的手机操作指导，并提供差异化服务策略，如老年人进线会直接接入人工服务。为了更好地吸引潜在客户并将他们的购买意愿转化为实际购买行为，以及进一步增强客户黏性，众安保险既制定了定时性的策略，也制定了触发性的策略。比如在会员日、年度大促期、客户生日、春节或“6・18”等特殊时刻推出优惠活动，或者在客户提出特定问题后，向他们推送相关产品或服务。为了提高效率，众安保险不仅依赖人工或一线客服的主动响应，还通过各种策略实现自动化执行。众安保险的短险营销能力非常强大，单日精准获客量级达 1.5 万～2 万人。

**3. 多元化的业务经营**

众安保险的业务快速扩张，离不开对互联网小额、高频、海量、碎片化特征的充分利用。众安保险的产品线非常丰富，覆盖了从个人健康保险、家庭财产保险、责任保险到机动车辆保险等多个领域。例如，在健康保障方面，众安保险提供医疗保险、重疾保险、健康医疗保险等产品，满足用户在健康领域的保障需求，并且通过连接医院和自身积累的数据，为健康险的理赔环节提供支持。在数字生活方面，众安保险不仅提供退货运费险、产品质量保险、物流保险等，而且为消费金融平台提供信用保证保险，为旅游平台提供航空意外险、航班延误险等产品。

除此以外，众安保险还依托其强大的科技优势，为其他公司提供基于区块链、AI、大数据、云计算等技术的科技产品和解决方案，推动保险业信息化升级，并与 1 400 多个生态合作伙伴共同提供“保险＋科技＋服务”的全方位风险保障解决方案，为企业服务、生活服务、灵活用工、医疗健康、宠物消费、智能硬件等 12 大场景提供行业解决方案。

通过不断拓展新的保险产品和服务领域，众安保险实现了业务的多元化发展。众安保险的主打产品"尊享 e 生"系列作为众安保险的明星产品，自推出以来就受到了市场的热烈欢迎。该产品以全面的保障范围、合理的保费以及便捷的线上购买流程赢得了众多消费者的青睐。自 2015 年推出至 2024 年，"尊享 e 生"系列已经完成了 24 次产品迭代。这一系列产品以其创新性和不断升级的特性，满足了市场对健康保险的多元化需求，提供了包括但不限于重疾、罕见病、门急诊等在内的全面保障，同时通过科技手段优化服务体验，提高了用户的获得感和便捷性。这些都体现了众安保险对客户需求变化趋势的准确把握，以及对健康险市场发展态势的洞察。

4. **智能化的客户服务**

众安保险大量应用 AI 技术，致力于在所有业务流程中探索 AI 的应用，实现了 99%的承保自动化和 95%以上的理赔自动化。众安保险的智能客服系统是一个高科技、高效率的服务平台，覆盖了 275 个服务场景，几乎涵盖了用户可能遇到的所有问题；众安保险的在线机器人全渠道覆盖，提供 7×24 小时不间断服务，问题解决率超过 90%。智能客服的意图识别准确率超过 97%，这意味着智能客服能够非常准确地理解用户的意图并提供相应的服务。在客户触达方面，众安保险考虑了多种触达方式——短信、App、公众号、小程序等，并分析了它们的有效性、成本和性价比，根据客户在一天中不同时间段的行为模式，选择最合适的推送时机。在智能客服领域，众安保险现在能够通过层层筛选，精准定位问题，提供更有针对性的解答和安抚。在理赔方面，众安保险通过"智能理赔"系统，实现了全产品、全渠道、全流程的智能理赔，每 42 秒就有一个理赔结案。众安保险在健康险领域提供在线申请理赔服务，93.29%的案件无须邮寄材料，通过在线上传材料和审核功能即可完成理赔。

利用保险科技赋能，是众安保险取得成功的关键之一。在 2022 年世界人工智能大会上，众安保险首次展示了数智化产品"全家福"，包括集智经营分析平台、智能在线客服系统、"CIREO 挖掘鲸"用户交互挖掘平台等多款产品。其中，"CIREO 挖掘鲸"用户交互挖掘平台基于自然语言处理（NLP）算法和深度神经网络构建的语义理解能力，能够识别客户意图与情绪，挖掘客服会话中的潜在商机、风险点及热门舆情，在营销中起着重要作用。

5. **开放的运营生态**

众安保险积极构建开放的生态系统，与医疗、金融等多个行业的企业合作，共同为用户提供一站式的服务体验。这种跨界合作不仅丰富了众安保险的服务内容，也为其带来了更多的流量入口和数据支持。众安保险已经与超过 1 400 个生态合作伙伴建立了连接，触达互联网 O2O 平台、家庭服务平台和数字养宠等领域。例如，众安保险与网约车平台联合打造的"点滴保"覆盖 240 万网约车司机，保单数突破 20 亿张；与超过 8 000 家线下宠物医院对接，为宠物险客户及宠物主链接优质的医疗资源；通过连接医院和积累数据，为健康险理赔环节提供支持，构建了一站式医疗保障服务体系。

众安保险非常重视与短视频平台合作，通过直播带货平台，实现快速获客。具体做法是，在直播中添加转化组件，客户可以通过转化组件跳转落地页面，实现交易。比如在抖音直播中，通过抖音平台推荐百万医疗险。当用户点击左下角出现的卡片组件

案例

某人寿保险公司"明星保险代理人"营销案例

时，在右下角会生成一个小风车图标，点击后即可进入落地页——保险主页、抖音号、群聊等，达到快速线上获客的效果。

### （三）案例启示

众安保险的数字化转型和营销实践是行业成功的典范，其业务增长速度远超行业平均水平。数据显示，2023 年全年，众安保险实现财险总保费人民币 295.01 亿元，同比增长 24.7%；实现科技输出总收入人民币 8.29 亿元，同比增长 40.0%。其中，众安保险自营渠道总保费同比增长 31.0%。而 2023 年 1—9 月，我国保险业实现原保险保费收入 4.25 万亿元，同比增长 10.98%。按原保险保费收入计，2023 年众安保险稳居中国财险行业第九名，为中国前十大财险公司中增长最快的公司，在互联网财险赛道稳居市场份额第一。[①] 众安保险的案例带给我们的启示是多方面的。其成功离不开科技赋能和持续创新，特别是对大数据、人工智能等新技术的运用。在数字化时代，只有基于对客户的深刻的数字化洞察，才能设计出能更好地满足客户需求的产品及提供更加有温度的服务。

案例

海外创新案例——Bought By Many 的社群营销模式

## 本章小结

本章先介绍了保险业的产品类型以及保险市场的产品结构。

保险业数字化转型是随着新技术的快速发展保险业实现高质量发展的需要。保险业的数字化转型趋势主要体现在以下方面：业务增长以用户体验为先、业务运作以科技赋能智能化服务、经营方式以数据洞察驱动业务决策、商业模式更强调生态集群作战。

保险业数字化营销，是以数据为基础、以保险产品和服务为对象的金融营销。数字化营销是保险业数字化转型升级的关键环节，其关键要素主要涉及客户、产品、场景和内容，可以概括为保险业数字化营销的“PPSC”模型。保险业数字化营销能否取得成功，主要取决于产品、流量和运营三个方面，这三个方面被称为保险业数字化营销的“铁三角”。在“铁三角”结构下的非接触型运营模式中，流量平台作为一个载体起着非常重要的作用。流量平台可以对传统营销进行有效赋能。根据性质不同，流量平台可以划分为公域流量平台和私域流量平台。两者都对保险业数字化营销起着不可替代的作用。

保险业数字化营销策略主要包括产品策略、品牌策略、定价策略、分销和促销策略。数字化时代的产品设计理念比以往任何时候都更强调以客户为中心，并注重产品设计的差异化和个性化；数字化时代的保险品牌营销需要回归营销的本质，重新研究、洞察和理解消费者的情感和认知，并关注舆情监控与危机公关体系建设；数字化时代的定价策略更加注重定价的精准化和风险控制的智能化；数字化时代的分销和促销策略离不开合适的广告投放平台，强调科技赋能保险客户体验，并重视智能推荐和精准营销。

① 零壹财经. 众安在线公布 2023 年全年业绩。

## 思考题

1. 为什么说数字化营销是保险业数字化转型升级的关键环节?
2. 保险公司如何利用好抖音等短视频平台来为数字化营销提供助力?
3. 为什么说数字化时代的品牌营销需要重新研究、洞察并理解消费者的情感和认知?
4. 在数字化时代，保险公司如何实现精准营销? 试举例说明。

第十一章

# 证券业数字化营销

**【目的与要求】**

本章要求掌握证券公司主要业务及其特点；熟悉证券业的数字化转型历程，理解证券业数字化营销如何促进证券公司核心业务升级；了解证券业数字化营销策略的创新；讨论证券公司数字化营销相关案例。

## 第一节　证券业产品和业务概述

作为金融市场中最具活力和创新性的行业，证券公司被誉为金融体系的“轻骑兵”、市场经济中的金融工程师。它以灵活多变的形式参与资本市场配置，成为资金提供者和资金需求者之间关键的联系纽带。

证券公司是典型的投资性中介机构。证券公司的本源业务是证券承销，充当证券发行公司和证券投资者的中介人，其经营资本主要依靠发行股票或债券来筹措。其主要业务是：承购包销或代销证券，代理企业发行证券，以经纪人身份代理客户进行证券交易，自营证券交易，提供证券筹资和投资咨询，为客户提供融资融券服务，参加证券发行公司的董事会或担任企业顾问，开展金融创新等。具体来说，证券公司的业务大致有经纪业务、投行业务、投资交易、信用及衍生品业务四大类。

### 一、经纪业务

经纪业务是证券公司的传统业务之一。经纪业务分为狭义的经纪业务和广义的经纪业务两类。其中，狭义的经纪业务有时也称证券代理业务，广义的经纪业务不仅包括代理证券交易，还包括投资咨询、资产管理、设计投资组合等业务。

### （一）证券代理业务

证券代理业务是证券公司接受客户委托，按照客户的合法要求，代理客户买卖证券并收取佣金的业务。具体而言，证券公司通过其设立的营业场所（证券营业部）和在证券交易所的席位，根据相关的法律法规及其与客户之间的契约，从事证券代理业务。证券公司作为经纪商，其与客户建立的委托代理业务关系具有法律约束力，经纪商一般只能按照客户的要求买卖证券，不分享客户买卖证券的差价，也不承担客户的价格风险，经纪商收取一定的佣金作为经纪业务收入。

证券经纪业务是随着集中交易制度的实行而产生和发展起来的。由于在证券交易所内交易的证券种类繁多，数额巨大，而交易厅内席位有限，一般投资者不能直接进入证券交易所进行交易，因此只能通过特许的证券经纪商作为中介来交易。在中国，具有法人资格的证券经纪商是指在证券交易中代理买卖证券，从事经纪业务的证券公司。

### （二）投资咨询

投资咨询是综合类证券公司为客户提供的有关资产管理、负债管理、风险管理、流动性管理、投资组合设计、估价等多种咨询服务业务，常与证券公司的其他核心业务，特别是证券承销、经纪和资产管理等业务共同服务于目标客户。典型的投资咨询业务包括证券投资顾问业务和证券研究报告业务。

证券投资顾问业务是指证券公司、证券投资咨询机构接受客户委托，按照约定向客户提供涉及证券及证券相关产品的投资建议服务，辅助客户做出投资决策，并直接或者间接获取经济利益的经营活动。证券投资顾问业务的内容包括为客户提供投资的品种选择、投资组合以及理财规划建议等。其中证券投资顾问是指专门从事为客户提供证券投资建议并从中获取薪酬的资产管理人士。证券投资顾问的业务具有针对性、特殊性、非公开性等特点。私人证券投资顾问展业过程是基于投资信任，以绝对的投资能力和投资业绩回报为导向，以咨询和后台支持服务为辅助，接受客户委托，按照约定向客户提供证券及证券相关产品的投资建议，并直接或者间接获取经济利益的过程。

根据性质，证券投资顾问业务可以分为提供建议型证券投资顾问业务、财富管理型证券投资顾问业务和代理操作型证券投资顾问业务三种。提供建议型证券投资顾问业务是指向客户提供涉及证券及证券相关产品的投资建议服务，辅助客户做出投资决策的业务，属于早期证券投资顾问业务。财富管理型证券投资顾问业务主要是为签约客户提供证券投资规划、理财建议，以及具体的投资理财实施方案等的业务，是新型理财规划服务业务。代理操作型证券投资顾问业务是指除了向客户提供涉及证券及证券相关产品的咨询建议服务外，还全权代理客户操作（管理委托人账户）的业务。

根据服务内容，证券投资顾问业务可以分为四种：第一种是证券投资品种选择业务，即为客户推荐个股并建议买卖时机，以帮助他们取得高于市场平均收益率的收益业务；第二种是证券投资组合业务，即根据客户对风险的态度以及对收益的追求，为客户提供适合的证券投资组合方案的业务；第三种是证券理财规划建议业务，即与客户签约，向客户提供符合其要求的证券投资规划的业务；第四种是证券财富管理业务，即向客户提供股票、债券、基金、股指期货、融资融券等方面的套利组合，帮助客户实现低风险的稳定盈利的业务。

### （三）资产管理产品

资产管理（简称“资管”）即“受人之托，代客理财”，具体说来是指管理人设置一个资管产品，汇集投资人的资金，以自身名义利用投资人资金进行投资，投资的收益、风险均由投资人自己承担，管理人仅按约定收取管理费。券商资管和银行理财、信托、基金、保险等一样，是大资管行业的主要构成部分，规模占整个大资管行业的15%左右。其中，券商资管、基金、期货等同属于证券监管体系。

具体来讲，资管产品可以分为以下三类：(1) 定向资管。定向资管是指证券公司与单一委托人（银行/其他金融机构）签订定向资产管理合同，通过该客户的账户为客户提供资产管理服务。应在资产管理合同中约定具体的投资方向，且必须在单一客户的专用证券账户中操作。定向资管具体的运作模式主要有两种：一是单纯通道模式，即证券公司只提供通道，其余一切都按照合同约定被动管理，证券公司只收取通道费。二是主动管理模式，即证券公司受托进行主动管理，双方约定投资范围和限制。证券公司收取佣金和业绩提成。(2) 集合资管。集合资管是指证券公司设立集合资产管理计划，与客户签订管理合同，通俗理解就是，证券公司把很多人的钱聚集起来一起做理财投资；收取佣金并获得业绩提成。(3) 专项资管。专项资管是指证券公司满足客户的投融资租赁、公用事业、房地产投资信托基金（REITs）等资产证券化产品的需求，收取佣金和业绩提成。

因为资管业务和自营业务存在利益冲突，所以很多证券公司对这项业务进行了牌照剥离，成立资管子公司，目的主要是隔离利益。对于证券公司或者证券资管公司来说，券商资管产品贡献的利润主要来源于两部分：一部分是产品的管理费；另一部分是产品的超额业绩提成。

## 二、投行业务

### （一）股票承销与保荐业务

证券承销业务是证券公司最本源、最基础的业务。股票承销与保荐是指证券公司在股票发行过程中，承担向投资者推销股票的责任。证券公司承销的范围很广，在股票发行过程中，保荐机构会全程参与企业的上市过程，包括尽职调查、股改、编制招股说明书、准备申报材料等环节，最后还需按照中国证券监督管理委员会的要求进行预审反馈，完善需要进一步披露的内容。证券公司在承销过程中一般要按照承销金额及风险大小来权衡其是否要组成承销辛迪加以及选择承销方式。承销方式通常有四种：包销、投标承购、代销和赞助推销。

### （二）债券承销业务

债券承销业务是指证券公司接受客户委托，按照客户要求向机构投资者和公众投资者出售债券，以达到客户融资目的的业务。债券承销的主要方式有四种：代理承销、辅助承销、包销和承销团承销。向社会公开发行的证券票面总值超过5 000万元的，应当由承销团承销。

### （三）并购重组业务

并购重组业务是证券公司业务的重要组成部分，已成为证券公司的一大收入来源。并购是一件十分复杂且专业性很强的事。通常，并购双方都选择证券公司来充当顾问和代理人。证券公司为并购企业提供的服务包括：帮助并购公司进行战略分析，寻找合适的并购机会和目标公司；以企业财务顾问的身份，全面参与并购活动的策划，提出并购建议，制定适当的并购价格、并购方式、时间、条件、策略，制订融资计划，进行资本结构重组等；根据并购公司的战略评估，对目标企业进行估价；与目标公司大股东和董事等接触，洽谈并购条款；编制公司公告，安排并购事宜；帮助并购公司编制并购财务计划并着手进行财务安排；协助企业进行并购后的公司重整。证券公司为目标企业提供的服务包括：监视目标公司股价，追踪潜在的并购公司；针对善意并购，评估并购公司的收购建议，提供要约的公平价值建议；编制和发布有关公告与文件，收到并购合约后，帮助目标企业董事会发布新闻公告，协助董事会准备对并购协议的分析说明；帮助目标公司完成并购过程；针对敌意并购，积极与目标公司董事、股东、经理制定应对策略，发现“白衣骑士”，实施重组，筹措反并购资金，实施反并购等。证券公司从事并购业务的报酬，因服务内容而异，一般没有明确的规定。报酬的形态可以分为三种：前端手续费、成功酬金（包括固定佣金、累退比例佣金、累进比例佣金）和合约执行费用。

### （四）理财顾问业务

理财顾问业务是指证券公司利用自身拥有的智力和信息资源来为筹资者及投资者提供市场化信息，设计融资与投资方案，出具咨询报告，提出公正意见，提供委托理财等服务的业务，是一种新型创收业务。理财顾问业务的服务对象有两大类：一类是资金筹集者，包括国内外工商企业和各级政府部门等；另一类是投资者，包括中小投资者和机构投资者。机构投资者主要指工商企业、投资基金、养老基金、保险基金及各类基金。为筹资者提供顾问服务即财务顾问业务，财务顾问业务的范围包括为企业和政府机构客户提供筹资顾问、资产重组顾问、投资顾问、财务风险管理顾问、项目融资顾问等服务。为投资者提供顾问服务即投资顾问（也称“投资咨询”）业务，投资顾问业务的范围包括为客户提供宏观经济分析、行业分析、公司分析和市场分析，帮助其策划投资项目并提供投资方案，与客户开立共同账户合作投资，接受全权委托代客理财等。证券公司在开展理财顾问业务时，采用两种收费方式：一种是独立收费方式，即证券公司接受客户委托，为客户提供各类独立的顾问服务，顾问费用可由双方商定，也可由证券公司根据该项目所耗费的时间和人工确定。另一种是非独立收费形式，即证券公司提供的顾问服务包括在其他业务（如证券承销、企业并购和风险管理等业务）中，顾问报酬也列入其他业务当中计算。

## 三、投资交易

### （一）自营业务

证券自营业务是指证券公司使用自有资金或者合法筹集的资金以自己的名义买卖证券以获取利润的证券业务。在我国，证券自营业务特指综合类证券公司用自有资金和依法筹集的资金，用以自己名义开设的账户买卖有价证券，获取盈利的行为。

证券自营买卖的对象主要有两大类：一类是上市证券；另一类是非上市证券。上市证券是指在证券交易所挂牌交易的人民币普通股、证券投资基金、认股权证、国债、金融债、公司债、企业债、城投债等，这是证券公司自营买卖的主要对象。其中，人民币普通股、基金、认股权证以及证监会认定的其他证券统称为权益类证券；国债、金融债、公司债、企业债、城投债等统称为固定收益类证券。

证券公司的自营业务按照交易场所分为场内（交易所）自营买卖和场外（如银行间、柜台）自营买卖。(1) 场内自营买卖是证券公司通过集中交易场所（证券交易所）买卖证券的行为。国际上对场内自营买卖业务的规定较为复杂。例如，在美国纽约证券交易所，经营证券自营业务的主要有交易厅自营商和自营经纪人。交易厅自营商只从事证券的自营买卖业务，不办理委托业务。自营经纪人在从事自营证券买卖业务的同时兼营代理买卖证券业务，其代理的客户仅限于交易厅里的自营经纪人与自营商。(2) 场外自营买卖是指证券公司通过银行间或柜台交易等方式，与客户直接洽谈成交的证券交易行为。一般来说，上市证券的自营买卖主要通过场内交易方式实现，而非上市证券的自营买卖主要通过银行间市场、证券公司的营业柜台等场外交易方式实现。银行间市场的自营买卖是指具有银行间市场交易资格的证券公司在银行间市场以自己的名义进行的证券自营买卖。

目前，银行间市场的交易品种主要是债券。债券采取询价交易的方式，交易对手之间自主询价谈判，逐笔成交。证券公司柜台自营买卖是指证券公司在其营业柜台以自己的名义与客户之间进行的证券自营买卖。这种自营买卖比较分散，交易品种较单一，一般仅为非上市的债券，通常交易量较小，交易手续简单、清晰，费时少。

另外，证券公司在证券承销过程中可能有证券自营买入。例如，在股票承销中采用包销方式发行股票时，由于种种原因，股票未能全额售出，按照协议，余额部分由证券公司买入。同样，在配股过程中，投资者未配部分，如协议中要求包销，也须由证券公司购入。

### （二）股权投资业务

除了开展传统投资外，投资银行还可以利用自有资金投资于未上市股权。投资银行通常以设立股权投资基金的方式对未上市股权进行投资管理。股权投资基金起源于美国，经过几十年的发展和完善，已成为企业投融资的重要手段，在世界许多国家得到普遍推广应用。股权投资基金又称私募股权投资。

股权投资基金根据战略目标选择不同阶段进行投资，相应地，可根据所投资阶段的不同划分为创业投资基金、成长资本、并购基金、夹层资本、过桥资本等。根据投资领域的不同，股权投资基金也可以分为房地产基金、基础设施基金等。

此外，证券公司业务还有资管业务、投资基金业务以及衍生品创新业务等。

### （三）机构交易业务

作为投资银行的传统业务之一，机构交易业务也非常重要。机构交易又叫对客交易、销售交易或机构销售，主要包括投资者和投资银行自身的大宗证券交易。机构交易业务中的关键角色是交易员。交易员负责在市场上购买证券，在将来以更高的价格出售并赚取价差。除此之外，交易员还需要帮助投资客户从交易中获利，有时交易员会接受较低的佣金以赢得客户和促成更多的交易。

机构交易业务的核心是完成客户所需要的交易。(1) 对于证券市场上的交易，投资银行可以根据客户指令代理买卖，甚至可以通过量化交易、算法交易等手段满足客户程序化交易的需求；(2) 对于找不到交易对手的客户需求，投资银行可以充当客户的交易对手；(3) 对于市场上流动性匮乏的投资品种，投资银行可以直接充当做市商，为该品种的交易提供流动性；(4) 对于市场上尚不存在的投资品种，投资银行可以创新金融产品及相关衍生品，并在柜台市场销售和交易；(5) 对于一些基础设施不够完备的对冲基金和私募基金，投资银行可以提供主经纪商业务，即提供交易、清算、托管等“一条龙”服务，对冲基金只需要专注于投资即可。

根据行业惯例，机构交易部门是按照资产种类来划分二级部门的，分为权益交易部门和固定收益、外汇及大宗商品（Fixed Income，Currency，Commodities，FICC）部门。其中，代理买卖、做市交易、研究分析、资本中介等业务两个部门都会做，而主经纪商业务通常隶属于权益交易部门。

## 四、信用及衍生品业务

### （一）面向个人投资者、机构投资者的融资融券

融资融券交易，又称证券信用交易或保证金交易，是指投资者向具有融资融券业务资格的证券公司提供担保物，借入资金买入证券（融资交易）或借入证券并卖出（融券交易）的行为。融资融券交易包括证券公司对投资者的融资、融券和金融机构对证券公司的融资、融券。从世界范围来看，融资融券制度是一项基本的信用交易制度。2010 年 3 月 30 日，上交所、深交所分别发布公告称，2010 年 3 月 31 日起正式开通融资融券交易系统，接受试点会员融资融券交易申报，这标志着我国融资融券业务的正式启动。

融资交易就是投资者以资金或证券作为质押，向证券公司借入资金用于证券买入，并在约定的期限内偿还借款本金和利息的交易活动。投资者向证券公司融资买进证券的行为被称为“买多”。融券交易是投资者以资金或证券作为质押，向证券公司借入证券卖出，在约定的期限内买入相同数量和品种的证券归还证券公司并支付相应的融券费用的交易活动。投资者向证券公司融券卖出的行为被称为“卖空”。

融资融券是一种标准化的产品，在交易规则和合约细节方面，都有比较明确具体的安排或规定。例如，在中国证券登记结算有限责任公司和第三方存管银行分别有专门的融资融券账户用以登记相关的股票和资金，方便用户查询，股票和资金的来龙去脉一目了然；融资融券可采用的杠杆比例有统一规定；融资的资金借出成本不得低于同期金融机构的贷款利率；融资用来购买的股票或者融券可获得的股票都是指定范围之内的股票。对于证券公司而言，融资融券业务拓宽了业务渠道，是一个盈利增长点。

融资融券在各国具有不同的运作模式。例如，美国实行市场化分散授信的模式；日本实行专业化模式，融出资金的中介机构有证券公司和证券金融公司，但最终的资金融出方通常是银行。我国当前的融资融券运作模式则规定资金融出的直接主体是证券公司，即证券公司以自有资金、证券向客户融资融券；同时，确立了证券金融公司向证券公司提供转

融通服务的制度。

### （二）面向上市公司股东的股票质押融资

股票质押融资是指将持有的股票作为抵押品，从金融机构或贷款人处获得资金的行为。在股票质押交易中，股票持有人将股票的所有权暂时转让给贷款人，作为借款的担保。贷款人在借款期限内持有这些股票，并根据协议约定的条件提供贷款或其他金融资源。股票质押交易的运作方式通常包括以下步骤：（1）签订贷款协议。股票持有人与贷款人签订贷款协议，其中包括贷款金额、利率、借款期限和其他相关条款。（2）股票转让。股票持有人将其股票转让给贷款人，并签署相关的股票转让文件。（3）贷款发放。一旦股票转让完成，贷款人就会向股票持有人提供贷款资金。（4）借款偿还。在约定的借款期限内，股票持有人需要按照协议的约定支付贷款本金和利息。证券公司主要是为上市公司股东提供股票质押融资服务。

### （三）衍生品

证券公司的衍生品主要包括以下几种：

权益类衍生品：这些产品是基于股票或其他权益证券衍生出来的，如股票期货、股票期权等。

固定收益类衍生品：这类产品是主要基于债券或其他固定收入证券衍生出来的，如债券期货、债券期权等。

外汇或货币衍生品：这类产品涉及不同货币的兑换，如货币期货、货币期权等。

商品类衍生品：这类产品是基于实物商品衍生出来的，如商品期货、商品期权等。

其他复杂衍生品：这类产品包括结构化产品、掉期交易、利率互换等。

这些衍生品能够帮助投资者降低风险、提高收益，同时也为证券公司提供了新的收入来源。然而，这些业务通常要求从业人员具有专业的知识和技能，证券公司在开展这些业务时也需要具备相应的能力和资质。

# 第二节　证券业数字化转型和数字化营销

证券公司作为资本市场的重要力量，其数字化转型的历程见证了金融科技的巨大变革。从最初的电子化尝试，到如今全面智能化的飞跃，证券公司数字化发展的每一步都深刻影响着行业的格局与未来。

## 一、国内外证券业数字化历程：从传统到未来的跨越

#### 1. 20 世纪 90 年代至 21 世纪初的萌芽与初探

在 20 世纪 90 年代，随着互联网技术的兴起，证券业开始尝试将传统业务线上化。这一时期证券业数字化的重点在于业务的电子化，即利用计算机技术将传统的柜台业务转移到线上平台。证券公司纷纷建立官方网站，提供在线查询、交易下单、资金划转等基础服务。对证券公司来说，电子化的实施不仅提高了业务处理效率，还降低了运营成本，为客

户提供了更加便捷的服务渠道。

一些具有前瞻性的证券公司，如美国的嘉信理财（Charles Schwab）和 E* TRADE，率先推出了网络证券交易服务，打破了传统证券交易的时空限制，为客户提供了更加便捷、高效的投资渠道。嘉信理财以其低佣金策略和全面的在线服务迅速赢得了市场认可，成为互联网证券的先驱之一。而 E* TRADE 则通过创新的营销策略和用户体验设计吸引了大量年轻投资者，进一步推动了互联网证券的普及应用。少数有前瞻性的证券公司推出了网络证券交易服务，但该项服务的整体规模较小，市场接受度有限。

相较于国外证券公司，最初国内证券公司的数字化探索主要集中在建立官方网站和提供网上交易服务等方面。一些领先的证券公司如中信证券、国泰君安等率先推出了在线交易平台，为客户提供便捷的证券交易服务。然而，由于技术水平和市场环境的限制，这些平台的功能和用户体验相对有限，难以与国际先进水平媲美。

**2. 21 世纪初至 2010 年前后的快速发展与竞争加剧**

进入 21 世纪后，随着互联网的普及和移动通信技术的飞速发展，国内外证券公司的数字化进程显著加速，越来越多的证券公司加入互联网证券的行列，市场竞争日益激烈。证券公司不仅继续完善线上服务，还积极布局移动金融领域，推出手机客户端、微信服务号等移动交易平台。客户可以随时随地通过手机进行股票交易、查询账户信息、接收市场资讯等。

在这一阶段，技术创新成为推动证券公司数字化发展的关键因素。大数据、云计算等技术的应用使得证券公司能够更精准地把握客户需求和市场动态，提供更加个性化的投资顾问服务。同时，移动互联网的兴起促使手机炒股、移动证券 App 等新型服务模式出现。不少证券公司成功转型为互联网证券公司，实现了业务的快速增长和市场份额的扩大。互联网证券的兴起极大地拓宽了证券服务的边界，提升了客户体验，同时也加剧了行业内的竞争。

在这一阶段，国内证券公司的数字化发展不仅体现为交易服务的线上化，还深入客户服务、风险管理等多个环节。证券公司开始利用大数据、云计算等技术进行客户画像和风险评估，为客户提供更加个性化的投资顾问服务，同时加强内部管理和风险控制体系的建设，以提升整体运营效率和安全性。

**3. 2010 年至今的智能化与生态化**

近年来，随着人工智能、区块链等前沿技术的不断涌现和应用，证券公司的数字化进程进入了智能化和生态化的新阶段。证券公司开始利用这些技术实现业务的全面智能化升级，如智能投顾、量化交易等新型服务模式相继涌现。

智能投顾通过算法模型为投资者提供个性化的资产配置建议，降低了投资门槛和成本，提高了投资效率；而量化交易则利用数学模型和计算机程序进行高频交易和套利操作，进一步提升了交易速度和盈利能力。

国内外证券公司还积极构建开放共赢的金融生态体系，加强与金融科技公司、电商平台等第三方机构的合作，共同打造综合金融服务平台，通过整合内外部资源，实现资源共享和优势互补，为客户提供更加全面、便捷、高效的金融服务体验。东方财富网、同花顺等互联网证券平台凭借技术创新和服务优势成为行业领军者。新型互联网证券公司如雪球、富途证券等崛起，为客户提供更加个性化和国际化的服务。

此外，智能投顾、区块链应用等新型服务模式在证券公司中逐渐普及。国内一些领先的证券公司，如华泰证券、招商证券等已经推出了自己的智能投顾产品，并利用算法模型为客户提供个性化的资产配置建议。区块链技术在股权登记、资产证券化等领域的应用开始受到关注，为证券公司的数字化转型提供了新思路和新方向。

在快速数字化的过程中，证券业数字化转型也存在不少障碍和困难，比如，隐私问题、数据安全问题、监管合规问题等，以及内部文化和组织流程方面的挑战。

## 二、证券业数字化转型

### （一）证券业实施数字化战略

在数字化转型过程中，越来越多的证券公司开始将数字化转型作为其核心战略之一，积极引进先进技术，如人工智能、大数据、云计算等技术，优化业务流程，提高运营效率，为客户提供更好的服务。整体来说，证券业数字化战略包括以下几个方面：

（1）打造客户数字画像系统。刻画客户的基础标签包括基本信息、兴趣偏好等。与互联网公司以及其他金融行业不同的是，证券公司需要深度分析客户的投资行为，建立科学合理的投资行为标签体系，该体系包括收益标签、行为标签、偏好标签、投资能力标签、投资策略标签、风险暴露标签六大方面，可以帮助证券公司较为深刻地理解客户的投资偏好，为后续利用金融科技实现智能化产品服务适配打下基础。

（2）构建数字化 CRM 系统。客户数据收集、客户数据分析、客户反馈处理和客户服务自动化是 CRM 系统的重要组成部分，其中客户数据分析是连接这些环节的关键，它可以帮助证券公司深入理解客户需求、行为和偏好，从而制定更有效的营销策略。为避免在对客户进行营销的过程中引起客户的不满情绪，证券公司形成了合理的客户营销资源调度机制，对客户营销程度进行统一控制，实现了公司存量客户、员工名下客户的分配。

（3）营销传播和客户推荐。借助客户数字画像等展业工具，可以大幅提升员工的展业效率，同时也有利于持续收集客户反馈，密切关注市场趋势，积极倾听客户声音、客户需求与不满，及时调整服务策略，保持竞争力，不断优化营销话术，确保信息传递既专业、准确，又吸引人，从而有效引导客户采取行动，增强客户黏性，提升客户满意度和忠诚度。客户推荐可以实现经纪业务体系内相关产品、服务、工具以及业务对客群的精准锁定。利用 LR、CF 等数据挖掘算法，可以对金融产品、增值服务、各类交易辅助工具，以及融资融券、质押、港股通等相关业务进行精准适配，实现任何产品和业务都有与其匹配的模型，以精准锁定客户群体，进而解决在什么时机推送对应产品给对应客户的问题。除了能锁定目标客户群体之外，推荐系统还能锁定营销时间。

（4）建设自动化交易系统和智能化的运营中台。自动化交易系统可以快速处理大量交易，减少人为错误，提高交易效率，降低成本，实现产品和服务的高效自动化运营，实现公司内服务的一致性，以及线上线下的协同融合。智能运营中台根据客户生命周期、监管要求以及推荐系统所形成的时机预测、目标客群锁定等结果，把经纪业务系统内的产品、服务、工具以及业务在合适的时机调度分配到线上平台和线下平台，包括面向客户的三端一微，以及面向员工的客服系统、员工展业平台等。

（5）员工评价和适配机制。CRM 系统可以记录员工与客户的沟通频率、员工的服务质量和解决问题的效率等行为数据，收集员工的交易量、收入贡献、客户增长率等关键业绩指标，采用先进的资源分配算法，综合考虑员工能力等级、客户层级、历史合作记录、服务需求匹配度等因素，自动或半自动地生成资源分配方案。同时，系统还可以在对员工进行深度评价和分析的基础上分配合适的客户资源给对应的员工，实现客户资源的最优化配置，确保分配过程透明、可追溯，避免人为干预造成不公。

数字化转型不仅可以提高证券公司的业务效率，还可以提升客户体验，增强其市场竞争力。证券公司通过数字化转型实施数字化战略，打造智能营销引擎，实现线上资源和线下资源的融合与协同，利用数字化技术在一定程度上解决员工服务与客户需求之间不匹配的问题。例如，国泰海通将数字化转型作为其未来发展的核心战略之一。公司积极投入资源，建设了数字化运营平台，并引入人工智能技术来提供智能客服、风险控制等服务。同时，国泰海通还利用大数据技术对市场行情、客户行为进行分析，以支持业务决策，提高市场竞争力。再如，华西证券专注于内容数字化，聚焦开放生态技术架构支撑下的内容数字营销展业及服务。华西证券引入小程序开放平台作为开放生态技术底层架构的一部分，“Native＋小程序”混合 App 研发而成的热更新技术解决方案能响应业务快节奏的需求变化，解决发版效率低下的问题，助力敏捷开发模式的落地实践；在 App 中集成业务应用，提高了企业灵活引进第三方应用及管理的能力；企业自身的业务应用也能经过轻量的小程序改造后实现和 App 载体的松耦合关联。再如，东吴证券以生态技术架构“聚”友商，联合共赢。东吴证券在数字化转型赛道上积极求变，以数字科技为主引擎，秉承“以客户为中心”的方法论，以移动领域为新战场，以生态场景为主阵地，将业务的各个环节数字化，实现数据资源的高效利用，进而将自身的服务能力提升到新高度。

### （二）证券业数字化转型提升核心要素建设

证券机构数字化转型主要围绕客户、服务、渠道、投顾四大核心要素展开，通过数字化串联的方式培养机构自身的关键能力，完成客户全生命周期管理、服务全价值链管理、渠道差异化管理与员工工作模式管理等目标。

#### 1. 客户洞察能力

证券公司可以利用数字化技术提升客户洞察能力，如建立客户全景视图和客户旅程地图（见图 11－1）。客户全景视图是一种全面的客户视图，包括客户的人口统计信息、交易行为、财务状况、投资偏好、信用评级等各方面的信息。客户旅程地图则是一种以客户为中心的视角，展示客户与证券公司的交互过程以及每个阶段客户的反馈和行为特征。

数字化技术可以帮助证券公司更好地收集、整合和分析客户数据，从而建立更准确的客户全景视图和客户旅程地图。例如，利用大数据技术对海量的客户交易数据进行分析，可以更准确地预测客户的投资需求和风险偏好。此外，运用人工智能技术可以对客户的语言和行为进行分析，进一步了解客户的真实需求和意图。

建立客户全景视图和客户旅程地图可以帮助证券公司更好地了解客户需求和行为特征，从而确定更精准的营销策略和服务方案。例如，通过分析客户的交易行为和投资偏好，证券公司可以向客户推荐相应的金融产品；通过分析客户的反馈信息，证券公司可以改进证券公司的服务质量和客户体验；通过分析客户的社交媒体信息，证券公司可以发现潜在的高价值客户并制定个性化的营销策略。

例如，国泰海通基于客户全景视图与客户旅程地图，依托3A3R（Awareness、Acquisition、Activation、Retention、Revenue、Referral，即洞察、获客、活跃、留存、收入、传播）运营指标体系，聚合基础数据，对运营效果进行跟踪和监控，配以智能化规则引擎、营销素材标签、匹配产品标签和资讯标签，最终实现不同人群在不同投资阶段与不同产品的精准匹配，使业务人员能在客群寻找、内容迭代、场景挖掘、算法调整方面不断优化，最终整体提升转化效率和运营效果（见图11-1）。

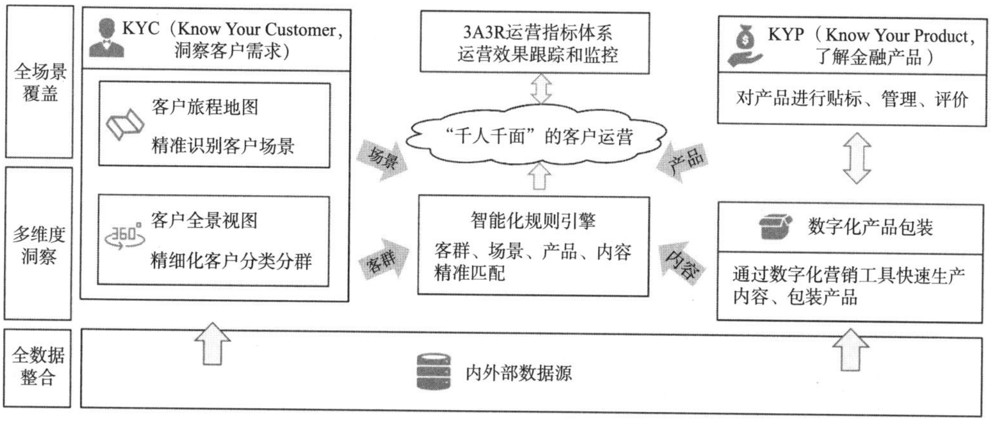


**图11-1 客户全景视图与客户旅程地图**

## 2. 服务供给能力

数字化通过提高服务时效性、增强服务个性化、完善服务精细化三条路径提高证券公司服务供给能力。

(1) 提高服务时效性。数字化可以帮助证券公司针对客户业务需求建立快速响应机制，实现公司客服中心和线下分支机构客服人员联动。需要临柜或者通过线上人工客服办理的业务应引导客户进行业务办理预约，提高业务办理效率。对于清算系统关闭或交易所闭市等原因引起的业务办理空档，应引导客户对电子或纸质单据进行预填写与预提交，在办理前提前进行审核并辅助客户完善，减少客户返工次数，缩短客户等待时间。对于投诉与业务咨询，应形成跟踪处理机制，设置投诉与咨询处理专人专班全程跟踪，负责到底。

(2) 增强服务个性化。数字化可以帮助证券公司将公司App与客户服务体系进行有机连接，分析来源于App与CRM系统的数据，再根据客户的适当性匹配条件、风险偏好和交易风格，为客户打上"电子标签"，根据"电子标签"所标定的行为、偏好特征，为客户提供差别化的服务。例如，为有高频率交易需求的客户提供类似于LEVEL-2、金融数据终端等服务；为风险偏好偏稳健型的客户提供现金管理、固定收益类产品的类比和AI投顾服务；根据客户的资产及交易表现，定期为客户量身定制资产配置方案。

个性化营销能够确保品牌和营销尽可能地与顾客产生关联。例如，抖音视频广告是展现在抖音视频平台上的一种广告。当用户在抖音刷视频的时候，可能在某视频左下角看到"广告"字样的标识，这种视频就是抖音视频广告。抖音视频广告高度依赖算法，能够实现精准投放。目前在抖音进行信息流投放广告的企业高达百万家甚至更多，2021年抖音广告收入达1 500亿元。证券行业较为特殊，过去抖音对于投资相关的信息流广告的审核一直较为严格，但从2021年开始，相继有证券公司进行广告投放，平台在坚持合规的基础上，对于内容的容忍度有所提升，也为投资类广告主提供了新的机会。目前中信证券、华泰证券、国泰海通证券等均已开始在抖音进行信息流广告投放。

（3）完善服务精细化。在线上，证券公司可以通过公司 App、企业微信与客户建立私域连接，结合大数据和 AI 技术，针对客户的交易及资产信息数据进行分析，对客户进行大数据画像，并基于此，有针对性地向客户推送类似生活常识、运动保健、节日问候、生日祝福等类别的信息，落实客户关怀。也可以与部分全国性企业，如连锁咖啡店、连锁餐厅、电信运营商等进行合作，不定期向客户推送优惠活动信息，从细节处着手，把关怀推送到客户生活的方方面面，拉近客户与公司之间的距离。在线下，证券公司可以通过一线营销人员与客户群体积极建立联系，开展各类投资者教育活动、兴趣爱好类活动和其他公益类活动，增加与客户的非业务互动，让服务更有“温度”。

### 3. 渠道管理能力

数字化提升了证券公司的线上与线下渠道管理能力。一方面，证券公司在线上开展智能运营管控，基于数字化营销工具和推荐引擎实现智能运营，推进服务办理集中化，防范风险，降低公司成本。另一方面，证券公司在线下开展差异化管理，基于数据实现对分支机构的综合化和特色化相结合的管理，通过数字化技术优化客户体验和服务渠道。

数字化技术可以帮助证券公司更好地了解客户需求和行为特征，从而制定更精准的营销策略和服务方案。例如，分析客户的交易行为和投资偏好，可以为客户提供更个性化的金融产品和服务；分析客户的反馈信息，可以改进证券公司的服务质量，改善其客户体验。证券公司可以利用数字化技术建立线上渠道管理系统，整合客户服务、交易管理、风险控制等功能，实现线上线下渠道的协同管理和服务。例如，通过网上营业厅、手机 App 等线上渠道，证券公司可以为客户提供全天候、便捷、个性化的服务体验；通过开发智能客服、智能投顾等数字化工具，证券公司可以提升客户服务和响应速度，提高客户满意度和忠诚度。同时，数字化技术也可以帮助证券公司更好地管理线下渠道，提高渠道服务效率和服务质量。例如，证券公司可以利用数字化技术建立线下渠道管理系统，对分支机构、销售人员、客户服务等进行全面管理和监控；运用 AI 技术，对客户经理的工作绩效进行分析和评估，提高渠道销售和服务水平。

在线上经营中，证券公司可以利用数字化营销工具，通过可配置、有梯度、模板化的内容资源，实现营销素材的快速生产与包装，提高营销素材的制作效率，同时，运用规则引擎的智能算法，实现产品、客户、素材内容、触达方式、场景的数字化高效匹配，预判客户的兴趣及潜在的风险，提高线上渠道服务能力。在数字化转型过程中，证券公司可以依托数字技术，在业务架构、技术架构、基础设施三个维度设计服务办理集中化数字平台，将业务受理和业务办理分离，实现线下渠道受理、线上渠道办理，提高了服务效率。证券公司在加强对线上渠道的管理的同时，也应当对线下渠道实行差异化管理，全面评判各区域分支机构的业务健康度、业务风险和自身特色，推进不同线下渠道综合化与特色化相结合的错位发展。总之，数字化技术帮助证券公司提升了其对线上与线下渠道的管理能力，实现了对线上线下渠道的协同管理，提高了服务质量和客户体验。

### 4. 投资顾问胜任能力

证券公司利用数字化技术提升了投资顾问胜任能力，如利用大数据和 AI 技术对投资顾问的工作进行精细化和智能化管理，从而提高投资顾问业务的专业水平和服务质量。证券公司在提供投资顾问服务时，会使用多种工具和方法来帮助客户做出投资决策。宏观经济分析考虑的是整体经济状况对证券市场的影响。基本面分析关注公司的财务状况、盈利能力、行业地位等内在因素。技术分析侧重于使用历史价格和交易量数据来预测未来价格走势。市场情绪分析关注投资者情绪对市场的影响。人工智能算法则是近年来新兴的工具，可以用来预测市场走势。

数字化技术可以帮助证券公司组建不同目标导向的投资顾问团队。按投顾类别不同，证券公司将投顾分为销售型投顾和管理型投顾两类，二者有着不同的目标导向。销售型投顾基于从内外部合作渠道获取的客户基本信息数据、行为数据、投资数据、消费数据、征信数据，发掘客户投资理财的需求，而后借助数字化技术在极短时间内计算当前精选产品池中满足客户需求的个性化的建议型组合产品。管理型投顾则聚焦于投顾资产配置能力，从实时组合监控、自动化目标检视、智能风险管理三个方面为客户主动管理资产配置方案，与客户长期利益绑定。组合监控是指运用数字化工具，对资产配置方案进行穿透式监控，通过对海量信息的自动抓取、分类聚类与投资标的关联，分析是否需要改变现有持仓。自动化目标检视是指利用数字化技术对投资组合目标进行测算和监测，辅助管理型投顾判断策略目标是否可以达到预期。智能风险管理则是借助大数据、AI 等技术，提升对客户账户资产的管理分析能力，帮助管理型投顾实现对客户账户资产的智能风控管理。此外，数字化技术还可以帮助证券公司进一步聚集客户和资产，通过建立数字化平台和智能化投顾系统，为客户提供更个性化的投资服务和风险控制方案，从而吸引更多客户和资金。

机器人投资顾问等新型服务模式的出现，为证券公司提供了新的发展机遇和业务增长点。机器人投资顾问是一种基于人工智能技术的自动化投资建议服务，可以为客户提供全天候、智能化、个性化的投资建议。此外，机器人投资顾问还可以借助数据分析和算法模型，对市场行情进行预测和分析，为客户提供更精准的投资策略和建议。平安证券、广发证券等多家证券公司已经推出机器人投资顾问。机器人投资顾问等新型服务模式的出现极大地解放了人工投顾的双手，成本低廉且效率极高，为证券公司提供了新的机遇和发展空间。

### （三）证券业营销业务数字化转型

证券公司在数字化营销方面正在变得越来越活跃。数字化营销可以帮助证券公司提升品牌形象、提高客户满意度、拓展市场份额。证券公司可以在多个方面进行数字化营销。

（1）内容营销。内容营销是一种通过提供有价值的信息来吸引和留住明确定义的受众，并最终驱动能给证券公司带来盈利的客户行动的策略。内容营销通过提供有价值的信息和知识，建立品牌权威和客户信任度，从而吸引潜在客户并提高转化率。在证券行业中，不少公司成功运用了这一策略，通过教育性内容、互动性内容、个性化内容等内容营销，帮助潜在客户了解投资知识，建立品牌信任度，以吸引潜在客户，进而影响他们与品牌或产品之间的关系，达到营销的目的。在内容营销中，教育性内容可以帮助客户了解金融产品和市场知识，提高他们的参与度。互动性内容如在线问答、投票等可以吸引客户参与讨论，增加互动。证券公司还可以根据客户的兴趣和需求提供定制化信息，提高客户满意度。例如，国泰海通通过推出“投顾梦工厂”短视频及直播大赛等活动，选拔优秀投顾，打造专业投顾IP，通过社交媒体平台发布投资教育内容，提升数字化财富管理服务能力。

（2）体验营销。体验营销是通过创造和提供独特的用户体验来吸引和留住客户的一种营销策略。在线模拟交易服务可以让潜在客户在不承担实际风险的情况下体验交易过程，提高他们对证券交易的兴趣和参与度。在营销中，不少数字化技术可以用来提升客户体验和营销效率。比如，大数据分析技术可以帮助证券公司了解客户行为，预测市场趋势，制定更精准的营销策略；AI技术可以让客户服务流程自动化，提高响应速度和服务质量；社交媒体营销则可以扩大证券机构的品牌影响力，吸引更多潜在客户。

许多证券公司通过投放网络广告来推广其品牌和产品。网络广告可以覆盖广泛的受众，并能够根据客户需求进行精准投放。以国泰海通证券为例，该公司通过投放搜索引擎广告和社交媒体广告来推广其品牌和产品。这些广告不仅有助于提高品牌知名度，还能够吸引潜在客户的关注。

（3）社交媒体营销。社交媒体营销（Social Media Marketing，SMM）是通过社交媒体平台来推广产品或服务的一种营销方式。社交媒体已成为证券公司与客户互动的重要平台。证券公司利用社交媒体平台发布投资分析报告，利用SMM的传播性和互动性，吸引了大量受众的关注并将其转化为潜在客户。证券公司通过在社交媒体上发布信息、回答客户问题和参与讨论来与客户建立联系，提高他们的品牌忠诚度。以华泰证券为例，该公司通过在微信、微博等社交媒体平台上发布市场动态、投资分析报告和发起互动活动来与客户建立联系，提高品牌忠诚度。

（4）个性化营销。个性化营销是指通过分析客户的行为、偏好和历史数据，来提供定制化的服务和产品推荐。许多证券公司利用人工智能和大数据技术来为客户提供个性化的推荐服务。在证券业，大数据分析可以帮助公司更好地理解客户需求，从而提供更加个性化的投资建议和服务，提高客户满意度。以国泰海通为例，该公司利用人工智能和AI技术来为客户提供个性化的推荐服务。这些推荐服务不仅有助于提高客户满意度，还能够提高客户黏性和公司的资产收益率。

（5）移动营销。移动营销是指通过移动设备和移动应用来实现的营销活动。移动应用程序可以提供实时股票行情查询、交易等服务，满足客户随时随地进行交易的需求，提高客户便利性和满意度。证券公司在设计和开展营销活动时，应优先考虑移动设备用户的体验。随着互联网金融的移动化，证券公司普遍加快了移动化布局，推出了自己的证券App，客户可以通过App开户、查看行情、进行股票交易等。在客户体验上，证券公司应积极向互联网企业看齐，从客户体验出发，探索适合客户的新产品、新服务，通过良好的服务体验吸引客户，实现客户和业务的双重增长。例如，中信建投通过其“蜻蜓点金”App推出周年活动，吸引了大量客户参与，创新了证券领域的投资教育活动，建立了其在移动营销实践上的优势。

（6）其他线上营销。许多证券公司通过举办线上活动，比如投放网络广告和召开线上研讨会来推广其品牌和产品。网络广告可以覆盖广泛的受众，并能够根据客户需求进行精准投放。线上研讨会也是一种有效的客户教育和信息传递手段，可以与客户实时互动，为客户提供丰富的视觉和听觉信息，在信息深度和互动性方面超过社交媒体发帖和电子邮件通信等方式。线上活动可以吸引潜在客户的关注，提高公司的品牌知名度和客户的忠诚度。以招商证券为例，该公司通过线上讲座、线上竞赛等形式来推广其品牌和产品。这些线上活动不仅有助于提高品牌知名度，还能够提高客户互动积极性和参与度。其他线上营销方式包括搜索引擎营销、电子邮件营销等。

总的来说，证券业数字化转型的核心目标是利用数字技术提高业务效率，降低运营成本，提升客户体验，从而在竞争激烈的市场中获得优势。在证券业数字化转型过程中，大数据具有分析海量数据的能力，云计算提供了弹性的计算资源，AI 技术可以进行智能分析和决策，区块链技术则确保了数据的安全性和不可篡改性。这些技术共同推动了证券业的数字化转型。特别是，大数据分析可以收集和分析大量的客户交易数据、浏览行为等，从而帮助证券公司更准确地进行客户细分，提供个性化的投资建议，以及进行更精确的风险评估，进而提高营销的针对性和有效性。AI 技术和机器学习技术可以帮助证券公司实现客户服务流程自动化，提高服务效率。自然语言处理技术则可以用于开发智能客服系统，为客户提供更自然、更人性化的服务体验。区块链技术可以提供不可篡改的数据记录。生物识别技术可以用来验证交易者的身份。加密算法则可以保证交易数据的安全。这些技术的应用都有助于提高交易的安全性和客户的信任度。

在数字化营销中，证券公司可以采用技术手段（包括社交媒体互动、电子邮件营销、VR 体验、AR 应用以及聊天机器人）来提高客户参与度，提升客户服务的响应速度、交易费用的透明度、投资工具的易用性、客户数据的安全性以及投资建议的准确性。同时，证券公司还可以通过多种数字化应用来提高交易活跃度和证券交易量，比如提供实时市场分析、提供在线交易平台以及利用社交媒体进行市场情绪分析，从而达到提高证券公司的净资产收益率、提升公司价值的目标。

## 三、证券业数字化营销促进核心业务升级

目前，国内证券业围绕证券经纪、投资交易、投行业务、财富管理、投顾等核心业务领域寻找数字化赋能机会，通过在全面风险管理、综合机构业务、产品创新与研发等方面挖掘数字化赋能场景、加强大数据分析与运用、完善配套数字化工具建设等手段，全面提升数字化经营能力。

### （一）数字化营销助推证券公司经纪业务数字化转型

互联网金融对于行业平均佣金率的影响是巨大的。我国证券业的平均佣金率自 2008 年以来持续下降，屡创新低。截至 2022 年底，行业平均佣金率已经下降到万分之三。证券公司经纪业务数字化转型借助经典的用户增长模型——AARRR 模型，从用户获取（Acquisition）、激活（Activation）、留存（Retention）、转化（Revenue）、传播（Referral）五个维度，以互联网化的方式重构用户运营价值链，构建覆盖访客、注册用户、入金客户、活跃客户、忠实客户、流失用户唤醒等各个环节的全生命周期经纪业务运营模式。数字化营销助推证券公司的经纪业务提升，主要表现在以下几个方面：一是提升服务效率。数字化营销可以利用技术手段提高服务效率，减少客户等待时间，提高客户满意度。二是优化客户体验。数字化营销可以利用大数据、AI 等技术，精准了解客户需求，提供个性化的服务，优化客户体验。三是拓展客户群体。数字化营销可以利用网络广告、社交媒体等，更有效地吸引潜在客户，拓展客户群体。四是提高客户黏性。数字化营销可

以利用积分、优惠券等手段来鼓励客户长期使用证券公司的服务，提高客户黏性。五是增强市场竞争力。数字化营销可以提高证券公司在市场上的曝光度和知名度，增强其市场竞争力。

例如，华泰证券基于线上线下平台的功能定位，变革了传统的经纪业务运营模式，并大力推动财务、风控、运营和 IT 等中后台职能向总部、分公司集中，不断降低运营成本。越来越多的营业部通过调整职能、压缩面积、调整信息架构、集中后台运维等措施实现了轻型化，从而有更多精力向中高端客户提供专业的财富管理服务。到 2015 年 6 月，华泰证券拥有 132 个轻型营业部，占证券营业部总数的 53.9%。

### （二）数字化营销助推证券公司固定收益业务升级

我国债券市场数字化转型起步较晚，证券机构利用后发优势大胆创新，合理改造，推动固定收益业务大步跨入新发展阶段。固定收益业务数字化涉及投行、主承、销售、资金、后台、风控、运营等多个组别或部门之间的联动，甚至需要对现有流程进行彻底调整。证券公司要从债券交易过程、员工操作等方面入手，利用展业留痕等数字化手段加强事前、事中和事后的合规管理和风险控制。

数字化营销可以助推证券公司的固定收益业务升级，主要表现在以下两个环节：(1) 承销环节。证券公司通过数字化技术，建立统一的发行人资料库，使用历史数据分析并归纳发行人特点，提供定制化服务，这种方式可以提高承销人员的议价能力，提升其承做人员的工作效率，降低发行人和投资者的风险，提高稳定性。(2) 销售环节。证券公司基于数字化技术建立统一的债券销售平台，从而吸引更多的投资者，为发行人募集资金提供更好的服务。同时，所有通过平台投入的标位都能经由人工智能处理，从而达到即时风险审核和风险预警的目的，减少发行人和投资者之间的主要矛盾，提高证券行业的销售服务水平，提升市场化程度，并分散风险。

### （三）数字化营销助推证券公司投行业务升级

不少证券公司在投行业务流程上进行智慧管理尝试，以整合集团信息、数据、科技等优势资源为基础，建立产品、客户、营销、项目、收入、投后管理、统计分析全流程信息化、数字化平台，通过系统交互与融合共建，加强境内外机构、集团各平台、总行各部门联动协同，通过数字化、精细化管理助力业务规模化和高质量发展。在核心流程方面，AI 应用为证券发行、投资决策支持、销售和支付、结算和保管、报告和数据分析等流程提供了创新的多渠道信息沟通模型，可以替代大量烦琐的手工操作，促进业务流程的自动化，提升生产效率。具体应用如证券发行业务中的智能文档分析、业务报告生成等。为满足客户相关并购业务需求，证券公司上线了并购事件信息管理功能，支持系统自动获取上市公司并购交易或用户手工录入线索，并且能将信息精准推送给客户经理，从而帮助一线营销人员高效掌握市场动态与业务机会。

智慧投行全面塑造证券公司数字思维的发展理念，形成灵活、弹性的内部协同网络，成为证券公司增收创收、决策辅助、产品运作的主要工具。智慧投行软件业务主要包括二郎神、云协作、智慧云、核查宝等应用软件，以及投行管理系统、底稿管理系统等系统软件。智慧投行可以加快业务流程数字化转型，推动内部运作智能化升级，避免流程复杂造成人员消耗、资源浪费、效率降低，让业务人员有更多精力提升服务质量和效能。

### （四）数字化营销助推证券公司投顾业务升级

智能投顾主要是通过大数据和算法模型来实现主动投资和被动投资，为投资者提供专业的投资建议。智能投顾的应用场景非常广泛，不仅为普通投资者提供了低门槛、高效率的投资管理方式，也为机构投资者提供了一个很好的投资工具。证券公司应建立以智能投顾为基础的增值产品销售及服务模式，提高客户服务的覆盖面和效率；利用大数据分析客户需求，针对每个客户的具体需求，提供专属化、个性化产品和服务，努力提高客户满意度，尝试数据驱动的运营模式。

智能投顾的优势在于其可以低成本、高效率地为客户提供个性化的投资建议和服务，同时可以通过数据分析和机器学习等技术，不断优化投资组合，提高投资收益率。智能投顾利用数理统计、深度学习等对每只股票进行风险评估，给出危险、警惕、注意等风险等级，帮助客户规避个股风险，及时躲避爆雷股票。

证券公司可以内部培养或外部聘请投顾大 V（指在社交媒体平台上获得认证的个人用户），布局短视频平台。证券公司还可以通过打造投顾分析师的专业形象，打造“投顾 IP”，提升品牌的知名度，促进经纪业务和财富管理业务的发展。例如，方正证券的官方抖音号“方正证券小方”，就推出了投顾 IP“老徐”，重点突出其 20 年的交易经验、曾获中国台湾“金融投资界奥斯卡奖”金鼎奖等资深投顾人设，引导股民在艰难的 2022 年“跟随小方、投资不慌”，通过资深投顾 IP 输出个人经验或观点，吸引投资者注意。申万宏源通过打造“申万宏源菁英投顾团”IP，已经在抖音形成了投顾 IP 矩阵，共有百余位投顾参与今日头条的内容服务工作，其中一些优秀投顾的粉丝总数在短短半年内增至数十万名。

### （五）数字化营销助推证券公司财富管理业务升级

证券公司可以通过数字化手段实现运营流程的再造，将财富管理业务运营从传统的“以业务为导向”转变为“以客户为导向”，从交易通道转向服务通道，实现金融产品线销售货架化、精品化，将线上销售方式与线下销售方式相结合，建立数字化财富管理生态，打通从引流到营销、服务的全链路，扩大通道业务获客量，提升机构经纪专业服务能力。

证券公司可以通过数字化营销使其财富管理业务各个环节的能力得到较大提升，包括客户洞察能力、服务供给能力以及财富管理产品匹配能力等。证券公司的客户洞察能力数字化转型主要表现为在大数据、AI、机器学习等技术的驱动下，形成客户数字画像、客户标签，识别客户所处生命周期阶段，绘制客户全景视图与客户旅程地图，形成立体化、多维度的客户洞察。数字化营销在证券公司服务供给能力方面的渗透主要体现为数字化、标准化的投资分析工具，以及模型化、系统化的资产配置服务等。证券公司可以凭借数字化的服务供给能力，根据投资者的投资目标和风险偏好，应用大数据分析的量化算法，提供最优资产组合建议，并根据市场变化情况动态调整。此外，利用大数据技术，证券公司还可以提升自身的产品管理能力，通过链接产品信息库与客户画像库，将客户自身风险承受能力与金融产品的风险等级相匹配，从而根据投资者需求进行更精准的产品推荐。

证券公司通过线上渠道的集约化、智能化运营和线下渠道的综合化、特色化经营，可以实现更全面的客户覆盖，提升客户服务的广度、深度和效率。在线上渠道，证券公司可以借助金融科技整合现有服务渠道，使产品直达客户，可以协同客户端 App、短信、微信公众号、邮件、一对一视频、在线直播等全渠道的营销资源，提升客户线上数字化体验，优化升级数字化营销模式。

例如，华泰证券“涨乐财富通”App 发挥其作为公司财富管理业务核心平台的重要作用，2022 年平均月活数为 926.83 万人，位居证券公司类 App 第一名。再如，中金公司抓住数字化转型契机，使用线上线下结合的方式服务富裕客户和大众客户，进一步完善财富管理客户分层服务体系，实现了私人财富管理业务规模的快速扩张。截至 2022 年末，中金公司财富管理业务的客户数量达 581.65 万户，同比增长 28.3%，客户账户资产规模达 2.76 万亿元。其中，高净值个人客户 3.44 万户，高净值个人客户账户资产达 7 796.02 亿元，客均账户资产达 2 266 万元。

## 第三节　证券业数字化营销策略的创新

数字化发展日新月异、如日中天，证券业的数字化营销策略也不断在广度和深度上得到提升，其创新主要体现在产品策略、渠道策略、细分策略、促销策略等方面。

### 一、产品策略的创新

证券公司在产品策略上进行数字化营销创新，不仅可以利用大数据和人工智能提供专业的市场分析和风险评估，提高公司的服务效率，吸引更多的客户并增强客户黏性，而且可以开发出符合客户需求、具有竞争力的数字化产品，以及基于移动设备的证券交易应用，并提供个性化的投资组合建议。证券公司在产品策略上进行数字化营销创新的关键在于深入了解客户需求，利用技术手段对产品进行个性化、定制化改造，以及通过数据分析优化产品设计和服务。

（1）定制化产品。目标市场定位决定了营销活动的方向和策略，定制化产品有助于证券公司定位不同目标市场，确定营销活动方案，提高潜在客户转化率。证券公司可以利用大数据和 AI 等技术分析客户的投资历史、风险偏好、交易习惯等，为每位客户提供定制化的投资组合建议。例如，对于风险承受能力较低的客户，证券公司可以向其推荐更稳健的投资组合；对于高频交易的客户，则可以向其提供更便捷的交易工具。

（2）智能化产品。证券公司通过 AI 技术开发智能投顾、智能风控等产品，提高服务效率和客户体验。智能投顾可以根据市场情况和客户需求，自动调整投资组合的配置比例；智能风控可以利用大数据技术和算法来实时监测交易风险，为客户提供更安全的投资环境。

（3）数据化产品。证券公司可以利用大数据和云计算技术来开发数据化的产品和服务，分析市场趋势和投资者行为，从而为客户提供更准确的投资建议，也可以通过云平台来为客户提供更便捷的交易服务等。

（4）社交化产品。证券公司可以开发社交化产品，通过与客户互动提高品牌知名度和客户黏性。证券公司也可以开发社交化的投资组合分享平台，便于客户之间互相交流投资心得和经验，还可以开发社交化的风险控制平台，便于客户之间互相监督和帮助等。

（5）场景化产品。证券公司可以根据不同的场景和用途，开发具有针对性的产品和服务。证券公司也可以开发场景化的投资组合管理工具，让客户在不同的场景下进行投资组合的配置和调整，还可以开发场景化的风险控制服务，让客户在不同的场景下进行风险控制和风险管理等。

## 二、渠道策略的创新

证券公司主要对线上和线下两种渠道进行数字化营销创新。

### （一）线上渠道的营销创新

（1）社交媒体营销。证券公司与社交媒体等数字渠道合作，通过数字营销策略来推广产品和服务，在社交媒体平台上发布关于新产品的信息、市场分析、投资技巧等内容，吸引更多的客户关注和参与。2020 年 12 月，兴业证券发布首个证券行业抖音小程序，配合投教主题短视频，以问答和游戏互动的形式向用户普及投资知识。兴业证券抖音小程序结合证券市场时事，引导用户在寓教于乐的轻松氛围中学习证券市场知识，提升自己，帮助其树立长期、理性的价值投资理念。许多证券公司通过在社交媒体平台上开设官方账号，与潜在客户进行互动，分享行业资讯、市场动态和投资技巧等内容，从而吸引更多的粉丝。不少金融机构通过短视频平台实现了流量的快速积累。比如，2021 年，总资产排名行业第 56 位的恒泰证券的总裁牛壮亲自下场，以“牛得林奇”的身份入驻抖音平台，通过 160 个视频，在抖音平台上累计吸引了百万粉丝，获得超过 380 万次点赞，其抖音号热度在整个证券行业中排名第一。

（2）移动应用程序推广。移动应用程序是证券公司进行线上营销的重要渠道之一。一些证券公司在应用商店发布了自己的应用程序，该类应用程序可以为客户提供个性化的投资服务。移动应用程序可以根据用户的投资需求和风险偏好，为证券公司的用户定制投资组合方案，并提供市场分析和个性化的投资建议。例如，东方财富 App 提供实时更新的全球股票行情，丰富的资讯内容，还有资深分析师经过多年行情研究和股票分析总结的投资建议，供投资者参考。此外，东方财富 App 提供的行情板块及分时 K 线图还可以帮助投资者快速了解股票走势，以便及时调整买卖策略。

（3）搜索引擎优化。搜索引擎优化（Search Engine Optimization，SEO）是指通过优化网站内容和结构，提高网站在搜索引擎中的排名，以吸引更多的潜在客户。一些证券公司通过优化网站内容和关键词，提高了网站在搜索引擎中的排名，从而吸引了更多的潜在客户。

### （二）线下营销渠道的创新

（1）智能网点转型。一些证券公司通过对线下网点进行智能化升级，提高了服务质量和效率。证券公司设立了智能网点，通过引入智能柜台、自助终端等设备，实现了业务办理的自助化和智能化；通过远程视频技术，为客户提供面对面的咨询服务和解决方案，节省了人力成本，提高了服务质量和效率。例如，安信证券远程智能柜员机（Virtual Teller Machine，VTM）集成了人脸识别、光学字符识别（Optical Character Recognition，

OCR)、视频双录、视频智能质检、电子印章无纸化等前沿技术。投资者通过简单的点击、勾选、签名等操作，就能轻松完成业务办理，基本实现了开户、客户资料变更、密码修改、权限开通等客户临柜高频业务全覆盖。

（2）场景合作营销。场景合作营销通过与其他企业或机构进行合作，共同推广产品或服务。例如，上海证券与联华超市合作，共同推出了“购物＋理财”的服务模式。顾客在超市购物时，可以获得该证券公司的优惠券或积分奖励，客户可以将这些奖励用于购买该证券公司的理财产品。这种合作营销的方式，不仅提高了该证券公司的品牌知名度和产品销量，也提高了超市的客户黏性和消费频次。

（3）精准客户营销。精准客户营销通过数据分析和技术手段，可以将营销信息传递给目标客户。证券公司坐拥数量庞大且高价值的客户群体，可以通过分析客户的历史投资记录和风险偏好等信息，将不同的理财产品推荐给不同类型的客户。精准客户营销可以提高客户转化率和客户满意度。在私域流量池构建中，针对精准流量做内容触达成为证券公司实现数字化营销的重要一环。证券公司可以基于用户数字画像，定时智能推送营销内容。私域 SCRM 数据雷达能清晰地记录客户的浏览行为。证券公司可以通过 SCRM 对客户进行分层管理，有针对性地确定触达内容。针对新客户，证券公司可以通过新客培育、朋友圈等方式，结合专业内容，定期给客户分享金融咨询、理财小贴士、产品介绍等内容。

## 三、细分策略的创新

证券公司应通过深入了解客户的需求和行为对市场进行细分，并制定符合各细分市场的产品和服务策略，为新手投资者提供基础教程和模拟交易，为资深投资者提供专业分析和个性化投资建议等。证券公司利用数字化营销在细分策略上进行了许多创新。

（1）独享式投资组合。证券公司可以根据客户的投资目标和风险偏好，为客户提供独享式投资组合。利用数字化技术，证券公司可以快速分析市场情况和客户需求，为客户提供更准确的独享式投资组合选择。同时，客户也可以通过数字化平台自主选择投资组合，并根据自己的风险偏好和投资目标进行独享式定制。例如，贝莱德推出的数字化投资平台“iShares”可以为客户提供个性化的投资组合选择，包括股票、债券、商品等多种金融产品。

（2）量身定做式交易平台。证券公司通过量身定做式交易平台为客户提供快速、便捷的数字化交易服务。通过数字化交易平台，客户可以随时随地在线交易股票、基金、期货等金融产品。量身定做式交易平台为客户提供量身定做的交易策略和风险管理工具，可以帮助客户更好地管理自己的资产。例如，高盛推出的数字化交易平台“Trading Floor”为客户提供股票、债券、商品等多种金融产品的在线交易服务。同时，该平台还为客户提供量身定做的交易策略和风险管理工具，以帮助客户更好地管理自己的资产。

（3）个性化客户服务。证券公司可以通过使用 CRM 系统收集客户数据，利用机器学习算法分析客户行为，利用社交媒体信息分析客户兴趣，利用地理信息系统（GIS）定位客户，以及通过在线问卷调查收集客户反馈等数字化工具进行市场定位和客户分群。证券公司利用数字化技术来为不同客户群体提供个性化服务。例如，针对年轻投资者，证券公司可以提供更便捷的投资建议和投资工具；针对资深投资者，证券公司可以提供更专业、更个性化的投资组合建议和风险管理方案。同时，证券公司还可以通过数字化平台与投资者进行互动交流，了解客户的需求和反馈，优化产品设计和服务。例如，德意志银行推出了个性化客户服务“Digital Private Banking”。该服务利用数字化技术来为客户提供个性化的投资建议和投资组合建议，还可以为客户提供定制化的风险管理方案。同时，该平台还与投资者进行互动交流，以了解客户的需求和反馈，并据此优化产品设计和服务。

（4）细分分析预测。证券公司可以利用数字化技术对市场数据和客户数据进行深入分析和预测。通过数据挖掘和分析，证券公司可以了解客户的投资偏好和行为特征，预测市场趋势和未来发展方向。这可以帮助证券公司更好地了解客户需求和市场情况，从而制定更精准的细分策略。例如，摩根大通推出的数据化分析和预测平台“AutoAI”利用数字化技术来对市场数据和客户数据进行深入分析和预测，并据此为客户提供细分的投资建议和资产配置方案，以帮助客户更好地管理自己的资产。

## 四、促销策略的创新

证券公司利用数字化营销，可以更好地了解客户需求和市场情况，制定更精准的促销策略，提高客户黏性和品牌知名度。证券公司在促销策略上的创新包括广告创新、公关创新、促销创新和人员推销创新。

（1）广告创新。这是指证券公司利用数字化营销技术，通过社交媒体、搜索引擎、电子邮件等渠道，向潜在客户精准地投放广告，尤其是社交媒体广告。社交媒体广告使证券公司可以精准定位目标客户群体，且具有较高的互动性和传播性，有助于提高点击率和广告吸引力。相比于线下活动、传统电视广告和电子邮件营销等方式，社交媒体是证券公司数字化营销中常用的获客手段。利用大数据和 AI 技术，证券公司可以对客户的投资偏好、交易习惯等因素进行分析，根据分析结果投放定制化的广告。例如，摩根士丹利推出了“投资有道”广告。该广告通过社交媒体和搜索引擎向潜在客户精准投放投资建议和投资教育内容。

（2）公关创新。这是指证券公司利用数字化营销技术，通过新闻稿、官方网站、社交媒体、电视网络等渠道发布有吸引力的公关内容，提高公司的知名度和美誉度。证券公司利用社交媒体平台发布有关公司业务、财务状况、市场动态等方面的信息，可以加强与客户和公众的互动交流。例如，高盛通过官方网站和社交媒体平台发布有关公司业务、财务状况、市场动态等方面的信息，为客户提供及时的投资建议和风险提示。这一做法加强了高盛与客户和公众的互动交流，提高了公司的知名度和美誉度。

（3）促销创新。这是指证券公司利用数字化营销技术，通过优惠券、积分兑换、限时折扣等方式，吸引客户进行交易。通过积分兑换的方式，证券公司可以为客户提供免费的投资产品或者服务；通过限时折扣的方式，证券公司可以为客户提供高收益的投资产品或者服务。例如，国信证券推出的“金太阳”积分兑换平台通过积分兑换的方式，为客户提供免费的投资产品或者服务。该平台还可以根据客户的投资偏好和交易习惯等因素，为客户提供定制化的积分兑换服务。

（4）人员推销创新。证券公司可以利用数字化营销技术，通过线上推广、线下活动等方式，线上与线下结合进行人员推销创新，提升客户关系管理能力，从而提高客户留存率和客户忠诚度，吸引客户到公司进行投资咨询和交易。证券公司还可以通过社交媒体平台发布公司的有关活动、投资沙龙、专业讲座等方面的信息，吸引潜在客户到公司进行投资咨询和交易。例如，银河证券推出的“数字金融中心”通过线上推广和线下活动等方式，为客户提供专业的投资建议和投资组合建议，同时还为公司员工提供专业的培训和支持，以提高员工的专业素质和服务质量。

## 第四节 证券业数字化营销典型案例

在证券业数字化营销的浪潮中，华泰证券凭借其“涨乐财富通”平台脱颖而出，成为行业内的典范。该平台不仅展现了华泰证券在数字化转型方面的深厚实力，还为客户提供了前所未有的便捷的、智能的投资体验，实现了营销与服务的深度融合。

### （一）案例背景

证券公司和投资者之间存在巨大的信息和知识不对称。一方面，投资者持有一定资产，希望能给自己的资产找到最佳的投资渠道，但有些投资者对市场信息、金融知识的掌握不多，难以实现这一目标。另一方面，华泰证券在向千万级的理财产品客户推荐理财产品的时候，也同样面临如何更精准地将产品投放给每个特定客户以产生真正有价值的交易的问题。随着客户数量增多，交易量不断增大，数据量大、维度复杂、线上线下数据无法整合等情况也时有发生。基于数字化技术优化智能营销业务，已成为大势所趋。

2014 年，华泰证券新一代移动理财服务终端“涨乐财富通”正式上线，面向所有互联网用户免费开放。“涨乐财富通”是华泰证券倾力打造的一站式财富管理 App，旨在通过数字化手段为客户提供全方位的金融服务。该平台集交易行情、理财商城、投顾服务、智能投顾等功能于一体，满足了客户从信息查询、交易操作到资产配置、理财规划等多元化需求。华泰证券通过“涨乐财富通”平台实现了从传统经纪业务向财富管理业务的转型升级，进一步巩固了其在行业内的领先地位。

### （二）“涨乐财富通”平台的数字化营销策略

#### 1. 个性化推荐与智能投顾

“涨乐财富通”平台利用大数据和人工智能技术来对客户进行精准的数字画像，为其提供个性化的投资建议和资产配置方案。在建立客户数字画像的过程中，该平台在同一标签体系下引入继承关系，将标签规范标准化，建立个性化标签数据库，为不同部门、不同业务线提供自定义的标签计算模板，配合不同的标签字典让业务人员根据业务需求解读标签数据。通过自有组合标签或者流水清单，自定义不同的人群，最精细化地、最准确地组合出指定人群。

以 AI 为基础的数字化营销平台的应用不仅降低了营销成本，提高了营销效率，而且使得聚焦于个体的个性化营销成为可能。比如，对于年轻的入门客户来说，平台会更多地推荐周期灵活、资金门槛较低、类似于货币基金的理财产品；而对于年长的高净值客户来说，有稳定预期收益的定投产品是平台主要推荐的产品。在平台的帮助下，传统的将产品内容群发给所有客户的方式，已经转变为人机结合的自动化智能营销互动投放的方式。

智能投顾系统能够根据客户的投资目标、风险偏好和财务状况，自动为其制定投资策略并进行资产管理，从而降低了投资门槛和成本，提高了投资效率。这种个性化的服务体验极大地增强了客户的黏性和忠诚度。

2. **内容营销与社区互动**

华泰证券在“涨乐财富通”平台上构建了丰富的内容生态体系，包括市场资讯、投资策略、研究报告等高质量内容。通过持续输出有价值的内容，华泰证券吸引了大量投资者关注和参与。同时，平台还设有投资者社区，鼓励用户分享投资心得、交流市场动态，形成了良好的互动氛围。这种内容营销与社区互动的策略不仅提升了平台的活跃度和用户黏性，还有效地传播了华泰证券的品牌形象和价值观。

华泰证券开发了“AORTA·聊TA”平台助力投顾。华泰证券的“AORTA·聊TA”平台以服务投顾为目标，与C端的“涨乐财富通”进行数据互联互通，实现业务链的贯通，同时利用华泰证券大数据分析技术对海量客户数据进行分析和处理，为投顾工作提供决策依据。后台利用大数据技术准确捕捉客户的行为模式和偏好，建立详细的客户档案，然后利用这些信息向投顾推送与不同客户相关的首选产品，提高交易的成功率。

3. **线上线下融合**

华泰证券在利用“涨乐财富通”平台进行数字化营销的同时也注重与线下服务的融合。通过线上线下联动的方式，华泰证券为客户提供更加全面、便捷的服务体验。例如，客户可以在线上通过“涨乐财富通”平台了解产品信息，进行交易操作；同时也可以到线下营业部咨询专业投顾意见、参加投资沙龙等。这种线上线下融合的服务模式有效地拓宽了华泰证券的服务边界。

2021年，“涨乐财富通”App再次推出新功能，其中包括乐选金股、股票买卖点、快速选基等10余项智能工具，辅助客户进行投资决策，提升投资效率。截至2023年6月，“涨乐财富通”迭代升级至8.0版。华泰证券不断迭代升级“涨乐财富通”，新增了以短视频、直播、财经帖子、新闻资讯及投资知识课堂为主的内容运营模式，在更深入地了解客户习惯与偏好的同时增强了客户黏性。

截至2022年末，“涨乐财富通”累计下载量突破7 000万次，开户人数达261.47万，其中移动终端开户数占所有开户数的99.42%；平均月度活跃用户数约为927万，稳居证券公司类App第一名；从交易客户来看，通过“涨乐财富通”交易的客户比例逐年上升。同时，华泰证券的“涨乐全球通”平台致力于全球资产管理业务。到2021年，该平台已实现92.73万次下载量，2021年平均月活人次达10.31万。

### （三）实施效果与影响

自推出“涨乐财富通”平台以来，华泰证券在数字化营销方面取得了显著成效。平台用户数量快速增长，用户活跃度和黏性大幅提升；同时，平台上的交易量、理财产品销售量等关键指标也实现了稳步增长。更重要的是，“涨乐财富通”平台不仅提升了华泰证券的市场竞争力和品牌影响力；还为客户提供了更加便捷、智能的投资体验和服务价值。这种双赢的局面进一步巩固了华泰证券在财富管理领域的领先地位和竞争优势。

华泰证券以数据驱动的“涨乐财富通”智能营销平台覆盖了80%以上的客户，推荐的产品涵盖了股票型、债券型、混合型、货币型和指数型等多种类型共4 000余只产品。经过实际测算，平台使客户真实交易转化率提升了2倍左右。通过AI的营销方式，实现了客户立体化、渠道层次化、营销个性化，真正实现了“千人千面”的精准化营销。同时，华泰证券还做到了线上线下打通，使线下营销人员得以将更多的时间聚焦于营销业务本身，而不是在海量数据中定位目标客户。

“涨乐财富通”作为华泰证券的数字化营销平台，充分展示了其在数字化转型方面的深厚实力和创新能力。通过个性化推荐与智能投顾、内容营销与社区互动以及线上线下融合等策略的实施，华泰证券成功地将“涨乐财富通”平台打造成为行业内的标杆平台，为客户提供了前所未有的便捷、智能的投资体验和服务。

案例

长江证券数字化运营的探索与实践

## 本章小结

证券公司依托数字化技术，在证券产品设计、运营、营销、服务和管理等多个服务环节实现全面数字化，重塑证券业服务模式与工作方式，帮助证券机构建立跨牌照优势，精准经营长尾客群，降本增效，实现了商业模式创新与核心能力提升。

首先，本章概述了证券公司的业务类型。其次，本章讨论了证券业的数字化历程、转型和数字化营销等。证券公司数字化营销主要包括内容营销、体验营销、社交媒体营销、个性化营销、移动营销以及其他线上营销等。证券公司围绕证券经纪业务、固定收益业务、投行业务、投顾业务、财富管理业务等核心业务领域寻找数字化赋能机会，促进业务升级。再次，本章介绍了证券业数字化营销策略的创新。证券公司主要在产品策略、渠道策略、细分策略、促销策略等方面对数字化营销进行创新。在产品策略上，通过定制化产品、智能化产品、数据化产品、社交化产品、场景化产品等进行创新。在渠道策略上，证券公司主要从社交媒体、移动应用程序、搜索引擎优化等对数字化营销进行线上营销渠道创新，从智能网点转型、场景合作营销、精准客户营销等进行线下营销渠道创新。在细分策略上，通过独享式投资组合、量身定做式交易平台、个性化客户服务、细分分析预测等对数字化营销进行创新。在促销策略上，证券公司主要在广告、公关、促销和人员推销等方面对数字化营销进行创新。最后，本章还深入讨论和分析了华泰证券等公司数字化营销的典型案例。

## 思考题

1. 在数字化时代，证券公司为什么需要重新梳理业务流程？
2. 为何说绘制客户数字画像是证券业实施数字化战略的关键环节之一？
3. 简述大数据和 AI 技术对证券公司数字化营销的作用。
4. 在数字化时代，证券公司如何进行内容营销？
5. 在数字化时代，证券公司如何进行体验营销？
6. 证券公司如何利用短视频平台来为数字化营销提供助力？阐述社交媒体营销在证券公司数字化营销中的作用。
7. 证券业数字化营销策略的创新体现在哪些方面？
8. 在数字化时代，华泰证券是如何通过“涨乐财富通”实现客户精准化营销策略的？

## 第十二章

# 基金管理公司数字化营销

**【目的与要求】**

本章要求掌握基金管理公司产品和业务的分类；熟悉基金管理公司产品数字化营销概况；了解基金管理公司数字化营销策略的创新；通过对基金管理公司数字化营销典型案例的学习，能够对基金管理公司的客户进行数字化画像并进行数字化营销。

伴随着人工智能、区块链、云计算、大数据等数字技术在资产管理（简称“资管”）行业加速应用，如何利用数字化、智能化提升资管竞争力已成为摆在所有机构面前的大课题。许多机构已清醒认识到，数智化发展正为资管行业带来“弯道超车”的机遇，数字科技手段的运用将引领基金公司等财富管理机构开启新一轮转型变革。作为一个高度依赖信息数据的专业领域，资产管理行业转型升级正在进行。一批基金公司已经积极行动起来，谋求数智化升级，在投研、风控、交易、运营、营销等多个业务场景中全方位推进相关金融科技手段的落地。

## 第一节　基金管理公司产品和业务概述

基金管理公司的产品种类繁多，而且为了适应投资者不断变化的投资偏好和市场需求，必须不断推陈出新。基金管理公司的业务大致可以归类至资金募集和资金运用两个端口。

### 一、基金管理公司产品的分类

资料显示，截至 2023 年 6 月 30 日，中国的基金规模为 27.69 万亿元，基金只数为 10 980 只，在职基金经理有 3 690 人。基金产品种类繁多，大致可分为以下 5 类，如

图 12－1 所示。

**图 12－1 基金产品分类**

### （一）按组织形式分类

（1）契约型基金。契约型基金，也称信托型基金，它是按照信托契约原则，由通过发行有受益凭证的基金证券而形成的证券投资基金。投资者购买基金单位发行的证券，成为基金的受益人。

（2）公司型基金。公司型基金是指按照公司法规定设立的，通过发行股份来筹集资金，以营利为目的的具有独立法人资格的股份有限公司发行的基金证券。发行单位本身是一个股份公司，投资者购买基金股份成为公司股东。

（3）合伙型基金。合伙型基金也称有限合伙型基金，由普通合伙人（General Partner，GP）和有限合伙人（Limited Partner，LP）组成。《中华人民共和国合伙企业法》规定：有限合伙企业由 2～50 个合伙人组成，至少有一个 GP。合伙型企业在私募基金领域较多，纳税有优势。

### （二）按运作方式分类

（1）开放式基金。开放式基金指基金规模并不固定，可以随时增减变动，投资者可以随时申购和赎回的证券投资基金。

（2）封闭式基金。封闭式基金指基金规模在发行前已确定，在发行完毕后和规定的期限内，基金规模固定不变的投资基金。

### （三）按投资对象分类

（1）股票基金。股票基金是指主要投资于上市股票的基金。

（2）债券基金。债券基金是指主要投资于债券的基金。

（3）货币市场基金。货币市场基金是指投资于大额可转让定期存单、银行承兑汇票、商业本票等的基金。

（4）混合基金。混合基金是指投资于一种以上投资工具的基金。

### （四）按投资风格分类

（1）成长型基金。成长型基金是把追求资本长期成长作为其投资目标而不是追求经常收入的投资基金。

（2）价值型基金。价值型基金也称收入型基金，指以能为投资者带来当期收入为目的的投资基金。

（3）平衡型基金。平衡型基金是指以支付当期收入和追求资本的长期成长为目的的投资基金。

### （五）按募集方式分类

（1）私募基金。私募基金是只向特定投资者募集资金的基金。

（2）公募基金。公募基金是向广大公众募集资金的基金。

以上这些分类方式只是基金分类方式的一部分，实际上还有其他更详细的分类方式，如对冲基金、QDII（Qualified Domestic Institution Investor，合格境内机构投资者）基金、交易所交易基金（Exchange Trade Fund，ETF）、认股权证基金等。投资者在选择基金时，应根据自身的风险偏好、投资目标和时间等因素综合考虑，并了解不同类型基金的特点和风险，以做出合理的投资决策。

## 二、基金管理公司业务的分类

基金管理公司的业务主要集中在资金募集和资金运用两个端口，其供应链业务流程也是围绕这两个端口进行的，主要包括：基金产品的设计和发行、基金投资组合的管理、基金销售和营销、基金业绩评估和报告、风险管理和合规监管、投资研究和决策、客户服务和投资者教育等环节。目前，公募基金正在进行数字化转型，其首要目标是以数据为核心，重点解决“投”“顾”“理”等业务的问题：一方面，不断打造作为机构投资者应有的“机构理性”，并最终形成体系化投资模式；另一方面，不断提高客户理财的体验和获得感，并最终建立深层次的信任关系。基金管理公司主要有以下四大类业务。

### （一）投研风控业务

投研与风控能力的提升是我国公募基金行业从激烈的大资管行业竞争中脱颖而出的首要差异化竞争要素。目前，为了满足数字化转型的需要，公募基金公司已为投研与风控业务打造了投研与风控工作平台，这也是能够体现公募基金不同于其他传统金融机构特点与核心竞争力的“特色牌”。

投研与风控平台的作用主要有两个：一是提升投研与风控资产的沟通、沉淀、传承和应用能力。该平台通过利用大数据和AI等先进技术，能够在完成高频、大规模、多源异构市场信息和历史信息高效储存的同时，对其进行结构化、标准化、API（Application Programming Interface，应用程序编程接口）化处理，使其沉淀为能够满足投研与风控数据深度分析及价值萃取所需的资产。通过这一平台，投研及风控团队中每个个体所有过往工作的成果都将变为机构共有，这可以快速提升整个投研及风控团队的能力，服务于投资业绩、策略开发和产品创设。二是通过打造数字化指标体系和云计算，提升投资、研究、风控等部门之间的体系化作战能力。从打造“机构理性”的需要出发，公募基金公司应当建立一套基于关键数据的指标体系，并确保可归因、可优化、可传承，从而解决研究、投资、风控、销售之间的信息聚合、流通、效用问题。

### （二）营销服务业务

随着国内财富管理业务服务模式加速向以客户为中心转型，基金管理公司也已为营销服务业务打造了营销服务工作平台。该平台是一个以营销服务场景支持、内容策划支持、渠道数据运营协同、企业级数据共享等为核心功能的，可以赋能“场景化、顾问化、立体化、分布式”的营销服务平台。

营销服务工作平台的作用包括：一是从数据治理出发，优化传统 CRM 系统。该平台是内部销售人员和中台人员的统一工作平台，提供基于云计算和移动互联技术的移动端入口。二是形成流量与留量兼顾的营销服务底座。借助该平台，业务人员能够结合业务场景，灵活调用营销策划、内容运营、数据运营、渠道运营等各类工具的功能和成果。三是成为投研与风控价值传递的中枢。该平台对投研与风控平台形成的基本面跟踪和研究成果进行可视化加工和传递，即在结合业务场景、按既定标准和流程进行营销服务内容制作、留存和向前输出的过程中，实现价值和专业能力的传递。四是提升 KYC 能力，支撑精准营销服务。公募基金公司需要借助大数据分析、可视分析、云计算、基于区块链技术的脱敏数据外部横向交流和共享等构建客户、渠道、服务的标签体系以及对应的客户与产品/服务匹配规则，进而加深客户洞见、识别客户需求和营销线索、支撑中台营销策划和前端高效决策，并提升对营销方案进行追踪和回溯的成效。五是引导销售人员执行标准化、专业化动作。

### （三）场景用户业务

场景用户业务主要是为客户提供对产品的感性认识和场景体验的一种服务，目的主要是提高交易量。基金管理公司已为场景用户业务打造了场景用户交互平台。场景用户交互平台是基于营销服务工作平台这一营销服务底座的应用出口，直接面向终端零售客户、高净值客户、代销渠道、机构客户、媒体/广告商等外部用户的平台。

场景用户交互平台是以用户理财场景交互、用户理财需求开发、用户理财行为分析、用户理财全程陪伴、理财机构特色服务为核心的平台。其特点和作用如下：一是充分市场化，从基金业务出发，为外部客户提供专业、个性化、适配的投资行为分析、营销支持与全周期服务陪伴，聆听客户心声。二是由多个输出端口共同构成，具备跨组织、社群化、针对性的覆盖能力，并融合“视频化、图文化”输出趋势，让用户通过数字的变化看见经济变化，让客户直观获得理财账户的专业分析。三是根据客户属性设置不同账号入口来提供不同的内容、工具、服务和界面。四是能够有效支持公募基金公司客户交互。

### （四）交易运营业务

交易运营业务也是基金管理公司的核心业务之一，主要是对基金进行投资运作，谋求基金保值增值。基金管理公司为这一业务打造了交易运营职能平台，该平台的特点包括交易运营数智化、产品数据可视化、合规管理场景化、行政财务一体化、数据湖仓智能化。

交易运营职能平台是对稳态系统的数字化改造和升级，能够在实现降本增效的同时为业务发展保驾护航。其具体特点和作用包括：一是在交易方面实现数据互通与算法优化。也就是打通与外部交易所、托管行、中债上清、交易对手的底层数据，尤其是场外交易数据，实现与内部投研风控、运营、合规管理系统的实时互联。二是在运营方面智能增效并优化业务导向。打破跨系统数据共享障碍和信息“孤岛”，实现全链跟踪、全景可视，提升决策助力，同时叠加机器人流程自动化（Robotic Process Automation，RPA），保障全程合规无差错，助力降本增效。三是在产品管理方面提升 KYP 能力，实现产品数据全维度可视化，并基于大数据分析维护和优化产品标签，支撑 KYP 能力提升。四是在合规管理方面提升场景融合和精细化管理，也就是将合规管理要求通过数字化、标准化形式融入业务场景、流程节点与系统平台，提升合规管理在不同业务场景下的精细化管理水平。五是在职能管理方面优化资源配置，即从数据治理出发，优化财务、人力资源配置，进而赋能业务治理。

## 第二节　基金管理公司产品数字化营销概况

随着互联网的快速发展，人工智能、大数据分析等数字科技在金融业乃至整个社会都得到了普遍运用。基金管理公司的营销业务也正在向数字化方向发展，行业已对数据在营销中的重要性达成行业共识。数字化营销不仅引领传统业务转型，而且还助推核心业务升级，以及推动多场景营销的实现。

### 一、数字化营销的地位越来越高

随着互联网、大数据、区块链技术在整个社会得到广泛运用，数字化营销的地位越来越高，基金管理公司及时转变传统的经营模式，在公司治理机制、金融科技运用以及数智化管理方面做了很多探索。

#### （一）把握政策动向，健全数据治理机制

当前，数据已经成为关键的生产要素，并上升为国家数字化战略的重点。中央和监管机构出台的一系列政策也为数字化转型提出了新要求，指明了发展方向。2020 年 4 月，《中共中央　国务院关于构建更加完善的要素市场化配置体制机制的意见》首次将“数据”纳入生产要素，明确提出“加快培育数据要素市场”；2021 年 3 月，《中华人民共和国国民经济和社会发展第十四个五年规划和 2035 年远景目标纲要》明确提出“迎接数字时代，激活数据要素潜能”；2021 年 10 月，证监会《证券期货业科技发展“十四五”规划》提出让“数据作为要素资源发挥更大作用”。

数据的重要性早已成为行业共识，数据资产的积累是数字化转型的重要前提，补足和提升基础数据能力是重中之重。基金管理公司已把数据资产当作一个新的管理对象，打造覆盖全生命周期的数据资产管理体系，健全数据治理流程机制，加强统一数据平台建设，提升数据流通与共享效率。基金管理公司也要时刻思考和展望数据资产化所引发的业务模式创新，从而加快数据价值创造的速度。

### （二）重视数据资产，鼓励金融科技创新

在数字化转型浪潮、客户结构和偏好变化、数字经济政策环境的多重影响下，基金业数字化转型进入全面数智化阶段，迈上了以数据为资产、以智能化为目标的新征程。这主要表现为：数据技术为数字化转型提供能力支撑；客户群及其偏好变化牵引服务创新；政策为数据经济发展创造良好环境；谋求创新发展是基金公司数字化转型的内在动因。

基于数字科技必将成为资产管理机构核心竞争力的判断，基金管理公司也十分重视金融科技的创新应用。在日常经营管理中，有些基金管理公司设有专项金融科技创新预算，鼓励员工积极探索创新。在公司组织架构和岗位设置上，基金管理公司设立科技团队，配备专职科技产品经理，来负责收集和反馈科技需求，参与评审科技方案，跟踪建设过程，提升客户满意度，并有效推广科技应用。还有些基金管理公司在日常工作推进中由首席信息官（Chief Information Officer，CIO）亲自牵头，各业务条线高管定期召开例行金融科技共创会议，推动金融科技重点工作的创新和落地。在合作伙伴生态建设上，基金管理公司积极与数字科技前沿机构及上下游合作伙伴一起结合具体业务场景设定创新议题，共同探索解决方案。

### （三）研发智能化平台，形成数字化管理体系

为了应对日新月异的市场需要，大部分基金管理公司都开始自主研发基金投顾智能化的投资管理运作平台。这类平台立足于面向全市场选基、覆盖全类型销售渠道、服务全类型客户的业务模式，综合运用多项人工智能技术，以系统化的方式将智能模型和专家经验深度融合，重塑研究端、投资端与运作端的业务流程，有效推动了投顾服务的增量扩面、提质增效。

基金管理公司的平台自下而上地将底层的多源异构数据、中间层的智能核心算法、前端的业务应用场景整合打通。基础数据层形成了统一规范的投顾数据治理体系，给上层应用提供了可靠、稳定的数据服务；算法模型层涵盖自然语言处理、深度学习、机器学习、运筹优化、蒙特卡罗模拟等多项人工智能技术，对外提供智能模型服务；系统业务层则从基金研究、策略生产、投资运作的视角分别构建了三大业务工作台，结合具体业务实践衍生出 13 个功能子模块，通过对底层的数据、模型、算法的封装整合，最终以 Web 服务的形式赋能业务，形成了保障基金投顾、投资、管理、运作等高效运行的业务闭环。基金管理公司智能化平台层次框架可见图 12－2。

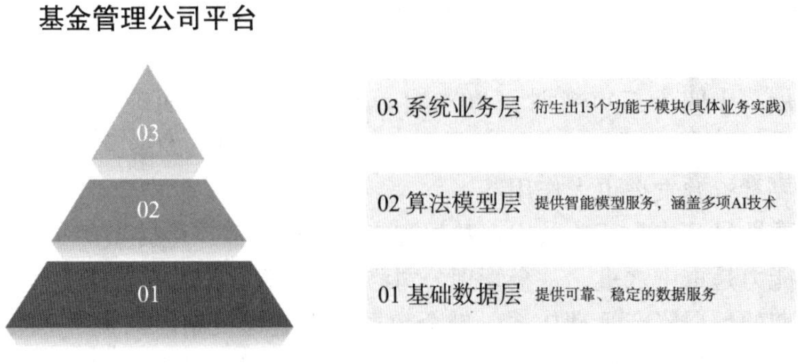


**图 12－2　基金管理公司平台层次结构图**

这类平台以持续集成、高效运维为目标，搭建基于容器技术的平台即服务（Platform as a Service，PaaS）架构，一方面实现了DevOps开发运维一体化的模式转变，从技术架构与研发机制上有效促进了业务需求的快速迭代与开发环节的合规可控；另一方面在数据存储和处理方面具备强大的可扩展能力，通过合理的资源规划与编排算法保证了计算节点的高可用性，使得对大规模容器集群的管理更加便捷。

## 二、数字化营销引领传统业务转型

随着互联网的普及和移动设备的广泛使用，消费者的购买行为和消费习惯发生了巨大变化。基金管理公司需要适应这种变化，数字化营销正是应对这种挑战的有力手段。数字化营销利用大数据、AI等数字技术，打破了传统营销模式在时空和传播方式上的限制，实现了更加精准、个性化的营销。数字化营销的实行引领着传统业务的转型，这主要表现在以下几个方面：

### （一）数字化营销引领资管业务加快数字化转型

目前资管行业回归本源，迈入高质量发展新阶段，金融机构要始终保持行业领先的竞争态势，就必须加快数字化转型进程，加大金融科技创新力度。在多家基金管理公司看来，拥抱数字科技浪潮已成为关乎金融机构生存和发展的大事、要事、难事。资管行业可以利用数字化科技手段打造科技竞争力：一方面从投研、交易、风控、运营、产品营销、智能投顾、投资陪伴等维度大力提高公司各项业务的数字化能力，加速以数字为核心的系统融合和业务融合，产生数字化意识、理念、运用等方面的新成果；另一方面打造由数据驱动的组织、人才和文化，提高效率，降低成本，通过将金融科技打造成公司核心竞争力，占据未来市场竞争的战略高地。

运用数字科技可以挖掘海量数据，这为资管行业数字化转型提供了可能。随着市场竞争的加剧，夯实主动管理能力成为资产管理机构提升核心竞争力之本。充分利用大数据、AI等技术挖掘海量数据蕴含的投资机会，已逐步成为各资管机构构建智能化投研体系的重要抓手。此外，客户群及其偏好变化牵引服务创新。据BCG发布的《全球数字财富管理报告2020》，财富市场客户群体正在发生代际转化，具有“数字化基因”的千禧一代及“数字原住民”正式进入财富管理市场，并逐渐成为主力客群。这部分群体呈现高度依赖移动端、追求极致体验等特征。面对高度数字化和个性化的需求偏好，作为财富市场的重要参与者，基金管理公司必须借助科技力量加快加深对客户行为、心理的洞察，深刻理解客户需求，打造陪伴式服务的竞争优势。

### （二）数字化营销引领基金业务提升管理能力

数字化营销通过数字科技对客户进行精准画像，及时、高效地为客户提供符合其需求的产品和服务。基金公司可通过合理利用爬虫、自然语言处理（Natural Language Processing，NLP）、OCR等技术对市场上各类资讯进行获取、分析、提炼，协助营销人员了解客户需求，制订营销方案。同时，还可借助自有电商及各类互联网平台来帮助客户经理进一步“懂”客户。这也导致基金业务的其他领域发生了深刻变革。

（1）在投研领域，数字科技提高了基金管理公司收集和处理信息的效率和能力，辅助提升了投资决策的精准度。

(2) 在运营领域，数据科技手段可以使规则化的作业过程变得更加自动化，在提升效率的同时减少操作风险，最终外化为客户服务质量的提升。

(3) 在交易领域，运用这些新技术可以更加精准地衡量和管控交易风险，从而进一步打通和优化业务流程，逐步实现数据驱动，推动资管业务运作效率大幅提升。

(4) 在风控领域，数字科技手段是风控的一个必要条件。从数字科技视角来看，风控是非常复杂的体系，风险管理的诉求繁杂多变，要做到通盘管理，需要有强有力的指标体系、计算引擎及数据中心，以及应用方面的配套流程和管理功能。

### （三）数字化营销引领基金经理提高运用数字科技的能力

投研是基金公司的核心业务，也是需要大量数字基金科技手段支撑的业务。基金经理业务能力的提升依赖对数字科技的运用。近年来，基金行业形成了普遍共识，即数字科技是基金经理突破个人管理规模、提升组合业绩和有效控制风险的重要手段。随着 AI 的应用场景逐渐成熟，数字科技在投研领域的探索更加深入。无论是对信息过载状况下的深度挖掘、对投资组合的现状分析、对投资过程的复盘还是投资组合的前瞻模拟，基金经理都需要用到大量的数字科技手段。

总体而言，数字化营销的推广导致数字科技加速融入资产管理的各个业务环节，而数字科技的应用又进一步推动了资产管理业务线上化、数字化和智能化，最终实现了降本增效，优化了业务流程，升级了业务模式，提高了用户体验和满意度等。

## 三、数字化营销助推核心业务升级

交易运营和投资研发属于基金管理公司的核心业务。事实上，公司营销与公司业务密不可分，在数字化营销的浪潮中，基金管理公司的核心业务实现了升级。

### （一）交易运营业务的升级

数字化营销推动了基金交易能力的提升以及交易成本的降低。很多基金管理公司采用新一代投资决策系统打通了银行间、托管行、中债上清、交易对手的业务，并实时打通底层数据，因而可以精准控制头寸、自动计算合规风险；可以系统化地进行操作风险监控；还可以使用相关数据进行挖掘，快速推荐交易对手和交易价格，支持交易决策。所有这一切不仅降低了金融机构的运营操作风险，而且提升了其业务效率，降低了交易成本。

在交易方面，基金管理公司通过将场外交易业务线上化，大幅提升了交易效率和质量，有效支撑了公司业务快速发展。同时，依托 AI、NLP、OCR 等技术，基金管理公司在结构化询价指令生成等方面进行了一些实践，可以大幅减少人工录入和干预，初步实现智能化运作。在运营方面，基金管理公司还建立了产品协作平台及精细化运作平台等，通过引入 AI、RPA、NLP 等数字技术，实现了诸如产品要素自动识别与抽取、智能结算匹配、参数自动配置与复核等功能，大幅释放了人力投入，降低了操作风险。

### （二）投资研发业务的升级

基金管理公司要通过数字化营销为客户提供个性化的定制产品，就必须利用大数据研究投研业务，开发出丰富多彩的基金产品。投研是基金公司的核心业务，也是需要大量数字科技手段支撑的业务。

**1. 在投资方面，助推投资组合能力和投资决策水平的提高**

数字化营销对投资管理和投资决策提出了更高的要求，推动了基金管理公司投资组合能力和投资决策水平的提高。投资管理的一个痛点是投资决策的做出要依赖实时头寸和实时组合指标等信息，而数字化营销系统可以提供决策支持，如货币基金在调仓前可以试算调仓对收益率的影响等。投资管理的另一个痛点是投资风险的预警和处置，数字化营销系统中的投资日历、投资监控、实时合规监测报告等是防范操作风险和合规风险的重要工具。

**2. 在研究分析方面，助推研究分析能力的提升**

数字化营销进一步推动了基金管理公司的研究分析能力的提升。研究分析工作本身的痛点是工作的效率和工作的传承，数字化营销系统可以通过智能信息搜索、研报数据定制、智能研报生成等方法解决这些问题，让研究员得以将更多的精力用在信息分析和提升研究水平上。基金管理公司通过建立知识共享、高效协作的投资研究系统，可以提升对投研信息的处理效率和能力，缩短诸如人工浏览、搜索、整理等低附加值工作的时间，协助投研人员将更多精力聚焦于研究和投资决策。

## 四、数字化营销推动多场景营销的实现

随着数字化时代的到来，场景营销成为一种新的营销方式。场景营销是指将产品或服务与特定场景相结合，通过场景的情境、氛围、体验等元素来达到品牌宣传、产品推广、销售增长等目的的一种营销方式。数字化营销推动了投资研发、销售服务、风险控制和后台运营等多场景营销的实现。

### （一）数字化营销推动投资研发场景营销的实现

数字化营销发展到一定程度，就会出现数字化和智能化结合，即数智化的趋势，而投资研发场景营销正需要这种数智化。数智化是提升投资研发能力和核心竞争力的必然要求和重要途径。它可以助力基金业更好地发展，更好地服务投资者。智能投研以海量数据作为驱动力，通过采集研究标的的生产经营活动相关数据，在利用 NLP 的智能化处理技术处理之后形成便于理解的数据，再经过机器学习的建模分析，形成具有决策参考价值的投研情报。当下投研数智化已成为行业发展共识，越来越多的金融机构在积极推进数智化，并取得了显著成效。

### （二）数字化营销推动销售服务场景营销的实现

在数字化背景下，场景营销的策略应用更加多样化和精准化。它可以更加精准地定位目标受众，根据不同受众的需求和偏好，提供个性化的场景营销服务。为了适应这种场景营销的需要，基金管理公司通过打造“社区、社群、电话”等多种形式的智能客户陪伴体系，第一时间实时感知客户声音，利用 NLP 和数据挖掘技术，打造温情陪伴语料库，进行智能问答，快速响应用户陪伴诉求。

基金管理公司的销售服务场景营销还通过社交媒体、虚拟现实技术、数据分析和线下

场景等多种方式让用户获得良好的体验，形成清晰的认知。尤其是对于品牌基金产品，基金管理公司可以通过提供独特的场景体验来提高品牌认知度和用户黏性。未来，随着数字化技术的不断发展和创新，场景营销的策略应用将会更加多元化，从而为品牌基金产品提供更加优质的营销服务。

### （三）数字化营销推动风险控制场景营销的实现

目前，金融科技的应用已经覆盖基金管理公司业务的各个方面。在营销端，数字化浪潮中的场景营销可以通过数据分析和挖掘获取用户行为数据和消费习惯，为品牌制定更加精准的营销策略提供参考。在风险控制端，数字化营销对基金管理公司的风险控制提出了更高的要求。很多基金管理公司通过自主研发涵盖投前风险配置与预警、投中风险监控与预警、投后风险评估与反馈的一体化风控中心，基本实现了适配业务特点的、个性化的、端到端的风险管控。

基金管理公司在场景营销中的痛点在于风险控制难度大，尤其是投资风险的实时预警和处置的难度更大。因为场景营销需要基金管理公司在实时动态环境中进行决策和行动，而这些决策和行动都必须经过充分的风险评估和控制，所以如果基金管理公司的风险控制能力不足，就可能会导致场景营销失败，甚至产生一系列负面影响。因此，基金管理公司有了投资研究系统，在注入大量的金融科技元素后，就可以进行实时投资监控和实时合规监测。

### （四）数字化营销推动后台运营场景营销的实现

数字化营销要求对客户进行精准画像，并提供有针对性的个性化服务。这就要求公司后台提供数据支撑、分析支撑和智能化支撑。

（1）在数据支撑方面，数字化场景营销离不开用户行为数据，基金管理公司应对这些数据进行建模，找到一个比较合适的用户行为标签，从而确定频次、预警值、敏感度等结果，并逐步制订一个稳定的运营方案和运营计划。

（2）在分析支撑方面，对用户进行运营分析尤为重要，有许多固化的用户分析模型，比如用户同期群的分析便是一种很重要的分析方法。做同期群分析，最常用的工具是用户留存表。比如，在 App 做产品迭代优化期间，以周为时间单位对初始用户（首次打开 App 的人）1 周后、2 周后、3 周后……的留存率进行同期群分析，可以清晰地知道产品改动前后对特定群体某一指标的影响。同期留存表也是衡量产品迭代、市场、运营推广效果的关键指标。

（3）在智能化支撑方面，用户运营基本实现了自动化、智能化营销。基金管理公司可以在管理后台直接设置好自动化的智能营销流程，当这个流程被执行以后，不需要人工的干预，系统每天会自动“跑”一遍预设的目标用户群，为用户打上初始标签，然后推送预先设置好的活动或者优惠券，并自动推送 Push 消息或短信。一段时间后，系统流程会执行节点分析，为参与活动的用户打上效果标签。通过初始标签和效果标签下用户数量的对比，基金管理公司可以很轻松地分析出本次用户群组的营销效果。

# 第三节　基金管理公司数字化营销策略的创新

随着数字化技术的发展，基金管理公司的业务在广度和深度上不断得到提高，其数字化营销策略也不断创新，主要包括产品策略的创新、细分策略的创新、促销手段的创新、渠道策略的创新等。

## 一、产品策略的创新

基金的产品策略主要包括基金产品的设计开发、基金产品的品牌管理和基金产品线的延伸。

### （一）基金产品的设计开发

基金作为一种投资工具，其产品特性是非常重要的。基金管理公司需要根据市场需求和投资者的风险偏好设计合适的产品。首先，基金管理公司应该明确不同类型产品，如股票型基金、债券型基金、混合型基金等的投资策略。其次，基金管理公司应该注重产品的多样性，推出具有不同风险收益特点的基金，以满足不同投资者的需求。最后，基金管理公司还应该关注产品的品牌形象和服务质量，提供良好的投资体验。

基金管理公司的销售策略的核心是产品定位。基金管理公司应根据市场调研结果，结合自身的投资理念和优势，明确产品的定位和差异化特点。例如，针对风险偏好较低的投资者，基金管理公司可以推出低风险稳健型基金；对于追求高收益的投资者，基金管理公司可以推出高风险高收益型基金。通过准确定位产品，基金管理公司能够更好地满足投资者的需求，增强销售效果。基金管理公司通过广泛收集市场资料，密切关注市场需求的变化，及时推出符合投资者需求的创新产品。例如，如果发现市场对环保、科技、消费升级等领域的关注度较高，那么基金管理公司可以推出相应的主题基金，以满足投资者对特定领域投资的需求。此外，基金管理公司还可以推出产品组合，如 FOF（Fund of Funds，基金中的基金），将不同类型的基金组合起来，供投资者选择。

### （二）基金产品的品牌管理

由于基金产品具有易被模仿的特性，因此，当基金产品进入相对成熟期，在市场中占有了一定的市场份额时，产品的差异性也就不那么突出了，此时基金管理公司就要通过基金的品牌管理来达到稳固和扩大市场占有率的目的。

基金的品牌主要由三部分构成：业绩、个性和能见度。

（1）业绩。业绩是建立品牌的最重要的因素，为此，基金管理公司必须“做好本职工作”，给投资者带来较高的投资收益，同时，还要引导投资者将基金业绩与基金的类型、投资策略和投资目标结合起来进行评价。比如，教育投资者应在同类型基金之间进行业绩比较，而不是在不同类型基金之间进行比较。

（2）个性。个性也是基金品牌的重要组成部分。在建立基金品牌时，基金管理公司必须根据基金产品类别和价值定位定义创新性的品牌个性，并在促销活动的各个环节彰显这一个性。基金管理公司还可以充分利用专业财经公关公司来把握市场的“脉搏”，与投资者保持良好沟通，建立并维护自己的品牌形象。

（3）能见度。保持基金产品和服务的能见度并不只有广告投放这一种方式，还包括了基金管理公司与客户交流的一切方式。例如，通过宣传和分销（确立客户实际购买基金时的能见度），也可以形成基金产品在市场上的整体可见度。

### （三）基金产品线的延伸

基金管理公司必须考虑设计自身的产品线框架，作为指导某个类型基金和单个基金具体设计的纲要。新产品的设计应当服从公司整体基金产品线的要求，必须能够对公司目前已有产品产生有效的扩张作用，或者能够弥补产品线的空白，或者为已有的市场客户提供更多的投资选择。比如，基金管理公司在搭建了开放式基金平台之后，就可以面向大众投资者开发债券基金、保本基金等新的基金品种，向同一目标市场不断拓展产品延伸线，营销新的产品。

基金产品线的拓展和延伸一般包括理念导向型构思和营销导向型构思两类。理念导向型构思来自投资决策成员、基金经理等专业人士，他们通过前瞻性分析判断市场走势，并从中寻找可以形成投资品种的机会。营销导向型构思来自市场拓展人员、分销机构和客户服务人员，他们在与基金持有人的长期交往中深度了解投资者需求，并针对客户需求特点提出产品构思。

我国目前仍以理念导向型构思为主，但随着数字化营销的不断深入，加上投资者长期投资理念的建立和逐步成熟，从投资者需求角度出发形成的营销导向型构思将在基金产品开发中起到越来越重要的作用。为此，基金管理公司一方面要健全市场部门、投资部门和研究部门之间的信息沟通机制，扩大公司内部新产品开发的构思源泉；另一方面要加强与保险公司、信托投资公司以及商业银行的联系，与其结成战略联盟，共享产品开发研究平台，获取基金业新产品的构思源泉和新的目标市场。

## 二、细分策略的创新

制定营销策略的核心是市场细分。基金管理公司必须充分了解投资者需求，并根据这些需求的特点选择对自己最有利的细分市场，为该市场提供量身定做的基金产品和服务。实际上，开放式基金的潜在个人投资者，其行为特征、需求特点、影响购买决策的变量都是有差异的，如果不加以区分，则结果只能是无的放矢、广种薄收。

### （一）按人口细分的数字化营销策略

按人口细分的数字化营销策略是指根据人口的属性，如年龄、性别、收入、受教育程度等，将客户细分为具有相似特征的小群体，从而更加精准地满足他们的需求的数字化营销策略。依据投资特征，可以把个人投资者分为投资意识强的股民群体和投资意识薄弱的大众群体；依据家庭年收入，可以把个人投资者分为中高收入阶层客户和低收入阶层客户；依据经常接触的金融机构，可以把个人投资者分为证券营业部群体和银行储户群体；等等。例如，不同年龄段的投资者对基金产品有不同的需求，年轻人更喜欢风险较大的股票型基金产品，而老年人更注重基金产品的安全性，偏好货币型基金等风险较低的基金产品。同时，不同性别的投资者在购买基金产品时也有不同的偏好和需求。因此，基金管理公司可以根据人口特征进行有针对性的产品设计，从而更好地满足客户需求。

### （二）按兴趣细分的数字化营销策略

按兴趣细分的数字化营销策略是指根据客户的兴趣爱好、需求和价值观来进行市场细分的数字化营销策略。基金管理公司一定要挖掘客户的兴趣爱好，才能长久吸引客户。基金管理公司可通过用户数字画像，根据客户的不同兴趣和需求进行基金产品的差异化设计和营销，为客户提供更合适的产品和服务。例如，对于工作繁忙缺少闲暇时间的上班族，设计不需要频繁操作的指数基金，如50ETF指数基金、云计算ETF指数基金、信息科技ETF指数基金等等。

### （三）按行为细分的数字化营销策略

按行为细分的数字化营销策略是指根据客户的行为来进行市场细分的数字化营销策略。例如，对于经常购买那些具有品牌属性的基金的客户，基金管理公司可重点打造“明星基金”，以带动其他基金的销售。基金管理公司应该注重细分市场，树立公司品牌，然后逐步做大，如只专注于提供股票型基金或者只专注于提供债券型基金等。事实上，没有任何一家基金管理公司能够为所有的细分市场服务。基金管理公司应根据公司资源、市场地位和竞争策略，选择具有良好发展潜力的一个或几个细分市场作为目标市场。

### （四）按流量细分的数字化营销策略

随着数字科技的发展，基金管理公司的营销策略也发生了新的变化。“公域＋私域”可以在不同维度进行组合，这种新组合成为基金管理公司新的营销模式。公域大多是指如淘宝、美团、拼多多、抖音、京东、微博、百度等公众平台。私域是指公司的自有小程序、公众号、个人号、微信群、企业官网、App等平台。公域平台主要为商家提供服务，而私域平台则主要为自身客户提供产品及服务，两者结合起来共同发展，形成了一个完整的生态圈。

公域流量是私域流量的基础。由于私域是公司拥有的可以重复低成本触达的场域，因此，私域流量是公司可以随时触达、可自由控制、能够反复使用且免费的高度私有化的目标人群流量。从数学角度分析，私域是公域的子集，公域包含私域，私域包含于公域。基金管理公司可以通过公域平台来提升品牌的影响力，获取新客户，然后通过私域平台来沉淀私域流量，提高客单价值，提高用户黏性和复购率，并不断促成以老带新。从公域用户到私域用户再到超级用户的形成过程，如图12-3所示。

总之，数字化营销中的细分营销策略有很多种，它们的主要目的是更加精准地满足客户需求，提高市场份额和收益。在实际应用中，基金管理公司可以采用多种细分策略，以不同的方式对客户进行细分和管理，从而增加市场份额，提高盈利能力。

## 三、促销手段的创新

在激烈的市场竞争中，基金管理公司还必须综合运用各种沟通方式和手段，如广告、公关、销售促进、人员推销等，使投资者在多元化的信息包围中，更好地识别和了解自己

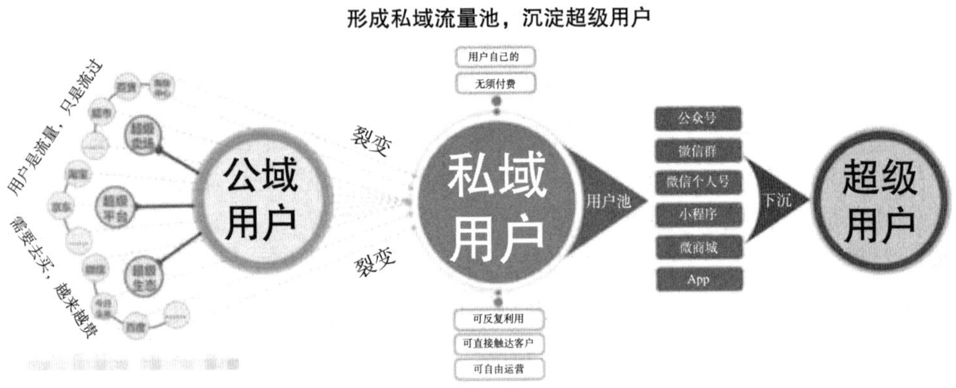


图 12－3　从公域用户到私域用户再到超级用户的形成过程

的基金产品和服务。基金管理公司除了对传统的促销手段进行改良以外，还应大力发展数字化促销手段。

### （一）改良传统的促销手段

#### 1. 改良广告推广促销的内容

基金产品的广告推广是促销的重要形式之一。在激烈的市场竞争中，基金管理公司在使用广告推销时，应不断改良基金产品广告推广的内容。基金的招募说明书、发行公告、业务规则等是证监会指定的法定信息披露方式，内容应真实准确，但是从广告发布的角度来看，由于该类形式采用的是标准格式且篇幅相对较长，因而该类形式更适用于专业人士和极度理性人群，不足以激发大众投资者的购买欲望。一条有效的基金产品广告，必须能够突出本基金产品的最大优点，赋予每一个基金产品特殊的个性或形象，使客户能将它和其他基金产品区分开来。因此，基金管理公司可以利用一些配以图案设计的报刊广告、海报及媒体软性广告，以较为生动的形象、通俗易懂的语言，使有关的信息及知识更加具体、感性，达到促进销售的目的。

#### 2. 综合运用推广促销的手段

基金管理公司还可以采用其他多种促销手段，与投资者进行全方位、广泛、持续的交流和沟通。比如，以推介会、报刊或网上路演等方式组织基金经理与投资者进行访谈，基金经理“现身说法”，都可以增进投资者对基金公司投资理念和经营思路的理解，判断基金将来的成长潜力。这些综合营销推广手段的运用，是为了争取与投资者进行全方位、广泛、持续的交流和沟通。实际上，在国外，基金经理的职责之一就是与投资者进行面对面的交流。

#### 3. 巧妙运用投资者教育活动进行促销

开展投资者教育活动是基金管理公司的工作内容之一。这项工作的任务包括：一是帮助投资者了解证券投资基金；二是帮助投资者了解自己；三是帮助投资者了解市场；四是帮助投资者了解基金的发展历史。这项工作的目的是建立相互信任的模式，让投资者放心地把钱交给基金管理公司来管理。因此，基金管理公司在具体进行这项工作的同时，应通过灯箱、电视、报刊、网络、宣传材料、户外广告等，巧妙地针对投资者开展促销活动。

例如，吸引部分投资者现场购买，或让投资者抽奖参加为期 7 天的旅游学习活动，这种促销方式对于广大中小投资者最为适用。这样既进行了投资者教育，又开展了促销活动。

基金管理公司必须勤练内功，理顺营销机制，梳理营销工作流程，加强营销人才培养和人才储备，并在市场上不断积累营销经验，寻求产品营销策略、价格营销策略、促销策略和渠道营销策略的协调和配合，进而与客户建立起稳固的关系。

### （二）发展现代数字化促销工具

在数字化高度发展的今天，市场细分和个性化服务越来越精细化。基金管理公司不仅应大力发展现代的数字化促销工具，而且应改良传统的促销手段。私域流量成为各路商家争抢的对象，而服务号则是获得私域流量的有效途径。

**1. 服务号可以直接触达销售场景**

事实上，目前很多基金管理公司也善于通过渠道服务号为渠道营销提供支持。服务号的优势主要体现为：（1）技术赋能。过去需要由多名专业的渠道经理支持的业务，现在可以利用数字化工具直接赋能基金经理来完成，提高了人员支持的效率。（2）边际成本更低。在一定规模下，基金产品的边际成本甚至为零，但是边际效益在理论上却是无穷大的。（3）用工具提高人的黏性。甚至当基金经理跳槽到别的银行时，客户也会因为熟悉其经常用的服务号，形成路径依赖而继续购买原基金经理管理的基金产品。（4）时效性更强。在传统营销模式下，有些营销资料即使基金管理公司已经完成合规审查并推出，有些合作渠道也需要再进行一次合规审查。这样既会产生信息流失，也会导致产品上架效率降低，而服务号可以直接触达销售场景。

**2. 服务号能有效进行网点和客户支持分析**

当服务号建立后，随着渠道被使用，大量的使用数据就会沉淀到服务号中。营销管理后台可以看到诸如渠道端的使用者转发次数、访问次数等数据，由此维度可以进行多种数据分析，来辅助营销管理者做出决策。（1）网点支持策略分析。通过对以渠道理财经理为单位的服务号的转发和访问数据分析，可以获知各网点的使用情况，再结合网点业绩，即可得出形成使用习惯的重点网点，在今后推出新产品、业务竞赛等营销活动时，重点网点就可以利用服务号提供有针对性的支持。（2）客户支持分析。渠道理财经理根据客户访问数据做出客户支持分析；通过服务号跟踪客户阅读痕迹，在数据积累到一定量后对客户进行数字画像，以帮助客户经理了解客户真实的产品偏好，以此提升客户经理跟进客户的精细化程度以及客户的转化效率；同时，客户的再转发功能也可以帮助理财师拓展获客方式，获取新的营销线索，扩大营销获客范围。

## 四、渠道策略的创新

基金销售渠道的选择也是基金销售中的关键环节。基金管理公司可以利用自身的网点进行销售，也可以选择银行、券商、保险公司等传统渠道进行销售。但目前随着互联网的发展以及大数据等技术的广泛应用，基金管理公司更多地通过互联网、移动端等新兴渠道进行销售。不同的渠道有不同的特点和受众群体，基金管理公司应根据产品定位和目标投资者的特点选择合适的销售渠道。同时，基金管理公司还可以考虑与第三方销售机构合作，共同开拓市场，提升销售业绩。

## （一）努力维护传统的销售渠道

### 1. 基金管理公司的直销渠道

基金管理公司是基金的发行人，有其自身的直接销售渠道。基于传统的销售渠道策略，基金管理公司建立起了具备专业素质的代销队伍，辅以直邮、电话销售、呼叫中心以及基于网络平台的直销网络，直达工薪阶层或年轻白领一族。

### 2. 将商业银行作为代销渠道

商业银行比基金管理公司拥有更多的网点，因此基金管理公司更多地将商业银行作为代销渠道。目前，大众投资群体仍将银行储蓄作为主要金融资产，而开放式基金与储蓄存款又具有相似性，因此，选择商业银行作为开放式基金的代销渠道，有利于争取银行储户这一细分市场。因此，基金管理公司可以加强与代销银行合作，通过对银行员工进行持续培训，组织客户推介会以及合理分配代销手续费等方式，增强银行渠道代销的积极性，提高银行员工的营销能力。

### 3. 将证券公司作为代销渠道

基金管理公司将证券公司作为代销渠道，可以弥补现有渠道价值定位的不足。比如，针对投资意识较强的老股民群体，基金管理公司可以利用券商网点有效争取到这部分客户。况且，相比商业银行，券商网点拥有更多的专业投资咨询人员，因而可以为投资者提供更个性化的服务。

总之，基金管理公司在与商业银行、证券公司等建立合作关系时，“互为营销渠道”也成为合作的一项重要内容，即通过各自的渠道在各自的目标市场上交叉销售产品。基金管理公司可以充分利用合作伙伴的客户优势、专业服务优势，充分利用代销渠道以加强与投资者的关系。

## （二）积极开发新兴的数字化渠道

随着互联网、大数据发展的深入，基金管理公司的营销渠道也发生了深刻的变化。基金产品渠道的广度不断拓宽，深度不断加强。内容分发是基金管理公司对外营销的重要窗口，它涉及内容的分享、发布和推广。内容分发可以让目标受众通过多种渠道和媒体形式获取内容，同时根据用户喜好自动进行有针对性的推荐。内容分发的渠道有以下几种。

### 1. 自有内容分发渠道

（1）社交媒体账号。这一渠道对内容的分发分为原生内容传播与社媒内容同步。原生内容传播即用户从产品内部分享链接，优势是可带动下载量增加；而社媒内容同步是将内容在微信公众号、微博文章这种社交媒体自有的内容生态中发布，优势在于几家社交媒体都对自有内容生态内的内容赋予了较高的权重，使其能够更顺畅地传播，比如外部链接在朋友圈内分享到一定量级，微信就会限制其展示。

（2）网站。网站投稿是一种常见的内容分发方式，它主要是选择行业中知名度相对较高的权威站点。但对于向这类平台投稿，需要注意：①稿件应在行业内具有一定的专业度，并且尽量分享实战经验；②提供创新性内容，抑或独特的视角；③如果有时间，可以适当以连载的方式投稿，以提高用户的黏性。

（3）博客。博客内容分发可提高搜索引擎的可见性，增加网站访问量，谷歌、雅虎等都有强大的博客内容检索功能，企业可利用博客来增加被搜索引擎收录的网页数量，并只需在博客托管的网站上开设账号即可发布文章。同时，它也是低成本的。

（4）电邮。专业级的邮件平台（数据营销）公司一般有专业的邮件发送平台，发送速度快，可以实现每小时几千封甚至几十万封的发送速度。同时它们一般会与主要的互联网服务提供商（Internet Service Provider，ISP）签订协议，让ISP对于此平台发送的邮件予以放行，所以通过这类平台发送的邮件的到达率可以保持比较高的水平。同时，电子邮件订阅者的信息被记录在关于人口统计、行为以及喜好的营销数据库中，通过对这些数据进行挖掘，基金管理公司可以向每个顾客发送一份不同于别人的，与顾客的偏好、行为以及生活方式相吻合的促销电子邮件。

**2. 共享内容分发渠道**

共享内容分发，通常是指对外部散播统一内容，且内容的进一步发酵离不开用户的反馈。其特点包括：一是需要大量互动；二是采用的是从多航道到单航道的收拢型信息模式；三是可获取到更精确、可信度更高、结构更严密的用户数据。但因为频繁且大面积地接触公众信息，所以该渠道非常容易受到外部需求的影响，内容发布间隔非常短。该渠道采取的内容分发方式一般包括公共关系、社交分享、邀请写稿、产品测试、论坛、问答型网站等。

**3. 付费内容分发渠道**

付费搜索平台可以显示广告响应查询结果。大多数搜索引擎（必应、雅虎、百度、搜狗等）都提供付费搜索广告选项。付费内容分发渠道主要包括点击付费、付费社交广告、付费关键意见领袖广告。

## （三）充分利用微信渠道

微信是我们日常交流的工具。微信生态下的核心营销场景包括以下五类：微信公众号、小程序微商城、企业微信、企业微信社群、品牌个人微信。这些场景几乎囊括了基金管理公司获客、培育、转化的营销全流程。图12－4展示了微信生态的具体工具及其用途。

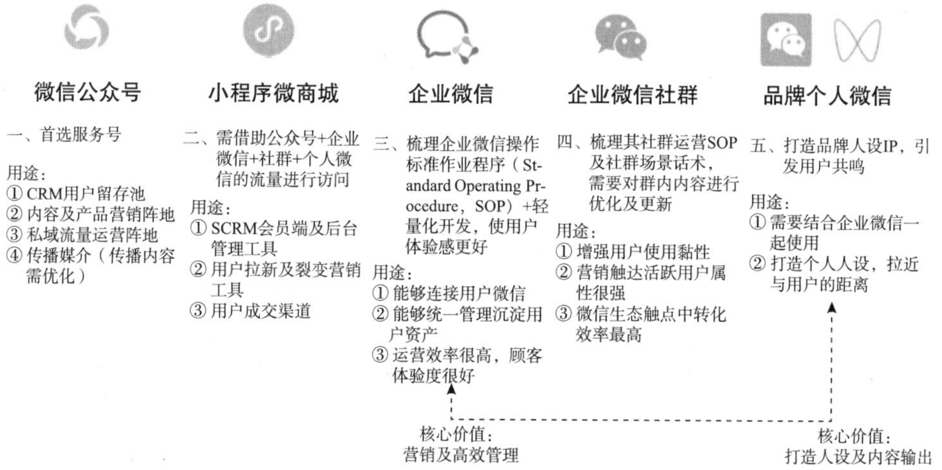


**图12－4　微信生态工具构成图**

1. 微信全渠道获客

基金管理公司在微信生态下获客拉新的典型链路为：通过社交媒体推广吸引粉丝关注公众号，或者在小程序实现小程序注册留存，再持续培育。获客主阵地为服务号、订阅号和小程序。在此场景下，基金管理平台应提供公众号管理、素材管理、互动工具、客户身份管理、客户分群等营销自动化系列工具，作用于基金管理公司获客各环节，吸引更多用户关注，并建立用户标签管理体系，为企业清晰识别用户、持续培育用户实现更高效的获客引流。

2. 微信社群运营

对基金管理公司而言，企业微信是更适合的社群运营阵地。B2B 业务成单周期长，一旦出现销售人员离职等情况，就极易产生跟进信息断档的问题。企业微信可帮助企业记录、分析交流跟进过程，且因企业微信会显示企业后缀，所以当销售人员用企业微信与客户交流时，能有效提升客户信任度。企业微信和服务号相辅相成，可完成从社群引流到运营的闭环。服务号作为企业品牌传播阵地，可利用消息推送、内容推送、活动推送等，比如在潜在客户关注公众号后，聊天机器人会根据潜在客户信息进行个性化回复，然后将粉丝按照需求引导到公司微信中，这一功能通过后台就能实现。企业微信作为流量运营阵地，可将服务号中引流过来的粉丝，由公司客服按照客户及客户企业进行分类、分层、分群，在此基础上对社群进行日常运营。

3. 销售赋能管理

在传统的 B2B 营销场景中，基金管理公司对销售人员的管理往往会受到一定阻力，很难全程掌控和跟进，且需要通过手动填写来记录客户信息，这就导致进入公司私域的客户数量会大打折扣。通过数字化工具赋能销售人员，在企业微信平台帮助其进行客户管理、客户跟进、报表统计等，丰富销售跟进物料，有助于公司实现对客户跟进过程的全权掌握、对客户进行详细分析和了解，通过高效、自动化的沟通跟进提升线索转化率。

4. 客户全生命周期管理

客户全生命周期管理一般基于较大规模的市场团队与销售团队、售后团队在密切配合的情况下建立起来的整套营销体系。要进行客户全生命周期管理，除了营销中台外，公司还需要数据中台的支撑。微信生态除了具有拉新引流、运营转化的作用外，还是为公司源源不断提供数据的重要渠道，可以帮助公司做出更科学的营销决策。

## 第四节　基金管理公司数字化营销典型案例

易方达基金管理有限公司（以下简称易方达基金）成立于 2001 年，它依托资本市场，通过专业化的运作为境内外客户提供资产管理解决方案，实现长期可持续的投资回报。截至 2023 年 3 月 31 日，易方达基金及其子公司的资产管理规模接近 3 万亿元，是国内领先的综合型资产管理公司，其客户包括个人投资者及社保基金、企业年金和职业年金管理公司、银行、保险公司、境外央行及养老金管理公司、再保险公司等机构投资者。易方达基金的数字化营销转型主要体现在新开发的基金投顾业务上。随着对基金投顾业务的持续探索与推进，在行业固有内在特征和信息时代外部因素的共同驱动下，金融科技的应用不断深化，基金投顾的新业态正在形成。

### （一）基金投顾业务面临的挑战

基金投顾业务的销售模式不同于传统的基于卖方代理的基金销售模式，它接受客户的全权委托，为其提供投资组合配置、投资交易发起以及再平衡调仓等账户服务，并以顾问服务的方式对客户投资进行指导，实现投资者、投资顾问、基金管理人的多方共赢。随着业务的持续推进，诸多挑战摆在了基金投顾机构面前。

一是拓宽基金研究边界、丰富基金研究工具的难题。截至 2022 年 8 月，国内已发行 10 000 余只公募基金，其类型、投资范围、投资理念、投资方法各异，单靠人力进行尽调访谈和研究分析所能覆盖的基金产品种类有限，跟踪研究的持续性难以保障。另外，由于缺乏统一规范的基金研究数据源，各种重要数据散落在互联网各处，且以非结构化数据为主，缺乏统一管理，对基金产品的定量研究产生了阻碍作用。

二是基金投资约束多变、投顾运作情况复杂的难题。出于保护投资者利益、境外交易市场休市等原因，经常会出现调整基金产品申赎状态、限制基金产品申赎金额等情况，有时基金投顾机构还会对调整所适用的客户类型、份额类型、销售渠道等因素实施差异化政策。这对包含该类基金的投顾策略会有很大影响，如果不及时调整，后续很有可能会出现客户申购失败、组合偏移等问题，极大地影响客户的投资体验。同时，合作渠道类型的多样化也在增大基金投顾业务实现连续服务的难度。由于各合作渠道的代销产品不同、交易限制条件各异，因而标准化的投资策略难以快速在所有渠道上批量复制，投资经理需要结合渠道和客户约束制定差异化的投资方案，这就增加了投资运作的复杂性。

三是大规模场景下提供连续、有针对性服务的难题。买方投顾的价值在于与投资者的深度沟通和长期同行，即为不同类型、具有不同风险偏好和不同投资需求的客户，在投资环节与顾问环节提供连续、有针对性的账户服务，这一做法此前在国内尚无先例。在实际操作层面，由于策略的转入时点不同、转入金额不同、成分基金暂停申赎等原因，投顾账户呈现的组合形态可能不同，如何从客户利益出发，持续进行账户管理，也是基金投顾机构所面临的一项特殊挑战。

在实现人工智能、大数据、高性能计算等新兴技术与金融行业高质量发展这一需求的共同驱动下，以智能技术为代表的金融科技方兴未艾。基金投顾作为一个新兴行业，亟待充分利用前沿技术的力量来攻克业务难题，进行创新性的业务探索。这不仅符合推进数字化转型的时代要求，也是业务自我革新、持续发展的现实需要。

### （二）研发智能化投资管理运作平台

易方达基金自成立之初就开始探索金融科技在投顾业务中的应用。伴随着业务的发展，该公司逐步探索出一套面向基金投顾业务的智能化解决方案，并自主研发了基金投顾智能化投资管理运作平台。其主要作用包括以下三个：

#### 1. 助力基金研究

在基金研究环节，针对基金产品数量众多、基金数据来源多样化、信息持续跟踪难等问题，易方达基金通过自然语言处理技术对全市场基金的交易状态和申赎限额进行实时监控和非结构化信息处理，实现基金交易信息的自动化抽取和结构化分析。易方达基金通过模型融合技术将投顾知识图谱挖掘的嵌入特征与投研专家的因子特征相结合，形成基金相似度计算算法，辅助基金研究员优选替代基金，为替代基金交易机制的落地提供关键抓手。为防范基金持仓中的债券信用风险，易方达基金结合机器学习技术，构建债券信用分析平台，有效挖掘多源数据中的各类信息，输出发债主体的综合信评结果与预警信息。针对主权类基金，自研基金持仓穿透模型可以实现对基金最新的行业持仓比例与风格暴露的智能推理，有效解决了基金持仓信息完整性欠缺、时效性弱的问题，为投研人员进行基金跟踪分析提供有力支持。

2. 赋能策略投资

在策略投资环节，针对客户需求多样化、合作渠道条件差异化、投资策略难以批量复制、人的投资管理边界有限等基金投顾领域的特有难题，易方达基金投顾研发了辅助投资经理高效生成投顾策略的智能服务平台。该平台整合来自合规风控、合作渠道以及客户的各类投资约束，通过算法输出构建策略的可行范围，消除因条件约束多而可能出现的投资范围差错。借助运筹优化模型和蒙特卡罗模拟，辅助投资经理进行组合优化、策略回测与策略模拟，在提升策略生产效率的基础上，进一步增强了投研决策的可解释性与可回溯性。在策略评价方面，通过基金投顾策略评估服务，自动跟踪策略及其关联基金的日频指标，从资产配置、行业分布、风格暴露、底层穿透暴露、调仓增益等维度全方位评估上线策略的投资表现，为策略的持续跟踪与持续管理提供了有效的手段。

3. 驱动投资运作

在投资运作环节，全市场基金状态变更频繁、合作渠道交易限制条件多样、客户类型全覆盖等因素导致基金投顾的运作情况异常复杂。为降低账户的交易风险、保障服务连续稳定运行，易方达基金创新性地推出策略校验功能模块，基于多源异构的运作数据体系，从交易可执行、风控约束、渠道约束、授权制度约束等维度，对拟上线和拟调仓的策略进行全面自动化“体检”，提升策略审议效率，保证交易的顺畅实施。对于已上线的策略，易方达基金从交易端和投资端全天候监控策略成分基金的风险情况，发现风险事项后第一时间向相关业务人员发出主动预警，为投资者保驾护航。面对渠道众多、数据繁杂、运作情况报告需求个性化的问题，运作报告生成模块结合渠道和客户的定制化需求，自动关联策略业绩数据、投资思路、市场观点等信息，一键输出报告内容，将运作人员从大量重复性工作中解放出来。

案例

华夏基金公司的数字化转型探索与实践

### （三）借助智能平台赋能投顾业务

依托基金投顾智能化投资管理运作平台的业务赋能，易方达基金投顾业务自 2020 年 9 月正式上线运营，截至 2022 年 8 月底，已成功在银行、券商、互联网等 10 余种合作渠道上线业务，面向普通个人客户、高净值客户以及机构客户提供专业的投资顾问服务，全平台盈利客户占比超七成。

案例

南方基金管理公司的数字化营销

该平台的成功应用在一定程度上缓解了全市场选基、面向全类型渠道、服务全类型客户的业务形态下大规模连续服务的难题，有效拓宽了投顾服务管理与运作边界，提升了投顾服务质量。借助该平台的赋能，基金投顾服务有能力给予更多客户更好的投资体验，在了解客户的基础上，从投资者利益出发做好投资、管好账户、控好风险，通过持续的账户管理使客户享受到实际的账户收益，从本源出发切实解决“基金赚钱、基民不赚钱”的问题，对于构建买方投顾新生态、提高投资者获得感具有积极作用。

易方达基金作为首批持牌机构，在开展业务的过程中，通过多种形式和渠道积极参与行业经验分享，力求与行业共同进步。2021 年 11 月，易方达基金投顾根据智能化投资管理运作平台编写了应用实践案例——《易方达基金投顾策略智能管理项目》。

## 本章小结

本章主要介绍了基金管理公司的产品和业务的分类以及产品数字化营销概况，包括基金管理公司数字化营销地位，数字化营销引领传统业务转型，助推核心业务升级，以及推动多场景营销的实现。本章还介绍了基金管理公司数字化营销策略创新的基本情况，主要包括产品策略创新、细分策略创新、促销手段创新和渠道策略创新等，分析了易方达基金管理公司数字化营销的典型案例，介绍了易方达基金管理公司在数字化营销方面的经验和具体做法。

## 思考题

1. 基金管理公司的产品有哪几种？其业务主要有哪些？
2. 基金管理公司如何通过数字化营销引领传统业务转型？
3. 基金管理公司如何进行数字化营销策略的创新？

# 参考文献


[1] Bala M, Verma D. "A critical review of digital marketing" [J]. *International Journal of Management, IT & Engineering*, 2018, 8 (10): 321 - 339.

[2] Chaffey D, Ellis-Chadwick F. *Digital Marketing* [M]. Pearson UK, 2015.

[3] Hwang J, Cho E. "Pension fund trading behavior and the index inclusion: Evidence from the Korean stock market" [J]. *Emerging Markets Finance and Trade*, 2023, 59 (3): 605 - 622.

[4] Kannan P K, Li H S. "Digital marketing: A framework, review and research agenda" [J]. *International Journal of Research in Marketing*, 2017, 34 (1): 22 - 45.

[5] Koskelainen T, Kalmi P, Scornavacca E, et al. "Financial literacy in the digital age—A research agenda" [J]. *Journal of Consumer Affairs*, 2023, 57 (1): 507 - 528.

[6] Leclercq T, Poncin I. "Breaking down the crowd of backers: Profiling cooperative strategies on a reward-based crowdfunding platform" [J]. *Journal of Marketing Management*, 2023, 39 (13 - 14): 1366 - 1390.

[7] Lim S, Donkers B, van Dij P, et al. "Digital customization of consumer investments in multiple funds: Virtual integration improves risk-return decisions" [J]. *Journal of the Academy of Marketing Science*, 2021, 49 (4): 723 - 742.

[8] Reinartz W, Kumar V. "The mismanagement of customer loyalty" [J]. *Harvard Business Review*, 2002, 80 (7): 86 - 94, 125.

[9] Stewart K. "An exploration of customer exit in retail banking" [J]. *International Journal of Bank Marketing*, 1998, 16 (1): 6 - 14.

[10] Yang H L, Lin R X. "Determinants of the intention to continue use of SoLoMo services: Consumption values and the moderating effects of overloads" [J]. *Computers in Human Behavior*, 2017 (73): 583 - 595.

[11] Zeithaml V A, Bitner M J, Gremler D D. *Services marketing: Integrating customer focus across the firm* [M]. McGraw-Hill/Irwin, 2003.

[12] Zhu G, Gao X. "The digital sales transformation featured by precise retail mar-

keting strategy" [J]. *Expert Journal of Marketing*，2019，7（1）：72－76.

[13] 白玉苓. 消费者行为学 [M]. 2版. 北京：人民邮电出版社，2024.

[14] 鲍磊，江梓毓，奚凯悦. 数字营销的发展：从1.0时代到4.0时代的进化 [J]. 山东纺织经济，2022，39（2）：19－22.

[15] 车新帅. 个人客户画像助力农行零售数字化转型 [J]. 金融电子化，2019（9）：56－57＋6.

[16] 陈慧菱. 数字时代消费者决策路径3.0 [J]. 哈佛商业评论（中文版），2019（4）.

[17] 单治睿，黄栌. 基于互联网金融冲击下的银行基金营销策略分析 [J]. 中国市场，2022（3）：185－186.

[18] 格林伯格，凯茨，等. 数字营销战略 [M]. 马宝龙，张琳，译. 北京：清华大学出版社，2016.

[19] 巩喜云. 华西证券营销服务数字化转型探索 [J]. 金融电子化，2021（1）：69－70.

[20] 郭峰，庄旭东，王仁曾. 银行数字化转型、外源性金融科技与信用风险治理：基于文本挖掘和机器学习的实证检验 [J]. 证券市场导报，2023（4）：15－23.

[21] 郭雅丽，罗利，向泊妍. 金融企业数字化赋能与营运管理水平提升 [J]. 金融会计，2023（6）：55－61.

[22] 郭正彪，王圆圆，黄振森. 长江证券数字化营销引擎与应用 [J]. 金融科技时代，2020（7）：13－18.

[23] 洪玮铭. 大数据时代个人信息面向及精准营销模式变革 [J]. 社会科学家，2019（2）：114－120.

[24] 胡小磊. D券商抖音短视频营销策略优化研究 [D]. 上海：华东师范大学，2022.

[25] 黄琳，王凯鸽. 数字化时代商业银行如何优化数字营销方式 [J]. 中国银行业，2020（9）：83－85.

[26] 焦胜利，朱李明，刘宇伟，等. 市场营销学：迈向数字化时代的新形态 [M]. 北京：清华大学出版社，2021.

[27] 金雪青. 数字经济下基金管理公司财务管理创新模式探究 [J]. 现代审计与会计，2023（10）：30－32.

[28] 康承德，满开麟. 证券投资基金营销何以借力精细化营销方案 [J]. 中国商界，2023（3）：182－183.

[29] 科特勒，阿姆斯特朗. 市场营销原理：第17版 [M]. 北京：清华大学出版社，2021.

[30] 科特勒，卡塔加雅，塞蒂亚万. 营销革命4.0：从传统到数字 [M]. 王赛，译. 北京：机械工业出版社，2018.

[31] 科特勒，科勒. 营销管理：第15版 [M]. 何佳讯，于洪彦，牛永革，等，译. 上海：格致出版社，2018.

[32] 赖小鹏. 规范公募基金品牌营销 [J]. 中国金融，2022（16）：69－70.

[33] 赖小鹏. 互联网销售平台对公募基金营销范式的重塑 [J]. 银行家，2022（7）：90－92.

[34] 李辉丽. 基于"新消费"群体画像的网络营销策略研究 [J]. 商业经济研究，2022（6）：82－86.

［35］李健. 互联网金融 2.0 时代商业银行应用大数据部署数字化营销的策略研究［J］. 现代管理科学，2017（9）：33－35.

［36］李莉. 数字金融背景下商业银行营销策略分析［J］. 全国流通经济，2023（5）：149－152.

［37］林建煌. 消费者行为［M］. 4 版. 北京：北京大学出版社，2016.

［38］刘欢. 数字化时代背景下企业营销策略的选择探究［J］. 企业改革与管理，2022（16）：33－35.

［39］刘蕙，朱海鹏. 新媒体时代公募基金营销渠道分析［J］. 全国流通经济，2021（35）：160－162.

［40］鲁洁. 公募基金借助移动互联网转变投顾销售模式的初步探索［J］. 中国商论，2022（18）：105－107.

［41］陆剑清. 金融营销管理［M］. 上海：立信会计出版社，2002.

［42］陆岷峰. 商业银行数字化营销现状与策略研究［J］. 金融科技时代，2023，31（1）：25－30.

［43］毛宇星，沈云明，罗秋清，等. 证券公司数字化转型：科技从赋能到引领的探索与实践［M］. 北京：清华大学出版社，2022.

［44］倪以理，曲向军，韩峰，等. 后疫情时代银行业：开启全速数字化经营［J］. 新金融，2020（5）：11－16.

［45］牛淑珍，王峥，于洁. 金融营销学：原理与实践［M］. 上海复旦大学出版社，2021.

［46］彭博. 金融消费者行为学［M］. 北京：中国财富出版社，2017.

［47］任淮秀. 投资银行业务与经营［M］. 6 版. 北京：中国人民大学出版社，2022.

［48］田立中，孙启栓，余梦梦，等. 银行普惠金融营销数字化转型的探索与实践［J］. 上海国资，2024（2）：67－70.

［49］万后芬. 金融营销学［M］. 北京：中国金融出版社，2003.

［50］吴朝平. 商业银行跨界拥抱金融科技的动因、新特征和着力点［J］. 上海金融，2018（6）：58－60.

［51］徐玫，杨佳妮. 金融营销学实务与案例分析［M］. 北京：经济科学出版社，2021.

［52］阳佶锦. 金融行业数字化营销发展趋势探索［J］. 现代商业，2022（26）：116－118.

［53］杨米沙，刘飞雨，方芳. 金融营销［M］. 3 版. 北京：中国人民大学出版社，2018.

［54］杨农，刘绪光，王建平. 证券公司数字化转型：实践与策略［M］. 北京：清华大学出版社，2022.

［55］张恩忠. 金融产品数字化营销（初级）［M］. 北京：清华大学出版社，2021.

［56］张远飞. 基金公司数字化经营管理优化对策研究［J］. 企业改革与管理，2022，（18）：98－100.

［57］赵占波. 金融营销学［M］. 2 版. 北京：北京大学出版社，2018.

［58］周敏. 数字化时代下的营销策略选择探究［J］. 中国市场，2022，（11）：136－138.

# 后　记

自 2022 年 9 月启动第一次教材编写工作会议至今，《金融数字化营销》教材的编写工作历时两年多，终于完成。对此，我们深感欣慰和骄傲。这是一个凝聚了众多心血、汇聚了专业智慧的成果，旨在为广大学子和金融从业者提供一份关于金融数字化营销的宝贵参考。在数字经济时代，经济社会的变革如此迅速，大数据、云计算、人工智能等新技术的发展正在以摧枯拉朽之势颠覆金融业传统的营销模式和商业模式，数字化营销已经成为金融行业实现数字化转型和高质量发展的关键一环。金融行业与实践的巨大变化倒逼高等教育的数字化转型，而高等教育数字化转型的核心就是专业课程体系的数字化、智能化改造。可以说，高校的专业课程体系若不能及时应变、主动求变，其所培养的金融人才就会与现实脱节，与社会需求脱节！“为党育人、为国育人”就会成为一句空话。

《金融数字化营销》正是对传统专业课程金融营销的数字化改造和替代。我们编写本教材的想法源自 2022 年 1 月广东财经大学金融学院蔡卫星院长带队访问广州趣米网络科技有限公司（简称“趣米网络”）时，与趣米网络创始人吴炜先生等对场景金融和数字化营销趋势的探讨。随后我们加强了对其他金融机构和科技公司的访问，进一步坚定了编写本教材的决心，并迅速组织团队于当年 9 月正式启动了编写工作。

在编写这本教材的过程中，我们先后召开了五次专题研讨会，进行了多次讨论、修改和完善。为了搜集典型案例及了解金融数字化营销的前沿进展，我们多次赴中国建设银行、泰康人寿等金融机构调研。我们追求每一个细节的准确、每一个案例的贴切，力求呈现给读者一本既有深度又有广度的金融数字化营销教材。我们深知，金融数字化营销是一个复杂而又充满活力的领域，需要不断学习、探索和创新。因此，这本教材不仅是对过去经验的总结，更是对未来发展的展望。

本教材的编写是在蔡卫星院长的关心与支持下，由广东财经大学《金融数字化营销》编写团队合作完成的。具体分工如下：黄轲博士，第一、二、八章；罗连化博士，第三、五章；王茜副教授，第四、六、七章；符号亮博士，第九、十一章；李亚青教授，第十章；孟令国教授，第十二章。团队成员中既有兼顾督导或行政事务的资深教师，也有承担着巨大科研压力的年轻博士；既有幼儿在哺的母亲，也有焦虑孩子升学的家长。几乎每位成员都需要艰难地在科研与教学、家庭与工作中寻求平衡。尽管如此，他们出于对高校教师职业神圣的责任感，本着对金融人才培养高度负责的精神，在编写过程中加班加点，克服了时间紧、资料搜集难等种种困难，才最终使《金融数字化营销》得以付梓出版。

本教材的编写完成，还离不开许多金融机构和行业专家的大力支持。感谢中国建设银行广东省分行、泰康人寿广东分公司、广州趣米网络科技有限公司、北京金斧子水星保险代理有限责任公司广东分公司等金融机构和科技企业在调研活动中给予的便利及提供的第一手资料。感谢来自各大金融机构的行业专家提供的专业指导。特别感谢中国建设银行广东省分行机构业务负责人伍万裕先生、金融科技业务负责人许流发先生，他们在繁忙的工作之余，多次以顾问身份拨冗参加我们的专题研讨会，为本教材的编写提供了无私指导和很多宝贵的建议。正是有了上述机构、企业和个人的大力支持，我们才能够顺利完成这本教材的编写，并使教材内容能够较全面地展现金融行业的数字化转型趋势。

同时，我们也要感谢中国人民大学出版社的领导和编辑的辛勤工作。他们为这本教材的出版付出了大量的心血和努力，从选题到编辑、校对，每一个环节都充分体现了他们的专业性和责任心。他们的支持和指导对我们来说非常重要。

我们希望这本教材能够成为广大读者学习、研究和实践金融数字化营销的得力助手。我们相信，通过学习和实践，读者一定能够在金融数字化营销领域取得卓越的成就。

最后，再次感谢所有参与和支持本教材编写和出版的人士。你们的付出和努力让本教材得以问世，也让我们有机会为金融行业的发展贡献一份力量。愿金融数字化营销的明天更加美好！

图书在版编目（CIP）数据

金融数字化营销/孟令国，李亚青主编. -- 北京：中国人民大学出版社，2025. 8. --（高等学校新文科教材）. -- ISBN 978-7-300-34025-8
Ⅰ. F830.95-39
中国国家版本馆 CIP 数据核字第 20254233K4 号

高等学校新文科教材・金融科技系列
**金融数字化营销**
孟令国　李亚青　主　编
Jinrong Shuzihua Yingxiao

| | | | |
|---|---|---|---|
| **出版发行** | 中国人民大学出版社 | | |
| **社　　址** | 北京中关村大街 31 号 | **邮政编码** | 100080 |
| **电　　话** | 010－62511242（总编室） | | 010－62511770（质管部） |
| | 010－82501766（邮购部） | | 010－62514148（门市部） |
| | 010－62511173（发行公司） | | 010－62515275（盗版举报） |
| **网　　址** | http://www.crup.com.cn | | |
| **经　　销** | 新华书店 | | |
| **印　　刷** | 天津中印联印务有限公司 | | |
| **开　　本** | 787 mm×1092 mm　1/16 | **版　　次** | 2025 年 8 月第 1 版 |
| **印　　张** | 16.75 插页 1 | **印　　次** | 2025 年 8 月第 1 次印刷 |
| **字　　数** | 402 000 | **定　　价** | 48.00 元 |

# 教学支持说明

**1. 教辅资源获取方式**

为秉承中国人民大学出版社对教材类产品一贯的教学支持，我们将向采纳本书作为教材的教师免费提供丰富的教辅资源。您可直接到中国人民大学出版社官网的教师服务中心注册下载——http://www.crup.com.cn/Teacher。

如遇到注册、搜索等技术问题，可咨询网页右下角在线 QQ 客服，周一到周五工作时间有专人负责处理。

注册成为我社教师会员后，您可长期根据您所属的课程类别申请纸质样书、电子样书和教辅资源，自行完成免费下载。您也可登录我社官网的“教师服务中心”，我们经常举办赠送纸质样书、赠送电子样书、线上直播、资源下载、全国各专业培训及会议信息共享等网上教材进校园活动，期待您的积极参与！

**2. 高校教师可加入下述学科教师 QQ 交流群，获取更多教学服务**

经济类教师交流群：809471792

财政金融教师交流群：766895628

国际贸易教师交流群：162921240

税收教师交流群：119667851

**3. 购书联系方式**

网上书店咨询电话：010－82501766

邮购咨询电话：010－62515351

团购咨询电话：010－62513136

**中国人民大学出版社经济分社**

地址：北京市海淀区中关村大街甲 59 号文化大厦 1506 室　100872

电话：010－62515803　010－62516948

传真：010－62514775

E-mail：jjfs@crup.com.cn